Eva Kocher
Das Andere des Arbeitsrechts

Eva Kocher

Das Andere des Arbeitsrechts

Perspektiven feministischen Rechtsdenkens

VELBRÜCK
WISSENSCHAFT

Diese Veröffentlichung wurde aus Mitteln des Publikationsfonds
für Open-Access-Monografien des Landes Brandenburg gefördert.

Erste Auflage 2024

www.velbrueck-wissenschaft.de
Printed in Germany
ISBN 978-3-95832-366-7

Bibliografische Information der Deutschen Nationalbibliothek
Die Deutsche Nationalbibliothek verzeichnet diese Publikation in der
Deutschen Nationalbibliografie; detaillierte bibliografische Daten
sind im Internet über http://dnb.d-nb.de abrufbar.

Inhalt

Einleitung

Vergeschlechtlichte Machtverhältnisse prägen Gesellschaften; je nachdem, wohin man schaut, stellt sich dies jedoch auf unterschiedliche Art und Weise dar. In diesem Buch geht es ums Recht, und insbesondere ums Arbeitsrecht. Da die Rolle des Geschlechts im Recht schon länger analysiert wird und das Geschlecht für die Verteilung von Arbeit und deren Ausgestaltung seit jeher ein wichtiges sozialpolitisches Thema ist, dürfte es nicht überraschen, dass auch das Arbeitsrecht durch vergeschlechtlichte Machtverhältnisse geprägt ist.

Die folgenden Texte behandeln dieses Themenfeld mal konkret, mal abstrakt, mal anekdotisch, mal analytisch, immer mit einem feministischen Blick auf gesellschaftliche und wirtschaftliche Verhältnisse, die durch Recht geprägt sind, die das Recht beeinflussen möchte, die aber auch umgekehrt Recht gestalten. Es geht um Fragen der Objektivität des Rechts, der rechtlichen »Normalisierung« vergeschlechtlichter Lebens- und Arbeitsverhältnisse, des Verhältnisses von individuellen Rechten und kollektiver Solidarität sowie um die Möglichkeiten und Grenzen des Antidiskriminierungsrechts.

Der Titel »Das Andere des Arbeitsrechts«[1] spielt auf eine feministische Erkenntnis an, die bereits Simone de Beauvoirs Buch von 1949 seinen Titel gab: In einer patriarchalen Gesellschaft sind »Frauen«[2] »das andere Geschlecht«; alles, was nicht »männlich« ist, wird einem »othering« unterworfen, bleibt unberücksichtigt oder wird marginalisiert. Die Beiträge in diesem Buch spüren diesen Verhältnissen und Prozessen nach und kritisieren sie, suchen aber immer auch nach Wegen, das (Arbeits-)Recht emanzipatorisch in Gebrauch zu nehmen. Es versteht Arbeitsrechte als Angebot, sich zu wehren und Freiheitsräume zu erkämpfen, sowie als Chance, gleiche Freiheiten in einer gesellschaftlichen Gerechtigkeitsvorstellung zu verankern. Die Barrieren, die dem entgegenstehen, werden im Folgenden genauso analysiert wie deren Lücken.

Die Beiträge in diesem Buch behandeln feministische Perspektiven auf das Recht und das Arbeitsrecht in vier Teilen. in *Teil 1* werden theoretische Perspektiven auf Recht, Arbeit und Geschlecht diskutiert, insbesondere Kritiken des Rechts und Kritiken der rechtlichen Kategorie/des Rechtsbegriffs »Geschlecht«. In *Teil 2* geht es um die Frage, ob und wie ein emanzipatorisches Antidiskriminierungsrecht überhaupt mit Begriffen von »Geschlecht« arbeiten kann. *Teil 3* analysiert die rechtlichen Formen und Konflikte, in denen Arbeitsrecht durch das »Andere« der

1 Dies ist gleichzeitig der Titel des Aufsatzes, der Teil 3 einleitet.

2 Bzw. FLINTA* (Frauen, Lesben, inter, nicht-binäre, trans und agender Personen) – siehe dazu auch den ersten Text sowie Teil 2 des Buchs.

Sorgearbeit in Frage gestellt wird. Da geht es um die rechtliche Gestaltung von Konflikten um Vereinbarkeit von Berufs- und Familienarbeit, um Rechtsfragen von »live-in-Beschäftigung«, d.h. der migrantischen Beschäftigten, die Menschen in deren eigener Wohnung oft 24h am Tag betreuen, sowie um die Bedeutung von Kollektivrechten, die widerständiges Handeln ermöglichen. *Teil 4* enthält vertiefende theoretische Überlegungen über die Funktionsweise und Problematiken des Objektivitätsanspruchs des Rechts, über die Schwierigkeiten interdisziplinärer Arbeit und die Selbstpositionierung als Juristin in einer männlich dominierten Umgebung.

Dieser Band richtet sich nicht nur an Jurist:innen, sondern an alle, die an Politik oder dem Arbeitsleben interessiert oder feministisch engagiert sind. Die Texte sind in den letzten 20 Jahren im Zusammenhang mit meiner Forschungstätigkeit zu Fragen des Arbeitsrechts, des Antidiskriminierungsrechts, der Feministischen Rechtstheorie sowie der interdisziplinären Rechtsforschung entstanden. Die Texte wurden an unterschiedlichen, mehr oder weniger gut zugänglichen Orten publiziert, meist in Fachzeitschriften oder thematisch angelegten Sammelbänden. Sie werden hier einer breiteren Öffentlichkeit zur Verfügung gestellt in der Hoffnung, dass sie in aktuellen Debatten zum Recht, zur Sozialpolitik oder zu den Gender Studies auf Interesse stoßen. Meine Annahme von 2009[3], die Erkenntnis, dass Geschlechterrollen und -zuweisungen nicht natürlich, sondern gesellschaftlich besetzt und konstruiert sind, habe sich gesellschaftlich durchgesetzt, scheint ja aktuell in Zweifel zu stehen. Das könnte diesen Texten leider neue Aktualität verleihen. Gleichzeitig kann so an Denktraditionen erinnert werden, in denen neuere Debatten stehen.

Indem Texte unterschiedlicher Abstraktionshöhe und Tiefe hier gebündelt erscheinen, soll auch ihr Zusammenspiel deutlich werden. Es soll sichtbar werden, wie feministische Rechtstheorie und interdisziplinäre Arbeitsrechtsforschung sich aufeinander beziehen können. Die Besonderheit dieses Bandes besteht insofern darin, dass er nicht bei der Rechtskritik stehen bleibt, sondern auch sehr konkret Regelungsmöglichkeiten auslotet. Insbesondere die Konkretisierung arbeitsrechtlicher Anpassungsansprüche kann aufzeigen, mit welchen Herausforderungen Formen des Rechts verbunden sind, die weniger Gegenüber als vielmehr Teil von gesellschaftlichen Prozessen sein können.

Die meisten dieser 14 Texte sind in den letzten zehn Jahren entstanden; drei sind 15 Jahre alt. Zudem habe ich einen Text aus dem Jahr 1999 aufgenommen, mit dessen Hilfe sich bestimmte theoretische Entwicklungen und Kontinuitäten gut zeigen lassen. Seit den Erstveröffentlichungen hat sich aber manches geändert. Die Debatten und Kritiken der feministischen Bewegungen waren nicht ohne Wirkungen,

3 Text »Der Begriff ›Geschlecht‹ im Antidiskriminierungsrecht«

und auch die wirtschaftlichen Rahmenbedingungen haben Veränderungen bewirkt. Soweit dies für die Aussagen einzelner Texte von Interesse ist, wird darauf in den Einführungen zu den einzelnen Teilen des Buchs hingewiesen.

Wer alle Texte liest, wird manche Redundanzen feststellen – zwischen den vorliegenden Texten, aber auch mit anderen meiner Veröffentlichungen. Teil 4 (Text: »Die transdisziplinäre Rechtsforschung braucht die Rechtssoziologie – und umgekehrt«) habe ich erklärt, wie so etwas gerade dann zustande kommt, wenn man für ein interdisziplinäres breiteres Publikum schreibt: Die disziplinären Abschottungen zwingen einerseits dazu, Forschungsergebnisse wiederholt in unterschiedlichen Kontexten zu veröffentlichen; andererseits übt man sich so darin, Aussagen für verschiedene Zielgruppen, in verschiedene disziplinäre Sprachen, Denkansätze oder Sprachstile zu übersetzen. Ich fand öfters die Methode der Text-Collage hilfreich, wie man in einigen Texten bemerken wird.[4]

Die Manuskripte sind auf dem Stand, in dem sie ursprünglich veröffentlicht wurden. Demzufolge unterscheiden sich die Zitierweisen in den Fußnoten als auch die Nummerierungsformate für die Überschriften von Text zu Text, sind also nicht über den Band hinweg einheitlich gestaltet. Abrufdaten von digitalen Dokumenten wurden nicht aktualisiert. Rückverweise in den Fußnoten beziehen sich immer nur auf den jeweiligen Text. Allerdings wurden die amerikanische Zitierweise (Autor-Jahr im Fließtext) in eine Fußnotenzitierweise umgewandelt und eine Nummerierung der Überschriften ergänzt, wo sie im Original fehlte.[5] Formulierungen, die sich auf konkrete Zeitpunkte bezogen, wurden konkretisiert. Wo im Ausgangstext noch unveröffentlichte Texte, Gesetzentwürfe oder anhängige Verfahren zitiert waren, wurde dies durch die Zitierung der veröffentlichten Fundstelle, des Gesetzes oder der Entscheidung ersetzt. Vereinzelt wurden Rechtschreibfehler und Grammatik korrigiert.

Nicht geändert habe ich das Gendering, d.h. die Form der Annäherung an eine geschlechtergerechte Schreibweise. Die gewählten Schreibweisen reagieren jeweils auf Konventionen in der Entstehungszeit eines Textes. Der Band ist insofern auch ein unsystematisches Kompendium sprachpolitischer Entwicklungen. So wurde in dem Text von 1999 das große Binnen-I verwendet, was damals ein politisches Statement war. In einigen Texten findet sich eine binäre Doppelnennung weiblicher und

4 Das gilt vor allem für die Texte in Teil 4.

5 Die Zitierweise wurde in den folgenden Texten angepasst: »Das Recht auf eine selbstbestimmte Erwerbsbiografie«, » Der rechtliche Rahmen der 24 Stunden-Pflege in Deutschland« und » Die transdisziplinäre Rechtsforschung braucht die Rechtssoziologie – und umgekehrt«; bei den beiden letztgenannten wurden auch Überschriftennummerierungen ergänzt.

männlicher Formen; in neueren Texten werden mal Unterstriche, mal Gender-Sternchen und zuletzt überwiegend der Doppelpunkt eingesetzt.[6]

Viele der Texte sind in intensiven Diskussionen mit Kolleg:innen und Projektmitarbeiter:innen entstanden, ihnen habe ich vielmals zu danken. Herzlicher Dank geht auch an die Redaktion der Kritischen Justiz, die auf jeden in der KJ erstveröffentlichten Text hilfreiches Feedback gegeben hatte. Und vielen Dank an den Publikationsfonds für Open-Access-Monografien des Landes Brandenburg, der es durch seine Förderung ermöglicht hat, dass das Buch *open access* erscheinen kann!

6 Im ersten Text des Bandes (einer Einführung für Studierende) habe ich in Fn. 14 den Gender-Stern auch einmal erklärt.

Teil 1: Recht und Geschlecht – theoretische Perspektiven

Dieser Teil versammelt Texte, die theoretische Perspektiven auf Recht, Arbeit und Geschlecht formulieren. Sie zeigen einerseits, welche Bedeutung feministische und queertheoretische Debatten (über Gleichheit, Differenz, Identität und Positionalität) für das Recht haben und reflektieren die grundsätzliche Frage, ob das Recht überhaupt ein geeignetes Medium ist, um gesellschaftliche Probleme sozialer Ungleichheiten und intersektionaler Diskriminierung feministischer zu adressieren.

Wer sich bisher noch wenig mit Recht und/oder Gender Studies beschäftigt hat, erhält mit dem ersten Text (der für Jurastudierenden geschrieben wurde) einen ersten Einblick in die Feministische Rechtswissenschaft. Anhand der Frage, »wozu braucht das Recht ›Geschlecht‹?« reflektiert er die Bedeutung der Kategorie »Geschlecht« im Recht. Dabei geht es vor allem um das Personenstandsrecht, das Antidiskriminierungsrecht und postkategoriale Ansätze gegen Diskriminierung. [Übrigens wurden die im Text kritisierten personenstandsrechtlichen Normen (§§ 21 I Nr. 3, 22 III PStG) mittlerweile auf Intervention des BVerfG geändert.]

Der Text zeigt, inwiefern Annahmen von Gleichheit und Differenz der Geschlechter zusammengehören, führt die Begriffe Intersektionalität und Heteronormativität ein und erläutert anhand des Begriffs der »Vergeschlechtlichung« die Ansätze poststrukturalistischer Gender Studies: »Geschlecht« kennzeichnet danach nicht Personen, sondern Praktiken und Handeln. Einige der Fragen, die hier angesprochen werden, insbesondere zur Auslegung und Anwendung des Begriffs »Geschlecht« im Antidiskriminierungsrecht, werden in Teil 2 des Buchs vertiefend behandelt.

Die beiden folgenden Texte sind theoretische Auseinandersetzungen mit der Frage, ob und wie das Recht einen geschlechterpolitischen Bias hat bzw. ob und wie es für eine Befreiung von patriarchaler Herrschaft und Macht einstehen kann.

Beim Text »Recht oder Nicht-Recht: Eine Wahl zwischen Gleichheit und Freiheit?« handelt es sich um eine Doppelrezension zweier Bücher, die für konträre Ansätze in der feministischen Rechtstheorie stehen. Es stellt sowohl Ute Gerhards gleichheitsorientierte Utopie von Recht, Verfahren, Institutionen und der Rolle des Staats vor, die der Kritischen Theorie verpflichtet ist, als auch Ratna Kapurs postkoloniale Kritik von Subjektkonstitutionen des Rechts, auf deren Grundlage diese ein spirituelles Verständnis von Freiheit entfaltet. Indem der Text diese beiden gegensätzlichen Perspektiven miteinander ins Gespräch springt, analysiert er die Ambivalenzen feministischer Rechtstheorie mit einem Blick auf aktuelle Debatten und verschüttete Denktraditionen. Er macht auch darauf aufmerksam, dass beide Ansätze die Möglichkeiten des Antidiskriminierungsrechts nicht hinreichend ausloten.

Der Text »Geschlechterdifferenz und Staat« (erschienen 1999) skizziert den Stand einer ähnlichen theoretischen Debatte, fast 25 Jahre früher. Er setzt mit der Frage ein, wie öffentliche Kommunikations- und staatliche Entscheidungsprozesse Geschlecht (bzw., nach der damaligen Terminologie: gesellschaftliche Geschlechterverhältnisse) widerspiegeln. Mit Hilfe der Begriffe »Universalismus« und »Essentialismus« werden Debatten zum Verhältnis von Öffentlichkeit und Privatheit analysiert, und es wird auf die Nicht-Berücksichtigung von »Care« und Abhängigkeit als Grundkonstellation des Individuums aufmerksam gemacht. Auch dieser Text sucht in den gegensätzlichen Positionen das Verbindende.

Das Zusammenspiel dieser beiden Texte legt Kontinuitäten, Brüche und Traditionen der feministischen Rechtswissenschaft offen. Es zeigt die Notwendigkeit prozesshafter Verständnisse von Veränderung auf, wie sie in Teil 3 dieses Buchs für das Arbeitsrecht konkretisiert werden. Beide Texte setzen ihre Hoffnung in Konzepte »gleichwertiger Rechte« bzw. Konzepte des Diskriminierungsschutzes, die gesellschaftliche Reflektionsprozesse im Recht erleichtern könnten. Bereits hier geht es auch um die Frage, wie das Recht Teil gesellschaftlicher Prozesse sein kann, statt diesen gegenüberzustehen, eine Frage, die im Mittelpunkt des Textes »Objektivität und gesellschaftliche Positionalität« (Teil 4) steht.

Geschlecht und Recht – Feministische Rechtswissenschaft

Das Gerechtigkeitsversprechen des Rechts ernst nehmen (2017)

»Alle Menschen sind vor dem Gesetz gleich«: Das ist eins der grundlegendsten Versprechen des Rechts. Der allgemeine Gleichheitssatz gilt deshalb »als selbstverständlicher ungeschriebener Verfassungsgrundsatz in allen Bereichen«.[1] Wenn es Hinweise darauf gibt, dass Rechtssetzung, Rechtsanwendung und Rechtsdurchsetzung strukturell vom Geschlecht abhängig sind, sollte dies die Rechtswissenschaft also nicht kalt lassen. Die feministische Rechtswissenschaft hat sich insofern vorgenommen, das Recht unter dem Stichwort »Geschlecht und Recht« im Hinblick auf Ungleichbehandlungen kritisch zu analysieren. Feministische Rechtswissenschaft interessiert sich dabei auch dafür, was andere wissenschaftliche Disziplinen, insbesondere die Sozial- und Kulturwissenschaften über die Wirkungen und gesellschaftliche Bedeutung von Recht und Geschlecht zu sagen haben; feministische Rechtswissenschaft arbeitet also interdisziplinär.

Zu Beginn ein Beispiel für die Fragestellungen, mit denen es die Analyse von »Recht und Geschlecht« zu tun bekommen kann: Eine funktionierende Demokratie lebt ja davon, dass Menschen sich gegenseitig als gleichberechtigt akzeptieren; »Hate Speech« und »Cyber Harassment« (Gewalt im Internet) stellen deshalb gravierende Gefahren für die politische Kultur dar – und es gibt deutliche Anzeichen dafür, dass solche Gewalt sich stärker gegen Frauen oder Angehörige ethnischer und sexueller Minderheiten richtet als gegen den statistischen Durchschnittsmann.[2] Soziologie und Kulturwissenschaft beobachten dies in größeren gesellschaftlichen Zusammenhängen: Unser Leben ist bis in die kleinsten Alltagshandlungen hinein »vergeschlechtlicht«.[3] Wenn zwei dasselbe machen (wie z.B. im Internet journalistische Präsenz zeigen), ist es nicht dasselbe bzw. wird abhängig vom Geschlecht gesellschaftlich unterschiedlich wahrgenommen. Geschlecht durchzieht als »Strukturkategorie« alle Bereiche des privaten und gesellschaftlichen und politischen Lebens; statistische Daten können dies mehr oder weniger präzise messen.[4]

1 BVerfGE 6, 84, 91.
2 Bundesregierung, Zweiter Gleichstellungsbericht, BT-Drs. 18/12840, S. 219 f.
3 Zum Begriff siehe unten A.II.
4 Bundesregierung, Zweiter Gleichstellungsbericht, BT-Drs. 18/12840, S. 57 ff, S. 94 ff.

Aber (wie) trägt das Recht zu solchen Gewalt- und Ungleichheitsverhältnissen bei? (Wie) Können Veränderungen mit Hilfe des Rechts bewirkt werden? Die feministische Rechtswissenschaft hat unterschiedliche Antworten auf diese Fragen entwickelt.

A. Das »Geschlecht« kennzeichnet nicht Personen, sondern Praktiken

I. Der Streit um Differenz

Vor allem um die Wende vom 19. ins 20. Jahrhundert kämpften streitbare Frauen (und einzelne Männer) für das Frauenwahlrecht und gegen die rechtliche Abhängigkeit verheirateter Frauen von ihrem Mann. Sie forderten also gleiche Rechte ein und betonten dabei immer wieder, dass Frauen genau wie Männer über die Voraussetzungen und Fähigkeiten hierfür verfügten. Forderungen nach Gleichheit der Rechte werden immer wieder auf diese Weise begründet: Rechte sollten universal sein, denn alle Menschen seien in ihrem Kern gleich. Olympe de Gouges veröffentlichte 1791 eine »Erklärung der Rechte der Frau und Bürgerin«, mit der sie dieses Anliegen sehr deutlich formulierte.[5]

Die Unterschiede zwischen den konkreten Menschen drohen jedoch bei einer solchen Berufung auf ein abstraktes Gleiches unsichtbar zu werden. Feministinnen haben deshalb häufig auch darauf hingewiesen, dass das abstrakte allgemeine Recht oft gar nicht so abstrakt und allgemein ist, wie es sich präsentiert. Denn es gehe meist von ganz bestimmten Erfahrungen aus und vernachlässige dabei die Lebenswelten vieler Frauen, die meist oder zumindest sehr häufig in der Familie für Kinder, Haushalt und Fürsorge für andere verantwortlich sind.[6]

»Gleichheit« und »Differenz« der Geschlechter gehören im Recht also zusammen. Es stellt sich aber die Frage (»Streit um Differenz«[7]), ob es wirklich der Emanzipation dient, wenn man die Unterschiede zwischen Männern und Frauen betont, insbesondere behauptet, Frauen hätten durch eine Bindung an Familie, Kinder ein anderes soziales und kommunikatives Verständnis als Männer und verträten damit andere Werte.

5 Abgedruckt in: Gerhard, Gleichheit ohne Angleichung. Frauen im Recht, 1990, S. 263 f; vgl. Gerhard, KJ 1987, 127. Siehe z.B.: »Art. X: [...] Die Frau hat das Recht das Schafott zu besteigen; sie muss gleichermaßen das Recht haben, die Tribüne zu besteigen [...]«.

6 Zu dieser ungleichen Aufteilung der unbezahlten Sorgearbeit siehe z.B. Bundesregierung, Zweiter Gleichstellungsbericht, BT-Drs. 18/12840, S. 57 ff.

7 Benhabib/Butler/Cornell/Fraser, Der Streit um Differenz, 1993.

Denn solche Behauptungen sind ja selbst abstrakte »Stereotypen«, also pauschale Annahmen, die nur eingeschränkt etwas mit konkreten Menschen zu tun haben. Und selbst wo die Statistik Unterschiede zwischen Männern und Frauen anzeigt, haben diese weniger mit dem angeborenen biologischen Geschlecht (»sex«) zu tun als mit gesellschaftlichen Verhältnissen, also einem sozialen Geschlecht (»gender«). Aus dieser Erkenntnis heraus entstand die Forderung, das Geschlecht eines Menschen und alles, was damit an persönlichen Eigenschaften, Lebensentwürfen und Wünschen verbunden sein mag, nicht »essentialistisch« als gegeben vorauszusetzen, sondern die gesellschaftliche Bedingtheit und Veränderbarkeit solcher Unterschiede anzuerkennen.[8]

II. Jenseits von »Frauen« und »Männern«

Der »Streit um Differenz« thematisiert noch eine weitere Dimension: Menschen haben schließlich nicht nur ein Geschlecht, sondern auch eine sexuelle Orientierung und unterschiedliche kulturelle, familiäre und Migrationshintergründe; sie leiden unterschiedlich unter Rassismus und zählen je zu einer bestimmten Generation und sozio-ökonomischen Schicht. Die geschlechtliche Identität wird von Menschen im Osten und im Westen Deutschlands unterschiedlich gelebt; die gesundheitliche Situation von Menschen unterscheidet sich, viele haben Gewalterfahrungen gemacht. Erfahrungen »der Männer« und »der Frauen« können also nicht auf einen Nenner gebracht werden. Daraus ergibt sich der Ansatz, »Geschlecht« in der Wechselwirkung mit anderen sozialen Kategorien zu analysieren und zu betrachten; dies wird als »Intersektionalität« bezeichnet.[9]

Die Kulturwissenschaften waren bei dieser theoretischen Entwicklung von großer Bedeutung. Denn sie zeigen, wie Werte, sozialer Sinn und Deutungen der gesellschaftlichen Wirklichkeit symbolisch hergestellt werden, also über Sprache und Alltagshandeln.[10] Sie zeigen, dass Geschlecht nicht etwas »ist«, sondern dass es »gemacht« wird – die Bedeutung des Geschlechts in einem bestimmten Kontext wird deshalb oft mit einem nominalisierten Verb bezeichnet: »Vergeschlechtlichung«.

8 Zur Bedeutung von Sex und Gender in den unterschiedlichen feministischen Theorieansätzen siehe Wapler, S. 33 ff und Künzel, S. 52 ff in: Foljanty/Lembke, Feministische Rechtswissenschaft. Ein Studienbuch, 2. Aufl. 2012.

9 Kerner, in: Binder/Jähnert/Kerner/Kilian/Nickel, Travelling Gender Studies. Grenzüberschreitende Wissens- und Institutionentransfers, 2011, S. 184 ff.

10 Vgl. Krüper, in: Krüger, Grundlagen des Rechts, 2. Aufl. 2013, § 4, Rn. 2; Rn. 7; vgl. auch Kocher, RW (Rechtswissenschaft) 2017, S. 153 ff; Baer, Rechtssoziologie, 3. Aufl. 2017, § 4, Rn. 155 ff.

Für diese kulturwissenschaftlichen Analysen war es wichtig, dass die Queer-Theorie gezielt Interessen, Probleme und Wünsche von Menschen in den Blick nahm, die sich nicht einem der beiden Pole »Mann« oder »Frau« zuordnen lassen.[11] Immerhin zeigt die Biologie, dass »Geschlecht« schon naturwissenschaftlich nicht ein Entweder-Oder ist, sondern ein Kontinuum, bei dem das genetische Geschlecht (Chromosomensatz), das anatomische Geschlecht (gonadisches Geschlecht) und das hormonelle Geschlecht zusammenwirken.[12] Praxen von Intersexualität, Transsexualität und Transgender zeigen uns, dass nicht nur das soziale Geschlecht (»gender«) vom sozialen Kontext abhängig und wandelbar ist – auch das biologische Geschlecht (»sex«) gewinnt erst durch gesellschaftliche Praxis an Bedeutung, ist also gesellschaftlich konstruiert. Unsere Wahrnehmung eines anderen Menschen als »Frau« oder »Mann« entsteht in der alltäglichen Praxis; »Geschlecht« wird ständig in einzelnen kleinen Akten und individuellem »performativem« Handeln (Kleidung, Körpersprache, Tonfall, etc.) inszeniert. Geschlecht ist also nicht Sein, sondern Handeln (»doing gender«).[13]

Für das Recht ist insbesondere wichtig, welche Einschränkungen dies mit sich bringt. Denn das Verhalten von Menschen gewinnt erst dadurch soziale Bedeutung, dass es durch andere interpretiert wird. Diese Interpretation erfolgt aber i.d.R. entsprechend gesellschaftlicher Erwartungen und damit »geschlechtsspezifisch«. Die stereotypisierte Erwartung, dass jede*r[14] sich konsistent entweder als »Frau« oder »Mann« verhalte, nennt man auch Heteronormativität.[15] Auch die deutsche Gesellschaft ist dadurch geprägt.

B. Rechtswissenschaftliche Grundlagen

Das zentrale Scharnier, in dem diese theoretischen Grundlagen im Recht reflektiert werden, stellt das Antidiskriminierungsrecht dar.

11 Butler, Das Unbehagen der Geschlechter, 1991; siehe auch den Rückblick auf die Debatte in Butler, Die Macht der Geschlechternormen und die Grenzen des Menschlichen, 2011, S. 325 ff.

12 Lorber/Farell, The Social Construction of Gender, 1991, S. 7 ff; Kolbe, Intersexualität, Zweigeschlechtlichkeit und Verfassungsrecht: Eine interdisziplinäre Untersuchung, 2010, S. 23 ff.

13 Vgl. Gildemeister, in: Becker/Kortendiek, Handbuch Frauen- und Geschlechterforschung. Theorie, Methoden, Empirie, 2004, S. 132 ff.

14 Das Sternchen (*) ist ein Platzhalter und ermöglicht es, die Offenheit eines Begriffs im Hinblick auf verschiedene Geschlechtsidentitäten in der Schriftsprache darzustellen.

15 Butler, Körper von Gewicht, 1993; Zu den Begriffen Baer, Querelles 2009, 15, 30.

I. Antidiskriminierungsrecht als Grundlage

1. Art. 3 II GG als Hierarchisierungsverbot

Für Deutschland ist als Rechtsgrundlage zunächst Art. 3 II GG zu nennen. Er hat »gleiche Rechte« zum Gegenstand. Direkte, unmittelbare Diskriminierung durch Anknüpfung an das Geschlecht ist zwar mittlerweile relativ selten geworden, war aber in den Anfangsjahren der Bundesrepublik Deutschland noch gebräuchlich.[16] Streitig war jedoch immer, inwieweit eine »Differenz« aufgrund des Geschlechts Anknüpfungspunkt für geschlechterdifferenzierende Regelungen sein durfte. An der zentralen Frage, wann ausnahmsweise eine Anknüpfung an das Geschlecht erlaubt sein soll, zeigten und zeigen sich unterschiedliche Grundverständnisse.

Ein gutes Beispiel ist die Rechtsprechung des BVerfG zum Nachtarbeitsverbot. Es ging dabei um eine gesetzliche Vorschrift, nach der Arbeiterinnen nicht in der Nachtzeit von zwanzig bis sechs Uhr und an den Tagen vor Sonn- und Feiertagen nicht nach siebzehn Uhr beschäftigt werden durften.[17] Lange Zeit war das BVerfG der Meinung gewesen, die zusätzliche Belastung von Frauen mit Hausarbeit und Kinderbetreuung erlaube diese Ungleichbehandlung. Sie sei nicht nur »im Hinblick auf die objektiven biologischen [sondern auch im Hinblick auf] die funktionalen (arbeitsteiligen) Unterschiede von Mann und Frau [...] erlaubt oder sogar notwendig.[18]

Nachdem aber der EuGH das französische Nachtarbeitsverbot für Frauen für europarechtswidrig erklärt hatte, hielt auch das BVerfG 1992 das Anknüpfen an diese Differenz nicht mehr für gerechtfertigt: Es handele sich um eine »überkommene Rollenverteilung[...]«, die nicht nur veränderbar, sondern auch veränderungsbedürftig sei. Jedenfalls dürfe das Recht nicht dazu beitragen, dass »überkommene Rollenverteilungen [...] verfestigt werden.« Mit dieser Wertung – Art. 3 II GG richte sich gegen die gesellschaftlichen Wirkungen der Geschlechterdifferenz – grenzte sich das BVerfG explizit gegen seine eigene frühere Rechtsprechung ab.[19] Die Entscheidungen zeigen einen Wandel im Umgang mit Differenz. Zu

16 Sacksofsky, ZRP 2001, 413.

17 BVerfGE 85, 191; EuGH C-345/89 (Stoeckel).

18 BVerfGE 5, 9, 12; siehe schon BVerfGE 3, 225, 241. Siehe dazu auch die Debatte um die Möglichkeit eines früheren Renteneintritts für Frauen (BVerfGE 74, 163; Kocher/Skowron, ZESAR 2012, S. 274 ff).

19 Skizze der Rechtsprechungsentwicklung bei Sacksofsky, Querelles 2009, 191 ff; siehe auch Wrase/Klose, in: Foljanty/Lembke, Feministische Rechtswissenschaft, 2. Aufl. 2012, S. 89 ff. Heute wird der Schutz von Eltern in der Nachtarbeit nach § 6 Abs. 4 ArbZG unabhängig vom Geschlecht gewährleistet.

Recht wird hier problematisiert, dass eine Anknüpfung an Differenzen und Unterschieden zwischen den Geschlechtern Stereotypen (wie z.B. »überkommene Rollenverteilungen«) zu zementieren droht.

Die feministische Rechtswissenschaft betont nun, dass Lösungswege für dieses Problem nur gefunden werden können, wenn man sich auf die Rolle des Rechts besinnt: Es geht darum, Benachteiligung, Ausgrenzung und Abwertung zu begegnen.[20] Sowohl Behauptungen von Differenz der Geschlechter als auch Behauptungen von tatsächlicher Gleichheit enthalten Stereotypen, die nicht von gesellschaftlichen Machtverhältnissen zu trennen sind. Für die rechtswissenschaftliche Debatte muss dies den entscheidenden Gesichtspunkt darstellen: Das Recht kann und darf sich nicht neutral zu Ungleichbehandlungen verhalten, wenn diese damit verbunden sind, dass Dominierung stattfindet; Gleichbehandlungsrechte bzw. Diskriminierungsschutz sind insofern immer als Hierarchisierungsverbote zu verstehen.[21]

So lassen sich dann nicht nur formale Gleichbehandlungsgebote, sondern auch materielle Gleichbehandlung rechtfertigen, wie sie insbesondere das Verbot der mittelbaren Diskriminierung enthält.[22] Dieses schaut darauf, ob und wie eine rechtliche Regelung geschlechtshierarchisch wirkt. Wenn Teilzeitbeschäftigte anders als Vollzeitbeschäftigte keine Betriebsrente bekommen, stellt dies Geschlechtsdiskriminierung dar. Denn aufgrund der vorherrschenden familiären Arbeitsteilung sind erheblich mehr weibliche als männliche Beschäftigte durch eine Benachteiligung von Teilzeitbeschäftigten betroffen. Teilzeitbeschäftigung hat also indirekt und gesellschaftlich etwas mit »Geschlecht« zu tun.[23]

Mit einem materiellen Verständnis von Gleichbehandlungsgeboten als Hierarchisierungsverboten lassen sich auch spezifische »positive Maßnahmen« begründen. In den Worten der Nachtarbeitsentscheidung des

20 Baer, Querelles 2009, 15, 32.

21 MacKinnon, Toward a Feminist Theory of the State, 1991, S. 237 ff; MacKinnon, in: Nagl-Docekal/Pauer-Studer, Politische Theorie. Differenz und Lebensqualität, 1996, S. 142 ff; Sacksofsky, Das Grundrecht auf Gleichberechtigung, 2. Aufl. 1996, S. 312 ff; S. 318 ff; Baer, KrimJour 1996, 242 ff; siehe auch Slupik, Die Entscheidung des Grundgesetzes für Parität im Geschlechterverhältnis, 1988, S. 134 ff.

22 Sacksofsky, ZRP 2001, 413 zum Zusammenhang zwischen mittelbarer Diskriminierung und Dominierungsverbot; zu den Begriffen »formale/materielle« Gleichheit/Gleichbehandlung Schiek, Einleitung, Rn. 51 ff, in: Schiek, AGG, 2006.

23 Siehe z.B. EuGH C-167/97 (Seymour-Smith), Rn. 60. Ein anderes Beispiel für materielle Gleichbehandlung durch Blick auf gesellschaftliche Wirkungen findet sich in BVerfG, AP Nr. 23 zu § 14 MuSchG 1968 gegen frühere Entscheidungen, die die Verfassungsmäßigkeit der bisherigen §§ 13, 14 MuSchG bestätigt hatten (BVerfGE 37, 121; 70, 242).

BVerfG: »Der Satz ›Männer und Frauen sind gleichberechtigt‹ will »nicht nur Rechtsnormen beseitigen, die Vor- oder Nachteile an Geschlechtsmerkmale anknüpfen, sondern für die Zukunft die Gleichberechtigung der Geschlechter durchsetzen.«[24] »Faktische Nachteile, die typischerweise Frauen treffen, dürfen [...] durch begünstigende Regelungen ausgeglichen werden«.[25] So sind besondere Fördermaßnahmen zulässig z.B. wie die Bevorzugung von Frauen bei gleicher Qualifikation oder Quotenregelungen.[26]

In neuerer Zeit wird darüber hinaus diskutiert, inwieweit auch hierarchisierende Belästigung, Mobbing, Cyber Harassment und symbolische Abwertungen als Diskriminierung behandelt werden können.[27] Es spricht viel dafür, dass schon eine Verstärkung von Stereotypen weiblicher Differenz als Diskriminierung verstanden werden kann, genau wie eine stereotypisierende gesellschaftliche Erwartung an geschlechtliches Aussehen, Verhalten und Praktiken.[28] So könnte man es z.B. als Geschlechtsdiskriminierung ansehen, wenn Homosexuelle Nachteile erleiden, weil sie den Erwartungen an eine »typische Frau« oder einen »typischen Mann« nicht gerecht würden – oder wenn Journalist*innen im Internet wegen angeblich geschlechtsuntypischen Verhaltens mit Gewaltphantasien angegriffen werden.

2. *Konkretisierungen im Allgemeinen Gleichbehandlungsgesetz*

Solche und ähnliche Fragen um das Verständnis von Diskriminierungsverboten werden heute häufig anhand des Allgemeinen Gleichbehandlungsgesetzes (AGG) diskutiert.[29] Es setzt nicht nur europarechtliche Richtlinienvorgaben um,[30] sondern konkretisiert auch die staatlichen Schutzpflichten aus Art. 3 II/III GG auf einfachgesetzlicher Ebene.[31] Dem AGG ist es zu verdanken, dass die Bedeutung der zivilrechtlichen Generalklauseln für

24 BVerfGE 85, 191, 207 (Nachtarbeitsverbot).
25 BVerfGE 85, 191, 207 (Nachtarbeitsverbot); siehe auch 89, 276. Genauer zum Ganzen Kocher, KJ 1999, 185.
26 EuGH C-450/93 (Kalanke); EuGH C-409/95 (Marschall); EuGH C-158/97 (Badeck).
27 Baer, Würde und Gleichheit, 1995.
28 Cornell, in: Benhabib/Butler/Cornell/Fraser, Der Streit um Differenz, 1993, S. 80 ff; Adamietz, Geschlecht als Erwartung, 2011.
29 Im Folgenden wird auch dort von Diskriminierung gesprochen, wo von § 3 AGG die Rede ist. Dort wird der Begriff der »Benachteiligung« verwendet; es handelt sich aber um die Umsetzung des unionsrechtlichen Begriffs der »Diskriminierung« (vgl. Schrader/Schubert, in: Däubler/Bertzbach, AGG, 3. Aufl. 2013, § 3, Rn. 7 ff).
30 Richtlinien 2000/43/EG, 2000/78/EG, 2004/113/EG und 2006/54/EG.
31 BVerfGE 89, 276.

den Diskriminierungsschutz heute nicht mehr unbekannt ist und Fragen der Drittwirkung von Art. 3 II/III GG mittlerweile auch in der Zivilrechtswissenschaft intensiv und auf hohem Niveau diskutiert werden.[32]

Im AGG finden wir ebenfals ein »materielles« Grundverständnis des Diskriminierungsschutzes; es schreibt nicht einfach nur vor, dass keine Anknüpfung an das Geschlecht stattfinden darf, sondern richtet sich gegen gesellschaftlich vergeschlechtlichte Machtverhältnisse. Deshalb verbietet es nicht nur die unmittelbare (§ 3 I AGG), sondern auch die mittelbare Diskriminierung (§ 3 II AGG), erlaubt positive Maßnahmen (§ 5 AGG) und verlangt von Arbeitgebern Prävention und angemessene Vorkehrungen (§ 12 AGG[33]).

Mit § 3 III/IV AGG ist klargestellt, dass sexuelle Belästigungen und diskriminierendes Mobbing nicht nur Persönlichkeitsrechtsverletzungen darstellen, sondern auch Diskriminierungen – denn sie nutzen und verstärken vergeschlechtlichte Machtverhältnisse.[34] Im deutschen Recht noch wenig genutzt wird hingegen der Ansatz, die benachteiligenden Wirkungen von Erwartungen und Stereotypen rechtlich zu analysieren, wie es z.B. der US Supreme Court im Fall »Price Waterhouse v Hopkins« getan hatte.[35] Dort war eine Frau nicht als Partnerin einer Wirtschaftsprüfungsgesellschaft aufgenommen worden, weil sie sich nach Meinung der bisherigen Partner*innen zu maskulin verhalten habe; man hatte von ihr erwartet, femininer zu gehen, zu sprechen und sich zu kleiden, Make-up und Schmuck zu tragen.

II. Wozu braucht das Recht »Geschlecht«?

Aber unterstützt nicht das Recht selbst notwendig und immer wieder Stereotypisierungen? Im Folgenden soll insofern vor allem auf die Frage eingegangen werden, ob das Recht nicht in seinem Kern Heteronormativität reproduziert, weil es zwei angeblich komplementäre Geschlechter (Frau und Mann) voraussetzt.

1. Personenstand und Familienrecht

In einem wichtigen Rechtsbereich liegt die Heteronormativität des Rechts offen auf dem Tisch: Im Familienrecht – mit Auswirkungen auf das

32 Siehe insbesondere Grünberger, Personale Gleichheit, 2013; Bachmann, ZHR 2006, 144, 159; siehe auch Mangold, Demokratische Inklusion durch Recht, 2021.
33 Kocher/Wenckebach, SR 2013, 17.
34 Siehe schon Baer, Würde und Gleichheit, 1995.
35 Price Waterhouse v. Hopkins, 490 U.S. 228 (1989).

Personenstandsrecht. Das Personenstandsrecht erlaubt es zwar mittlerweile, kein Geschlecht einzutragen, wenn »das Kind weder dem weiblichen noch dem männlichen Geschlecht zugeordnet werden [kann]« (§§ 21 I Nr. 3, 22 III PStG). Der BGH hat dies nun zwar so interpretiert, dass diese Option auch noch später gewählt werden darf, dass also jemand, der*die als Frau oder Mann eingetragen ist, die Eintragung streichen lassen kann.[36] Die Eintragung einer »dritten Option« (inter*, divers, transgender o.ä.) will der BGH jedoch nicht zulassen. Ob dies den verfassungsrechtlichen Anforderungen genügt, hat nun das BVerfG zu entscheiden.[37]

Die Verfassungsbeschwerde stützt sich wesentlich auf die Rechtsprechung zum Transsexuellenrecht. Denn danach ist die selbstempfundene geschlechtliche Identität, unabhängig von medizinischen Kategorisierungen, durch das allgemeine Persönlichkeitsrecht aus Art. 2 I i.V.m. Art. 1 I GG geschützt.[38] Unabhängig davon aber ist ein zentrales Argument des BGH mittlerweile entfallen. Es stützte sich auf das Familienrecht und die Annahme, dass es für eine Ehe oder eingetragene Partnerschaft entscheidend sei, dass sich Personen einem von zwei Geschlechtern zuordnen lassen. Mit dem 2017 beschlossenen Gesetz über die »Ehe für alle«[39] ist diese Notwendigkeit nun allerdings entfallen. Damit ist praktisch kein Rechtsbereich mehr übrig, in dem es zwingend darauf ankäme, welchem Geschlecht eine Person zugeordnet ist – jedenfalls personenstandsrechtlich ist die Zuweisung eines Geschlechts überflüssig.

2. *Postkategoriales Antidiskriminierungsrecht*

Umso problematischer wäre es, wenn ausgerechnet das Antidiskriminierungsrecht einen Hort der Heteronormativität darstellen würde. Art.

36 BGH, NJW 2016, 2885; kritisch Brachthäuser/Remus, NJW 2016, 2887.

37 Das BVerfG entschied mit Beschluss vom 10. Oktober 2017 (1 BvR 2019/16), dass § 21 I Nr. 3 PStG insoweit verfassungswidrig war; § 22 Abs. 3 PStG lautet seit 2018: »Kann das Kind weder dem weiblichen noch dem männlichen Geschlecht zugeordnet werden, so kann der Personenstandsfall auch ohne eine solche Angabe oder mit der Angabe ›divers‹ in das Geburtenregister eingetragen werden.«

38 BVerfG NJW 1979, 595; BVerfGE 121, 175; 128, 109; Adamietz, KJ 2006, 368; zu Anwendung auf Intersexualität Holzleithner, Querelles 2009, 41, 52; siehe auch de Silva, KJ 2008, 266; zum Verfassungsrecht Kolbe, Intersexualität, Zweigeschlechtlichkeit und Verfassungsrecht: Eine interdisziplinäre Untersuchung, 2010, S. 98 ff.

39 Gesetz zur Einführung des Rechts auf Eheschließung für Personen gleichen Geschlechts v. 20. Juli 2017, BGBl. 2017 I 2787 f.

3 II GG jedenfalls spricht ausdrücklich von »Mann« und »Frau« und scheint damit von einer binären, zweigeteilten, »natürlichen« Geschlechterordnung auszugehen.[40] Wir haben es hier mit einem Dilemma zu tun, dem »Differenzdilemma« oder »feministischen Dilemma«[41]: Um vergeschlechtlichte Machtverhältnisse zum Thema machen zu können, muss die Vergeschlechtlichung und damit auch die »Kategorie« Geschlecht/Gender benannt werden. Damit können die kritisierten Machtverhältnisse aber ungewollt und mehr als nur symbolisch gestützt werden.

Allerdings: Das Antidiskriminierungsrecht erfordert dogmatisch keine Zuordnung von Personen zu Kategorien. Von einer Transsexuellen, die nach der Geschlechtsumwandlung als Frau benachteiligt wird, würde man nicht verlangen, dass sie eine bestimmte Geschlechtszugehörigkeit nachweist. Nach § 7 I Hs. 2 AGG reicht es jedenfalls aus, »wenn die Person, die die Benachteiligung begeht, das Vorliegen eines [bestimmten Geschlechts] bei der Benachteiligung nur annimmt«. Allgemein darf es deshalb für die Geltendmachung von Rechten aus dem AGG nicht darauf ankommen, welcher Gruppe der*die Diskriminierte »zugehört«, sondern auf welchen Annahmen und Vorurteilen die Benachteiligung beruht.[42] So kann das Antidiskriminierungsrecht der Forderung nachkommen, sich nicht an Identitäten, Gruppen oder Eigenschaften zu orientieren, sondern an Hierarchien, Machtverhältnissen und benachteiligenden »-ismen«.[43]

3. *Rechtfertigungen kategorialer Unterscheidungen nach dem Geschlecht*

Eine Anknüpfung an Kategorien findet sich jedoch nicht nur in §§ 1, 3 AGG, also in der Definition der Diskriminierung bzw. Benachteiligung, sondern auch dort, wo unmittelbare Anknüpfungen an das Geschlecht gerechtfertigt und zugelassen werden.

Ein Beispiel sind positive Maßnahmen, wie sie der EuGH im Fall »Lommers« zu behandeln hatte. Eine niederländische Behörde hatte

40 Vgl. BVerfGE 6, 389, 423; BVerfGE 3, 225, 241 (»Vergleichstatbestand« Mann – Frau, siehe Adamietz, Geschlecht als Erwartung, 2011, S. 11 f; S. 207 ff). Zu Biologisierungen der Geschlechtsdifferenz durch das BVerfG siehe auch Sacksofsky, Querelles 2009, 191, 192.

41 Baer, KrimJour 1996, 242; Kocher, KJ 1999, 182, 193 (in diesem Band S. 49 ff); Holzleithner, KJ 2008, 250, 252.

42 Schiek, in: Schiek, AGG, 2006, § 1, Rn. 7; Däubler, in: Däubler/Bertzbach, AGG, 3. Aufl. 2013, § 1, Rn. 95 f; einen sehr weitergehenden Vorschlag zur Umformulierung machen hingegen Liebscher/Naguib/Plümecke/Remus, KJ 2012, 204.

43 Baer, Querelles 2009, 15, 32.

subventionierte Kinderbetreuungsplätze vorrangig für weibliche Beschäftigte bereitgestellt, da man meinte, anders könne man diese als Arbeitnehmerinnen nicht so leicht halten wie männliche Beschäftigte. Der EuGH hielt dies zwar für eine zulässige positive Maßnahme, wies aber auch darauf hin, dass eine solche Leistung zur »Verfestigung einer herkömmlichen Rollenverteilung zwischen Männern und Frauen« beitragen könnte.[44] Dies hätte bei kritischer feministischer Betrachtung allerdings ein entscheidendes Argument gegen die Zulässigkeit der Maßnahme sein müssen.[45]

Auch in anderen Fällen erlaubt es das Antidiskriminierungsrecht, auf das »Geschlecht« als Voraussetzung für die Geltendmachung eines Rechts abzustellen – wie z.B. bei den besonderen Rechten des Mutterschutzes, die nur Schwangeren und Müttern zustehen (MuSchG; siehe Art. 28 I Richtlinie 2006/54/EG). Diese Unterscheidung nach dem Geschlecht lässt sich zumindest teilweise durch biologisch begründete Gesundheitsgefahren des Gebärens rechtfertigen. Mutterschaftsrechte und Elternrechte sind dann aber deutlich zu unterscheiden; Elternrechte zum Zweck der Vereinbarkeit von Beruf und Familie müssen unabhängig vom Geschlecht gewährleistet werden.[46]

Deutlich schwieriger wird es in der Frage, welche »wesentlichen und entscheidenden beruflichen Anforderungen« es erlauben können, den Bewerber*innenkreis auf ein bestimmtes Geschlecht zu beschränken (§ 8 I AGG, Art. 14 II RL 2006/54/EG). In einem Ausnahmekatalog der Bundesregierung war in den 1980er Jahren versucht worden, Fallgruppen hierfür beispielhaft festzulegen. Als weitgehend unbestrittene Standardfälle werden in der Regel genannt: Für die Tätigkeit als Model für Frauenkleidung kann verlangt werden, dass die Bewerber*innen Frauen sind. Für die Theaterrolle des jugendlichen Liebhabers darf ein junger Mann gesucht werden.[47] Oder: Für die Betreuung von Nachtdiensten in einem Mädcheninternat darf man die Auswahl auf Frauen beschränken;[48] für die Befragung von Opfern sexueller Gewalt können ausschließlich Polizistinnen eingesetzt werden;[49] Gleichstellungsbeauftragte dürfen unter bestimmten

44 EuGH C-476/99 (Lommers), Rn. 41. Siehe Art. 3 RL 2006/54/EG, Art. 157 IV AEUV.

45 Kocher, Europäisches Arbeitsrecht, 2016, § 4, Rn. 99.

46 EuGH C-5/12 (Betriu Montull); Kocher, FS Eichenhofer, 2015, S. 301 ff (in diesem Band S. 109 ff); siehe jetzt Europäische Kommission, Vorschlag für eine Richtlinie zur Vereinbarkeit von Beruf und Privatleben für Eltern und pflegende Angehörige, KOM(2017) 253.

47 BArbBl. 11/1987, S. 40 ff., BT-Drs. 8/3317, 9 (dort sind nur einige Beispiele genannt); die Liste ist auch abgedruckt bei Pfarr/Bertelsmann, Diskriminierung im Erwerbsleben, 1989, S. 70 f.

48 BAG 8 AZR 536/08.

49 VG Kassel 1 E 723/07. Vgl. auch EuGH C-318/86 (Kommission v. Frankreich): Aufseher in Haftanstalten.

Voraussetzungen nur Frauen sein, genauso wie die Geschäftsführung eines politischen Frauenverbands.[50]

§ 8 I AGG sagt uns, dass es in bestimmten Fällen erlaubt sein soll, an »Geschlecht« anzuknüpfen. Dies lässt sich mit grundrechtlich gewährleisteten privaten Autonomiespielräumen begründen, insbesondere mit künstlerischen, pädagogischen und politischen Freiheiten bei der Festlegung von Anforderungen. Das Recht gibt aber das Gewicht der erforderlichen Gründe vor (»wesentlich und entscheidend«) und verlangt, dass diese Gründe sich unmittelbar auf die Ausübung der konkreten Tätigkeit beziehen.[51] Darüber hinaus müssen die vorgelegten privatautonom begründeten künstlerischen oder pädagogischen Konzepte auf ihre Konsistenz und innere Schlüssigkeit überprüft werden. Für viele der oben genannten Fallgruppen wird sich dann meist eine Begründung finden lassen. Theaterrollen könnten zwar theoretisch auch unabhängig vom Geschlecht besetzt werden; ob dies erfolgen soll, muss aber der künstlerischen Entscheidung vorbehalten bleiben. Auch bei der Frage, ob eine Haftanstalt mit einem sozialpädagogischen Konzept arbeiten soll, das gleichgeschlechtliches Personal erfordert oder nicht, sollten fachlich-professionelle Maßstäbe eine Rolle spielen dürfen. Es gibt aber an einer anderen Stelle ein Rechtsproblem, das bisher noch zu wenig beachtet wurde: Welche Erwartungen sind denn mit solchen geschlechtsspezifischen Ausschreibungen verbunden? Und (wie) können diese Erwartungen von transsexuellen, intersexuellen oder transgender Personen erfüllt werden?[52] Soll es – wie meist im Sport – im Einstellungsverfahren darauf ankommen, wie der Körper der Bewerber*innen jeweils Testosteron produziert/verarbeitet?[53] Oder soll es auf die Gene oder auch nur auf die sekundären Geschlechtsmerkmale ankommen?

Bei einem solchen genaueren Blick zeigt sich: Auch hier kann und muss zwischen biologischem Geschlecht, sozialem Geschlecht und Geschlechtsinszenierung unterschieden werden. So wird die Rechtfertigung für die Anknüpfung an das Geschlecht in der ersten Fallgruppe (»Model/Schauspieler*in«) darin bestehen, dass jemand gesucht wird, der glaubwürdig einen Frauenkörper bzw. eine »Frau« darstellen kann; gesucht wird die glaubwürdige Darstellung und Präsentation (»Performance«) eines Geschlechtskörpers. In der zweiten Fallgruppe geht es hingegen eher um »Schutz der Intimsphäre oder der persönlichen Sicherheit« (siehe § 20 I Nr. 2 AGG).[54] Am interessantesten ist wahrscheinlich die dritte

50 BAG, AP Nr. 16 zu § 611a BGB.

51 Dies schließt z.B. Gründe wie Kund*innenwünsche oder Kund*innenzufriedenheit aus; siehe Schrader/Schubert, in: Däubler/Bertzbach, 3. Aufl. 2013, § 8, Rn. 10 ff.

52 Genauer zum Ganzen Kocher, KJ 2009, 386 (in diesem Band S. 85 ff).

53 Block, KJ 2012, 316, 319 ff.

54 Siehe auch die Systematisierung bei Pfarr/Bertelsmann, Diskriminierung im Erwerbsleben, 1989, S. 72 (»erzieherische Gründe; Gründe der Sittlichkeit«).

Fallgruppe: Geht es bei der Suche nach einer Geschäftsführerin für eine frauenpolitische Institution wirklich nur darum, dass die Person das Geschlecht glaubhaft darstellen kann? Oder geht es darum, dass es jemand sein soll, die im gesellschaftlichen Machtverhältnis der Geschlechter die Erfahrung der Unterlegenheit, Marginalisierung und Gewalt gemacht hat? Auch hier geht es den Ausschreibenden meist wohl nicht um biologische Gegebenheiten, sondern um gesellschaftliche Konstellationen, die an Körper und deren Erfahrungen gebunden sind – um vergeschlechtlichte »Existenzweisen«.[55] Jedenfalls sind aus der Perspektive der feministischen Rechtswissenschaft klarere Anforderungen an ein zulässiges geschlechterdifferenzierendes Konzept zu stellen: Von einem konsistenten privaten Konzept, das entscheidend auf »Geschlecht« abstellt, muss verlangt werden, dass es deutlich macht, welcher Aspekt des gesellschaftlichen Konstrukts »Geschlechts« gemeint ist.[56]

C. Gleichwertige Rechte

Feministische Rechtswissenschaft, die sich in einer interdisziplinären Perspektive für das Wechselspiel zwischen Recht und gesellschaftlichen (Macht-)Verhältnissen interessiert, liegt notwendig quer zu Rechtsgebieten und Rechtsbereichen.[57] Grundsätzlich kann und sollte jede Rechtsnorm und jede rechtliche Praxis auf ihre Bedeutung für die gesellschaftlichen Geschlechterverhältnisse untersucht und kritisch betrachtet werden.

Die Perspektive des Antidiskriminierungsrechts ist dabei nur eine von mehreren Perspektiven. Auch in den Grundstrukturen des Rechts spiegeln sich vergeschlechtlichte Machtverhältnisse.[58] Ein Beispiel dafür ist die Debatte um das angeblich durch einen Gegensatz geprägte Verhältnis von Freiheit und Gleichheit. Schaut man sich an, wie Diskriminierungen die Wahrnehmung grundrechtlich gewährleisteter Freiheiten einschränken können, verliert diese Unterscheidung plötzlich an Bedeutung – denn auch Gleichheitsrechte und Diskriminierungsschutz sollen letztlich nur gewährleisten, dass allen das gleiche Maß an Freiheit zukommt.[59]

55 Maihofer, Geschlecht als Existenzweise, 1995.

56 Siehe schon Kocher, KJ 2009, 386.

57 Vgl. Lembke, Jura 2005, 236. Das Studienbuch Feministische Rechtswissenschaft (Foljanty/Lembke (Hrsg.), 2. Aufl. 2012) ist deshalb nicht nach Rechtsgebieten, sondern nach Lebensbereichen gegliedert: Erwerbsarbeit, unbezahlte (Haus-/Sorge-)Arbeit, Familie, Schule/Bildung, Religion, Gewalt, Sexualität, Flucht und Migration, Reproduktionstechnologien.

58 A.Schmidt, in: Foljanty/Lembke, Feministische Rechtswissenschaft. Ein Studienbuch, 2. Aufl. 2012, S. 74 ff.

59 Baer, ZRP 2002, 290 und dagegen Globig, ZRP 2002, 539.

Oder – ein anderes Beispiel – die Trennung zwischen »öffentlichen« und »privaten« Bereichen.[60] Man kann sie bis in die kleinsten Rechtsfragen hinein finden.[61] Auf einer abstrakteren Ebene findet man eine Vorstellung vom lediglich seiner Gewissensfreiheit unterworfenen Wähler und Staatsbürger, der unabhängig von persönlichen, »privaten« Interessen und Bindungen verhandele und entscheide, bzw. das autonome Rechtssubjekt, das seine Beziehungen über rechtliche, von gesellschaftlichen Bedingungen abstrahierende Strukturen regele – in Abgrenzung zu der von ihrem Geschlecht und ihrem Körper, das heißt auch der Natur, abhängigen Frau.[62] Feministische Jurist*innen werfen auch hier die Frage auf: Geht nicht etwas Wesentliches verloren, wenn Rechtssubjekte allgemein statt konkret gedacht werden?[63]

D. Zum Selbstforschen und Weiterlesen

Frauen sind nicht gleich Frauen, und Männer sind nicht gleich Männer. Die Analyse der symbolischen Strukturen des Rechts und des Rechtssystems ist deshalb nicht nur allemal interessanter als die Suche nach spezifischen »Interessen« von Frauen, sondern geht dem Problem der gesellschaftlichen Machtverhältnissen eingehender auf den Grund. Trotzdem ist es als Einstieg in die Beschäftigung mit Geschlecht und Recht immer noch erhellend, Statistiken über die Repräsentation von Frauen in juristischen Berufen anzuschauen; Biographien vergessener Juristinnen zu lesen;[64] zu untersuchen, wie Frauen, Männer und ethnische oder sexuelle Minderheiten in juristischen Prüfungsfällen vorkommen;[65] oder sich zu fragen, weshalb Jurastudentinnen, die mit besseren Abiturnoten ins Studium eingestiegen waren, die Universität im

60 Siehe z.B. Lang, in: Kreisky/Sauer, Feministische Standpunkte in der Politikwissenschaft. Eine Einführung, 1995, S. 94 ff.

61 Vgl. Sacksofsky, ZRP 2001, 413.

62 Ausführlich Maihofer, Geschlecht als Existenzweise. Macht, Moral, Recht und Geschlechterdifferenz, 1995, S. 109 ff; Benhabib/Cornell, S. 10 ff und Young, S. 67 ff, in: Benhabib/Cornell, Feminism as Critique, 1987, S. 67 ff.

63 Benhabib, in: List/Studer, Denkverhältnisse. Feminismus und Kritik, 1989, S. 454 ff; vgl. auch Sacksofsky, ZRP 2001, 413, 416.

64 Röwekamp, Juristinnen, 2005.

65 Pabst/Slupik, KJ 1977, 242; Valentiner (unter Mitarbeit von Bilawa/Beeck/Jacobs), (Geschlechter)Rollenstereotype in juristischen Ausbildungsfällen. Eine hamburgische Studie, 2017; Chebout/Gather/Valentiner, djbZ 2016, 190 ff; siehe auch den Blog »Juristenausbildung – üble Nachlese«, https://juristenausbildung.tumblr.com/.

Durchschnitt mit signifikant und unerklärlich schlechteren Examensnoten verlassen als Studenten.[66]

Wer dann mehr über die Hintergründe wissen will, dem seien die Fachzeitschrift »Streit« oder das Studienbuch »Feministische Rechtswissenschaft«[67] empfohlen. Laden Sie doch eine*n der Autor*innen des Studienbuchs zu einem Studientag ein – Sie erhalten die Chance, Ihren Blick auf das Recht zu ändern/kritisch zu schärfen. Auf www.feministischer-juristinnentag.de erfahren Sie, wie Sie an jedem zweiten Mai-Wochenende an kritischen Rechtsdebatten aus feministischer Sicht teilnehmen können. Solche Diskussionen könnten dabei helfen, die – zum Teil sehr emotional geführte[68] – Diskussion um Geschlecht und Recht zu versachlichen. Denn für Jurist*innen muss es doch eine zentrale Frage sein, ob das Recht sein Versprechen von Gleichheit und Unabhängigkeit wirklich einhalten kann. Wie kann dies in einer vergeschlechtlichten gesellschaftlichen Umgebung gelingen?

66 Towfigh/Traxler/Glöckner, Zeitschrift für Didaktik der Rechtswissenschaft 2014, 8 ff; Hinz/Röhl, JZ 2016, 874 ff.

67 Folianty/Lembke (Hrsg.), Feministische Rechtswissenschaft. Ein Studienbuch, 2. Aufl. 2012.

68 Z.B. Adomeit, NJW 2005, 721; Picker, JZ 2003, 540.

Recht oder Nicht-Recht: Eine Wahl zwischen Gleichheit und Freiheit?

Eine Doppelrezension zum Stand der feministischen Rechtstheorie (2020)[1]

Zwei feministische Autorinnen haben 2018 Bücher vorgelegt, die die Rolle des Rechts für Gleichheit und Freiheit mit sehr unterschiedlichen Perspektiven, theoretischen Hintergründen und Zielrichtungen behandeln: Während Ute Gerhard eine Utopie von Recht, Verfahren, Institutionen und der Rolle des Staats entfaltet, die der Kritischen Theorie verpflichtet ist, entwickelt Ratna Kapur ein spirituelles Verständnis von Freiheit vor dem Hintergrund einer postkolonialen Kritik von Subjektkonstitutionen des Rechts. Ich nehme dies zum Anlass für eine Analyse der Ambivalenzen feministischer Rechtstheorie und versuche im Folgenden, die beiden Ansätze mit einem Blick auf aktuelle Debatten und verschüttete Denktraditionen in ein Ferngespräch miteinander zu bringen.

0. »Invoking Justice« in Tamil Nadu

Um die Ambivalenzen zwischen beiden Ansätzen anschaulicher machen zu können, sei ein Beispiel für feministische Arbeit mit dem Recht an den Anfang gestellt. Der Dokumentarfilm »Invoking Justice« (der anlässlich eines Besuchs von Ratna Kapur in Berlin gezeigt wurde) stellt die Arbeit von »STEPS« vor, einer Organisation muslimischer Frauen in Tamil Nadu (Südindien), deren Gründung auf das Jahr 2004 zurückgeht.[2] Der Film zeigt unter anderem den Fall eines Ehepaars, dessen Tochter

1 Zugleich Besprechung von: Ute Gerhard, Für eine andere Gerechtigkeit. Dimensionen feministischer Rechtskritik, Frankfurt a.M./New York (Campus) 2018, 403 S.; Ratna Kapur, Gender, Alterity and Human Rights. Freedom in a Fishbowl, Cheltenham (Edward Elgar Publishing) 2018, 328 S.

2 Regisseurin: Deepa Dhanraj. Weitere Informationen über die Organisation: Sharifa Khanam (STEPS), The Tamil Nadu Muslim Women's Jamaat: Who Are We And What Do We Do?, 2019 http://mazefilm.de/wp-content/uploads/2019/02/khanum.pdf (Abruf 8.5.2020); vgl. Nadja-Christina Schneider, Islam und Gender in Indien. Perspektiven der Geschlechtergerechtigkeit in der Minderheitensituation, in: Susanne Schröter (Hrsg.), Geschlechtergerechtigkeit durch Demokratisierung? Transformationen und Restaurationen von Genderverhältnissen in der islamischen Welt, 297–318 (310 ff.).

nach der Heirat in die Familie des Mannes aufgenommen worden war, von dieser misshandelt und nach einem Streit von den Schwiegereltern verbrannt, also ermordet wurde. Der entstehende Konflikt zwischen den beiden muslimischen Familien wurde im Dorf vom Jamaat, dem örtlichen außerstaatlichen muslimischen Streitschlichtungs- und Rechtsprechungsmechanismus auf der Basis von Sharia-Recht verhandelt.[3] Als der örtliche Jamaat die Anliegen der Eltern nicht ernst nahm, wandten diese sich an die Frauen von STEPS, die in vielen Einzelgesprächen das Anerkenntnis erreichen konnten, dass hier Unrecht geschehen sei. STEPS hatte sich als »Frauen-Jamaat« gegründet und erfunden, um den ausschließlich mit Männern besetzten herkömmlichen Jamaats etwas entgegenzusetzen. Trotz vehementen Widerstandes, insbesondere durch diese Jamaats, hatte die Organisation zum Zeitpunkt des Erscheinens des Films bereits über 8.000 Fälle bearbeitet und entschieden.

Solche Praktiken fordern die feministische Rechtstheorie heraus. STEPS versteht sich als Frauenrechte-Organisation. Da sie innerhalb eines rechtspluralistischen Kontextes agiert,[4] hat sie beständig Widersprüche auszubalancieren: Einerseits entwickelt sie einen eigenen Zugang zum religiösen Recht, auf der Basis feministischer Interpretationen des Korans. Andererseits interagiert sie mit staatlichen Rechtsverfolgungsorganen und macht von den im indischen staatlichen Recht bestehenden Rechtspositionen Gebrauch. Ohne explizit Rechte auf Gleichbehandlung einzufordern, verhandelt STEPS letztlich Fragen der Bedeutung des Rechts für »weibliche Freiheit«[5] und der Geschlechtergleichheit. Die Organisation bewegt sich in ihrer Praxis in genau dem Spannungsverhältnis zwischen dem feministischen »Anderen« des Rechts und der Nutzung von Gleichheitsrechten, das auch den Gegensatz zwischen den Büchern ausmacht, die ich im Folgenden diskutiere: Während Ratna Kapur in »Gender, Alterity and Human Rights« eine feministische Kritik der Menschenrechte aus postkolonialer Perspektive präsentiert, der es vor allem um Freiheit geht, tritt Ute Gerhard mit der westeuropäischen feministischen Rechtskritik »für eine andere Gerechtigkeit« ein. Um es kurz auf den Punkt zu bringen: So optimistisch Ute Gerhard im Hinblick auf die Angebote des Rechts für den Feminismus ist, so pessimistisch ist Ratna Kapur. Der Kontrast zwischen beiden Ansätzen verdeutlicht die

3 Zu diesen rechtspluralistischen Konstellationen siehe z.B. Katherine Lemons, Sharia Courts and Muslim Personal Law in India: Intersecting Legal Regimes, Law & Society Review 52/3 (2018), 603–629.

4 Genauer dazu Lemons, aaO; Tanja Herklotz, Law, Religion and Gender Equality: Literature on the Indian Personal Law System from a Women's Rights Perspective, Indian Law Review 2018, 250–268.

5 Vgl. Libreria delle donne di Milano, Wie weibliche Freiheit entsteht, 1988. Eine Begründung, weshalb dieser Begriff hier gut passt, findet sich unten bei Fn. 37 ff.

Ambivalenzen, die Recht und subjektive Rechte aus einer feministischen Sicht aufweisen. Am Ende stellt sich die Frage nach den utopischen Potenzialen des Rechts.

1. Ute Gerhard: »Eine andere Gerechtigkeit«

a) Überblick/Zusammenfassung

Ute Gerhard blickt in »Eine andere Gerechtigkeit« auf ihre eigene theoretische und wissenschaftliche Entwicklung zurück und bietet damit einen ausgezeichneten Ein- und Überblick über die Denkweisen feministischer Rechtskritik im Westeuropa der vergangenen fünfzig Jahre – allerdings mit einigen interessanten Lücken.

Ute Gerhard ist Juristin, Soziologin und Historikerin. Sie war von 1987 bis 2004 Professorin für »Soziologie mit dem Schwerpunkt Frauen- und Geschlechterforschung« und damit die erste interdisziplinär arbeitende Geschlechterforscherin an einer deutschen Universität, die sich systematisch nicht nur mit Geschichte und Theorie des Feminismus, sondern auch mit Rechtsgeschichte, Rechtssoziologie und Europäischer Sozialpolitik auseinandergesetzt hat. 1997 gab sie den Anstoß zur Gründung des Frankfurter Zentrums für Frauen- und Geschlechterforschung.[6] Ihre Dissertation »Verhältnisse und Verhinderungen« von 1978 wurde ein »Schlüsselwerk der Geschlechterforschung«;[7] auch ihre 1990 erschienene Habilitation »Gleichheit ohne Angleichung. Frauen im Recht« ist ein Klassiker der feministischen Rechtsforschung in Deutschland. Ute Gerhard hat also die deutsche und westeuropäische feministische Rechtforschung seit Ende der 1980er Jahre entscheidend mitgeprägt, und das aktuelle Buch spiegelt dies wider, indem es die Auseinandersetzungen, die feministische Bewegungen in Deutschland und Europa im 20. Jahrhundert um Recht geführt haben, prägnant zusammenfasst.

So zeichnet Gerhard die Entwicklung der Menschen- und Gleichheitsrechte (S. 97 ff.) und das Verhältnis des Feminismus zum Wohlfahrtsstaat (S. 88 ff., 287 ff.) ebenso nach wie auf der theoretischen Ebene die Paradoxien in den Forderungen nach Gleichheit einerseits und Anerkennung von Differenz andererseits (S. 90 ff.), denen Gerhard nicht nur bereits

6 »Cornelia Goethe Centrum für Frauenstudien und die Erforschung der Geschlechterverhältnisse« an der Universität Frankfurt am Main; Information auf http://www.cgc.uni-frankfurt.de/das-centrum/geschichte/ (8.5.2020).

7 Martina Löw/Bettina Mathes (Hrsg.), Schlüsselwerke der Geschlechterforschung, Wiesbaden (VS Verlag für Sozialwissenschaften) 1997.

ihre Habilitation, sondern auch einen debattenprägenden Sammelband[8] gewidmet hat. Ein Schwerpunkt liegt auf dem »public-private-divide« in seiner Entwicklung und Vieldeutigkeit. Um z.B. die Bedeutung des Privat- und insbesondere des Familienrechts für Geschlechtergerechtigkeit herauszuarbeiten, erläutert Gerhard, wie sich im 18. und 19. Jahrhundert in europäischen Rechtsordnungen ein Verständnis der bürgerlichen Familie als Keimzelle des Staates durchsetzt und im Familienrecht zu einer Art »Sonderrecht für Ehefrauen« führt (S. 184 ff.). Der »Kampf um das Frauenwahlrecht« wird für Deutschland und England dargestellt (S. 191 ff.). Darüber hinaus erläutert sie, wie Politik und Recht zum Dauerthema »Müttererwerbstätigkeit« widersprüchliche Botschaften senden (S. 294 ff.). Dass das Europarecht zum Katalysator des Gleichstellungsrechts werden konnte, begründet Gerhard mit einer »provozierende[n] These«: »Das zu Recht beklagte demokratische Defizit in der Regierungsgestaltung und bei den Entscheidungen der EU hat der Verbesserung der Rechtsstellung von Frauen eher genützt als geschadet« (S. 245). Unter der Überschrift »eine neue Geschlechterordnung« (S. 310 ff.) beobachtet Gerhard schließlich, dass sich rechtlich und gesellschaftlich ein erweiterter Familienbegriff durchgesetzt habe, der an die »realen Lebensverhältnisse« anknüpfe.

Gerhards Darstellung kulminiert in der Vorstellung eines Konzepts von »Care« als gesellschaftskritischem Entwurf und feministischer Vision dafür, »wie Liebe und Recht als ›Fürsorglichkeit‹ und in Verantwortung füreinander gleichberechtigt gelebt werden können« (S. 320). Diese Vision konfrontiert sie mit gesellschaftlichen Wirklichkeiten wie den »global care chains«, d.h. der Übernahme von Sorgearbeit durch marginalisierte und prekär beschäftigte Migrantinnen (S. 321 ff.).

b) Eine westeuropäische Utopie des Rechts

Das Buch zeichnet sich durch die Verbindung von normativen Überlegungen und empirischen Analysen aus, wobei ein Schwerpunkt auf politik- und geschichtswissenschaftlichen Fragestellungen liegt; sozioökonomische Aspekte oder kulturwissenschaftliche Analysen spielen allenfalls am Rande eine gewisse Rolle. In der Sache konzentriert es sich auf die Darstellung der politischen und Rechtssetzungsprozesse sowie der wissenschaftlichen Debatten. Gerhard geht es vor allem um die utopischen und normativen Potenziale des Rechts. Der Anspruch, »Dimensionen feministischer Rechtskritik« aufzufächern, wird deshalb nur insoweit eingelöst als konkrete Regelungen kritisiert werden.

8 Vgl. das für die Debatte in Deutschland wichtige Buch von Ute Gerhard/Mechtild Jansen/Andrea Maihofer/Pia Schmid/Irmgard Schultz (Hrsg.), Differenz und Gleichheit. Menschenrechte haben (k)ein Geschlecht, 1990.

Der Klappentext fasst insofern gut zusammen, was die konzeptionelle Grundlinie der Darstellung ausmacht: Recht sei ein »Spiegel gesellschaftlicher Machtverhältnisse, zugleich eröffnet es Wege, diese Verhältnisse zu verändern.« »Rechte müssen im jeweiligen Kontext erkämpft, verteidigt und neu verhandelt werden.« Eine weitere Funktion von Recht wird im Kontext der Menschenrechte angesprochen: »Die Menschenrechte sind ein Sprachrohr für diejenigen, die Unrecht erfahren haben« (S. 97 ff.), eine »Instanz des Sprechens«, das Unrechtserfahrungen zum Ausdruck bringen könnte (S. 127 ff. – die Formulierung ein Zugeständnis an kultursoziologische Ansätze).

Da Ute Gerhard das Recht sowohl als Befreiungs- als auch Herrschaftsinstrument sieht, aber die Eigendynamiken, Logiken und Funktionsweisen des Rechts nicht systematisch hinterfragt, hält sie die Tatsache, dass (»erst recht weltweit«) die Mehrheit der Frauen prekär, in ökonomischer Abhängigkeit und bedroht von Gewalt lebt, vor allem für ein Problem mangelnder Durchsetzung von Rechten (S. 8 ff.). Mit seinem recht ungebrochenen Fortschrittsdenken steht das Buch in bestimmten Traditionslinien der Kritischen Theorie.[9] Bei der historischen Darstellung von Frauenbewegung, Feminismus und Geschlechterpolitik in der Bundesrepublik (S. 19 ff.) geht es auch bildlich um Schritte nach vorn, Rückschritte, »Verspätung« und »nachholende Entwicklung« (S. 20). Die Tatsache, dass die im Buch behandelten komparativen Studien sich »nur auf west- und teilweise südeuropäische Familienregime« beziehen,[10] wird zwar thematisiert (S. 291), und Gerhard bedauert, die Transformationsgesellschaften Ost- und Mitteleuropas nicht berücksichtigt zu haben.[11] Die beiläufige Bemerkung, die UN-Frauenrechte-Konvention CEDAW folge »dem Leitbild der westlichen ›modernen‹ Kleinfamilie« (S. 110), bleibt aber letztlich ohne Folgen für die Analyse, die im Ganzen einen westlichen, universalistischen Liberalismus fortschreibt – und schon deshalb keine Antworten auf die Fragen hat, welche die eingangs erwähnten Praktiken von STEPS aufwerfen.

9 Zu diesen Traditionslinien kritisch Amy Allen, The End of Progress. Decolonizing the normative foundations of Critical Theory, 2015.

10 Bei den ausführlichen historischen Analysen der Ehegesetzgebungen werden das Preußische Allgemeine Landrecht von 1794 (147 ff.), der französische Code Civil (154 ff.), das österreichische ABGB (160 ff.), das gemeine und kirchliche Recht (163 ff.), das englische (170 ff.) und amerikanische Common Law (175 ff.), das russische (179 ff.) und das skandinavische Recht (182 ff.) behandelt.

11 Die ostdeutsche Frauenbewegung wird für die Zeit um 1989 einbezogen (35).

c) Care: im Namen von Frauen

Geradezu frappierend ist auch, wie wenig explizit sich das Buch auf einige der aktuelleren feministischen Debatten bezieht. Zu jüngeren Bewegungen, die unter anderem Fragen von sexualisierter Gewalt wieder auf die Tagesordnung gebracht haben (#aufschrei, #metoo), heißt es u.a. skeptisch (S. 73): »Die Frage bleibt, wie nachhaltig sie wirken können.« (Das ist natürlich immer die Frage.) Die schwierigen feministischen Debatten um Identität und Intersektionalität, die auch im und über das Antidiskriminierungsrecht verhandelt werden, scheinen allenfalls implizit und als Gegenposition auf, etwa wenn Gerhard gegen nicht ausdrücklich benannte Positionen darauf besteht, dass ein »Sprechen im Namen von Frauen« möglich sein müsse (S. 72). Am Ende nutzt sie für ihr Bekenntnis zu »Care« zwar ein Zitat von Chantal Mouffe – »für ein pluralistisches, multiples und dynamisches Modell, das davon ausgeht, dass jeder und jede Einzelne in vielfältige soziale Beziehungen bzw. in ein Ensemble von ›Subjektpositionen‹ eingebunden ist« – jedoch nicht, ohne sich gleichzeitig auch irgendwie wieder davon abzugrenzen: » [...] die Anerkennung der Pluralität darf nicht zu Beliebigkeit und Indifferenz führen.« (S. 246).

Gerade in diesen Lücken spiegelt Ute Gerhards Überblick sowohl die Stärke wie auch die Schwäche der zweiten Welle der Frauenbewegungen und des westeuropäischen Feminismus in ihrem Verhältnis zum Recht. Sie wurden durch die Debatten der 1980er und 1990er Jahre über Differenz und/oder Gleichheit der Geschlechter geprägt, und Ute Gerhard hat sich damals (und seither) immer für feministische Gleichheitspositionen eingesetzt, das heißt explizit gegen Vorstellungen »weiblicher« Werte und Differenzfeminismen gewandt. Umso interessanter ist es, wie sie in ihren Vorstellungen für ein »Konzept fürsorglicher Praxis« als Schlüsselkonzept einer zukunftsfähigen europäischen Sozialpolitik nun produktiv an die aktuell höchst relevante Debatte um »Care« als neuen gesellschaftskritischen Entwurf anknüpft. In ihm sollten Liebe und Recht, Freiheit und Gerechtigkeit vereinbar werden. Inwiefern dieses Konzept über die frühere Entgegensetzung von Differenz- und Gleichheitsansätzen hinausweist, wird in ihrem Buch leider nicht ausdrücklich angesprochen. Sie erinnert stattdessen an die Debatten um einen erweiterten Arbeitsbegriff, wenn sie die Notwendigkeit der Um- und Neuorganisation der geschlechtsspezifischen Arbeitsteilung betont, und wählt für »Care« einen Ansatz, der letztlich auf der Basis von Gleichheitsrechten konzeptioniert ist: »Care« müsse als soziales Bürgerrecht und Menschenrecht sowohl für Pflegende wie für Gepflegte gewährleistet werden (S. 340 ff.).

2. Ratna Kapur: »Freedom in a fishbowl«

a) Überblick/Zusammenfassung

Auch Ratna Kapurs Buch handelt vordergründig von Recht als Instrument politischer Herrschaft. Aus einer konsequent postkolonialen und subjekttheoretischen Perspektive kommt sie aber nicht nur zu anderen Themen, sondern auch zu ganz anderen Ergebnissen als Ute Gerhard: Mehr Rechte für Frauen hätten nicht mehr Freiheit und Gleichheit gebracht, sondern mehr moralische Überwachung und Regulierung (S. 228).

Ratna Kapur hat in Cambridge (GB) und Harvard (USA) Jura studiert, in Indien als Rechtsanwältin gearbeitet und war Professorin an der Jindal Global Law School in Indien, bevor sie zur Queen Mary Universität nach London kam, wo sie heute lehrt. Sie ist eine Aktivistin der indischen feministischen Bewegung; fast 20 Jahre lang (1995–2012) leitete sie das Centre for Feminist Legal Research in New Delhi. Sie engagierte sich z.B. im Verfahren vor dem indischen Supreme Court gegen die Kriminalisierung von Homosexualität – mit Erfolg: Im September 2018 wurde Sec. 377 des indischen Strafgesetzbuchs, eingeführt zur Zeit der britischen Kolonialherrschaft, für verfassungswidrig erklärt.[12]

In »Gender, Alterity and Human rights« beschreibt sie mit dem Bild des Goldfischglases aus dem Untertitel des Buches (»Freedom in a fishbowl«) die Grenzen eines Macht- und Herrschaftssystems, in dem wirkliche Freiheit nicht möglich werden könne. Rechte seien – auch und gerade wenn sie verwirklicht werden – mit Verfahren, Prozessen, Regierungs- und Herrschaftstechniken verbunden, in denen radikale Substrate des Rechts verschwänden (S. 78). So seien Gender und Feminismus in der Vergangenheit wiederholt »kooptiert« worden, um den politischen Zielen des Imperialismus und Kolonialismus zu dienen (S. 89; 109). Aufgrund dieser historischen und aktuellen Erfahrungen bezweifelt Ratna Kapur, dass Rechte jemals eine »authentisch gegenhegemoniale Rolle« spielen könnten (S. 75).

Kapurs Analyse startet im ersten Kapitel mit der These, dass der Diskurs um Rechte mit »Avataren des Subjekts« arbeite (S. 40 ff.). Die Konstruktion des autonomen und erfolgreichen Subjekts stehe entsprechenden Konstruktionen von verletzlichen Subjekten einerseits sowie bedrohlichen Subjekten andererseits gegenüber, und diese Konstruktionen begrenzten, was Recht erreichen könne.

In den folgenden drei Kapiteln wird diese These für drei spezifisch vergeschlechtlichte Subjektkonstruktionen im Einzelnen ausgeführt. Im

12 Navtej Singh Johar & Ors. versus Union of India, W. P. (Crl.) No. 76 of 2016. Zu diesem Urteil siehe unten Fn. 15. Zur Vorgeschichte Kapur, 55 ff.

zweiten Kapitel geht es um »prekäre sexuelle Subjekte« und Rechte für queere Menschen. Hier zeigt sie, wie mit Entkriminalisierung und Rekriminalisierung der Homosexualität in Indien eine komplexe »Governance«[13] entstand, die queere Menschen mit Hilfe des Rechts oder der Rechte-Forderungen in einer globalen schwul-lesbischen Identität normalisiert habe. Das Narrativ des »coming out« verorte Sexualität vor allem in einer Dialektik von Sichtbarkeit und Unsichtbarkeit und vernachlässige damit Gefahren von Sichtbarkeit (S. 67). Im dritten Kapitel (»the gendered subject«) erläutert sie den Umgang des Rechts mit sexualisierter Gewalt gegen Frauen am Beispiel der medialen Debatten um die Kölner Silvesternacht 2015/16, die sexualisierte Gewalt gegen Frauen rassistisch konstruierten.[14] Sie nennt Beispiele aus Indien, in denen feministische Proteste gegen Gewalt und entsprechende Rechte-Forderungen letztlich zu einer Stärkung staatlicher Sicherheits-Governance geführt hätten. Im vierten Kapitel taucht die Figur des weiblichen »Anderen« und damit erstmals der Begriff der »alterity« aus dem Titel des Buchs auf. Am Beispiel von Debatten um Geschlechtergleichheit und das muslimische Kopftuch (die sie u.a. anhand der entsprechenden Rechtsprechung des EGMR darstellt) zeigt sie, wie die »Entschleierung« zur Governance werde – und erinnert z.B. daran, dass die »Befreiung der afghanischen Frau« durch die USA dadurch symbolisiert wurde, dass die US-amerikanischen Truppen durch unverschleierte Frauen willkommen geheißen wurden (S. 137).

b) Die Grenzen der Methode

Die Herangehensweise von Kapur ist vom Poststrukturalismus Michel Foucaults und Judith Butlers geprägt, von einer macht- und subjekttheoretischen, konstruktivistischen Analyse von Gender und Sexualität (S. 90 ff.), verbunden mit einer Absage an dualistische Vorstellungen von Geschlecht (S. 95). Recht ist hier Disziplinierung bzw. eine spezifische Weise von Herrschaft (»Governance«). Und gezeigt wird das nicht in erster Linie an konkreten rechtlichen Positionen, Verfahren und Regulierungen, sondern unter Berufung auf Literatur und Autoritäten, auf Bücher, Geschichten, Filme oder künstlerische Arbeiten. Zum Teil

13 Zu Begriff und Kritik des »Governance-Feminismus« siehe Janet Halley/Prabha Kotiswaran/Rachel Rebouché/Hila Shamir, Governance Feminism: An Introduction, Minneapolis (University of Minnesota Press) 2018 (rezensiert von Serena Natile/Silvana Tapia Tapia, Law&Society Review 52 [2018}, 1106–1111, und von Elisabeth Holzleithner, KJ 2018, 378–384).

14 Vgl. Sabine Hark/Paula-Irene Villa, Unterscheiden und Herrschen, Bielefeld (transcript) 2017.

scheinen Figuren der Diskursanalyse verwandt zu werden, z.B. wenn das Narrativ des Coming Out als eine der wichtigsten Leiterzählungen für homosexuelle Emanzipation analysiert wird (S. 67) oder wenn Diskurse nachvollzogen werden, die den »happy queer« als homo oeconomicus beschreiben (S. 69 ff.).

Weil diese Methoden und ihre Aussagekraft aber nicht benannt oder erklärt werden, bleibt die Behauptung, es handele sich jeweils um dominante, hegemoniale Erzählungen, in der Luft hängen. Zwar verortet Kapur ihren eigenen Erfahrungshintergrund wiederholt deutlich (S. 72) mit Beispielen aus Indien und dem indischen Recht – also einer Rechtsordnung, die in den letzten Jahren gleichzeitig eine hindunationalistische, rechtsgerichtete Regierung, eine neoliberal organisierte Wirtschaft und eine Reihe von Urteilen des Supreme Court gesehen hat, die gleiche Rechte für Homosexuelle und Frauen zum Gegenstand hatten (und die z.T. Anlass für Kapurs negative Bewertung der Rolle des Rechts in der Schaffung einer normalisierenden Governance-Struktur gegen queere Menschen sind).[15] So kann ihre Darstellung zum Teil als (wenn auch sehr indirekte) Solidarisierung mit den oben skizzierten und auch in der Religion verorteten Praktiken von STEPS verstanden werden. Auch historisch ist die Auswahl der Themen klar verortet: Es geht ihr um die Rolle der Menschenrechte in Herrschaftstechniken des Othering »post-9/11«. Seit dieser Zeitenwende befänden sich die Menschenrechte in den Händen des »Empire« und damit in einer Sackgasse (S. 20/30).

Die gewählte Methode taugt aber nicht zu verallgemeinernden Aussagen. So hätte sich z.B. die Rolle des Rechts in Diskursen um das weibliche Andere möglicherweise etwas differenzierter dargestellt, hätte Kapur nicht ausgerechnet die französische Kopftuch-Debatte und die indischen Homosexuellenbewegungen als Beispiele genommen.[16] Kapur kritisiert

15 Im September 2018 wurde nicht nur die Kriminalisierung von einverständlichem homosexuellem Sex für verfassungswidrig erklärt (oben Fn. 12). Im selben Monat fiel auch (in einer einstimmigen Entscheidung) die indische »Ehebruchsklausel« in Sec. 497 des Strafgesetzbuchs, die ebenfalls aus der Kolonialzeit stammte und den Ehebruch eines Mannes mit einer verheirateten Frau bestrafte, wenn er ohne die Einwilligung von deren Ehemann erfolgte (Joseph Shine vs Union Of India, W. P. (Crl.) No. 194 of 2017). Und Ende September 2018 untersagte es der Supreme Court, Frauen zwischen 10 und 50 Jahren (im menstruationsfähigen Alter) den Zutritt zum hinduistischen Sabarimala Temple in Kerala zu verbieten (Indian Young Lawyers' Association v. State of Kerala, W. P. (Civ.) No. 373 of 2006; die Entscheidung wird derzeit durch den Supreme Court überprüft).

16 Siehe auch Kotiswaran, in: Governance Feminism (Fn. 13), Chapter 4, die ebenfalls einen Niedergang (»decline«) der indischen Frauenbewegung von einer gegenhegemonialen Bewegung zu »corporatisation« beschreibt. Siehe auch Naisargi N. Dave, To Render Real the Imagined: An Ethnographic

letztlich nicht das Recht, sondern konkrete Diskurse um Rechte. Sie erklärt nicht theoretisch, *wie* (Menschen-)Rechte versagen; sie zeigt an Beispielen, *dass* dies in bestimmten Konstellationen der Fall ist.

c) The spiritual turn

Der eigentliche Clou des Buchs liegt aber ohnehin weniger in der Rechtskritik des ersten Teils als in dem Versuch, das subjekttheoretische Paradox aufzubrechen und den Prozess der Formierung eines Subjekts, das durch die (hegemoniale) Erzählung überhaupt erst existent wird, gegenhegemonial zu denken. Der Schlüssel zu Freiheit im Angesicht gesellschaftlicher (Herrschafts-)Technologien des Selbst sind für Kapur nicht rechtstheoretische, sondern spirituelle Konzepte.

Entsprechend kritisch wendet sie sich in den letzten Kapiteln theoretischen Ansätzen zu, die sich kritisch mit Recht als Machtinstrument und den Emanzipationspotenzialen von (Menschen-)Rechten auseinandersetzen und dennoch nach alternativen Verwendungsweisen von Rechten suchen. Auch diese Suchen müssen für Kapur in der Erkenntnis enden, dass (Menschen-)Rechte ein Governance-Projekt seien, das vollständig in bestehenden Machtstrukturen einbezogen sei (S. 175). Wer (wie z.B. Costas Douzinas, Boaventura de Sousa Santos und Wendy Brown) Menschenrechtskonzepte herrschaftskritisch kritisiere, ohne deren Emanzipationspotenzial aufgeben zu wollen, setze sich Selbstwidersprüchen aus (S. 155 ff.).

Sie sucht deshalb nicht in Rechten, sondern in der Affekttheorie und anderen Formen von Wissen und Sein nach Alternativen (S. 165). Aus dem Widerspruch zwischen dem Wunsch nach Autonomie und der täglichen Erfahrung von Prekarität entstünden spirituelle Krisen der Verzweiflung, die sich in Melancholie, Traurigkeit oder Depression äußerten (S. 172); aus diesem Erleben des Täglichen, aus dem Granularen, dem Intimen müsse das Verständnis von Freiheit »on its own terms« entwickelt werden (S. 174 f.). Dafür knüpft sie im sechsten Kapitel an »nicht-liberale«[17] Alternativen und Wissenstraditionen aus nicht-westlichen Kontexten an, in Weiterführung von Eve Sedgwicks Hinwendung zum tibetischen Mahayana-Buddhismus (S. 186 ff.) und Michel Foucaults Vorstellung von politischer Spiritualität, die dieser in nicht-westlichem Denken und insbesondere im transformativen Potenzial schiitischer Ideen fand, wie sie in den ersten Phasen der iranischen Revolution

History of Lesbian Community in India, Signs 35 (2010), 595–619 zur Bedeutung ausländischer NGO-Förderung.

17 Sie betont dabei, »nicht-liberal« sei nicht gleichbedeutend mit »illiberal« (Kapur 181).

verbreitet waren[18] (S. 190 ff.) und in denen er Auswege aus dem »government through the state« und eine neue Subjektivität gefunden habe (S. 194 ff.). Hier wird deutlich, was Kapur mit »freedom« meint: spirituelle innere Freiheit, eine Transformation des Selbst (S. 197 ff.), deren Erfahrungen sie u.a. im persischen Sufismus findet. In einem solchen Verständnis von Freiheit werde das Subjekt nicht beobachtet, sondern erfahren und könne deshalb nicht objektifiziert werden (S. 219 ff.).

Was daraus folgt und wie sich das zu den feministischen Ansätzen verhalten kann, die Ute Gerhard resümiert, ist Gegenstand des vierten Abschnitts dieses Beitrags. Zunächst aber soll an den beiden unterschiedlichen Erfahrungshintergründen, Beispielen und theoretischen Positionen beispielhaft aufgezeigt werden, welche Gesprächsmöglichkeiten bestehen könnten.

3. Kontraste: Utopie oder Kritik des Rechts

Einige Kontraste liegen auf der Hand: Keine der Debatten, auf die Ratna Kapur sich bezieht – Homonationalismus, Othering, »Köln«, muslimisches Kopftuch – spielt in Ute Gerhards Buch eine relevante Rolle. Auf der anderen Seite kommt bei Ratna Kapur keins der bei Ute Gerhard zentralen Themen vor – weder Familie noch Arbeit, Gleichstellung in der Politik oder Sozialstaatspolitiken. Gegensätze zeigen sich aber genauso deutlich an Themen, die sie beide ignorieren (Intersektionalität und Antidiskriminierungsrecht), sowie in Fragen, die beide ansprechen (»Care«). Um diese geht es im Folgenden.

a) Intersektionalität: Geschlecht, Rassismus und Religion

Dass der Begriff der »Intersektionalität«, der globale feministische Debatten der letzten Jahrzehnte geprägt hat, bei Kapur nicht vorkommt, ist nur konsequent. Ratna Kapur verwendet ihn nicht, weil sie sich für das Antidiskriminierungsrecht genauso wenig interessiert wie für andere mit Gleichheitsdiskursen verbundene Politiken und Governance-Techniken. In einer spirituellen Freiheit sei das Selbst unteilbar und nicht durch Labels oder Identitäten definiert (S. 221).

Bei Ute Gerhard ist die Leerstelle schwerer zu erklären. Sie bezieht sich ja maßgeblich auf die westeuropäischen und US-amerikanischen feministischen Debatten der 1980er und 1990er Jahre, in denen sie mit ihrer Stellungnahme für »Gleichheit« und gegen »Differenz« selbst eine wichtige

18 Ungeachtet seiner späteren kritischen Auseinandersetzung mit den konkreten Praktiken des fundamentalistischen Regimes unter Khomeini (Kapur 190 ff).

Akteurin war. Die Frage nach »Unterschieden zwischen Frauen« wurde aber damals bereits zu einem zentralen Thema.[19] Inmitten dieser Debatten, im Jahr 1989, erschien der Aufsatz »Demarginalizing the Intersection of Race and Sex« von Kimberlé Crenshaw;[20] der Begriff der »Intersektionalität« ist seither zum Begriff der Wahl geworden, um Überschneidungen von Macht-, Ungleichheits- und Herrschaftsverhältnissen rechtlich und politisch zu analysieren. Die Heinrich-Böll-Stiftung richtete am 28.4.2019 aus Anlass des 30-jährigen Erscheinens dieses Aufsatzes sogar eine »Gala« für Kimberlé Crenshaw aus. Allerdings: Die Debatte zu den Überschneidungen von Geschlechterordnung und Rassismus war ursprünglich von der feministischen Suche nach Solidarität und Identifikation geprägt. Mit der Zunahme von antimuslimischen Spielarten des Rassismus wurden Intersektionen zwischen Religion und Geschlecht wichtiger und gleichzeitig problematisch. Und in ähnlichem Maße, wie die Linke sich auf dem Terrain des Säkularismus verortet (Kapur S. 217), geraten auch Feministinnen in Dilemmata. Je stärker insbesondere der Islam als sexistisch markiert wird, desto mehr scheinen diese Ungleichheitsdimensionen gegenläufige Handlungsanforderungen zu stellen und Solidarität oder Identifikation zu erschweren.[21] Die Auseinandersetzung mit Religion und der Rolle des Staates ist vor diesem Hintergrund zu einer zentralen Herausforderung für den linken, westlichen und säkularen Feminismus geworden, in dessen Tradition Ute Gerhard steht. Die von Ratna Kapur kritisch thematisierten Governance-Perspektiven, die für staatliche Regulierung des muslimischen Kopftuchs eintreten, ohne die Vielschichtigkeit der Problematik aus Sicht der betroffenen Subjekte in Betracht zu ziehen, stellen auch deutsche feministische und Frauenrechte-Organisationen seit vielen Jahren vor Bewährungs- und Zerreißproben – oft als Generationenkonflikte inszeniert, nicht nur beim Streit um das

19 Vgl. beiträge zur feministischen theorie und praxis 27, 1990; Birgit Rommelspacher, Dominanzkultur, 1995.

20 Kimberlé Crenshaw, Demarginalizing the Intersection of Race and Sex. A Black Feminist Critique of Antidiscrimination Doctrine, Feminist Theory and Antiracist Politics, University of Chicago Legal Forum: Vol. 1989/Issue 1.

21 Zur Motivation der Identifikation siehe z.B. Editorial zu Bd. 27 der »beiträge« (Fn. 19), 7: »[Es] gilt, *unsere* Unterdrückungserfahrungen als eine wichtige Basis zum Verständnis der Unterdrückung anderer zu nutzen.« Siehe aus heutiger Sicht auch z.B. Tanja Herklotz, Feminist Dilemmas: The Challenges in Accommodating Women's Rights within Religion-Based Family Law in India. Rapoport Center Human Rights Working Paper Series 2/2018; dies., Law, Religion and Gender Equality: Literature on the Indian Personal Law System from a Women's Rights Perspective, *Indian Law Review* 2018; Ulrike Lembke, Religionsfreiheit und Gleichberechtigung der Geschlechter, in: dies. (Hrsg.), Menschenrechte und Geschlecht, 2014, 188–217.

»Kopftuchverbot«,[22] sondern auch z.B. bei dem Streit um die Forderung von Terre des Femmes gegen ein Aufenthaltsrecht von in Kinderehe verheirateten Mädchen.[23]

Ute Gerhard scheint sich heraushalten zu wollen; man muss schon gezielt suchen, um Stellen zu finden, an denen Religion in ihrem Buch überhaupt vorkommt. Eine explizite Auseinandersetzung findet sich lediglich als »Exkurs: Frauenrechte und Islam« (S. 112 ff.). Hier kritisiert sie islamische Menschenrechtserklärungen, die alle Rechte und Pflichten der Scharia unterstellten, beruft sich beiläufig positiv auf reformerische und liberale Koran-Diskurse und erinnert daran, dass »auch im ›christlichen Abendland‹ die Anerkennung der Menschenrechte durch die Religionsgemeinschaften und die Kirchen kein Selbstläufer war« (S. 115).[24]

Aus einer postkolonialen Position ist das Verhältnis von Religion und Feminismus ein anderes, aber nicht unbedingt ein einfacheres. Ratna Kapur nimmt für ihre Kritik wiederholt die Perspektive religiöser Frauen ein. Insofern thematisiert sie zwar nicht den theoretischen Diskurs über Intersektionalität, geht aber implizit auf einige Fragen ein, die dieser zu beantworten sucht. Sie bezieht sich insbesondere auf die Perspektive muslimischer Frauen in Indien, also der Gruppe, der die oben beschriebenen Praktiken von STEPS zuzuordnen sind und die dort einer sozioökonomischen und im Hindunationalismus mehrfach diskriminierten Minderheit angehören. Diese stehen in Diskursen, in denen die Befreiung der Frau mit deren Befreiung vom Islam gleichgesetzt wird, unmittelbar vor dem Dilemma der Positionierung zwischen Religion und Feminismus. Und im postkolonialen rechtspluralistischen Kontext Indiens stehen sie konkret vor der Wahl zwischen diskriminierenden und gewaltvollen Regeln der (religiös geprägten) Gemeinschaft und dem staatlichen,

22 Vgl. Baer/Wrase, Zwischen Integration und »westlicher« Emanzipation – Verfassungsrechtliche Perspektiven zum Kopftuch(-verbot) und der Gleichberechtigung, KritV 2006, 401–416.

23 Die Organisation war die einzige unter den Sachverständigen und sachkundigen Organisationen, die das gesetzliche Verbot uneingeschränkt für richtig hielt (siehe die Expertisen auf https://www.bmjv.de/SharedDocs/Gesetzgebungsverfahren/DE/Bekaempfung_Kinderehe.html (11.5.2020); zur Verfassungswidrigkeit dieser Regelung siehe Vorlagebeschluss des BGH vom 14.11.2018 (XII ZB 292/16), der auch von einem Verstoß gegen das Gebot des Kindeswohls (Art. 2 Abs. 1/Art. 1 GG) ausgeht. Das BVerfG hat mittlerweile mit Beschluss vom 1. Februar 2023 (1 BvL 7/18) die Regelung überwiegend für verfassungswidrig erklärt; siehe auch Lena-Maria Möller/Nadjma Yassari, KJ 2017, 269–285.

24 Auch diese Stelle kann als Beispiel für Ratna Kapurs These dienen, dass kulturelle Distanzierungen oft durch ein lineares Verständnis von Zeit laufen, in dem ein fortgeschrittener Westen rückschrittlichen »Anderen« gegenübergestellt wird (Kapur, 218).

säkularen Recht mit seinem (ebenfalls gewaltvoll durchgesetzten) polizeilichen Regime.[25]

b) »Care« und »self-care«: Gleichheit oder Freiheit?

Beide Autorinnen scheinen sich allerdings in einer Frage zu begegnen – nämlich in ihrer Kritik an Subjektpositionen des Rechts und ihrer Hervorhebung von Sorge/Care als Zukunftsfrage feministischer Theorie und Praxis. Denn auch für Ute Gerhard bezieht sich »care« auf das soziale Eingebundensein der Person und auf gesellschaftlich vordefinierte Positionen. Dem »Menschenbild [...] des autonomen Subjekts der abendländischen Philosophie und Jurisprudenz, die männliche Lebens- und Denkweise zum Maß aller Dinge und Menschlichkeit erhoben hat«, stellt sie insofern ein »Grundverständnis von der Angewiesenheit, Verletzbarkeit und Sozialität aller Individuen« gegenüber (S. 354). Beide schließen damit an Fragen an, die in feministischen Debatten hochaktuell sind.[26]

Umso interessanter ist, wie unterschiedlich die Verständnisse von Care sind, von denen Gerhard und Kapur ausgehen. Ute Gerhard möchte das mit der Bezugnahme auf Recht verbundene »utopische Verlangen nach Gerechtigkeit« (S. 10), »die Idee der Freiheit und Gleichheit nicht aufgeben« (S. 350) – allerdings mit einer klaren Schwerpunktsetzung: Am Beispiel der Menschenrechtserklärung von Olympe de Gouges (S. 351 f.) behauptet sie das Rechtsprinzip der Gleichheit als »radikalste oder gar ungehörige Forderung«, weil sie »bestehende Herrschaftsverhältnisse, überkommene Ordnungen und Privilegien und vor allem soziale Ungerechtigkeit« angreife.

Kapur dagegen entwickelt eine Kritik von Subjektkonstitutionen und Herrschaftsdiskursen fast ausschließlich aus ihrem Verständnis von Freiheit. Wenn sie von Recht, subjektiven Rechten und Menschenrechten spricht, so bezeichnet sie diese (aus einem anglo-amerikanischen Rechtsverständnis heraus) als »liberal freedoms«. Deren normatives Skript sei so eng mit einem ganz spezifischen Verständnis von Glück und einem guten Leben verbunden, dass jeder Diskurs über Menschenrechte notwendig in dieser »fishbowl« gefangen bleibe und wirkliche (innere) Freiheit verhindere. Sie sucht Wege, auf denen subalterne Subjekte und Gemeinschaften sich in einer dominanten Kultur behaupten können, um zu überleben.

25 Zu diesem »positioning dilemma« siehe Tanja Herklotz. Feminist Dilemmas (Fn. 21).

26 Siehe auch Hark, Enteignet Euch! Oder: Keine Frage der Wahl. Über Autonomie in der Demokratie, in: Susanne Baer/Ute Sacksofsky (Hrsg.), Autonomie im Recht – Geschlechtertheoretisch vermessen, Baden-Baden (Nomos) 2018, 157–172 (167) zu Judith Butlers Überlegungen hierzu.

Vor diesem Hintergrund entwickeln beide sehr unterschiedliche Vorstellungen zur Rolle von Recht und zur gesellschaftlichen Bedeutung von »care«. Zwar kritisieren beide explizit ein Verständnis von Rechten unter Kategorien von »Haben oder Besitz« (Gerhard S. 7; Kapur, S. 227), doch mit ganz unterschiedlichen Folgerungen. Gerhard setzt dem ein Verständnis von Rechten als »Ausdruck von institutionalisierten Regeln für soziale Beziehungen und für die Verbundenheit mit anderen Menschen« gegenüber – Recht als Institutionen und Verfahren. »Care« bezieht sich hier also weniger auf eine Subjektposition als auf neue Vorstellungen von der Organisation der Gesellschaft und des Sozialen. Entsprechende politische und ökonomische Modelle und deren Durchsetzung stehen für Gerhard im Vordergrund der Aufmerksamkeit. Sie meint deshalb auch unter Berufung auf Linda Zerilli, »feministische Theorie [sollte sich] aus der falschen Sicherheit der Erkenntnistheorie lösen und in die Welt des Handelns aufbrechen« (Gerhard, S. 59). Utopien des Rechts sollten nicht einer Kritik des Rechtssubjekts zum Opfer fallen: »Weil der Diskurs über Recht in der neuzeitlichen Philosophie eng mit dem vorherrschenden Konzept eines autonomen, der Idee nach männlichen Subjekts verbunden ist, führt die Opposition [...] zu einer Traditionslinie des Rechtsnihilismus und Skeptizismus in der feministischen Theorie« (S. 57).

Bei Kapur geht es dagegen in erster Linie um »self-care«, um Heilung, um Selbstbefragung; sie wendet sich gegen das »doing«, das die Rechtsverfolgung vom Subjekt verlangt. Freiheit werde im »being« durch Selbstreflektion und Selbstbefragung erreicht (S. 227; 229). In der Frage der Bedeutung von Gemeinschaften oder allgemein kollektiver Kontexte bleibt sie daher durchgehend unscharf und unklar.

4. »Non credere di avere dei diritti«

a) »rights delinked from freedom«

Anderen Kritiker*innen des »Governance-Feminismus« wurde schon entgegengehalten, dass man sich eine solche grundsätzliche Kritik erst einmal leisten können müsse.[27] Auch Ratna Kapur könnte in diesem Sinn Hannah Arendts Formulierung entgegengehalten werden, dass der Zustand, in dem es das »Recht, Rechte zu haben«, nicht gibt, »ein gnadenloser und unbarmherziger Zustand der Willkür, der Enteignung und Abhängigkeit« ist.[28] Kapur gesteht zu, dass eine neue Subjektformierung nicht

27 Serena Natile/Silvana Tapia Tapia (Fn. 13).

28 Vgl. Hark (Fn. 26), 163.

vollständig mit der existierenden normativen Ordnung brechen könne und Anstrengungen um die Menschenrechte erforderlich seien (S. 225 ff.). Sie macht auch vereinzelt Vorschläge, wie nicht-liberale Verständnisse von Freiheit in einer Rechte-Strategie berücksichtigt werden könnten. Insbesondere müsse die bewusste Selbstreflektion allgemeiner ein wichtiger Bestandteil jeder Menschenrechtspolitik (»human rights advocacy«) werden (S. 227), und das Recht müsse Räume der Selbsterfahrung schützen. So weist sie gegen das Verbot der religiösen/spirituellen Praxis des Verhungerns im indischen Recht darauf hin, dass das Recht die in dieser Praxis zum Ausdruck kommenden philosophischen Aspekte berücksichtigen könne statt sie als nicht-freiwillig zu denunzieren (S. 247 f.).

Es geht Kapur also nicht primär darum, den politischen und instrumentellen Gebrauch der Rechte zu denunzieren. Es geht ihr vielmehr um die mit dem Recht verbundenen Hoffnungen und Utopien. Rechte seien Instrumente der Macht und könnten so auch genutzt werden. Sie seien aber ungeeignet, Freiheit zu erzielen. Man müsse »rights as instruments of power, but delinked from freedom« (S. 230 ff.) sehen – statt im Recht utopische Potenziale zu suchen.

b) Die Sichtbarmachung der Nicht-Benennbaren und Nichtlesbaren

In ihrer radikalen Kritik an den Emanzipations- und Befreiungspotenzialen des Rechts trifft Ratna Kapur sich mit Christoph Menke oder Daniel Loick, die zuletzt die Notwendigkeit von »Gegenrechten« oder eines »Rechts auf Nicht-Recht« rechtsphilosophisch begründet haben.[29] Kapur argumentiert in ihrer Rechtskritik hingegen nicht zuvörderst theoretisch oder philosophisch und verwendet für ihre Vorstellung von Emanzipation auch bewusst nicht den Begriff des (Gegen-)Rechts. Dafür macht sie ernst mit einer nicht-relativistischen pluralistischen Perspektive, die außer-europäische Philosophien und Theorien mit einbezieht – und zeigt damit implizit blinde Stellen der philosophischen Rechtskritik auf. Freiheit müsse ihren Ausgangspunkt in existierendem Leiden und Grausamkeit haben (S. 33). Die Wendung zu spirituellen Ansätzen begründet sie vor allem damit, dass diese Erfahrungen der Subalternen innerhalb der liberalen »fishbowl« genauso wenig lesbar und benennbar seien wie spirituelle Freiheit (S. 197 ff.).[30]

29 Christoph Menke, Kritik der Rechte, 2015; Daniel Loick, Juridismus, 2017; zur Diskussion von Menkes Thesen siehe z.B. Buckel, KJ 2017, 461–474.

30 Gayatri Spivak, Can the Subaltern Speak, in: Patrick Williams/Laura Chrisman (eds), Colonial Discourse and Post-Colonial Theory, Columbia University Press 1994, 66–111.

Zur Benennung solcher Erfahrungen und Wege, das Unlesbare zumindest sichtbar zu machen, sucht sie in ihrem Epilog Narrative und findet Erzählungen über die mystischen Wege (weiblicher) Weiser. Statt abstrakt über diskursive Formen von Gegenrechten zu schreiben, beschreibt Kapur z.B. eine Video-Arbeit von Shirin Neshat, die eine Gerichtsszene zeigt, visuell gestaltet wie Szenen des »letzten Abendmahls«, in der das Gericht vor den subversiven Potenzialen der Gedichte von Jalaluddin Rumi warnt, einem persischen Sufi-Poeten des 13. Jahrhunderts – während die Angeklagten mit dem Gesang von Rumi-Liedern antworten (S. 197 ff.).[31]

5. »Take a break«?

Der Versuch, Ute Gerhard und Ratna Kapur und damit ganz unterschiedliche Feminismen miteinander ins Gespräch zu bringen, wird dadurch erschwert, dass beide Autorinnen mit ihren gegensätzlichen Methoden auch gegensätzliche Formen der Kommunikation, des Diskurses und der Rationalität pflegen. Der normative Zugang von Gerhard und der narrative von Kapur begegnen sich kaum. Das Fehlen einer gemeinsamen Sprache mag auch daran liegen, dass einige Traditionslinien des westlichen Feminismus verschüttet scheinen. Beispielsweise bezieht sich Sara Motta, die wie Ratna Kapur aus einer Perspektive des globalen Südens schreibt und mit Konzepten arbeitet, die das Subjekt fluide und postmodern verstehen, nicht nur auf (südamerikanische) schamanische Traditionen,[32] sondern auch auf Frantz Fanon, Gloria Anzaldúa und Luce Irigaray[33] und mit letzterer auf einen Ansatz, der in der westeuropäischen Debatte als »Differenztheorie« bezeichnet worden war.[34] Diese Denktraditionen führen z.B. die »ausgeprägte Rhetorik der Selbstfindung [...] als Kern einer revolutionären Politik« in der frühen autonomen Frauen- und Lesbenbewegung weiter.[35] Für den Differenzfeminismus der 1980er/1990er Jahre entwickelte ein einflussreicher Text der »Libreria delle donne di Milano« mit dem »affidamento«[36] einen

31 Shirin Neshat, Overruled, 2012.

32 Sara C. Motta, Liminal Subjects. Weaving (our) Liberation, 2018.

33 Frantz Fanon, Schwarze Haut, weiße Masken (1952), 1980; Luce Irigaray, Speculum. Spiegel des anderen Geschlechts, 1974; Ethik der sexuellen Differenz, 1991; Gloria Anzáldua, Borderlands/La Frontera: The New Mestiza (1987), 4. Aufl. 2012.

34 Vgl. Irigaray, in: Gerhard u.a. (Hrsg.) (Fn. 8), 1990, 338 ff; Cavarero, ebd., 95 ff.

35 Hark (Fn. 26), 166.

36 Entspricht auf deutsch ungefähr dem (An-)Vertrauen; in der deutschen Debatte wurde allerdings der italienische Begriff verwendet, um die spezifischen Assoziationen, die die »donne« damit verbanden, transportieren zu können.

Aufruf zur Wertschätzung der »Autorität« von Frauen.[37] Auch hier wurde Freiheit als zentraler Gegenbegriff zu Recht gesetzt – ganz deutlich in der deutschen Fassung des italienischen Titels »Non credere di avere dei diritti« (wörtlich »Glaube nicht, Rechte zu haben«), der auf Deutsch zu »Wie weibliche Freiheit entsteht« wurde.

In der westeuropäischen Debatte über Geschlechtergleichheit oder -differenz wurde dieser Ansatz allerdings vor allem in seiner Opposition zu einer »Politik der Forderungen«, d.h. insbesondere der Rechte-Forderungen diskutiert (für die auch Ute Gerhard steht) – und diese gewann die Deutungshoheit über die Debatte.[38] Die Gleichheit-Differenz-Debatte scheint so auch Potenziale verschüttet zu haben. Denn die »Libreria«-Autorinnen verstanden Differenz keineswegs als eine Suche nach einem vermeintlich authentischen Selbst, sondern als »offene Potenzialität«; bereits hier wurde Differenz weniger als Gegensatz zu Gleichheit und vielmehr als Gegensatz zu Identität verstanden.[39] Es sind solche Ansätze, die ein besseres Verständnis und ein Weiterdenken von Rechtspraxen ermöglichen, die Organisationen wie STEPS verhandeln. Diese löst ja das »positioning dilemma« so auf, dass sie die islamischen Regeln der Scharia auf feministische Weise anwenden und sich damit weigeren, zwischen Religion (als Zeichen für spirituelle Freiheit) und feministischen Gerechtigkeitsansprüchen zu wählen. In der Frage des Triple Talaq zum Beispiel, dem einseitigen Recht auf Scheidung, das in herkömmlichen Interpretationen der Scharia nur für Männer vorgesehen ist, ermächtigte die Gruppe sich selbst zu einem gleichberechtigten Triple Talaq durch Ehefrauen, statt sich entweder im Namen der Religionsfreiheit für die herkömmliche Auslegung der Scharia oder im Namen der Gleichheit gegen den Triple Talaq einzusetzen.[40]

Kollektivierungs- und Bewegungsperspektiven, wie sie mit diesen Praktiken ausprobiert werden, kommen leider in beiden besprochenen Bücher

37 Libreria delle donne di Milano, Non credere di avere dei diritti, 1987 (die deutsche Fassung erschien 1988). »Autorität« wird dort als »Prozess und Produkt von Kommunikation, Beziehung und (Ver-)Bindung« verstanden (Heike Kahlert, Differenz, Genealogie, Affidamento. Das italienische ›pensiero della differenza sessuale‹ in der internationalen Rezeption, in: Handbuch Frauen- und Geschlechterforschung, 2010, 94–102 [95]).

38 Gerhard, S. 91 f. in Ute Gerhard u.a. (Hrsg.), 1990 (Fn. 8).

39 Kahlert (Fn. 37) zum Bezug zu Jacques Derridas Begriff der »différance«.

40 Zur verfassungsrechtlichen Entwicklung in dieser Frage siehe die Triple-Talaq-Entscheidung des indischen Supreme Court, 22 August 2017 (Shayara Bano v. Union of India & Others), die das muslimische Recht insoweit für verfassungswidrig erklärte; The Muslim Women (Protection of Rights on Marriage) Act, 2019 vom 30. Juli 2019 kodifizierte diese Entscheidung (https://en.wikipedia.org/wiki/Triple_talaq_in_India [Abruf 8.5.2020]).

zu kurz – was möglicherweise mit den fehlenden Auseinandersetzungen mit Intersektionalität und (Anti-)Diskriminierung zusammenhängt. Denn diese Debatten und Konzepte stellen letztlich Versuche dar, individuelle Erfahrungen des Unrechts auf eine Weise sichtbar zu machen, die für das Recht und damit für das herrschende System lesbar ist – mit allen Brüchen und Schwierigkeiten, mit denen dies notwendig verbunden ist.

Geschlechterdifferenz und Staat

Juristische und politikwissenschaftliche Sichtweisen der Repräsentation der Geschlechterdifferenz in öffentlichen Kommunikations- und staatlichen Entscheidungsprozessen (1999)*

Feministinnen haben sich aus unterschiedlichen Blickrichtungen für das »Geschlecht des Staates« interessiert.[1] Nicht nur in der Philosophie und in der Politikwissenschaft wurde die Frage aufgeworfen. Insofern Recht eine der wichtigsten Handlungsformen des Staates ist, kamen auch JuristInnen nicht darum herum, sich darüber Gedanken zu machen, welchen Stellenwert rechtsdogmatisches und rechtspolitisches Handeln in staatlichen Strukturen für die Umsetzung feministischer Vorstellungen haben könne.

Vom Erkenntnisinteresse der Disziplinen her dürfte frau zunächst vermuten, daß in der Politikwissenschaft eher prinzipiell untersucht wird, welche rechtlichen Handlungsformen überhaupt im feministischen Sinne nutzbar gemacht werden können; von der Rechtswissenschaft werden pragmatischere Fragestellungen erwartet. Und tatsächlich haben Politikwissenschaftlerinnen und feministische Philosophinnen ihren kritischen Blick herkömmlich mehr auf die Entscheidungsstrukturen und -verfahren gerichtet; Juristinnen haben sich stärker mit den geschaffenen Normen beschäftigt und dabei nach Wegen gesucht, wie sich Fraueninteressen so im Recht verankern lassen, daß Veränderungen des gesellschaftlichen Geschlechterverhältnisses unterstützt oder sogar eingeleitet werden.

In neuerer Zeit scheint hier allerdings eine Angleichung oder gar ein Seitenwechsel stattgefunden zu haben: Feministische Politikwissenschaftlerinnen, und unter ihnen insbesondere die Autorinnen, die seit Beginn der 90er Jahre in der Reihe »Politik der Geschlechterverhältnisse« im Campus-Verlag veröffentlichen,[2] treten zunehmend für einen

* Zu bedanken habe ich mich vor allem bei Brigitte Basler, Rose Killinger, Detlef Schneider, Katrin Lohse, Martina Spirgatis und Sibylle Raasch, die frühere Entwürfe mit mir diskutiert haben.

1 Einen Überblick über die Betrachtung des Staats in der bundesdeutschen Frauen und Patriarchatsforschung gibt Seemann, Feministische Staatstheorie, 1996, S. 47 ff; siehe insbesondere auch Heft 13 (1985) der beiträge zur feministischen theorie und praxis (»unser staat?«).

2 Siehe vor allem Biester/Holland-Cunz/Sauer (Hrsg.), Demokratie oder Androkratie? Theorie und Praxis demokratischer Herrschaft in der

pragmatischen Umgang mit den gegebenen staatlichen Entscheidungsstrukturen ein: Frauen sollten sich in solchen Prozessen engagieren und für Fraueninteressen und feministische Anliegen einsetzen. Mit der Begründung, »eine Erklärung der Geschlechtlichkeit des Staates [werde]... nach wie vor nicht deutlich genug gegeben«, erklärt Birgit Sauer die Fragestellung selbst für obsolet: Frauen sollten den Staat nicht mehr als einen »je nach Standpunkt patriarchalen oder frauenfreundlichen Monolithen« begreifen, sondern sich auf das »Prozeßhafte sozialstaatlicher Strukturen und Politiken..., historischer Kontinuitäten und Diskontinuitäten staatlicher Apparate und Mechanismen« besinnen.[3]

Auf der anderen Seite nimmt die feministische Rechtstheorie und -praxis zunehmend Anregungen aus der feministischen Theorie auf.[4] Und die Juristinnen des Feministischen Rechtsinstituts in Bonn haben große Skepsis gegenüber der Vorstellung entwickelt, feministische Perspektiven könnten in rechtsförmiger Regulierung liegen. Nach Meinung der Rechtsanwältin Malin Bode dienen staatliche Strukturen und Regelungsformen nicht nur zufällig männlichen Interessen, sondern stellen notwendigerweise ungeeignete Mittel und Aktionsfelder für feministische Ziele dar.[5]

Im folgenden werde ich versuchen, einen Überblick über die Ansätze zu geben, die im Rahmen dieser beiden Diskussionslinien in den verschiedenen Disziplinen vertreten werden. Dabei kommt es mir auch darauf an, die theoretischen Ansätze in einen Zusammenhang zur Entwicklung der Rechtspraxis und -dogmatik zu stellen und sie insofern auf ihre Konsequenzen für praktisches rechtsbezogenes Handeln zu überprüfen. Den Begriff »feministisch« verwende ich dabei zunächst für alle AutorInnen und Denkrichtungen, die für ihren Ansatz in Anspruch nehmen,

feministischen Diskussion, 1994; Kreisky/Sauer (Hrsg.), Feministische Standpunkte in der Politikwissenschaft. Eine Einführung, 1995; Kulawik/Sauer (Hrsg.), Der halbierte Staat. Grundlagen feministischer Politikwissenschaft, 1996. Vorher schon: Biester/Geißel/Lang/Sauer/Schäfter/Young (Hrsg.), Staat aus feministischer Sicht, Dokumentation des workshops der ad-hoc-Gruppe »Politik und Geschlecht« in der Deutschen Vereinigung für Politische Wissenschaft, 1991.

3 Sauer, Krise des Wohlfahrtsstaats. Eine Männerinstitution unter Globalisierungsdruck?, in: Braun/Jung (Hrsg.), Globale Gerechtigkeit? Feministische Debatte zur Krise des Sozialstaats, 1997, S. 131.

4 Zu Parallelen feministischer Rechtstheorie und feministischer Theorie siehe Sokol, Feministische Rechtspolitik – rechtliche Diskriminierung und Gleichberechtigungskonzepte, Streit 1989, S. 3 ff.

5 Bode, Norm und Demokratie, Weibblick, Heft 23/Okt. 1995, S. 19 ff sowie Bode, Demokratieverständnis und Entscheidungsfindung von Frauen, Streit 1996, S. 9–14; Bode ist Mitglied der Arbeitsgruppe Feministische Rechtstheorie des Feministischen Rechtsinstituts.

daß er Wege zu einer Veränderung des gesellschaftlichen Geschlechterverhältnisses aufzeige – daß darunter im einzelnen ganz unterschiedliche theoretische Verständnisse und Zielsetzungen stehen, wird im konkreten deutlich werden.

1. Eine pragmatische Herangehensweise in Rechtsdogmatik und Rechtspolitik

1.1 Der theoretische Ansatz

Als pragmatisch könnte man die Herangehensweise von Autorinnen wie Ute Gerhard bezeichnen, die darauf bestehen, daß staatliches Recht ein Mittel sei, das von Frauen zur Durchsetzung des Gleichberechtigungsgebots und zur Steuerung gesellschaftlicher Verhältnisse genutzt werden könne. Insbesondere die Menschenrechte zeigten emanzipatorische Ansätze im Rahmen einer widersprüchlichen, auch durch Widerstand gegen Herrschaft gekennzeichneten Rechtsentwicklung auf. Sie geht sogar so weit zu sagen, rechtliche Regulierung sei unabdingbar für die Durchsetzung von Fraueninteressen: Historisch betrachtet, sei die Einbeziehung von Frauen in die Gleichberechtigungsnorm überhaupt erst damit denkbar geworden, daß Gleichbehandlung als Rechtssatz mit universalem Anspruch formuliert wurde.[6]

In eine ähnliche Richtung argumentieren in einem anderen Zusammenhang Mädje/Neusüß, wenn sie zugunsten sozialstaatlicher Leistungen anführen, daß gerade deren »Unpersönlichkeit« und »Formalisierung« es den Frauen ermögliche, einen Schritt aus der persönlichen Abhängigkeit vom Mann und seinen Unterhaltsleistungen herauszukommen.[7]

1.2 Der Gleichbehandlungsgrundsatz in der Rechtspraxis

Diese Denkrichtung verweist zu ihrer Bestätigung auf eine ganze Reihe unbestrittener Erfolge. Daß staatliche Entscheidungsstrukturen und -ergebnisse patriarchalen Charakter haben könnten, drängt sich jedenfalls heutzutage

6 Gerhard, Bürgerliches Recht und Patriarchat, in: Gerhard/Jansen/Maihofer/Schmid/Schultz (Hrsg.), Differenz und Gleichheit. Menschenrechte haben (k)ein Geschlecht, 1990, S. 188 ff.

7 Mädje/Neusüß, Frauen in der Sozialpolitik- und Armutsforschung, in: Kulawik/Sauer (Hrsg.) 1996 (Fn 2), S. 206 ff; auch Meyer, Über das schwierige aber notwendige Verhältnis von Feminismus und Demokratie, in: Biester/Geißel/Lang/Sauer/Schäfter/Young (Hrsg.) 1991 (Fn 2), S. 68.

nicht mehr auf den ersten Blick auf. Abstrakte, geschlechtsneutral formulierte Regelungen erfassen formal sowohl Männer als auch Frauen. Frauen dürfen wählen und sich in Vereinen, Gewerkschaften und Parteien organisieren, alles Rechte, die Anfang des Jahrhunderts noch hart umkämpft waren.[8]

Und die Rechtsentwicklung der letzten Jahrzehnte weist weit über den Grundsatz formaler Gleichbehandlung hinaus. Das Verbot »mittelbarer Diskriminierung«, das in der Bundesrepublik nicht zuletzt auch von feministischen Juristinnen entwickelt wurde, verlangt, Gleichberechtigung nicht nur formal zu sehen, sondern die konkrete Lebensrealität der Geschlechter zu berücksichtigen. Dieses Verbot ist geradezu als systemsprengend angesehen worden: »Im überkommenen [Arbeits]Rechtssystem würde kaum mehr ein Stein auf dem anderen bleiben, wollte man nach denselben Grundsätzen wie bei der unmittelbaren Diskriminierung verfahren.«[9] Es könnte sich insofern lohnen, auf diesem Wege rechtsdogmatisch weiterzudenken. Weiterentwicklungen des Konzepts zeigen zum Beispiel, daß Gleichberechtigung hier nicht notwendigerweise eine Angleichung an die Lebensweise des Mannes voraussetzen muß oder lediglich bedeutet, wie frau zunächst vermuten könnte, daß die Mutter und Hausfrau unter Fortschreibung geschlechtsspezifischer Arbeitsteilung gleichbehandelt werden muß. Denn von der Meinung, Art. 3 Abs. 2 GG richte sich nicht gegen die gesellschaftlichen Wirkungen der Geschlechterdifferenz,[10] ist selbst das Bundesverfassungsgericht abgekommen. Es meint heute: »Art. 3 zielt auf Angleichung der Lebensverhältnisse... Überkommene Rollenverteilungen... dürfen durch staatliche Maßnahmen nicht verfestigt werden.«[11]

Bei allen Schwierigkeiten der praktischen Umsetzung sowie zahlreicher offener rechtsdogmatischer Fragen, zum Beispiel zur sachlichen Rechtfertigung mittelbarer Diskriminierung,[12] hat die feministische Rechtstheorie hier weit mehr als bloße Spuren in der Rechtspraxis

8 Zur Entwicklung siehe zum Beispiel Raasch, Rechtsweg ausgeschlossen?, Läßt sich die Befreiung der Frau durch Gesetze erstreiten?, Jahrbuch für Sozialökonomie und Gesellschaftstheorie 1989, S. 38 f.

9 Däubler, Das Arbeitsrecht 2, 5. Aufl. 1988, S. 625; zu Begriff und Konzept Pfarr/Bertelsmann, Diskriminierung im Erwerbsleben, 1989, S. 115 ff; zur Herkunft aus dem anglo-amerikanischen Recht gegen Rassendiskriminierung Bieback, Die mittelbare Diskriminierung wegen des Geschlechts. Ihre Rechtsgrundlagen im EU-Recht und ihre Auswirkungen auf das Sozialrecht der Mitgliedsstaaten, 1997, S. 20 ff.

10 So noch BVerfG 18.12.53, BVerfGE 3, 225 (S. 241).

11 BVerfG 28.02.91, BVerfGE 85, 191 (S. 207); siehe BVerfG 17.11.92, BVerfGE 87, S. 234 sowie BVerfG 16.11.1993, BVerfGE 89, 276; zur Interpretation des Verbot des mittelbaren Diskriminierung als Gewährleistung unterschiedlicher »Optionen« der Lebensgestaltung siehe Bieback 1997 (Fn 9), S. 39 ff.

12 Siehe zum Beispiel Bieback 1997 (Fn 9), S. 95 ff.

hinterlassen. Feministische Rechtspolitik und -dogmatik scheint ein so selbstverständlicher Teil der Rechtsentwicklung geworden zu sein, daß sie von Jürgen Habermas zusammen mit dem Arbeits- und dem Verbraucherschutzrecht als ein weiteres Beispiel für die Weiterentwicklung des modernen Rechts vom liberalen über das sozialstaatliche zu einem neuen »reflexiven« Paradigma genannt worden ist.[13]

1.3 Veränderung des Geschlechterverhältnisses als Machtfrage

Sowohl diese Entwicklungen wie die Schwierigkeiten bei der praktischen Durchsetzung unterstützen die Einschätzung, die Gleichberechtigung der Geschlechter stelle »nur« eine Frage politischer Macht dar. Nachdem der Anspruch auf Gleichbehandlung als Rechtssatz durchgesetzt ist, sehen es die Autorinnen, die auf die Eignung des Gleichbehandlungskonzeptes setzen, in erster Linie als ein Umsetzungsdefizit an, wenn die gesellschaftliche Realität dem Gleichbehandlungsgebot widerspricht. So erklärt es Ute Gerhard in erster Linie mit den gesellschaftlichen Verhältnissen, daß trotz Durchsetzung und Geltung des rechtlichen Gleichbehandlungsgebots das Leben der meisten Frauen auch heute noch durch die Zuweisungen geschlechtsspezifischer Arbeitsteilung bestimmt wird: »Gegen die Verwirklichung der Gleichberechtigung stehen Gewohnheiten und die Macht des Faktischen.«[14]

Wer in dieser Weise auf die Verwirklichung von Gleichberechtigung mit Hilfe rechtlicher Regelungen setzt, muß darauf achten, daß Frauen in staatlichen Entscheidungsorganen repräsentiert und vertreten sind. Entsprechend fragen die hier zu nennenden AutorInnen weniger danach, was der Staat darstelle, sondern, in wessen Hand er [zur Zeit] sei. Frauen müßten auch als Akteurinnen in staatlichen Strukturen gesehen werden.[1615] In den Worten von Jürgen Habermas: Die Verwirklichung von Gleichberechtigung setze »die Aktivierung der staatsbürgerlichen Autonomie« der Frauen voraus. Der Tatsache, daß gesellschaftliche Strukturen und öffentliche Kommunikation in der Realität durch Männer bestimmt sind, könne dadurch Rechnung getragen werden, daß »die Stellung der Frauen in der politischen Öffentlichkeit [ge]stärkt und ihre Teilnahme an den politischen Kommunikationen [ge]fördert« werde.[1716]

13 Habermas, Faktizität und Geltung, 2. Aufl. 1992, S. 506 ff.

14 Gerhard, Gleichheit ohne Angleichung: Frauen im Recht, 1990, S. 108; ähnlich MacKinnon, Toward a Feminist Theory of the State, 1991, S. 237 ff.

15 Sauer, Was heißt und zu welchem Zweck partizipieren wir, in: Biester/Holland-Cunz/Sauer (Hrsg.), 1994 (Fn 2), S. 99 ff.

16 Habermas 1992 (Fn 13), S. 513 ff.

Auch Politikwissenschaftlerinnen wie Eva Kreisky sehen zumindest keine prinzipiellen Hindernisse für Frauen, zu Entscheidungspositionen Zugang zu erhalten, und betrachten die Strukturen als zunächst offen für die Aufnahme von Frauen und Fraueninteressen. Die Unterrepräsentation von Frauen in staatlichen Entscheidungsstrukturen wird von Kreisky vor allem damit begründet, daß die formal geltenden Regeln öffentlicher Kommunikation in der Wirklichkeit mangelhaft umgesetzt würden. Frauen würden aus der Politik und staatlichen Entscheidungsstrukturen und -prozessen unter anderem durch »das äußerst vielfältige und vitale Berufsumfeld extremer Männerbünde« herausgehalten.[17] Diese Kritik an den »Männerbünden« richtet sich letztlich nicht gegen die formellen Strukturen, sondern gegen die informellen Verbindungen, die sich Männer unterhalb der auch für Frauen offenen Ebenen geschaffen hätten.

Hier wird deutlich, welch zentrale Bedeutung Gleichstellungsregelungen, insbesondere Quotierungsforderungen, im Rahmen eines solchen Ansatzes haben, und wie wichtig es für diese Autorinnen ist, daß der Weg zu ausdrücklicher Frauenförderung durch Bevorzugungsregelungen seit der Entscheidung des EuGH vom November 1997 wieder der politischen Auseinandersetzung geöffnet ist.[18]

2. Die grundsätzliche Kritik am patriarchalen Charakter von Recht und Staat

Im Gegensatz dazu sind andere Autorinnen der Meinung, daß einer Veränderung des Geschlechterverhältnisses über Recht abgesehen von der Frage politischer Macht grundsätzliche Hindernisse entgegenstehen, die mit dem patriarchalen Charakter des Staates zu tun hätten.

2.1 Zum Geschlechterbezug der Trennung von Staat und Gesellschaft

Der 13. Band der »beiträge zur feministischen theorie und praxis«, der 1985 unter dem Titel »unser staat?« erschien, wurde eingeleitet durch

17 Kreisky, Der Staat als Männerbund, in: Biester/Geißel/Lang/Sauer/Schäfter/Young (Hrsg.) 1991 (Fn 2), S. 53 ff; auch zitiert bei Sauer, 1994 (Fn 15), S. 124.

18 EuGH 11.11.97, Rs. C-409/95 (Marschall), EuZW 1997, S. 757. Vgl. dazu Kodré, KJ 1998, S. 335 ff. Zur politischen Auseinandersetzung um die Auslegung des Art. 3 Abs. 2 Satz 2 GG siehe Limbach/Eckertz-Höfer (Hrsg.), Frauenrechte im Grundgesetz des geeinten Deutschland, 1993.

Irmgard Schultz, die anhand einer historischen Argumentation den prinzipiellen Ausschluß von Frauen aus dem modernen Staat zu erklären sucht.[19] Schultz stellt eine Verbindung her zwischen der Entstehung des modernen Staates und den Hexenprozessen, die in derselben historischen Epoche stattfanden. Jean Bodin, der wichtigste Theoretiker der Staatsrechtslehre im 16. Jahrhundert, und Benedict Carpzov, der als Begründer der deutschen Strafrechtswissenschaft gilt, seien beide erbitterte Hexenverfolger und Hexenjäger gewesen. Diese dunkle Seite dieser Theoretiker habe keineswegs in Gegensatz zu ihren modernen Ideen gestanden. Auch bei den Hexenprozessen selbst habe es sich keineswegs um »Spuk« und »Wahn« gehandelt, um Reste des Mittelalters in der Neuzeit, denen durch die Aufklärung, die Diskussion über das Naturrecht, die Durchsetzung der Vernunft und die Entdeckung der Menschenwürde ein Ende gesetzt worden sei. Denn die moderne Rechtswissenschaft als Wissenschaft habe sich gerade erst anhand der Hexenprozesse herausgebildet und etabliert. Hier sei die Monopolisierung des Rechtes durch den Staat und die Herausbildung eines Polizei- und Staatsapparates durchgesetzt worden. Mit ihrer Hilfe seien zugunsten des staatlichen Gewaltmonopol gesellschaftliche Mechanismen der Konfliktregelung bekämpft und vernichtet worden. In den Hexenprozessen fänden wir deshalb nicht zufällig in rudimentärer Form bereits alle Kennzeichen des modernen Rechts, insbesondere dessen Abstraktion und Begrifflichkeit.[20]

Diese Argumentation ist in neuerer Zeit von der Rechtsanwältin Barbara Degen wieder aufgenommen worden und hat insofern aktuellen Einfluß. Degen versucht mit ihrer Hilfe zu begründen, inwiefern Frauen sich in Rechtsfragen entweder an männlichen Normen orientierten oder dieser Rechtsordnung prinzipiell fremd gegenüberstünden.[21]

Die historisch orientierte feministische Theorie hat demgegenüber einen differenzierteren Ansatz verfolgt, um das Konzept der Abstraktion des Rechts von konkreten Lebensverhältnissen und Unterschieden in Hinblick auf das Geschlechterverhältnis zu analysieren. In den Mittelpunkt stellte sie die Frage, inwieweit mit der modernen Trennung von Staat und Gesellschaft ein bestimmtes Konzept der Geschlechterdifferenz und Arbeitsteilung zwischen den Geschlechtern notwendig verbunden ist. Diese Verbindung wurde unter anderem darin gesehen, daß

19 Schultz, Überlegungen zu einer feministischen Staatstheorie anhand von Jean Bodin (1529–1596), in: beiträge zur feministischen theorie und praxis 13 (1985), S. 9 ff.

20 Zum ganzen Schultz, beiträge zur feministischen theorie und praxis 13 (1985) (Fn 19), S. 9 ff; Degen, Justitias mißratene Töcher – Feministische Ansätze in der Rechtswissenschaft, Streit 1993, S. 43 ff; Degen, Im Kernland der Hexenprozesse, Weibblick 23/Okt. 95, S. 9 ff.

21 Degen, Streit 1993 (Fn 20), S. 47.

Produktions- und Reproduktionsbereich als Strukturkomponente der modernen Lebensweise voneinander getrennt seien.[22] Sowohl die kapitalistische Wirtschaft wie die Familie stünden im Staatskonzept als »private« Bereiche zunächst außerhalb des Einflußbereichs staatlicher Regulierung.[23]

Wie über diese Strukturen der Ausschluß von Frauen organisiert wird, ist vor allem anhand einer Kritik des Modells des autonomen Staatsbürgers dargestellt worden. Unter Bezugnahme unter anderem auf Hobbes, Locke und Kant haben zahlreiche Autorinnen den männlich gedachten und konzipierten autonomen Staatsbürger, der auch die Familie nach außen repräsentiert, als Grundeinheit des Staates kritisch beschrieben. Vor diesem Hintergrund sei es keineswegs inkonsequent gewesen, wenn die Naturrechtstheorie Frauen nicht als Partnerinnen des Gesellschaftsvertrags vorsah. Sie seien als eigenständige Subjekte nicht vorgekommen, da sie als über das Konstrukt Ehe an einen Mann angebunden und insofern als dem öffentlichen, staatsbezogenen Bereich nicht angehörend gesehen worden seien.[24]

2.2 Der kühle Raum der Öffentlichkeit und das Geschlechterverhältnis

Eine wichtige Rolle in diesen Analysen des Verhältnisses von Staat und Gesellschaft spielt das Medium »Öffentlichkeit«, das in demokratischen Konzepten eine Anbindung staatlicher Entscheidung an die Staatsbürger und über diese eine Verbindung zu deren »privaten« gesellschaftlichen Verhältnissen gewährleistet. Feministische Kritikerinnen haben sich dabei unter anderem an seiner Beschreibung durch Jürgen Habermas orientiert. Der Bereich »Öffentlichkeit« sei darin zum einen in Gegensatz zum Bereich des »Privaten« festgelegt, zum anderen insofern auf den Staat bezogen, als gesellschaftliche Auseinandersetzungen

22 Lang, Öffentlichkeit und Geschlechterverhältnis, in: Kreisky/Sauer (Hrsg.) 1995 (Fn 2), S. 94; Raasch 1989 (Fn 8), S. 36.

23 Siehe insbesondere Lang, Politische Öffentlichkeit und Demokratie, in: Biester/Holland-Cunz/Sauer (Hrsg.) 1994 (Fn 2), S. 209 ff sowie Lang 1995 (Fn 22), S. 95 ff.

24 Gerhard 1990 (Fn 6), S. 188 ff; Lang 1994 (Fn 23), S. 204 ff; Hansen, Egalität und Androzentrismus, in: Biester/Holland-Cunz/Sauer (Hrsg.) 1994 (Fn 2), S. 146 ff (vor allem zu Locke); Braun/Diekmann, Individuelle und generative Reproduktion in den politischen Philosophien von Hobbes, Locke und Kant, in: Biester/Holland-Cunz/Sauer (Hrsg.) 1994 (Fn 2), S. 175 ff. Siehe auch Appelt, Staatsbürgerin und Gesellschaftsvertrag, Argument 210/1995, S. 548; Pateman, Feminismus und Ehevertrag, in: Nagl-Docekal/Pauer-Studer (Hrsg), Politische Theorie – Differenz und Lebensqualität, 1996, S. 174 ff.

der Vorbereitung der staatlichen Willensbildung in Form von Gesetzgebung dienten.[25]

Unter den Kritikerinnen, die versucht haben zu zeigen, inwiefern die Geschlechterdifferenz in diesen Konzepten enthalten ist, sei hier Andrea Maihofer hervorgehoben. Nach ihrer Analyse gehört zum modernen Staats-, Bürger- und Demokratieverständnis die Konstruktion zweier polarisierter Geschlechtscharaktere. Auf der einen Seite stehe das »Subjekt Mann«, der autonome, lediglich seiner Gewissensfreiheit unterworfene Wähler und Staatsbürger, der unabhängig von persönlichen, »privaten« Interessen und Bindungen verhandele und entscheide, bzw. das autonome Rechtssubjekt, das seine Beziehungen über rechtliche, von gesellschaftlichen Bedingungen abstrahierende Strukturen regele. Auf der anderen Seite stehe die von ihrem Geschlecht und ihrem Körper, das heißt auch der Natur, abhängige Frau.[26] Der männliche Geschlechtscharakter bestimme sich so immer in Abgrenzung zum weiblichen Charakter der Beziehungsorientiertheit, Emotionalität und Körperbezogenheit.

25 Dackweiler/Holland-Cunz, Strukturwandel feministischer Öffentlichkeit, beiträge zur feministischen theorie und praxis 30/31 (1991), S. 105 ff; Hausen, Überlegungen zum geschlechtsspezifischen Strukturwandel der Öffentlichkeit, in: Gerhard/Jansen/Maihofer/Schmid/Schultz 1990 (Fn 24), S. 268 ff. Auch Lang 1994 und 1995 (Fn 23) bezieht sich kritisch vor allem auf Arendt und Habermas und deren Verständnis der Öffentlichkeit als des politischen, gesellschaftlichen Raumes. Siehe auch Benhabib/Cornell, Introduction, in: dies. (Hrsg.), Feminism as Critique: Essays on the Politics of Gender in Late-Capitalist Societies, 1987, S. 5 ff; eine kritische Analyse von Habermas' Konzepten findet sich auch bei Young, Impartiality and the Civic Public, in: Benhabib/Cornell (Hrsg.), 1987 (aaO), S. 67 ff.

26 Ausführlich Maihofer, Geschlecht als Existenzweise. Macht, Moral, Recht und Geschlechterdifferenz, 1995, S. 109 ff; ; siehe auch Schultz 1985 (Fn 19), S. 16 und Benhabib/Cornell 1987 (Fn 25), S. 10 ff für die feministische Kritik; zu den entsprechenden Konzepten bei Hobbes und Locke: Hansen 1994 (Fn 24), S. 146 ff sowie Lang 1994 (Fn 23), S. 204 ff; Schaeffer-Hegel, Säulen des Patriarchats. Zur Kritik patriarchaler Konzepte von Wissenschaft – Weiblichkeit – Sexualität und Macht, 1996, S. 196 ff; Rumpf, Staatsgewalt, Nationalismus und Krieg, in: Kreisky/Sauer (Hrsg.) 1995 (Fn 2), S. 223 ff.

2.3 Praktische Konsequenzen des Geschlechterbezugs des Staates

2.3.1 Durchsetzung des Geschlechterverhältnisses durch staatliches Recht

Daß diese Strukturen auch historisch und praktisch Frauen aus der staatlichen Entscheidungsfindung ausgeschlossen hätten, ist für Maihofer die Erklärung dafür, wie es kommen konnte, daß die Theoretiker und Praktiker der Französischen Revolution keineswegs die Frauen mitmeinten, wenn sie sich auf den formal universalen Gleichbehandlungsgrundsatz bezogen. Die politischen Frauenclubs wurden 1793 geschlossen; 1795 wurde Frauen die Teilnahme an jeglicher politischen Versammlung verboten, und im Jahre 1800 wurde ihnen auch das Tragen der Kokarde, des Symbols der revolutionären Bürgergesinnung, untersagt, bevor mann sie explizit vom Wahlrecht ausnahm. Olympe de Gouges, die in Parallelität zur Erklärung der Rechte der Männermenschen eine »Erklärung der Rechte der Frau und Bürgerin« entworfen hatte, wurde später guillotiniert.[27]

Anders als Ute Gerhard, die vor allem die strategisch positiven Aspekte der rechtlichen Verankerung des universalen Gleichbehandlungsgrundsatzes sieht, lenkt diese prinzipielle Kritik das Augenmerk auch auf die Rolle, die der Staat bei der Ausgestaltung des modernen Geschlechterverhältnisses spielte und spielt. Staatsbürgerkonzept und Ehekonzept bildeten zwei Seiten derselben Medaille. Indem die Ausgestaltung des Geschlechterverhältnisses keineswegs unbeeinflußter gesellschaftlicher Entwicklung überlassen, sondern mit Hilfe des Eherechts staatlich geformt worden sei, sei das Recht wesentlich daran beteiligt gewesen, die ökonomische Abhängigkeit der Frau vom Mann durchzusetzen.[28] Bezeichnenderweise habe sich das Familienrecht des Bürgerlichen Gesetzbuchs (BGB) nicht gemäß der sonstigen Tendenz des modernen Zivilrechts »vom Ständerecht zum Vertrag«[29] entwickelt. Denn anders als noch im Preußischen Allgemeinen Landrecht sei die Ehe im 19. Jahrhundert zunehmend nicht mehr als Vertrag zwischen den Eheleuten begriffen, sondern als Institution konzipiert worden.[30] Übrigens wurde dies

27 Maihofer, Gleichheit nur für Gleiche?, in: Gerhard/Jansen/Maihofer/Schmid/Schultz (Hrsg.) 1990 (Fn 24), S. 351 ff; Appelt 1995 (Fn 24), S. 540; Schaeffer-Hegel 1996 (Fn 30), S. 127. Vgl. auch Gerhard, Menschenrechte auch für Frauen. Der Entwurf der Olympe de Gouges, KJ 1987, S. 127–144 mit der Erklärung im Anhang S. 145 ff.

28 So auch Voegeli, Funktionswandel des Scheidungsrechts, KJ 1982, S. 132–155.

29 Degen 1995 (Fn 21) zitiert hierzu William Seagle.

30 Gerhard 1990 (Fn 6), S. 197 ff; Berneike, Die Frauenfrage ist Rechtsfrage, 1995, S. 60; zu Fichtes Konzepte insofern Schaeffer-Hegel 1996, (Fn 26),

auch damals schon als ein Angriff auf Fraueninteressen angesehen, wie die Tatsache zeigt, daß in der Zeit der Verabschiedung des BGB gerade die Frauenbewegung noch auf der Vertragskonstruktion bestand. So verteilte der Bund deutscher Frauenvereine um und nach 1900 Flugblätter mit Musterverträgen zur Vereinbarung der Gütertrennung.[31]

Gegen die These, das staatliche Recht trage eine Mitverantwortung für die Ausgestaltung des gesellschaftlichen Geschlechterverhältnisses, mag eingewandt werden, daß die Bedeutung der Institution Ehe abgenommen hat[32] und insofern die ungleichen gesellschaftlichen Strukturen des Geschlechterverhältnisses nicht mehr so ausdrücklich durch und im Recht verfestigt werden. Andererseits gibt es neuere Untersuchungen zum Geschlechterbezug des Sozialstaats, die nahelegen, daß der Sozialstaat es zum Teil übernommen haben könnte, die geschlechtsspezifische Arbeitsteilung zu unterstützen und zu reproduzieren. Darauf deutet jedenfalls die Struktur dieser Leistungen hin, insbesondere ihre Erwerbsarbeits- und Familienbezogenheit.[33]

2.3.2 *Frauen im kühlen Raum der Öffentlichkeit*

Nichtsdestotrotz haben sich die erwähnten Regelungen fraglos mit der gesellschaftlichen Situation und politischer Macht verändert. Dies könnte ein Argument dafür sein, daß möglicherweise nichts prinzipiell dagegen spricht, daß der Staat bei einer stärkeren Repräsentation von Frauen und Fraueninteressen in den Strukturen diese Aufgaben einer Zementierung des Geschlechterverhältnisses abgeben könnte.

Den erwähnten grundsätzlichen Analysen zufolge muß sich die geschlechtsspezifische Konzeption von Staat und Öffentlichkeit allerdings in praktischem rechtsbezogenem Handeln notwendig zu Lasten einer Beteiligung von »Frauen« auswirken. So hat Barbara Holland-Cunz dargestellt, daß die Zuweisung von Orten der Öffentlichkeit an den autonomen Staatsbürger und dessen Zuweisung wiederum an das männliche Geschlecht bedeute, daß ein Handeln im Bereich der »Öffentlichkeit«

S. 157 ff; zur Entwicklung auch Böttger, Das Recht auf Gleichheit und Differenz. Elisabeth Selbert und der Kampf der Frauen um Art. 3.2 Grundgesetz, 1990, S. 34 ff.

31 Berneike 1995 (Fn 30), S. 64.

32 Voegeli 1982 (Fn 28).

33 Gerhard, Sozialstaat auf Kosten von Frauen, in: Gerhard/Schwarzer/Slupik (Hrsg.), Weinheim/Basel 1988, S. 11 ff; S. 24 f. Bieback 1997 (Fn 9), S. 123 ff und S. 229 ff. Eine ähnliche Rolle könnte auch das Steuerrecht spielen; siehe dazu Mennel, Frauen, Steuern, Staatsausgaben in: Gerhard/Schwarzer/Slupik (Hrsg.) 1988 (aaO), S. 79 ff und Schwan, Milchmädchens Rache, 1996.

den männlichen, körper- und beziehungslosen Geschlechtscharakter erfordere. So stelle sich der »durch Rituale, Rollen und Grenzen kühl strukturierte Raum« der Öffentlichkeit als patriarchal dar: »Binnenstrukturen des öffentlichen Ortes signalisieren: Die hier Sprechenden und Handelnden sind sozial-männlichen Geschlechts, ihre Sprache ist sach- und nicht personenbezogen, ihre Weise des Verstehens ist nicht-empathisch.«[34]

Inwieweit die hiermit beschriebene Differenz zweier Geschlechtercharaktere tatsächlich empirisch beobachtbar ist und einen geeigneten Bezugspunkt für feministische Politik darstellt, ist zwischen Differenz- und Gleichheitstheorie heftig umstritten. Insbesondere postmoderne Theoretikerinnen wie Judith Butler bestehen darauf, daß die Geschlechterdifferenz in all ihren Aspekten ein soziales Konstrukt sei, das die Wirklichkeit von einzelnen konkreten »Frauen« und »Männern« nicht annähernd vollständig wiedergebe.[35] Dem hält wiederum Andrea Maihofer entgegen, daß die gesellschaftlichen Zuschreibungen von Eigenschaften trotzdem dadurch eine Realität erhalten, daß alle Menschen gesellschaftlich einem von zwei Geschlechtern zugeordnet werden sowie dazu veranlaßt werden, sich ständig in jeder Handlung wieder zuzuordnen. Sie beschreibt das Geschlecht deshalb nicht als Eigenschaft, sondern als eine »Existenzweise«.[36]

Diese Beschreibung der Beziehung zwischen idealtypischen Geschlechtscharakteren und empirischen Frauen und Männern vermag meiner Meinung nach angemessen zu erklären, wie die aufgezeigten strukturellen Kontinuitäten die historischen Fortschritte unter dem Gleichbehandlungsgrundsatz überdauern konnten. So kann Maihofer erklären, wie Staat und Öffentlichkeit männliche Institutionen bleiben können, selbst wenn sie von Frauen besetzt sind. Die Zuweisung des Raums der Öffentlichkeit an das sozial-männliche Geschlecht bedeute für Frauen eben, daß sie hier nicht »als Frauen« teilnehmen. Wollen sie in der gesellschaftlichen, staatsbezogenen Öffentlichkeit agieren, müßten sie dies unter Absehung ihres »weiblichen« Geschlechtscharakters tun und sich »männlich« verhalten.[37] Oder, wie auch Sauer formuliert: »Zwischen der Rekrutierung von Frauen in Staatsbürokratien und einem ›frauenfreundlichen Staat‹ [gibt es] keinen automatischen Zusammenhang« – »ein Staat kann also maskulinistisch sei, ...ohne im eigentlichen Wortsinne ›bemannt‹ zu sein«.[38]

34 Holland-Cunz, Öffentlichkeit und Intimität, in: Biester/Holland-Cunz/Sauer (Hrsg.) 1994 (Fn 2), S. 235 ff.

35 Insbesondere Butler, Das Unbehagen der Geschlechter, 1991.

36 Maihofer 1995 (Fn 26).

37 Maihofer 1995 (Fn 26).

38 Sauer 1997 (Fn 3), S. 136.

3. Konsequenzen der grundsätzlichen Kritik für feministisches Handeln in staatlichen Strukturen

Wenn man/frau akzeptiert, daß die Geschlechterdifferenz in dieser Weise in den modernen staatlichen Strukturen eingeschrieben ist, stellt sich die Frage, ob staatliches Recht überhaupt im Interesse einer Veränderung des Geschlechterverhältnisses genutzt werden kann. Feministische Autorinnen haben sie ganz unterschiedlich beantwortet; am deutlichsten und pointiertesten ist die Frage von einigen Autorinnen aus dem Umfeld der sogenannten Differenztheorie verneint worden.

3.1 Weibliche Entscheidungsfindung: »Die andere Stimme«

Sie beschränken sich nicht darauf, die patriarchalen Verhältnisse zu kritisieren, sondern beziehen sich auch positiv auf ein »weibliches« Rechts- und Demokratieverständnis. So stellt Gilligan[39] die (männliche) Moral der Rechte, welche »natürliche Bindungen« zugunsten individueller Ansprüche auflöse, in einen Gegensatz zu einer (weiblichen) Moral der Verantwortung (»Care«), die Einzelansprüche zu einem Netz von Beziehungen verwebe und die Unterscheidung zwischen dem Selbst und dem Anderen durch den Hinweis auf Interdependenz verwische. Gilligan wünscht sich, die »weibliche Ethik« möge nicht im privaten Raum der Frauen verbleiben, sondern einen eigenen Platz im öffentlichen Raum beziehen.

In Bezug auf Entscheidungsprozesse und demokratische Regeln ist ein Differenzmodell im deutschen Raum neuerdings vor allem beim Feministischen Rechtsinstitut vertreten und von Malin Bode formuliert worden. »Unser« (das weibliche) Demokratieverständnis zeichne sich durch eine ständige Suche nach dem Gemeinsamen statt dem Trennenden und Beziehungsorientiertheit aus. Bode betont vor allem die Prozeßhaftigkeit der, wie sie es nennt, »Entscheidungsfindung von Frauen«: »Die informellen Regeln verlieren sofort an Wert, wenn sie benannt werden.«[40]

39 Gilligan, Die andere Stimme. Lebenskonflikte und Moral der Frau, 1984, S. 163; vgl. auch die Besprechung von Maihofer, Ansätze zur Kritik des moralischen Universalismus. Zur moraltheoretischen Diskussion um Gilligans Thesen zu einer »weiblichen« Moralauffassung, Feministische Studien 1/1988, S. 32 ff.

40 Bode 1995 (Fn 5), S. 19 ff; Bode 1996 (Fn 5), S. 9 ff.

3.2 Demokratietheoretische Kritik

Kritik an diesem Differenzansatz kommt außer von der Seite der universalistischen Gleichheitstheorie[41] aus zwei Richtungen: Zum einen werden die »weiblichen« Entscheidungsmechanismen demokratietheoretisch hinterfragt, zum anderen wird der inhärente »Essentialismus«, die positive Bezugnahme auf »weibliche« Eigenschaften der Frauen kritisiert.

Aus demokratietheoretischer Sicht meint zum Beispiel Barbara Holland-Cunz, die weibliche Ethik des »Care«, der Sorge für andere, erhalte einen unterdrückenden Charakter, wenn sie aus ihrem Zusammenhang gerissen werde. »Weibliche« Verhaltensweisen könnten nicht als solche in den »männlichen« öffentlichen Raum eingebracht werden. »Private Tugenden« würden im Öffentlichen ihren (ansonsten positiv zu bewertenden) Charakter verlieren und Herrschaft an Stelle von Bindung erzeugen. »Beziehungsorientierung« und die ständige Betonung des Gemeinsamen statt des Trennenden könnten dazu führen, daß Differenzen, Hierarchien, aber auch Stärken und Schwächen einzelner Frauen nicht sichtbar und bewußt würden, während sich unter der Hand Hierarchien durchsetzten und einzelnen Frauen Verantwortung zugeschoben oder von diesen ergriffen würden.[42]

Anne Phillips kommt zu ähnlichen Ergebnissen, wo sie Entscheidungsprozesse in der »Frauen- und Alternativbewegung« beschreibt. Der informelle Stil baue vor allem auf persönliche und freundschaftliche Kontakte. Dies könne es schwer machen, verschiedener Meinung zu sein, weil dann häufig gleich auch persönliche Kontakte und emotionale Beziehungen auf dem Spiel stünden.[43]

Was mit dieser Kritik gemeint ist und inwiefern solche Prozesse im Grunde genommen nur unter »Freundinnen« funktionieren, wird gerade bei Bodes Beschreibungen des »weiblichen« Demokratieverständnisses deutlich. Denn das wortlose Verstehen unter Frauen, das sie beobachtet haben will, gibt es nicht schon qua Geschlecht. Entweder ist über Jahre hinweg eine gemeinsame Verständigungsbasis gewachsen und in vielen Konflikten erarbeitet worden, oder die Affinität ergibt sich aus einer über Generationen in bestimmten sozialen Zusammenhängen entstandenen Einheitlichkeit im Verhalten oder Habitus.[44]

41 Vgl. oben bei Fn 6 f.

42 Holland-Cunz 1994 (Fn 34), S. 239. Siehe auch schon Dackweiler/Holland-Cunz 1991 (Fn 25), S. 112.

43 Phillips, Geschlecht und Demokratie, 1995, S. 210 ff unter Hinweis auf Mansbridge, die hierfür den Begriff der »Grenzen der Freundschaft« geprägt habe; siehe dazu auch Nagl-Docekal, Gleichbehandlung und Anerkennung von Differenz: Kontroversielle Themen feministischer politischer Philosophie, in: Nagl-Docekal/Pauer-Studer (Hrsg) 1996 (Fn 24), S. 44 ff.

44 Zum Begriff des Habitus Pierre Bourdieu, Die feinen Unterschiede: Kritik der gesellschaftlichen Urteilskraft, 8. Aufl. 1996.

Das »wortlose Verstehen« erinnert sogar an Kreiskys Beschreibung der Männerbünde im politisch-öffentlichen Raum, die durch nicht benannte und nach außen nicht transparente informelle Regeln den Ausschluß unter anderem von Frauen organisierten.[45] Entsprechend könnten auch innerhalb der Frauenbewegung über die Formel »Eine Frau ist eine Frau« Ausschlußpraktiken gegenüber Frauen funktionieren, die nicht der Dominanzkultur zugehören.[46] Spätestens seit den Debatten über Rassismus und Differenz unter Frauen, wie sie innerhalb der Frauenbewegung geführt worden sind, kann nicht mehr einfach von »wir« und »unseren« Verhaltensweisen geredet werden, ohne daß deutlich gemacht wird, wer mit »wir« gemeint und wer davon ausgeschlossen ist.

3.3 Kritik an Essentialismus und Universalismus

Zu ähnlichen Ergebnissen kommen postmoderne Theoretikerinnen wie Judith Butler und Drucilla Cornell über eine Kritik am »Essentialismus« des Geschlechterverständnisses der Differenztheoretikerinnen.[47] Butler und Cornell meinen insbesondere, daß es grundsätzlich keine allgemeinen Maßstäbe für verschiedene Menschen geben könne, konkreten Frauen und Männern also nicht Eigenschaften unterstellt werden könnten, die gesellschaftlich dem Geschlecht, dem sie angehörten, zugewiesen seien.

Diese Argumente richten sich allerdings genauso gegen den allgemeinen Gleichbehandlungsgrundsatz, der Frauen dieselbe Behandlung wie Männern garantieren soll. Butler kennzeichnet diese Ansätze mit dem Begriff »fundamentalistischer Universalismus«.[48]

Im deutschen Raum hat sich vor allem Maihofer mit den Erkenntnissen postmoderner Theorien, insbesondere Foucaults, und ihren Konsequenzen für feministische Theorie beschäftigt. Aus diesem Anlaß hat sie im einzelnen bis in die Rechtsprechung des Bundesverfassungsgerichts gezeigt, wie »der Diskurs der Gleichheit... und der Diskurs der Geschlechterdifferenz... nicht nur historisch gleichursprünglich«

45 Nachweis siehe oben bei Fn 17.

46 Siehe zum Beispiel Rommelspacher, Dominanzkultur, 1995 (zur Definition siehe S. 22) sowie beiträge zur feministischen theorie und praxis 27/1990 (»Geteilter Feminismus«) und 42/1996 (»Migration und Dominanzgesellschaft«).

47 Butler, Kontingente Grundlagen: Der Feminismus und die Frage der »Postmoderne«, in: Benhabib/Butler/Cornell/Fraser, Der Streit um Differenz, 1993, S. 36 ff; Cornell, Gender, Geschlecht und gleichwertige Rechte, aaO, S. 80 ff.

48 Butler 1993 (Fn 47), S. 36 ff.

entstehen, sondern bis heute »gleichsam konstitutiv miteinander verwoben« sind.[49] Die Anwendung eines allgemeinen Maßstabs könne vor diesem Hintergrund zu Uniformierung und Leugnung tatsächlicher Differenzen führen. Das herkömmliche Gleichheitskonzept, das auch der Rechtsprechung des Bundesverfassungsgerichts zu Grund liege und mit dem vorgegeben werde, keine Gleichmacherei zu betreiben, zwinge diejenigen, die sich auf Gleichheit berufen wollen, ihre Verschiedenheit zu bestreiten.

3.4 Zwischen Essentialismus und Universalismus: »Gleichwertige« Rechte

In dieser Kritik sowohl am Essentialismus der Differenztheorien als auch am Universalismus der Gleichheitstheorien entsteht nun das »feministische Dilemma«.[50] Kann frau sich überhaupt auf Geschlecht und Geschlechterdifferenz beziehen, wenn sie andererseits die Kategorien selbst ablehnt und sich perspektivisch für eine Auflösung der Geschlechterdifferenz einsetzt? In letzter Konsequenz wird diese Frage gerade von der US-amerikanischen Rechtswissenschaftlerin Drucilla Cornell positiv beantwortet. Sie hat sich für die Konstruktion von zwei Gruppen von Rechten ausgesprochen, die diese nicht wieder in letzter Instanz auf einen gemeinsamen Nenner bringen solle, das heißt für die Schaffung »gleichwertiger Rechte«.[51] Auch Andrea Maihofer hat ein Verständnis der Gleichheitsnorm entwickelt, das von vornherein von Verschiedenheit ausgeht.[52] Wenn Frauen im Gleichberechtigungsrecht nicht nur als Verkörperung eines Mangels, sondern als wirkliche Subjekte erscheinen sollten, müsse gegen die Logik des einen männlichen Maßstabs eine plurale Logik gesetzt werden, die verschiedene Maßstäbe zulasse.

»Plural« bezieht sich dabei allerdings nur auf »möglicherweise zwei« Begriffe von menschlicher Würde,[53] also auf die Differenz der beiden gesellschaftlich konstruierten Geschlechter. Und auch Cornells Konzept der gleichwertigen Rechte erkennt, wie sie selbst schreibt, letztlich das

49 Maihofer 1995 (Fn 26), S. 161; MacKinnon, Geschlechtergleichheit: Über Differenz und Herrschaft, in: Nagl-Docekal/Pauer-Studer (Hrsg.) 1996 (Fn 24), S. 142 ff.

50 Baer, Dilemmata im Recht und Gleichheit als Hierarchisierungsverbot – Der Abschied von Thelma und Louise, KrimJour 1996, S. 242 ff.

51 Cornell 1993 (Fn 47), S. 95 f.

52 Sie will unter Verweis auf Adorno, Minima Moralia, 1978, S. 130 f, Nr. 66 »...den besseren Zustand... denken als den, in dem man ohne Angst verschieden sein kann.« Siehe auch Sokol 1989 (Fn 4), S. 10/11.

53 Maihofer 1990 (Fn 27), S. 351 ff.

Bestehen der Geschlechterdifferenz an. Worin unterscheiden sich ihre Vorschläge also von Irigarays Forderung nach einer Schaffung »geschlechtsdifferenzierter bürgerlicher Rechte«? Diese Differenztheoretikerin hat schließlich theoretisch einen grundsätzlich anderen Ansatzpunkt, denn sie nimmt auf herkömmliche Geschlechtsattribute positiven Bezug, wenn sie Rechte für »historisch dringlich« erklärt, damit ein Modell für eine »Identität von Frauen als Angehörige der Zivilgesellschaft« geboten werde.[54] Andererseits haben Cornells und Maihofers Ansätze über den Begriff der »Gleichwertigkeit auch eine Nähe zu universalistischen Gleichheitstheorien, so daß Nagl-Docekal zu dem Schluß kommen kann, daß »das postmoderne Pluralitätskonzept, freilich ohne dies zu reflektieren, einen Begriff formaler Gleichheit ... in Anspruch nehmen muß«.[55]

Die Heftigkeit, mit der die theoretische Auseinandersetzung zum Teil geführt wird, steht auf den ersten Blick in Gegensatz zu dieser Annäherung in den Begriffen, ließe sich aber immerhin rechtfertigen, wenn entsprechende Unterschiede in den praktischen Ergebnissen bestünden. Einen solchen Ertrag der Debatte festzustellen, ist jedoch nicht ganz einfach. Die Theoretikerinnen äußern sich nur in den seltensten Fällen dazu, wie sie sich ein Konzept gleichwertiger Rechte im einzelnen durchgeführt vorstellen und worin jeweils Unterschiede zu bestehenden rechtswissenschaftlichen Ansätzen liegen könnten. Wo Drucilla Cornell dies getan hat, hat sie allerdings tatsächlich deutlich gemacht, daß mit einem Konzept »gleichwertiger Rechte« mehr verbunden sein könnte als nur die Aufforderung, auch rechtliche Handlungsformen und den Gleichbehandlungsgrundsatz zu nutzen. So faßt sie Formen der Diskriminierung von Homosexuellen als Diskriminierungen wegen des Geschlechts und zeigt, wie die Verstärkung von Stereotypen weiblicher Differenz als Diskriminierung verstanden werden kann, insofern die Stereotypen nicht von der Hierarchie der Geschlechter zu trennen sind.[56] Auch Catharine McKinnon, die sich ebenfalls mit dem feministischen Dilemma auseinandergesetzt hat, schlägt vor, das Geschlechterverhältnis als Dominanzverhältnis und das Gleichheitsrecht als Hierarchisierungsverbot zu betrachten.[57]

Im einzelnen könnte dies für das deutsche Recht heißen, an der Entwicklung des Konzepts der mittelbaren Diskriminierung weiterzuarbeiten,

54 Einleitung von Irigaray, Genealogie der Geschlechter, 1989, S. 15 ff und Irigaray, in: Gerhard/Jansen/Maihofer/Schmid/Schultz (Hrsg.) 1990 (Fn 6), S. 338 ff; vgl. für ihre essentialistischen Vorstellungen der Geschlechterdifferenz S. 342: der »weibliche Körper« als »jungfräulicher und potentiell Gebärender«; siehe auch Bode 1996 (Fn 5), S. 12, die auf die Gleichheit der Frauen in der »Kompetenz der Gebärfähigkeit« verweist.

55 Nagl-Docekal 1996 (Fn 43), S. 29.

56 Cornell 1993 (Fn 47), S. 81.

57 MacKinnon 1991 (Fn 14), S. 242; MacKinnon 1996 (Fn 49), S. 145 ff; Baer 1996 (Fn 50) unter Verweis auf MacKinnon.

das ja bereits unter Einbeziehung der tatsächlichen Lebensverhältnisse (Un-)Gleichheit konkret und nicht abstrakt betrachtet. Hier könnten Ansatzpunkte für ein alternatives Verständnis von Gleichheit und Gleichberechtigung sein, das weder eine bloße Angleichung an das männliche Vorbild noch eine Festschreibung bestehender Geschlechtsrollen bedeutet. So hat Karl-Jürgen Bieback am Beispiel der mittelbaren Diskriminierung im Sozialrecht gezeigt, mit welchen praktischen Konsequenzen das Verbot der mittelbaren Diskriminierung weiterentwickelt werden könnte als eine Garantie verschiedener Optionen der Lebensgestaltung, also der Möglichkeit, verschiedene (Geschlechts-)Rollen einzunehmen.[58]

4. Zur Repräsentation von Frauen und Fraueninteressen in Entscheidungsprozessen

Mit dem Nachdenken über tragbare Konzepte »gleichwertiger Rechte« im materiellen Recht habe ich allerdings die grundsätzliche Frage übersprungen, die sich aus den dargestellten Kontroversen über den Charakter des Staates ergibt: Wie können solche feministischen Aspekte und Konzepte in die staatlichen Entscheidungsprozesse eingebracht werden? Wenn die Geschlechterdifferenz tatsächlich konstitutives Moment der politischen Öffentlichkeit ist, wie sowohl Barbara Holland-Cunz als auch Andrea Maihofer aus unterschiedlichen Richtungen gezeigt haben, muß frau sich auch mit der Frage auseinandersetzen, wie ein Konzept von öffentlicher Kommunikation zu denken wäre, bei dem »weibliches« Sozialverhalten Teil formalisierter Entscheidungsfindungsprozesse sein kann. Gerade die prinzipiellen Analysen über den Geschlechtscharakter des Staates fordern zu einer Stellungnahme über Alternativen auf, wenn auch möglicherweise nicht im unmittelbaren und gegebenen staatlichen Strukturzusammenhang.

Auch hier stellen wir allerdings fest, daß die Autorinnen, die sich auf theoretischer Ebene mit dem Geschlechtscharakter des Staates und des Rechts beschäftigen, selten konkrete Beispiele oder Vorschläge für Modelle nennen, die ihrem Ansatz entsprechen könnten. Trotzdem soll im folgenden versucht werden darzustellen, zwischen welchen Polen sich die Auseinandersetzung bewegt bzw. bewegen könnte, insbesondere welche praktischen Modelle eine Umsetzung der Konzepte von »gleichwertigen Rechten« auf der Ebene der Entscheidungsstrukturen darstellen könnten.

58 Bieback 1997 (Fn 9), S. 63; S. 92.

4.1 Die verschiedenen Modelle und Ansätze

Zur Umgestaltung öffentlicher Kommunikation gibt es zwei Grundansätze. Der eine setzt auf Formen spezifischer Repräsentation von »Fraueninteressen« oder »Frauen«, der andere setzt auf eine Integration der geschlechtergeteilten Maßstäbe in einem neuen »androgynen« Verhaltensmodell.

4.1.1 *Modelle spezifischer Repräsentation*

Das erste Modell einer speziellen Repräsentation der Geschlechterdifferenz durch Beteiligungsrechte kennt zwei Ausprägungen: Zum einen kann verfahrensrechtlich die Berücksichtigung von »Fraueninteressen« in Entscheidungsprozessen festgeschrieben werden, zum anderen kann die Beteiligung von Frauen durch Formen von »affirmative action« abgesichert werden.

4.1.1.1 Repräsentation von Fraueninteressen durch spezielle Institutionen

Das Modell, das sich in Europa praktisch am weitesten durchgesetzt hat, ist das einer spezifischen Repräsentation von Fraueninteressen. Personen oder Organisationen, die sich die Repräsentation von »Fraueninteressen« zur Aufgabe gemacht haben, also insbesondere Frauenverbände und -gruppen, aber auch Einzelpersonen, werden formell in die Entscheidungsverfahren eingebunden, um die Berücksichtigung der von ihnen repräsentierten Interessen zu gewährleisten.

In der BRD wird so zum Teil der »Deutsche Frauenrat – Lobby der Frauen – Bundesvereinigung deutscher Frauenverbände und Frauengruppen gemischter Verbände e.V.« einbezogen, der insgesamt etwa 11 Millionen Mitglieder repräsentiert.[59] In formalisierten Anhörungsverfahren, insbesondere im Gesetzgebungsprozeß, aber auch in Verfahren vor dem Bundesverfassungsgericht, ist es üblich, VertreterInnen wie den Deutschen Juristinnenbund oder einzelne WissenschaftlerInnen, die sich mit Fragen des Geschlechterverhältnisses beschäftigt haben, einzubeziehen.

Auf eine spezielle Repräsentation stellen auch die Modelle von Gleichstellungsbehörden ab, wie es sie insbesondere in den anglo-amerikanischen Ländern gibt. Die USA haben seit 1965 die Equal Employment Opportunity Commission (EEOC), die Titel VII des Civil Rights Act

59 Seemann 1996 (Fn 1), S. 188; S. 167 f; S. 187 ff.

sowie den Equal Pay Act umsetzen soll.60 In Großbritannien gibt es seit 1970 mit der Equal Opportunity Commission (EOC) eine vergleichbare Institution.[61] In Deutschland sind seit Beginn der 70er Jahre verschiedentlich in staatlichen Verwaltungen sowie vereinzelt auch in privaten Unternehmen Stellen wie die Frauen- oder Gleichstellungsbeauftragten eingerichtet worden, die die Gleichstellung von Männern und Frauen vorantreiben sollten. Seit 1994 regelt das FFG die Einrichtung solcher Stellen auch bei den Bundesbehörden.[62]

Österreich gewährt im Anschluß an das Verfahren vor der Gleichbehandlungskommission nach § 6 des Gleichbehandlungsgesetzes von 1979 eine Verbandsklagebefugnis der in der Kommission vertretenen Interessenvertretungen der Beschäftigten und der Arbeitgeber.[63] Die Schweiz wiederum kennt seit 1996 eine Verbandsklagebefugnis für alle »Organisationen, die nach ihren Statuten die Gleichstellung von Frau und Mann fördern oder die Interessen der Arbeitnehmerinnen und Arbeitnehmer wahren« (Art. 7 des schweizerischen Bundesgesetzes über die Gleichstellung von Frau und Mann (GlG)).[64]

Unter den feministischen Theoretikerinnen hat insbesondere Iris Young konkrete Vorschläge gemacht, wie eine Gruppenrepräsentation auszugestalten sein müßte.[65] Sie plädiert dafür, daß die Selbst-Organisation der

60 Hohmann-Dennhardt/Mallmann-Döll, Gutachten über die Funktion und Bedeutung einer Kommission zur Überwachung des Gleichheitsgrundsatzes im Arbeitsleben, 1972, S. 17 f; Text der Normen im Anhang bei Wisskirchen, Mittelbare Diskriminierung von Frauen im Erwerbsleben, 1994, S. 227 ff; Erläuterung der Einzelheiten S. 174 ff; im einzelnen Lindecke, Frauen und andere Minderheiten. Zur Entstehung und Konkretisierung der US-amerikanischen Gleichstellungsregelungen zugunsten von Frauen und zur Frage eines möglichen Transfers auf die Bundesrepublik Deutschland 1995, S. 123 ff.

61 Im einzelnen Dix, Gleichberechtigung durch Gesetz. Die britische Gesetzgebung gegen die Diskriminierung der Frau im Arbeitsleben – ein Modell für die Bundesrepublik Deutschland?, 1984, S. 224 ff; Hohmann-Dennhardt/Mallmann-Döll 1972 (Fn 60), S. 21; S. 33.; S. 37 ff auch zu vergleichbaren Institutionen in anderen europäischen und außereuropäischen Ländern.

62 Siehe insbesondere den Kommentar von Schiek/Buhr/Dieball/Fritsche/Klein-Schonefeld/Malzahn/Wankel, Frauengleichstellungsgesetze des Bundes und der Länder, 1996.

63 Mayer-Maly, Die Frauengleichbehandlung als Thema der arbeitsrechtlichen Gesetzgebung in Deutschland und Österreich, in: FS für Herschel 1982, S. 264 ff; Martinek, Gleichbehandlungsgebot und Gleichbehandlungskommission in Österreich, in: FS für Kahn-Freund 1980, S. 553 ff.

64 Genauer hierzu Freivogel, Die Verbandsklage und -beschwerde im neuen Gleichstellungsgesetz, in: Schwander/Schaffhauser (Hrsg.) Das Bundesgesetz über die Gleichstellung von Frau und Mann, 1996, S. 127 ff.

65 Young, Polity and Group Difference: A Critique of the Ideal of Universal Citizenship, Ethics 99 (1988/89), S. 250–274; zum Begriff der sozialen

Gruppenmitglieder mit öffentlichen Mitteln unterstützt werden solle. In institutionalisierten Verfahren müßten Anhörungs-, Beratungs- und Vetorechte der »Gruppe« bzw. ihrer RepräsentantInnen integriert sowie EntscheidungsträgerInnen verpflichtet werden nachzuweisen, daß und inwiefern sie geschlechtsspezifische Aspekte mitbedacht haben.

Sie sieht die Gruppenrepräsentation zum einen als eine Form des Ausgleichs für die Benachteiligung unterdrückter Gruppen. Dies ist die Sichtweise, die hierzu am verbreitetsten ist und dem rechts- und gleichheitsorientierten Ansatz der universalistischen Theorien entspricht.[66] Darüber hinaus ist sie aber auch der Meinung, daß auf diese Weise die Qualität staatlicher Entscheidungen verbessert werden könne. Nur so könnten andere Sichtweisen als die der herrschenden Gruppen sowie verschiedene kulturelle Aspekte wirklich Gegenstand öffentlicher Kommunikation werden. Insofern bezieht sie sich ähnlich wie Andrea Maihofer auf die unterschiedlichen Kommunikationsformen und Erfahrungen, die mit der Geschlechterdifferenz verbunden sind, also auf eine Vorstellung von »Gleichwertigkeit« in der Unterschiedlichkeit.

4.1.1.2 Repräsentation von Frauen durch Quotierung/»affirmative action«

Von dieser institutionellen Repräsentation durch Verbände und spezielle Organe unterscheiden sich Formen von »Frauenförderung«, das heißt insbesondere die Festschreibung eines Mindestanteils von Frauen in Entscheidungsgremien, dadurch, daß sie persönlich an das Geschlecht der repräsentierenden Person anknüpft. Argument für diese Form der Repräsentation ist ähnlich wie für die institutionelle Repräsentation hauptsächlich, daß so das gesellschaftliche Machtverhältnis berücksichtigt und die Benachteiligung von Frauen in gewisser Weise ausgeglichen werden könne, was erforderlich sei, um tatsächliche Voraussetzungen für die rechtliche Gleichbehandlung zu schaffen.

Neuerdings finden sich demgegenüber aber auch Begründungsansätze, die sich stärker auf die kulturelle Geschlechterdifferenz beziehen und insofern Ansätzen von »gleichwertigen« Rechten, für die hier unter anderem Maihofer und Cornell genannt wurden, näher stehen. So wird die Zulässigkeit von »affirmative action« auch mit einer Gruppenbetrachtung des Gleichberechtigungssatzes begründet, die den

Gruppe auch Young, Fünf Formen der Unterdrückung, in: Nagl-Docekal/Pauer-Studer (Hrsg) 1996 (Fn 24), S. 104 ff. Siehe auch die Diskussion dieses Konzepts bei Phillips 1995 (Fn 43), S. 126 f sowie den stärker pragmatisch begründeten rechtspolitischen Vorschlag für das deutsche Recht in Pfarr/Kocher, Kollektivverfahren im Arbeitsrecht, 1998.

66 Siehe dazu bei Fn 6 ff.

Gleichberechtigungssatz nicht nur als Differenzierungs-, sondern vor allem als Hierarchisierungsverbot versteht.[67] Vor einem ähnlichen theoretischen Hintergrund sieht Iris Young solche Formen der »Bevorzugung« von Frauen ausdrücklich als ein weiteres Mittel zur Verbesserung der Qualität von Entscheidungen.

Anders als im Falle der Repräsentation durch spezielle Institutionen ist hierbei allerdings in keiner Weise organisatorisch abgesichert ist, daß die jeweilige Person auch die spezifischen Sichtweisen »der Gruppe« einbringt, und die entsprechenden Autorinnen grenzen sich insofern deutlich und meist auch ausdrücklich von den »Differenztheorien« ab, die gesellschaftlich einem Geschlecht zugeschriebene Eigenschaften in den konkreten Frauen und Männern verkörpert sehen.

4.1.2 »Neorepublikanische« Ansätze

Soweit ersichtlich setzt sich auch unter den Vertreterinnen von Differenzansätzen keine Autorin ernsthaft für eine Abkoppelung der »weiblichen« Kommunikationsstrukturen ein. Auch Bode äußert sich letztlich nicht dazu, ob sie tatsächlich grundsätzlich gegen ein Agieren von Frauen in »männlich« strukturierten Entscheidungsprozessen eintreten will.[68]

Allerdings gibt es zunehmend Stimmen, insbesondere in der feministischen Philosophie und Theorie, die Vorstellungen für eine vollständige Umgestaltung der Strukturen und Kommunikationsformen des öffentlichen Raums entwickeln. So meinen die auf »Androgynität«[69] setzenden AutorInnen, daß der »weibliche« Maßstab dem »männlichen« soweit gleichgestellt werden müsse, daß sich beide letztlich wieder unter einem neuen allgemeinen, »menschlichen« Maßstab treffen können. Dazu müsse das auf den männlichen Sozialcharakter bezogene Modell der Staatsbürgerschaft feministisch umgebaut werden. Eine solche Integration »weiblicher« Elemente wird zum Beispiel darin gesehen, »Abhängigkeit als Grundkonstellation des Individuums« und die Subjektivität von Interaktion als selbstverständlichen Bestandteil öffentlicher Kommunikation zu akzeptieren. Auf diese Weise könnten »Care«-Konzepte in ein Konzept der StaatsbürgerInnenschaft eingebaut werden.[70]

67 Sacksofsky, Das Grundrecht auf Gleichberechtigung, 2. Aufl. 1996, S. 312 ff; S. 318 ff; siehe auch Slupik, Die Entscheidung des Grundgesetzes für Parität im Geschlechterverhältnis, 1988, vor allem S. 134 ff; Young 1989 (Fn 65), S. 271 ff;.

68 Siehe bei Fn 40; zu Irigarays Vorschlag »geschlechtsdifferenzierter... Rechte« siehe Fn 54.

69 Zum Begriff Rhode, Prinzipien und Prioritäten, in: Nagl-Docekal/Pauer-Studer (Hrsg) 1996 (Fn 24), S. 293 ff.

70 Siehe insbesondere Benhabib, The Generalized and the Concrete Other, in: Benhabib/Cornell (Hrsg.) 1987 (Fn 23), S. 86 ff. Solche Ansätze finden

Dieses Konzept ist prozeßorientiert und vertraut nicht auf normative Festschreibungen von Verfahren. Insofern unterscheidet es sich grundsätzlich von den herkömmlichen Gleichheitstheorien, mit denen es die Orientierung auf einen »allgemeinen« Maßstab zunächst gemeinsam zu haben scheint. Die öffentliche Kommunikation solle nicht formal, sondern in ihren argumentatorischen Inhalten und Bezugspunkten umgestaltet werden; die moralischen Grundlagen des öffentlichen Handelns und der sozialen Praxis sollten hinterfragt werden. »Dieses Konzept setzt ein Denken in Rechtsbegriffen nicht voraus; eher gilt der Rechtsdiskurs als einer der möglichen normativen Vokabularien, auf die wir uns beziehen können, wenn wir uns öffentlich engagieren«[71] – die »Care-Ethik« könnte ein weiterer Bezugspunkt sein.

Besser verständlich wird dieser Ansatz, wenn er auf seine theoretischen Grundlagen in der anglo-amerikanischen Demokratiedebatte zurückgeführt wird. Aus feministischer Sicht hat Anne Phillips eine gründliche Studien hierzu vorgelegt. Sie unterscheidet zunächst historisch und politisch verschiedene Demokratieverständnisse, die in kritischer Auseinandersetzung mit der traditionellen »liberalen« Demokratie und der modernen Praxis der Demokratie entwickelt worden seien.[72] Neben »partizipatorischen« Modellen stellt sie vor allem das »republikanische« Demokratieverständnis dar. Während die liberale Demokratie[73] mit ihrer strengen Trennung von Staat und Gesellschaft staatliche Entscheidungsbereiche eng begrenze und fordere, daß in politischen Prozessen die gesellschaftlichen Verhältnisse der AkteurInnen außen vor bleiben müßten, käme es dem »republikanischen« Verständnis mehr auf ethische Fragen an. An dem liberalen Demokratieverständnis werde von republikanischer Seite vor allem kritisiert, daß Politik immer weniger eine Angelegenheit aktiver Staatsbürgerschaft sei als vielmehr eine Frage von Regeln. Das »androgyne« Verhaltensmodell ist insofern zu Recht als »neorepublikanisch« bezeichnet worden.[74]

In der deutschen Staatsrechtswissenschaft ist der Republikbegriff bisher zwar vorwiegend zur Begründung von BürgerInnenpflichten verwandt worden: »Republikanisch ist das Bewußtsein jedes Bürgers, daß

sich auch zum Beispiel bei Appelt 1995 (Fn 24); Sevenhuijsen, Feministische Überlegungen zum Thema Care undStaatsbürgerschaft, in: Braun/Jung (Hrsg.) 1997 (Fn 3), S. 74 ff; kritisch Rampf, Kann die Care-Perspektive auf sozialstaatliche Fragestellungen übertragen werden? in: Braun/Jung (Hrsg.) 1997 (aaO), S. 96 ff.

71 Sevenhuijsen 1997 (Fn 70), S. 77.

72 Phillips 1995 (Fn 43). Die englische Erstausgabe »Engendering Democracy« stammt aus dem Jahre 1991. Zu den drei Modellen von Demokratieansätzen siehe insbesondere S. 27 ff.

73 Sie bezieht sich hierbei auf ähnliche Konzepte wie die bei Fn 24 ff. genannten Autorinnen.

74 Zum Beispiel von Sevenhuijsen 1997 (Fn 70), S. 77.

der Staat sein Besitz und seine Aufgabe ist.«[75] Aus dem anglo-amerikanischen Raum sind aber auch Ansätze wie der von Hannah Arendt zu nennen, die für emanzipatorische Auslegungen offener sind und auf die in der feministischen Diskussion über öffentliche Kommunikation öfter Bezug genommen wird. Aber auch diese Ansätze haben meist das geschlechterduale Modell des »autonomen« Staatsbürgers vor Augen, wenn sie fordern, daß die privaten Einzelnen fähig werden müßten, von ihren Privatinteressen zugunsten des Gesamtinteresses zu abstrahieren.[76] An dieser Stelle erweitert nun die erwähnte feministische Version einer Einbeziehung der »Care-Ethik« die republikanischen Theorien.

4.2 Zur Analyse und Kritik

4.2.1 Problematik einheitsorientierter Ansätze

Der »vermeintlich besondere[n] Perspektive der Care-Ethik« wird vor allem vorgeworfen, daß sie sich letztlich in einer »diskurstheoretischen Theorie des Rechts- und Sozialstaates [auflöse]«.[77] Da sie sich kaum mit Fragen gesellschaftlicher Macht auseinandersetzen, müssen diese »androgynen« Ansätze die Erklärung schuldig bleiben, wie abgesichert werden kann, daß sich bei dem Bezug auf einen allgemeinen Maßstab nicht doch wieder der »allgemein-männliche« durchsetzt. Auf die Frage, wie der Erkenntnis, daß »Menschenrechte.. stets zwei Geschlechter haben [müssen]. Denn wenn sie keines haben, haben sie nur eins – das

75 Isensee, Republik – Sinnpotential eines Begriffs. Begriffsgeschichtliche Stichprobe, JZ 1981, S. 1 ff, der das republikanische Prinzip auch auf die kantische Ethik und deren materiales Freiheitsverständnis zurückführt: Tugend als Prinzip der Republik; das Ämter- und Organprinzip seien republikanisch, da sie im Gegensatz zu Prinzipien von Identität und persönlicher Macht stünden. Zustimmend und ergänzend Henke, Verfassungsprinzip der Republik, JZ 1981, S. 249 ff. Vor diesem Hintergrund wird in der staatsrechtlichen Literatur der Republikbegriff in der Regel auf seinen antimonarchischen Aspekt reduziert.

76 So setzt Arendt setzt auf den aktiven Staatsbürger als das (von »privaten« Verpflichtungen) freie, mit der ganzen Person beteiligte und für seine Entscheidungen eintretende Individuum; siehe genauer Phillips 1995 (Fn 43), S. 79 ff zu Hannah Arendt; positiv Bezug nehmend Sevenhuijsen (Fn 70), S. 87; für eine feministische Kritik an Hannah Arendts Politikbegriff siehe Cornell, Geschlechterhierarchie, Gleichheit und die Möglichkeit von Demokratie, in: Nagl-Docekal/Pauer-Studer (Hrsg) 1996 (Fn 24), S. 397 ff.

77 Rampf 1997 (Fn 70), S. 111. Auch Sevenhuijsen 1997 (Fn 70), S. 77 schlägt den Begriff »diskursives Modell von Staatsbürgerschaft und Ethik« vor.

männliche«,[78] Rechnung getragen werden könnte, haben diese Theorien keine praktischen Antworten. Nicht zufällig bezeichnet Seyla Benhabib ihren Ansatz als »normativen Universalismus«.[79]

Es besteht insofern dieselbe Gefahr, die auch dem staatsethischen Programm des ebenfalls neorepublikanischen »Kommunitarismus« vorgehalten wurde. Auch VertreterInnen des Kommunitarismus meinen, das Modell des »autonomen Individuums« und die Formen öffentlicher Kommunikation müßten die sozialen Bindungen und Werte der Personen berücksichtigen. Wie aber zum Beispiel Friedman aus einer feministischen Sicht festgestellt hat, knüpfen sie dabei weitgehend an konservativen Familienbeziehungen und der Nation an, also an unfreiwilligen »Communities« und örtlich definierten Beziehungen.[80] Und dem haben auch die feministischen Versionen des »Neorepublikanismus« wenig entgegenzusetzen: Zwar nehmen sie zur Kenntnis, daß die »Care-Ethik« keine spezielle Disposition der empirischen konkreten Frauen sein muß. Andererseits vernachlässigen sie die Erkenntnis, daß diesen Perspektiven nicht zufällig keine Legitimation in der öffentlichen Kommunikation zukommt. Wenn die Care-Perspektive als Aspekt des »weiblichen« Sozialcharakters wie dargestellt strukturell außerhalb des öffentlichen Raumes steht, kann sie nur durch spezielle Rechte verankert werden: »Konkrete Andere benötigen Rechte, um ihre Andersartigkeit zu schützen«[81] – und um die Einbeziehung der von ihnen repräsentierten Lebensaspekte zu garantieren.

4.2.2 *Problematik gruppenorientierter Ansätze*

Das ist auch die Argumentation von Iris Young für ihr Modell der Gruppenrepräsentation. Aber für die formalisierte Beteiligung braucht auch sie, für die eine soziale Gruppe zunächst durch den »sense of identity« der Menschen definiert wird,[82] ein Konzept der Gemeinsamkeit. Sie bezieht sich insofern auf die Gemeinsamkeit in der Unterdrückung und Benachteiligung[83] sowie auf gemeinsame »kulturelle« Erfahrungen

78 Hassauer, Weiblichkeit – der blinde Fleck der Menschenrechte in: Gerhard/Jansen/Maihofer/Schmid/Schultz (Hrsg.) 1990 (Fn 24), S. 320 ff, S. 323.

79 Benhabib, Feminismus und Postmoderne, in: Benhabib/Butler/Cornell/Fraser 1993 (Fn 23), S. 24; und Benhabib, Subjektivität, Geschichtsschreibung und Politik, aaO, S. 117.

80 Insbesondere Friedman, Feminism and Modern Friendship: Dislocating the Community, Ethics 99 (1988/89), S. 276 ff; siehe auch MacIntyre, Ist Patriotismus eine Tugend?, in: Honneth (Hrsg.) 1993 (Fn 34), S. 90 ff.

81 Rampf 1997 (Fn 70), S. 110.

82 Young 1989 (Fn 65), S. 259.

83 Siehe auch Young 1989 (Fn 65), S. 261 für ihre Definition von »Unterdrückung«.

innerhalb einer bislang nicht-repräsentierten Gruppe, womit in unserem Fall die Aspekte des »weiblichen Sozialcharakters« bzw. die »Care«-Perspektive erfaßt würden. Wir stehen hiermit wieder vor der Frage, wie zu vermeiden ist, daß die Menschen nur in ihrer Identität als Frauen oder Männer wahrgenommen werden.[84]

Bei der Repräsentation durch konkrete einzelne wie bei Modellen von Frauenförderung/»affirmative action« ist dies noch problematischer als bei der institutionellen Repräsentation. Aber auch bei dieser stoßen wir immer wieder auf die Gefahr einer Essentialisierung der Geschlechterdifferenz. Denn wie Fraueninteressen oder -sichtweisen im Einzelfall aussehen, kann keineswegs gesichert festgestellt werden, und zwar nicht nur wegen der Vielfalt von Lebenslagen in modernen Gesellschaften. In der politischen Wirklichkeit werden die Festlegungen von Fall zu Fall umstritten sein. Historisch sind »Fraueninteressen« bezeichnenderweise erst nach und nach »entdeckt« wurden, und bei der Definition haben politische Konjunkturen immer eine wichtige Rolle gespielt.[85] Diese Interessendefinition würde bei einer spezifischen Repräsentation zumindest teilweise an die Repräsentationsinstitution abgegeben.

Und hier können gegen die spezifische Repräsentation des »weiblichen Sozialcharakters« vergleichbare Bedenken geltend gemacht werden wie gegen die Repräsentation durch andere Interessengruppen.[86] Denn spezielle Repräsentation gibt es in der europäischen und US-amerikanischen Praxis auch in der Form der Einbeziehung von Interessenverbänden wie Gewerkschaften, Arbeitgeberverbänden oder auch Umwelt- und VerbraucherInnenverbänden in staatliche Entscheidungsfindungsprozesse. Diese Interessengruppenpolitik kann insofern demokratisch fragwürdig sein, als die Verbände sehr unterschiedliche gesellschaftliche Repräsentativität aufweisen. Meist sind sie kaum durch die Mitglieder der Gruppe legitimiert, deren Interessen sie repräsentieren. Theoretisch und ökonomisch ist dies, wie zuerst von Olson analysiert, in den Kosten und Nutzen einer Organisation für die einzelnen begründet.[87] Für die Repräsentation spezieller Fraueninteressen würde ähnliches gelten. Die Interessen zeichnen sich ähnlich wie die Verbraucherinteressen durch geringe

84 So die Formulierung durch Phillips 1995 (Fn 43), S. 19; S. 266 ff und passim.

85 Phillips 1995 (Fn 43), S. 229 und genauer S. 116 ff.

86 Zur dieser Kritik auch Young 1989 (Fn 65), S. 251 f.

87 Die Analysen zu der Problematik der fehlenden Organisationsfähigkeit großer Gruppen gehen im wesentlichen zurück auf Olson, Die Logik des kollektiven Handelns, Kollektivgüter und die Theorie der Gruppen, 3. Aufl. 1992 (zuerst 1968); zur Debatte und den ansonsten für das Verbraucherrecht vertretenen Thesen im einzelnen Stauss, Verbraucherinteressen. Gegenstand, Legitimation und Organisation, 1980, S. 134 ff; siehe neuerdings auch Schmidt-Trenz, Die Logik kollektiven Handelns bei Delegation, 1996.

Organisations- und Durchsetzungsfähigkeit aus.[88] Mit einer staatlichen Förderung von Selbstorganisierung, wie sie Iris Young vorschlägt, wird das Problem nur eingeschränkt zu lösen sein, denn auch dann wird die Macht des jeweiligen Repräsentationsorgans immer nur so groß sein wie die Macht der Gruppe, für die es steht. Wenn eine dauerhafte öffentliche Beachtung der Repräsentation und eine Anbindung an gesellschaftliche Prozesse nicht gesichert ist, läßt sich verborgenes Aushandeln von Interessenkonflikten zwischen verschiedenen Organen kaum vermeiden.[89] In manchen Bereichen hat sich so eine Interessengruppenpolitik herausgebildet, die kaum noch transparent ist und bei der die herrschenden Interessen sich in aller Regel leichter durchsetzen.

Die für die Demokratie zentrale Frage der Rechenschaftspflicht gewinnt somit in diesen Fällen erhebliche Bedeutung.[90]

4.2.3 *Verbindung verschiedener Ansätze?*

Young meint nun, diese Gefahren der »Privatisierung« des politischen Prozesses ließe sich bannen, wenn man von der Gruppenrepräsentation verlange, daß sie sich letztendlich immer durch einen »public spirit« und Bezug auf das gemeinsame öffentliche Interesse zu rechtfertigen und mit anderen Sichtweisen auseinanderzusetzen habe. Denn schließlich solle die Breite des öffentlichen Entscheidungsfindungsprozesses durch die Gruppenrepräsentation erweitert und nicht fragmentiert werden.[91]

Sie führt hier also Elemente des republikanischen Demokratieverständnisses ein. Ihr Konzept einer pluralen, heterogenen Öffentlichkeit erscheint vor allem wegen dieser Verbindung republikanischer Elemente mit einem Modell der normativen Verankerung bislang ausgeschlossener Sichtweisen interessant. Über Formen spezifischer

88 Slupik, Verrechtlichung der Frauenfrage – Befriedungspolitik oder Emanzipationschance? Die aktuelle Diskussion eines Anti-Diskriminierungsgesetzes, KJ 1982, S. 358; Seemann 1996 (Fn 1), S. 188; S. 167 f; S. 187 ff zum Deutschen Frauenrat. Zum Unabhängigen Frauenverband (UFV) Schenk/Schindler, Frauenbewegung in Ostdeutschland – eine kleine Einführung, beiträge zur feministischen theorie und praxis 35 (1993), S. 140 f; zur Organisation von Frauen in eigenen Berufsverbänden siehe historisch ausführlich Kerchner, Beruf und Geschlecht. Frauenberufsverbände in Deutschland 1848–1908, 1992.

89 Siehe Handler, Social Reform Groups and the Legal System: Enforcement Problems, JbRsozRth 4 (1976), S. 218–243.

90 Phillips 1995 (Fn 43), S. 36 und genauer S. 121 ff; S. 215 ff für partizipatorische Ansätze.

91 Young 1989 (Fn 65), S. 251 ff, S. 257; siehe schon Young 1987 (Fn 23), S. 73 ff: »heterogenous public life«.

Repräsentation durch besondere Institutionen ließen sich Unterschiedlichkeiten ausdrücklich einbeziehen, und über den ausdrücklichen Bezug auf die »Gleichwertigkeit« in der Unterschiedlichkeit könnte Raum für eine Veränderung der Hierarchien und möglicherweise sogar für die Wahrnehmung verschiedener Optionen von Geschlechtsrollen geschaffen werden.

Bei der Frage eines pluralen heterogenen Charakters und der Motivation durch einen »public spirit« haben wir es allerdings mit ethischen Herangehensweisen an öffentliche Kommunikation zu tun, die formal nicht regelbar ist. Jedenfalls gibt es hierzu keinerlei Vorstellungen in der »neorepublikanischen« Diskurstheorie. Für eventuelle Regelungsmodelle kann hier nur festgehalten werden, daß ein praktikables Modell es erfordert, das Problem der Rechenschaftspflicht ernst zu nehmen.

4.3 Konzepte partizipatorischer Demokratie

Verglichen mit der dargestellten weitreichenden und grundsätzlichen Kritik an der Struktur von Gesellschaft, Staat und Öffentlichkeit[92] erscheinen die praktischen Konsequenzen erstaunlich gemäßigt. Herkömmliche Formen spezifischer und institutioneller Repräsentation der Geschlechterdifferenz werden diskursethisch ergänzt, also durch Elemente, die nicht als rechtlich regelbar vorstellbar sind.

Eine neuere Debatte über Veränderungen des Verhältnisses von Staat und Gesellschaft wurde allerdings unter dem Stichwort »Zivilgesellschaft« angestoßen. Je stärker sich weltweit neoliberale Konzepte durchsetzen und die Nationalstaaten auf Steuerung verzichten, desto mehr steht eine Entinstitutionalisierung politischer Prozesse und Übergabe von Steuerung an Gesellschaft zu erwarten. Daß hier möglicherweise Anregungen für weitergehende feministische Erweiterungen zu finden sein könnten, übersehen die Politikwissenschaftlerinnen, die behaupten, feministische Politik agiere unausweichlich in einem staatsbezogenen Kontext, und weniger Staat bedeute auch weniger frauenpolitische Interventionsmöglichkeiten.[93] Eichhorn fordert deshalb zu Recht, »die Möglichkeit einer nichtstaatlichen Vergesellschaftung nicht von vornherein aufzugeben«.[94]

92 Siehe oben bei Fn 19 ff.

93 Sauer 1997 (Fn 3), S. 140.

94 Eichhorn, Verfassungspatriotinnen. Die demokratietheoretische Wende im Feminismus, Beute 3/1995, S. 37 f.

4.3.1 Zivilgesellschaft: Neufassungen des Verhältnisses von Staat und Gesellschaft?

Zivilgesellschaft bezeichnet in dieser Diskussion zunächst denjenigen Bereich, aus dem der politische Prozeß hervorgeht, das heißt die politische Öffentlichkeit, in der staatliche Entscheidungen vorbereitet werden. Darüber hinaus verbergen sich hinter dem Stichwort aber auch weitergehende Vorstellungen einer Autonomie gesellschaftlicher Bereiche, also Räume öffentlicher Kommunikation, die nicht notwendig in staatliche Entscheidung mündet. Bei diesen Debatten handelt es sich in vielen Bereichen, insbesondere was ihre Attraktivität für feministische Ansätze angeht, um Neufassungen »partizipatorischer« Demokratiemodelle. Diese partizipatorischen Ansätze hat Anne Phillips neben den republikanischen als zweites Gegenmodell zur liberalen Demokratie beschrieben.[95] Sie zeichneten sich dadurch aus, daß sie das Verhältnis »privater« und »öffentlicher« Bereiche neu bestimmen und politische Entscheidungsfindungsprozesse insbesondere auf die private Wirtschaft sowie kleinere gesellschaftliche Einheiten ausdehnen wollten. Es gehe um eine » [Vermehrung der] Kontexte, in denen sich Menschen für eine Kontrolle über ihr Leben entscheiden können«. Jedes demokratisierte Forum einer Zivilgesellschaft gehöre zu den Bausteinen, aus denen die Demokratie entstehe, und je mehr es davon gebe, desto besser.

Ihrer Darstellung nach treffen sich diese Modelle partizipatorischer Demokratie und feministische Vorstellungen in der Feststellung, daß »Macht überall [ist]«. Die Frage der Umgestaltung des Verhältnisses von öffentlich und privat sei schließlich auch eins der Zentren feministischer Politik. Zwar erhielten auch viele feministische Theorien in irgendeiner Form eine Trennung zwischen Öffentlichkeit und Privatheit aufrecht; Politisierung werde keineswegs undifferenziert für alle Lebensbereiche gefordert, und es gebe viele verschiedene Deutungen des Satzes »Das Persönliche ist politisch«. Gemeinsam sei feministischen Theorien jedoch in der Regel, daß sie mit der Perspektive einer Veränderung des Geschlechterverhältnisses weitgehende Regelungsansprüche auch gegenüber der herkömmlich »privaten« Sphäre, insbesondere der Haus- und Beziehungsarbeit erhoben hätten.[96]

95 Phillips 1995 (Fn 43), S. 66 ff; S. 150 ff.

96 Phillips 1995 (Fn 43), S. 165 ff. Zur Näher feministischer und partizipatorischer Vorstellungen siehe zum Beispiel auch Holland-Cunz, Perspektiven der Ent-Institutionalisierung, in: Gerhard/Jansen/Maihofer/Schmid/Schultz (Hrsg.) 1990 (Fn 24), S. 307, wo sie auf »das radikaldemokratische Bild einer ent-professionalisierten Politik« verweist, »in der die polaren Sphären des Öffentlichen und des Privaten sich aufeinander zu bewegen und sich in der Mitte treffen: auf der Ebene der Kommune.« Dieser Aufsatz liegt zeitlich

4.3.2 *Repräsentation der Geschlechterdifferenz in der Zivilgesellschaft*

Als Gefahr der partizipatorischen Konzepte wurde bislang vor allem eine Konzentration auf die »kleine« Welt der Betriebe, des Wohnblocks oder der Schule sowie eine Wiederbelebung von Interessengruppenpolitik befürchtet.[97] Young zitiert empirische Untersuchungen von Mansbridge und Gutmann, die zeigten, wie in kommunalen Entscheidungsstrukturen sich auf der Basis unmittelbarer Beteiligung unter der Hand die Dominanz weißer Männer der Mittelklasse durchsetzte. Größere Beteiligung in Schulen habe zu verstärkter Rassentrennung geführt, da die Interessen der schwarzen Bevölkerung an Gleichbehandlung und Integration geringere Durchsetzungskraft bewiesen.[98] Die Frage einer wirksamen Repräsentation der Sichtweisen nicht dominanter Gruppen stellt sich demzufolge nicht nur in staatlichen Strukturen. Auch die Zivilgesellschaft ist geprägt von den herrschenden Klassenstrukturen, den ökonomischen und kulturellen Verhältnissen[99] sowie von den Geschlechterverhältnissen, die eine gleichberechtigte Teilnahme von Frauen »als Frauen«, das heißt dem weiblichen Sozialcharakter, verhindern.

Nicht nur demokratietheoretische Argumente[100] sprechen insofern für eine formale Regulierung von öffentlicher Kommunikation auch in zivilgesellschaftlichen Strukuren.[101] Praktisch könnte dies bedeuten, die angesprochenen Modelle der spezifischen Repräsentation der Geschlechterdifferenz durch spezielle Institutionen auf ihre Übertragung in zivilgesellschaftlichen Entscheidungs- und Kommunikationsprozesse zu überprüfen. In der Praxis gibt es hierzu bislang nur wenig Ansätze. Als Beispiele seien die Debatten um Repräsentation der Geschlechterdifferenz in Vereinen, Betriebsräten und Verbänden genannt.[102] Aber

vor dem oben zitierten (Fn 34), in dem sie sich von dieser Position distanziert.

97 Phillips 1995 (Fn 43), S. 83.

98 Young 1989 (Fn 65), S. 258 f.

99 Auch Habermas 1992 (Fn 13), S. 215 f weist darauf hin, daß ein Funktionieren von Steuerung über die Zivilgesellschaft voraussetzen würde, daß die Zivilgesellschaft von Klassenstrukturen »hinreichend entkoppelt« ist; siehe auch May, Zivilgesellschaft als Demokratietheorie, KritV 1997, S. 306 ff (S. 320 ff).

100 Zu diesen siehe oben bei Fn 42 ff.

101 Phillips 1995 (Fn 43), insbesondere S. 226 ff.

102 Siehe zum Beispiel § 15 II BetrVG 1972; zur Zulässigkeit von Quotierung in Gewerkschaften: Fuchsloch, Frauenquoten in Gewerkschaftssatzungen, AuR 1997, S. 354–357; vgl. auch Lange, »Frauenquoten« in politischen Parteien, NJW 1988, S. 1174–1183 (obwohl die Parteien sich bislang vorwiegend als Vorbereiterinnen staatlicher Entscheidungen verstehen und deshalb nur eingeschränkt hierher gehören).

auch in den Diskussionen über den Umgang mit »sexistischem« Verhalten in nicht rechtlich verfaßten politischen Zusammenhängen oder über die Repräsentation nicht-weißer Frauen und ihrer Sichtweisen in feministischen Gruppen wurden erste Erfahrungen gemacht.[103]

Wichtig scheint mir, hier Youngs Hinweise zur pluralen Verfassung öffentlicher Räume ernst zu nehmen. Sie hat gezeigt, daß die republikanischen Verhaltensmodelle interessante Anregungen geben können. Zwar gilt bei den republikanischen TheoretikerInnen die Politik in der Regel als ein Sonderbereich des Lebens, womit meist eine kritische Haltung gegenüber stärker partizipatorischen Modellen verbunden ist.[104] Andererseits plädieren auch sie für die Schaffung neuer diskursiver Räume.[105] Eine Wiederbelebung des Politischen ließe sich insofern möglicherweise durchaus mit seiner Ausdehnung und einer Neubestimmung der öffentlichen Räume zwischen Staats- und Gesellschaftsbezogenheit vereinbaren.

5. Handlungsorientierung

So führt dieser Überblick letztlich zu dem erstaunlichen Ergebnis, daß auch Überlegungen über eine Neubestimmung des Verhältnisses von Staat und Gesellschaft keineswegs zu einer Abkehr von rechtlichen Handlungsmitteln auffordern, sondern eher auf eine Erweiterung des Rechtsverständnisses orientieren.

Und hier haben wir mit dem Konzept »gleichwertiger Rechte« einen Ansatzpunkt, der sich bemüht, bewußt umzugehen mit dem »feministischen Dilemma«, einerseits die Trennlinien zwischen den Geschlechtern nicht verleugnen zu wollen, andererseits die Menschen auch nicht auf ihr Geschlecht und ihre Geschlechtsrolle reduzieren zu wollen:[106] Die Geschlechtsrollenstereotypen in den Köpfen und der Realität auflösen zu wollen, heißt danach eben nicht notwendig, daß bereits eine neue Vorgabe fertig vorliegen sollte oder auch nur gewünscht wird.[107] Praktische Umsetzung haben diese Überlegungen bereits in neueren Auslegungen

103 Siehe zu letzterem die Nachweise in Fn 46. Eher hilflos erscheinen demgegenüber »Tribunale«, wie sie zum Beispiel in Zeck 1995/96 dokumentiert werden (»Zu dem Vergewaltigungsvorwurf gegen Bernd« oder »Die gescheiterte Sexismusdiskussion im Libertären Zentrum Hamburg«).

104 Sevenhuijsen 1997 (Fn 70), S. 88.

105 Sevenhuijsen 1997 (Fn 70), S. 86; S. 91; siehe auch S. 93 zur Unterscheidung verschiedener Formen öffentlichen und politischen Handelns.

106 Siehe oben bei Fn 50.

107 Raasch 1989 (Fn 8), S. 34. Siehe auch Benhabib 1993 (Fn 79), S. 24; S. 117 mit ihrer Forderung, Frauen sollten aus der Position der gesellschaftlich

des Begriffs der mittelbaren Diskriminierung gefunden, nach denen dieses vor allem ein Hierarchisierungsverbot und eine Garantie unterschiedlicher Optionen der Lebensgestaltung zum Inhalt habe.[108]

In Hinblick auf die Verfahrensgestaltung kann »gleichwertige Rechte« die Eröffnung möglichst vielfältiger Handlungsmöglichkeiten bedeuten,[109] bei denen eine Bezugnahme auf die Kategorie Frau umso unproblematischer ist, als »Zuschreibungen« mit prozeduralen Positionen verknüpft werden.[110] So mag der Gleichbehandlungsgrundsatz letztlich vielleicht tatsächlich in der Lage sein, einen »Riß in der Wand zwischen Recht und Gesellschaft« zu öffnen.[111]

Im Ergebnis mag erstaunlich erscheinen, daß die unterschiedlichsten theoretischen Ansatzpunkte, die sich bemühen, unter Berücksichtigung der neuesten philosophischen Überlegungen das Verhältnis von Staat, Öffentlichkeit und Geschlechterdifferenz grundsätzlich neu zu denken, wenig Unterschiedliches an konkreten Vorschlägen zu bieten haben. Begründet liegt dies darin, daß vielen der neueren Ansätze bereits der Anspruch, nach konkreten, in rechtlichen Regelungen umsetzbaren Modellen zu suchen, gar nicht angemessen ist. Insbesondere die diskurstheoretischen und neorepublikanischen Autorinnen vertreten ein stärker prozeßhaftes Verständnis von Veränderung, in dem ethischen Haltungen größeres Gewicht zukommt als abstrakter Regulierung und konkreter Verfahrensregelung. Gerade diese Ansätze können wertvolle Anregungen für die feministische Rechtstheorie liefern.

Verbannten, also »von außen« des Geschlechterverhältnisses gegen dessen Festschreibungen vorgehen.

108 Siehe oben bei Fn 56 ff.

109 Pfarr, Herstellung und Sicherung von Chancengleichheit durch Recht – dargestellt am Beispiel der Frauen, in: Hassemer/Hoffmann-Riem/Limbach, Grundrechte und soziale Wirklichkeit, 1982, S 255 ff. Auch Phillips 1995 (Fn 43), S. 237 ff steht letztlich für einen solchen Ansatz. Vgl. auch den Pluralismus des Konzepts von Pfarr/Kocher 1998 (Fn 65).

110 Baer 1996 (Fn 50).

111 MacKinnon 1991 (Fn 14), S. 244 (»The law of equality...provides... a crack in the wall between law and society«)

Teil 2: Der Begriff »Geschlecht« im Arbeitsrecht

In diesem Teil werden Überlegungen vertieft und weitergeführt, die bereits im ersten Text des Bandes angesprochen wurden: Im Antidiskriminierungsrecht und im Arbeitsrecht wird »Geschlecht« teilweise explizit als Kategorie verwendet. Eine feministische Perspektive der Befreiung von Kategorien muss dies problematisieren, denn der Rechtsbegriff des Geschlechts läuft Gefahr, Stereotypen und binäre Geschlechterkonstruktionen fortzuschreiben. Solche Fragen werden heute auch mit Hilfe des Begriffs »postkategoriales Antidiskriminierungsrecht« diskutiert.[1]

Der Text »Der Begriff ›Geschlecht‹ im Antidiskriminierungsrecht« analysiert den Begriff »Geschlecht« im arbeitsrechtlichen Antidiskriminierungsrecht, also in einem Kontext, der das Recht gerade gegen die gesellschaftliche Macht der Geschlechterverhältnisse in Stellung bringen möchte. Der Text arbeitet an den Grenzen einerseits des Begriffs »Frau«/Schwangerschaft und andererseits des Begriffs »Geschlecht«. Er fragt insbesondere danach, wie nicht-binäre Personen jeweils rechtlich adressiert werden und diskutiert die Vor- und Nachteile spezieller Kategorien wie der Kategorie der sexuellen Orientierung.

Der Text schaut dabei nicht nur auf die Definitionen des Begriffs »Geschlecht« selbst, sondern auch auf die Argumente und Figuren, mit denen Differenzierungen nach dem Geschlecht als »wesentliche und entscheidende berufliche Anforderung« (§ 8 Abs. 1 AGG) gerechtfertigt werden. Er kritisiert, dass herkömmliche Analysen hier häufig bei oberflächlichen Rechtfertigungen unternehmerischer Personalkonzepte stehen bleiben. Stattdessen wäre von Arbeitgeber:innen auch zu verlangen, dass Sie auch die Zuordnung von konkreten Personen zu einem bestimmten Geschlecht jeweils begründen. Der Text plädiert dafür, das Verbot der Diskriminierung wegen des Geschlechts als Verbot geschlechtsstereotypisierender Anforderungen zu verstehen.

Im Text »Der arbeitsrechtliche Unterschied zwischen Müttern und Vätern« werden einige dieser Fragen weiter vertieft,[2] und zwar anlässlich

1 Zum Diskussionsstand seit Erscheinen der Texte: Susanne Baer, § 5 Das Kategorienproblem und die Herausbildung eines postkategorialen Antidiskriminierungsrechts, in: Anna Katharina Mangold/Mehrdad Payandeh (Hrsg.), Handbuch Antidiskriminierungsrecht. Strukturen, Rechtsfiguren und Konzepte, Mohr Siebeck 2022, S. 223–260; aber auch Felix Hartmann, Diskriminierung durch Antidiskriminierungsrecht? Möglichkeiten und Grenzen eines postkategorialen Diskriminierungsschutzes in der Europäischen Union, Europäische Zeitschrift für Arbeitsrecht (EuZA) 2019, 24–44.

2 So bewertet dieser Text z.B. die EuGH-Entscheidung »Lommers« (C-476/99) differenzierter als der erste Text des vorliegenden Bandes.

des besonderen arbeitsrechtlichen Schutzes von Schwangeren und Müttern. Da das Mutterschutzrecht auf Biologie rekurriert, steht es antidiskriminierungsrechtlich unter hohem Rechtfertigungsdruck. Am Beispiel von Grenzfällen wie der In-vitro-Fertilisation, Adoptivelternschaft, Leihmutterschaft und der Elternstellung von Vätern zeigt der Text, dass die Rechtsprechung des Europäischen Gerichtshofs Elternrechte noch zu häufig als Mütterrechte statt unabhängig vom Geschlecht fasst.

Seit Erstveröffentlichung des Textes hat sich in Bezug auf diese Themen weniger geändert als man sich wünschen würde. Art. 4 der Richtlinie (EU) 2019/1158 zur Vereinbarkeit von Beruf und Privatleben für Eltern und pflegende Angehörige sieht nun eine zehntägige bezahlte Auszeit für den zweiten Elternteil rund um die Geburt des Kindes vor. Deutschland war zwar der Meinung, dass aufgrund der bestehenden Regelungen zu Elternzeit und Elterngeld keine Umsetzungsnotwendigkeit bestehe. Der Koalitionsvertrag für die Legislaturperiode 2021–2025 sieht dennoch vor, dass eine zweiwöchige Partnerfreistellung nach Geburt eingeführt werden soll.[3] Das hierzu entworfene Familienstartzeitgesetz war bis Ende 2023 jedoch noch nicht in den Bundestag eingebracht worden.

3 SPD, Bündnis 90/Die Grünen und FDP, Mehr Fortschritt wagen. Bündnis für Freiheit, Gerechtigkeit und Nachhaltigkeit, Koalitionsvertrag 2021–2025, S. 79.

Der Begriff »Geschlecht« im Antidiskriminierungsrecht (2009)

»Das Geschlecht ist so gut wie niemals ›unverzichtbar‹ für die Ausübung einer Tätigkeit.«

(Monika Schlachter, Erfurter Kommentar zum Arbeitsrecht, 5. Aufl. 2005, § 611a BGB, Rn. 22)

Das Antidiskriminierungsrecht bietet zwar rechtliche Instrumente, die gegen die gesellschaftliche Macht der Geschlechterverhältnisse mobilisiert werden könnten – gleichzeitig liegt im Rechtsbegriff des »Geschlechts« aber die Gefahr, Geschlechterstereotypen und eine binäre Geschlechterkonstruktion fortzuschreiben. Dieser Text zeigt, inwiefern sich diese Gefahr in der Rechtsprechung bereits verwirklicht hat, und fordert, dass die Auslegung nicht an begrifflichen Versuchen einer Definition von »Geschlecht« stehen bleiben darf. Diskriminierungstatbestände müssen so formuliert bzw. ausgelegt werden, dass die gesellschaftlichen Machtverhältnisse, gegen die sie sich richten, zutreffend be- und umschrieben werden.

1. Das feministische Dilemma

Es ist lange her, dass die Auseinandersetzung zwischen Gleichheits- und Differenzansätzen die feministische Debatte prägte.[1] Heute geht es in der Geschlechterpolitik weder darum, »Frauen« zu einem männlich kodierten Lebensentwurf zu bringen, noch darum, die besondere »Qualität« weiblich kodierter Lebensentwürfe und Identitäten zu bewahren. Autonomie, die Möglichkeit, sich für unterschiedliche Lebensmodelle zu entscheiden, sind die Leitbilder moderner Geschlechterpolitik – und zwar für alle Menschen.[2] Schließlich hat sich die Annahme weithin durchgesetzt, dass Geschlechterrollen und -zuweisungen nicht natürlich, sondern gesellschaftlich besetzt und konstruiert sind. Das Bundesverfassungsgericht verlangt in der Nachtarbeitsentscheidung

1 Siehe Benhabib/Butler/Cornell/Fraser, Der Streit um Differenz, 1993.

2 Holzleithner, Geschlecht und Identität im Rechtsdiskurs, Querelles 2009, S. 41: Autonomie meine hier nicht bindungslose Selbstermächtigung oder die individualistische freie Wahl im Supermarkt der Lebensmöglichkeiten, sondern die Reflexion der sozial geschaffenen Bedingungen, die die Handlungsfähigkeit von Menschen ermöglichen bzw. einschränken: Abwesenheit von Zwang und Manipulation.

sogar vom Staat, überkommene Rollenverteilungen nicht zu verfestigen.[3]

Am »feministischen Dilemma« hat sich dennoch nichts geändert:[4] Einerseits geht es darum, die Menschen und die Gesellschaft vom Korsett der Mann/Frau-Dichotomie zu befreien; Geschlechterdifferenz sollte gesellschaftlich irrelevant sein. Andererseits ist die herrschende Geschlechterdifferenz ein hierarchisches Macht- und Gewaltverhältnis, in dem das »Weibliche« marginalisiert und auf »seinen« Platz verwiesen wird. Um die Geschlechterhierarchie in Frage stellen zu können, beziehen sich die Instrumente der Geschlechterpolitik – allen voran Art. 3 Abs. 2 GG – auf genau die Mann/Frau-Dichotomie, zu deren gesellschaftlicher Irrelevanz sie beitragen sollen.[5] Am deutlichsten ist dies im Gleichstellungsrecht mit seinen Entscheidungs- oder Ergebnis»quoten«.

2. Die Kritik an der Heteronormativität – »Queer Theory« und Recht[6]

Immerhin ließ sich diese Bezugnahme des Rechts auf »Geschlecht« lange Zeit dadurch rechtfertigen, dass zwar das soziale Geschlecht (»gender«) gesellschaftlich bestimmt und veränderbar sei, dass jedoch das biologische Geschlecht (»sex«) eine Grundlage darstelle, an der Gesetze anknüpfen könnten. Geschlechterpolitische Gesetze gingen insofern davon aus, dass es »Männer« und »Frauen« gibt – und stellten auf dieser Grundlage die Zuweisung bestimmter Rollenbilder in Frage.

In den letzten 15–20 Jahren ist eine solche Sichtweise der gesellschaftlichen Geschlechterverhältnisse als »heteronormativ« entlarvt worden. Schon die Unterscheidung zwischen biologischem »Sex« und sozialem »Gender« ermöglichte es, persönliche Optionen, Eigenschaften und Lebensentwürfe unabhängig vom Geschlecht zu denken.[7] Aber nicht nur das soziale Geschlecht, auch das Begehren und das, was als »sex« oder biologisches Geschlecht wahrgenommen wird, ist vom jeweiligen

3 BVerfGE 85, 191 (207); siehe auch BVerfGE 89, 276.

4 Baer, Dilemmata im Recht und Gleichheit als Hierarchisierungsverbot, KrimJour 1996, 242; Kocher, Geschlechterdifferenz und Staat, KJ 1999, 182 (193) (in diesem Band S. 49 ff); Holzleithner, Emanzipation durch Recht?, KJ 2008, 250 (252): »Dilemma der Differenz«.

5 Elsuni, Feministische Rechtstheorie, in: Buckel/Christensen/Fischer-Lescano (Hrsg.), Neue Theorien des Rechts, 2. Aufl. 2009, S. 157 (169 f.).

6 Künzel, in: Foljanty/Lembke (Hrsg.), Feministisches Studienbuch, 2006, S. 57 zur Queer Theory.

7 Wapler, in: Foljanty/Lembke (Fn. 6), 2006, S. 31 ff., zur Bedeutung von Sex und Gender in den unterschiedlichen feministischen Theorie-Ansätzen.

sozialen Kontext abhängig und historisch bedingt. Geschlecht entsteht nicht zuletzt dadurch, dass es in einzelnen Akten immer wieder inszeniert wird – »doing gender«.[8]

Daraus ist eine theoretische Kritik an der Geschlechterbinarität als solcher erwachsen.[9] Der gesellschaftliche Zwang, Menschen einem von zwei gesellschaftlich konstruierten Polen zuzuordnen (»Heteronormativität«),[10] wird insbesondere in der »queer theory«, die gesellschaftspolitisch eng mit der Schwulen- und Lesbenbewegung verbunden ist, kritisiert. Wie schon Judith Butler in »Gender Trouble«,[11] thematisiert die Queer-Theorie oft die Interessen und Wünsche von Menschen, die sich weigern, sich einer der beiden geschlechtlichen Pole »Mann« oder »Frau« zuzuordnen. Deshalb werden an das Recht in aller Regel Fragen der Intersexualität gestellt (»Zwitter«, die häufig ohne ihre Einwilligung als Kinder operiert und verstümmelt werden),[12] der Transsexualität,[13] zum Namensrecht, das dazu zwingt, einen geschlechtlich »eindeutigen« Vornamen zu wählen, oder zur Pflicht, bei Geburt eines Kindes diesem ein Geschlecht zuzuweisen.[14] Selbst wenn diese Rechtsfragen nur kleine Gruppen der Gesellschaft betreffen sollten, heißt dies nicht, dass sie gesellschaftlich irrelevant wären. Denn die kleine Gruppe derer, die sich

8 Butler, Das Unbehagen der Geschlechter, 1991; dies., Körper von Gewicht, 1993; siehe schon Gildemeister/Wetterer, Wie Geschlechter gemacht werden. Die soziale Konstruktion der Zwei-Geschlechtlichkeit und ihre Reifizierung in der Frauenforschung, in: Knapp (Hrsg.), Traditionen Brüche, 1992, S. 201 ff.; Fenstermaker/West, »Doing Difference« revisited, KZfSS Sonderheft 41/2001, S. 236 ff.

9 Siehe dazu schon de Silva, Zur Normalisierung heteronormativer Zweigeschlechtlichkeit im Recht, KJ 2008, S. 266 ff.; Buckel/König, Körperwünsche im Recht – Zur Vermittlung von Rechtstheorie und Psychoanalyse, KJ 2009, S. 337 ff.

10 Butler, Körper von Gewicht, 1993; siehe schon Adrienne Rich: »Zwangsheterosexualität« (Rich, Compulsory Heterosexuality and Lesbian Existence, in: Blood, Bread and Poetry, 1986, S. 23 ff.). Zu den Begriffen: Baer, Entwicklung und Stand feministischer Rechtswissenschaft in Deutschland, Querelles 2009, S. 15 (30).

11 Butler (Fn. 13); siehe auch den »Rückblick« in Butler, Die Frage nach der sozialen Veränderung, in: Die Macht der Geschlechternormen, S. 325 ff.

12 Holzleithner (Fn. 2), S. 44 ff.; Plett, Intersexualität aus rechtlicher Perspektive, Gigi – Zeitschrift für sexuelle Emanzipation 2001, S. 24 ff.; Plett, Intersexuelle – gefangen zwischen Recht und Medizin, in: Koher/Pühl (Hrsg.), Gewalt und Geschlecht, 2003, S. 21 ff.; Kolbe, Intersexualität und operative Geschlechtszuweisung, KJ 2009, S. 271 ff.

13 Holzleithner (Fn. 2), S. 52; siehe auch Adamietz, Transgender ante portas?, KJ 2006, 368; de Silva, Zur Normalisierung heteronormativer Zweigeschlechtlichkeit im Recht, KJ 2008, 266.

14 Holzleithner (Fn. 2) S. 48.

nicht eindeutig einem von zwei Geschlechtern zuweisen lassen wollen oder die sich mit dem zugewiesenen Geschlecht nicht zutreffend charakterisiert fühlen, hat subjektiv und objektiv so viel zu erleiden,[15] dass es gerechtfertigt ist, gesellschaftliche Ressourcen zu mobilisieren. Die Zeiten, in denen die Mehrheitsgesellschaft ihre Energie zur Ausgrenzung von »Freaks« mobilisiert, sollten mit dem Grundgesetz beendet sein.

Heteronormativität betrifft aber nicht nur eine abgrenzbare kleine Gruppe: Die queere Kritik an der Heteronormativität wehrt sich gerade gegen die Allgegenwart des Zwangs der zweigeschlechtlichen Einordnung. Die symbolische Reproduktion der Heteronormativität stellt das »Normale« überhaupt erst her – auch gegen die einzelnen Menschen.[16] Es fragt sich damit, ob die »Normalität« des Rechts von der queeren Kritik unberührt bleiben kann. In besonderem Maße gilt dies für das Recht der Geschlechtergleichbehandlung. Der Verdacht, dass sich Heteronormativität im Recht der »Geschlechtergleichbehandlung« wiederfindet und in ihm reproduziert wird, liegt jedenfalls nahe. Art. 3 Abs. 2 GG spricht jedenfalls ausdrücklich von »Mann« und »Frau« und scheint so eine binäre Geschlechterordnung vorauszusetzen und als Norm zu etablieren. Diese Norm hat schließlich auch Anlass zu Aussagen wie »jeder Mensch sei entweder männlich oder weiblich« gegeben.[17] Es bietet sich deshalb an, bei einer Überprüfung des »normalen« Rechts auf heteronormative Geschlechtskonstruktionen dort anzusetzen, wo das Gesetz selbst den Begriff des Geschlechts verwendet – wie im Antidiskriminierungsrecht. Können diese Geschlechterbegriffe »queere« Konzepte aufnehmen oder haben sie sie bereits aufgenommen, oder setzen sie notwendig hegemoniale Heteronormativität voraus und reproduzieren sie?

Wie die moderne feministische Theorie orientiert sich auch die deutsche Debatte um die Queer Theorie an in den USA bereits seit längerem geführten Diskussionen.[18] Anstatt am Beispiel der bereits oft diskutierten US-amerikanischen Fälle und Gerichtsentscheidungen werde ich im Folgenden versuchen, die Probleme anhand von Entscheidungen deutscher Gerichte sowie des EuGH aufzuzeigen.

15 Im Sommer 2009 wurde dies am Fall der Leichtathletin Caster Semanya auch medienöffentlich diskutiert; siehe dazu unten Fn. 72 f.

16 Butler, Das Unbehagen der Geschlechter, 1991.

17 BVerfGE 39, 286 (299); Biologisierungen der Geschlechtsdifferenz durch das BVerfG werden zitiert bei Sacksofsky, Das Frauenbild des Bundesverfassungsgerichts, Querelles 2009, 191 (192).

18 Siehe z.B. Genschel, Wann ist ein Körper ein Körper mit (Bürger-)Rechten?, in: Queering Demokratie, 2000, S. 113 ff., die ausschließlich solche erst- und zweitinstanzlichen US-amerikanischen Entscheidungen als Beispiele verwendet, die besonders strikte normative Vorstellungen von Zweigeschlechtlichkeit zu repräsentieren scheinen.

3. Normalitätskonstruktionen im Antidiskriminierungsrecht

Rechtsgrundlagen des Schutzes vor Diskriminierung »wegen des Geschlechts«, sowohl für das Arbeitsrecht als auch für Bereiche des Zivilrechts ist das Allgemeine Gleichbehandlungsgesetz (AGG); Definitionen der Diskriminierung finden sich in §§ 1, 3 AGG.

Schreibt dieses Gesetz also vor, dass eine Person sich nur dann auf Diskriminierung »wegen des Geschlechts« berufen darf, wenn sie darlegt und zeigt (d.h.: im Zweifel beweist), dass sie einem von zwei gesellschaftlich vordefinierten Geschlechtern angehört? Verlangt z.B. der Anspruch auf Entschädigung wegen Diskriminierung beim Zugang zum Arbeitsverhältnis (§ 15 AGG), dass sich eine Person zum männlichen oder weiblichen Geschlecht bekennt?

Es ist anerkannt, dass dies jedenfalls nicht Voraussetzung der Anwendung des Diskriminierungsschutzes ist.[19] Auch wenn eine Person aufgrund des äußeren Erscheinungsbildes oder wegen des Namens als »Ausländer_in« eingeordnet und deshalb diskriminiert wird, greift das Gesetz zum Schutz vor rassistischer Diskriminierung. Der Schutz vor Diskriminierung wegen der sexuellen Identität würde leer laufen, wenn von Personen, die von anderen als schwul »beschimpft« werden, verlangt würde, die sexuelle Orientierung nachzuweisen. § 7 Abs. 1 Hs. 2 AGG sagt deshalb auch, es reiche aus, »wenn die Person, die die Benachteiligung begeht, das Vorliegen eines in § 1 genannten Grundes bei der Benachteiligung nur annimmt«. Von einer Transsexuellen, die nach der Geschlechtsumwandlung das niedrigere »Frauengehalt« ausgezahlt bekommt,[20] würde also niemand erwarten, dass ihr Geschlecht nachgewiesen wird, mit welchen Merkmalen auch immer. Die Differenzierung nach Männer- und Frauengehältern würde ausreichen.

Es geht also jeweils um das Motiv bzw. den Grund der Benachteiligung. Bestimmte Gründe für Differenzierungen werden verboten – aber andere werden erlaubt. Die Ausgangsfrage lautet also: Stecken in der Unterscheidung zwischen erlaubten und verpönten Differenzierungsgründen heteronormative Normalitätskonstruktionen?

19 Schiek, in: dies. (Hrsg.), AGG, 2006, § 1, Rn. 7; Däubler, in: ders. (Hrsg.), AGG, 2. Aufl. 2008, § 1, Rn. 95 f. Dagegen setzt die Anwendung des irischen Equality Acts voraus, dass die benachteiligte Person ein Mann und die Vergleichsperson eine Frau ist oder umgekehrt (Schiek ebd., Rn. 26).

20 So die Geschichte bei Müller, Neues von der Elfenfront, 2009.

a) Verbotene Gründe: Das Problem der Vergleichsperson

Die Grundstruktur bei Prüfung einer unmittelbaren Diskriminierung ist die des Vergleichs: Nach dem Wortlaut von § 3 Abs. 1 AGG liegt eine unmittelbare Benachteiligung dann vor, wenn eine Person wegen des Geschlechts eine weniger günstige Behandlung erfährt »als eine andere Person in einer vergleichbaren Situation erfährt, erfahren hat oder erfahren würde«. Dieses Vergleichspersonenkonzept ist fragwürdig geworden in Hinblick auf die Definition von Vergleichspersonen des jfeweils anderen Geschlechts. Hierzu einige Anwendungsfälle:

A. Beispiel »Schwangerschaft«

Zu den umstrittensten Streitfragen der Geschlechtsdiskriminierung gehörte lange Zeit und im Grunde bis heute die Diskriminierung wegen der Schwangerschaft. Dabei geht es in der Regel um Fälle, in denen Arbeitgeber_innen kurz nach Einstellung einer Person erfuhren, dass diese schwanger war – und aus diesem Grund das Arbeitsverhältnis beendeten.[21]

Das Bundesarbeitsgericht hatte solche Fälle ursprünglich nur eingeschränkt als Geschlechtsdiskriminierung werten wollen, nämlich allenfalls dann, wenn sich neben der schwangeren Frau noch mindestens ein Mann auf die Stelle beworben hatte. Die Frage nach der Schwangerschaft bei der Einstellung richte sich »von vornherein nur an weibliche Bewerber«, »weil nur sie schwanger werden können«. Bewerben sich nur Frauen, bedeute die Frage nach der Schwangerschaft gegenüber den anderen Bewerberinnen keine geschlechtsspezifische Benachteiligung, weil sich die Frage an alle Bewerberinnen richte und jede von ihnen schwanger sein könne.[22]

Dass diese Unterscheidung nicht richtig sein konnte, lag eigentlich auf der Hand. Die Frage war jedoch, was ihr entgegen zu halten war. Nahe liegend wäre es, in diesem Fall unmittelbar auf die geschlechtsspezifische Struktur der Benachteiligung abzustellen – also darauf, dass ein_e Arbeitgeber_in, die kein Arbeitsverhältnis mit Schwangeren haben will, damit eine Vorstellung von Erwerbstätigkeit produziert, die vom Bild einer ungebundenen Wirtschaftsteilnehmer_in ohne soziale Bindung und vor allem ohne Sorgepflichten ausgeht. Das würde aber voraussetzen, dass

21 In Deutschland geschieht dies dann durch Anfechtung nach § 123 Abs. 1 BGB wegen arglistiger Täuschung oder nach § 119 Abs. 2 BGB wegen eines Irrtums über »solche Eigenschaften der Person [...], die im Verkehr als wesentlich angesehen werden« – dazu unten C. (bei Fn. 47).

22 BAG, AP Nr. 31 zu § 123 BGB.

man das Diskriminierungsverbot tatsächlich umfassend als eine Rechtsnorm ansieht, die sich gegen bestimmte geschlechtshierarchische Strukturen in der Gesellschaft bzw. (hier) im Erwerbsleben richtet.[23] So weit ist die deutsche Rechtsprechung noch lange nicht.

Der EuGH widersprach dem BAG jedenfalls mit einer Begründung, die sich vom Vergleichspersonenkonzept löste: Gerade und allein weil die Verweigerung einer Einstellung wegen Schwangerschaft nur Frauen gegenüber in Betracht komme, handele es sich um eine unmittelbare Diskriminierung aufgrund des Geschlechts.[24] Im Anschluss daran gab auch das BAG seine Unterscheidung danach, ob sich nur Frauen oder auch Männer um den Arbeitsplatz bewerben, auf.[25] Der EuGH wandte in der Folge das Diskriminierungsverbot auf Schwangerschaft in aller Striktheit an und akzeptiert keinerlei legitime Gründe, in denen »ausnahmsweise« Schwangere aus einem Arbeitsverhältnis entlassen werden könnten: So hielt er (wieder gegen das BAG) eine Entlassung auch dann für diskriminierend, wenn die Frau die vereinbarte (unbefristete) Tätigkeit wegen eines mutterschutzrechtlichen Beschäftigungsverbotes zunächst nicht aufnehmen konnte[26] – und dehnte dies dann sogar auf Fälle aus, in denen feststand, dass die Person aufgrund ihrer Schwangerschaft während eines wesentlichen Teils der Vertragszeit nicht würde arbeiten können.[27]

Die Begründung des EuGH für die Einordnung als Geschlechtsdiskriminierung unabhängig vom Vergleichspersonenkonzept läuft auf die Annahme hinaus, dass hier das Differenzierungsmerkmal (Schwangerschaft) notwendig mit dem verpönten Merkmal (Geschlecht) verbunden sei. Diese Begründung scheint sich auch in der Kommentarliteratur durchgesetzt zu haben.[28] Dabei ist sie offensichtlich stereotypisierend und beruht auf einer bestimmten Vorstellung eines »Frauenkörpers«. Mittlerweile gibt es zwar mit § 3 Abs. 1 Satz 2 AGG einen eigenen Tatbestand der Diskriminierung wegen der Schwangerschaft oder Mutterschaft (nicht aber wegen der Elternschaft)[29] – der zwar auf die Rechtsprechung des EuGH zur Geschlechtsdiskriminierung zurückgeht, aber

23 Siehe unten 4.

24 EuGH, 8.11.1990 – C-177/88 (Dekker), EuGHE 1990, 3941.

25 BAG, AP Nr. 8 zu § 611a BGB.

26 EuGH 5.5.1994 – C-421/92 (Habermann-Beltermann), EuGHE 1994, 1657; EuGH 3.2.2000 – C-207/98 (Mahlburg), EuGHE 2000, 549; so jetzt auch BAG, AP Nr. 21 zu § 611a BGB in Abkehr von BAG, AP BGB § 123 Nr. 36.

27 EuGH 4.10.2001 – C-109/00 (Tele Danmark), EuGHE 2001, 6993.

28 Siehe z.B. Schrader/Schubert, in: Däubler (Fn. 19), § 3, Rn. 34 (»Zusammenhangseigenschaft«).

29 Vgl. Schiek (Fn. 19), § 1, Rn. 4 und Rn. 26 zu Regelungen in anderen europäischen Rechtsordnungen, die z.B. den Familienstand als Diskriminierungsmerkmal verbieten.

nicht mehr notwendig erfordert, einen Begründungszusammenhang mit dem »Geschlecht« herzustellen.

Dennoch erweist sich immer wieder, dass die stereotypisierende Begründung mit dem »notwendigen Zusammenhang« verdeckt, was letztlich an legitimen Interessen hinter dem Verbot der Diskriminierung wegen der Schwangerschaft steht – nämlich Fragen der Struktur des Erwerbsarbeitsverhältnisses und des Arbeitsmarktes. Dies zeigt ganz deutlich der Fall »Mayr«: Hier war eine Arbeitnehmerin gekündigt worden, die sich im vorgerückten Behandlungsstadium einer In-vitro-Fertilisation befand, nämlich zwischen der Follikelpunktion und der sofortigen Einsetzung der in vitro befruchteten Eizellen in ihre Gebärmutter. Der Fall zeigt gleichzeitig, dass die Probleme, die mit »Schwangerschaft« verbunden sind, möglicherweise nicht nur Personen treffen, die in einem biologischen Sinn als Frauen eingeordnet werden, weil sie eine Gebärmutter haben. Denn, wie der EuGH erkennt: Arbeitnehmer_innen »beider« Geschlechter können aufgrund von medizinischen Behandlungen, denen sie sich unterziehen müssen, zeitweilig daran gehindert sein, ihre Arbeit auszuüben. Dennoch ordnete der EuGH den Fall Mayr als Fall der Geschlechtsdiskriminierung ein, weil »Maßnahmen wie eine Follikelpunktion und die Einsetzung der daraus hervorgegangenen Eizellen sofort nach ihrer Befruchtung in die Gebärmutter der Frau unmittelbar nur Frauen betreffen«.[30] Eine mühsame Begründung – man darf mit Interesse auf eine Entscheidung zu einem Fall der »Mutterschaft«[31] einer Person warten, der/die nicht eindeutig biologische Frau mit Gebärmutter ist.

Eine Begründung, die stärker am Machtverhältnis der Geschlechter orientiert ist und von Arbeitgeber_innen mittelbar verlangen würde, das Arbeitsverhältnis so auszugestalten, dass es auch mit biologischer und sozialer Elternschaft vereinbar ist, könnte jedenfalls das Verbot der Diskriminierung wegen der »Schwangerschaft« besser einordnen. Vermutlich gehört es weniger in eine Linie mit dem »Mutterschutz« im engeren Sinne und vielmehr zum »Elternschutz«, der in punkto Diskriminierungsschutz nur äußerst eingeschränkt gewährt wird (siehe auch § 18 BEEG [Kündigungsschutz nach Verlangen der Elternzeit]).

B. Beispiel »Sexuelle Orientierung«

Eine weitere schwierige Fallgruppe der Geschlechtsdiskriminierung sind Diskriminierungen im Zusammenhang mit der sexuellen Orientierung

30 EuGH 26.6.2008 – C-506/06 (Sabine May), EuGHE 2008, 1017.

31 Der Begriff bezeichnet die körperliche Verbundenheit mit der Geburt, im Gegensatz zur Elternschaft, der die soziale Verbundenheit mit dem geborenen Kind meint.

einer Person. Die Entlassung einer lesbischen Soldatin aus den britischen Streitkräften wurde schon vom EGMR,[32] die Entlassung eines schwulen Außendienstmitarbeiters für Verbandsstoffe und Watte in der Probezeit wurde schon vom BAG[33] für unzulässig erklärt. Dort wurden allerdings jeweils freiheitsrechtliche Argumente verwandt und letztlich auf Rechte auf Achtung des Privatlebens (EGMR) bzw. auf die Achtung der Menschenwürde sowie auf freie Entfaltung der Persönlichkeit (BAG) abgestellt.[34]

Um gleichbehandlungsrechtliche Argumente ging es hingegen in der EuGH-Entscheidung »Grant« von 1998.[35] Hier machte eine lesbische Arbeitnehmerin eine Sonderleistung des Arbeitgebers geltend, die dieser nur den Ehepartner_innen oder Partner_innen in festen heterosexuellen Lebensgemeinschaften gewährte, nicht aber Partner_innen in gleichgeschlechtlichen nichtehelichen Lebensgemeinschaften. Zu dieser Zeit gab es noch keine speziellen rechtlichen Verbote der Diskriminierung »wegen der sexuellen Orientierung«, so dass sich die Frage stellte, ob nicht eine Diskriminierung »wegen des Geschlechts« vorlag.

Die Vermutung, dass dem so sei, lag nahe – schließlich liegen auch bei der Diskriminierung von Lesben und Schwulen letztlich Geschlechterstereotype zu Grunde, und man könnte sagen, dass auch diese Diskriminierungen die herrschende Geschlechterhierarchie und Heteronormativität reproduzieren. Diskriminierung wegen der sexuellen Orientierung wäre dann im Begriff »Diskriminierung aufgrund des Geschlechts« enthalten – da sie auf vergleichbare Stereotypen (»Vorurteile«) zurückgehen.[36]

Der EuGH wählte zur Entscheidung hier die Vergleichspersonenmethode: Die Benachteiligung galt nach Auffassung des Gerichts »für weibliche wie für männliche Arbeitnehmer in gleicher Weise«: »Einem männlichen Arbeitnehmer werden die Vergünstigungen ebenso verweigert, wenn er mit einer Person des gleichen Geschlechts zusammenlebt.« Eine Diskriminierung wegen des Geschlechts liege also nicht vor.

Man könnte mit einem viel konkreteren Vergleich dagegen argumentieren: Wäre ein Mann an Stelle der Klägerin (lebte also ein Mann mit ihrer Lebenspartnerin zusammen), so würde die Vergünstigung gewährt. Mit diesem Vergleich müsste Diskriminierung nach der Argumentation des EuGH bejaht werden.[37] Das ist nur ein Beispiel für die Willkür des

32 EGMR 27.9.1999, NJW 2000, 2089 und EGMR 25.7.2000, AuR 2004, 311.
33 BAG, AP Nr. 9 zu § 242 BGB.
34 Vgl. Adamietz (Fn. 13), 379 für die Transsexuellen-Rechtsprechung des BVerfG.
35 EuGH, 17.2.1998 – C-249/96 (Grant./.South-West Trains), EuGHE I 1998, 621.
36 Vgl. die Argumentation der Klägerin in EuGH (Fn. 34), Rn. 18.
37 So eine Argumentation der Klägerin in EuGH (Fn. 34), Rn. 16 f.

Vergleichspersonenkonzepts: Die Auswahl der Vergleichsperson erfordert bereits eine Klarheit über diejenigen Merkmale, auf die es ankommt und in Bezug auf die beide Personen »gleich« sind. Allerdings ist zuzugestehen, dass die diskriminierende Regel nach der Geschlechterkomplementarität der Partner_innenschaft ausdrücklich unterschied; der EuGH erfasst mit seinem Vergleichspersonenkonzept die Gründe der Diskriminierung also im Ergebnis zutreffend.

Auch diese Fallgruppe wird nun von einem eigenständigen Diskriminierungsmerkmal erfasst (§ 1 AGG: »wegen der sexuellen Identität«). Dennoch: Bis heute sind zwischen EuGH und BVerfG noch keine Klarheiten hergestellt, was die Gleichbehandlung gleichgeschlechtlicher Lebensgemeinschaften angeht. Während der EuGH[38] es für möglich hielt, dass die Hinterbliebenenversorgung auch gleichgeschlechtlichen Partner_innen in einer eingetragenen Lebenspartnerschaft nach deutschem Recht zukommen sollte, versagte das BVerfG den Verheiratetenzuschlag Beamt_innen, die in einer eingetragenen Lebenspartnerschaft leben.[39] Knackpunkt ist die Frage der Vergleichbarkeit von Ehe und eingetragener Partnerschaft. Der EuGH überließ es den nationalen Gerichten »zu prüfen, ob sich ein überlebender Lebenspartner in einer Situation befindet, die mit der eines Ehegatten, der die Hinterbliebenenversorgung aus dem betreffenden berufsständischen Versorgungssystem erhält, vergleichbar ist.« Und das Bundesverfassungsgericht meint nun: »Lebenspartner befinden sich jedenfalls nicht in einer Situation, die in Bezug auf den Familienzuschlag mit der Situation von Ehegatten vergleichbar wäre.«[40] Hingegen gewährte das BAG den Ortszuschlag, der auf tariflichen Regelungen beruhte, indem es den Tarifvertrag so interpretierte, dass der Begriff »Eheleute« gleichgeschlechtliche Lebenspartnerschaften nach dem Lebenspartnerschaftsgesetz erfasse.[41] In diesem Jahr hat es dem Bundesverfassungsgericht nun sogar noch deutlicher widersprochen, als es die Meinung vertrat, es bestünden »keine tatsächlichen Unterschiede, die die Annahme rechtfertigen, die Situation sei nicht vergleichbar«. Wegen des Verbots der Benachteiligung wegen der sexuellen Identität (§ 1, § 3 Abs 1 S. 1 AGG) gestand es deshalb im Rahmen einer Regelung der betrieblichen Altersversorgung den hinterbliebenen Lebenspartner_innen eines Arbeitnehmers gleiche Rechte zu wie hinterbliebenen Ehegatten.[42]

38 EuGH 1.4.2008 – C-267/06 (Tadao Maruko), EuGHE 2008, 1757.
39 BVerfG, JZ 2008, 792; siehe auch schon BVerfG, NJW 2005, 1709.
40 Bruns, Die Maruko-Entscheidung im Spannungsfeld zwischen europäischer und nationaler Auslegung, NJW 2008, 1929.
41 BAG, NZA 2005, 57 zu § 29 BAT Abschnitt B Abs. 2 (Ortszuschlag).
42 BAG, AP Nr. 315 zu Art 3 GG.

C. *Beispiel »Transsexualität«*

Auch die Frage, ob Transsexualität eine Frage des »Geschlechts« im Sinne des AGG ist, wurde in der Rechtsprechung schon wiederholt behandelt.

Und hier scheint der EuGH einen anderen Weg zu gehen als im Fall der sexuellen Orientierung. In »P./.S«[43] ging es 1996 um eine Person, die Geschäftsführer in einer kommunalen Bildungseinrichtung war. P teilte der Arbeitgeber_in mit, sie wolle sich einer Mann-Frau-Geschlechtsumwandlung unterziehen, kleidete und benahm sich wie eine Frau und ließ sich dann operieren. In diesem Zeitraum wurde sie gekündigt. Dies hielt der EuGH für eine Diskriminierung wegen des Geschlechts: »Da nämlich das Recht, nicht aufgrund des Geschlechts diskriminiert zu werden, eines der Grundrechte des Menschen darstellt, kann der Anwendungsbereich der Richtlinie nicht auf die Diskriminierungen beschränkt werden, die sich aus der Zugehörigkeit zu dem einen oder dem anderen Geschlecht ergeben. Er hat sich auch auf die Diskriminierungen zu erstrecken, die ihre Ursache in der Geschlechtsumwandlung haben, da diese Diskriminierungen hauptsächlich, wenn nicht ausschließlich, auf dem Geschlecht des Betroffenen beruhen.« Dieser kausale Zusammenhang wird hier wieder mit dem Vergleichspersonenkonzept begründet: »Eine Person, die entlassen wird, weil sie beabsichtigt, sich einer Geschlechtsumwandlung zu unterziehen, oder sich ihr bereits unterzogen hat, wird im Vergleich zu den Angehörigen des Geschlechts, dem sie vor dieser Operation zugerechnet wurde, schlechter behandelt.«

Indem der EuGH darauf verzichtet, die Transsexuelle in irgendeiner Weise stereotypisierend dem männlichen oder weiblichen Geschlecht zuzuordnen, sondern schlicht mit einer Person männlichen Geschlechts (»des Geschlechts, dem sie vor dieser Operation zugerechnet wurde«) vergleicht, wird der Begriff des Geschlechts ohne weitere Kategorisierung geöffnet.[44] Anders als später in »Grant« wird nicht geprüft, ob die Kündigung auch bei einer Frau-Mann-Geschlechtsumwandlung erfolgt wäre – bei Bejahung dieser Frage wäre wohl die Geschlechtsdifferenzierung nach der späteren Logik des EuGH abzulehnen und eine Diskriminierung »wegen Transsexualität« anzunehmen gewesen. Damit wäre allerdings vermutlich der eigentliche Diskriminierungsgrund besser erfasst worden – der EuGH gewährt mit seiner Argumentation der Transsexuellen zwar Diskriminierungsschutz; aber von einer wirklichen Anerkennung kann keine Rede sein.[45]

43 EuGH 30.4.1996 – C-13/94 (P v. S), EuGHE 1996, 2143. Vgl. auch EuGH 7.1.2004, C-117/01 (K.B. v. NHS), NJW 2004, 1440, wo es allerdings um die Anwendung ehebezogener Leistungen ging, was zusätzliche Probleme aufwarf.

44 Wie es offensichtlich das US-amerikanische Gericht getan hatte, das von Genschel (Fn. 18) kritisiert wird.

45 Genauer zur Problematik der Diskriminierungsgründe unter Punkt 4.

Mit solchen antidiskriminierungsrechtlichen Feinheiten hielt sich das VG Frankfurt/Main gar nicht erst auf, als es 2007 akzeptierte, dass die Einstellung eines Frau-zu-Mann-Transsexuellen im Polizeivollzugsdienst abgelehnt wurde. Es stellte letztlich nur darauf ab, dass ein sachlicher Grund für die Ungleichbehandlung gegeben sei.[46] Die operative Geschlechtsumwandlung des Anwärters lag bereits über zwölf Jahre zurück, und er hatte das Auswahlverfahren mit überragenden Leistungen bestanden. Das Gericht akzeptierte in diesem Fall (wie man aus der Entscheidung herauslesen mag: ungern) die Meinung der Hessischen Polizeischule, der Kläger sei polizeidienstuntauglich im Sinne der PDV 300 (Ärztliche Beurteilung der Polizeidiensttauglichkeit und der Polizeidienstfähigkeit), als ermessensfehlerfrei.

Bei Lektüre der Entscheidung lässt sich Erstaunliches in Erfahrung bringen: Nach Anlage 1 zur PDV 300 heißt es bei der Aufzählung der durchzuführenden Untersuchungen unter Nr. 10.3: »Wenigstens ein Hoden soll hormonell funktionsfähig sein« und bei der Aufzählung der »Fehler, die eine Einstellung ausschließen«: »Bauch- oder Leistenhoden. Verlust oder diesem gleichzusetzender Schwund beider Hoden«. Über die Ziele und Gründe dieser Regelung erfährt man wenig, denn es geht im Weiteren vor allem darum, ob der Anwärter über eine gleiche oder zumindest eine gleichwertige Hormonausstattung im Sinne dieser Regelung verfügte. Denn bei ihm wurde die Funktion der fehlenden Hoden durch eine hormonelle Behandlung ersetzt. 2005 wurde die Hormontherapie umgestellt, wodurch es zu Schwankungen gekommen war, die sich in der ärztlichen Untersuchung im Rahmen des Einstellungsverfahrens auswirkten und die ihn nach Meinung des Verwaltungsgerichts letztlich die Stelle kosteten: Es sei »plausibel, aus dem Umstand, dass die medikamentöse Hormonversorgung des Klägers mehr als zehn Jahre nach ihrem Beginn nicht zu einem normgerechten Hormonhaushalt geführt hatte, zu schließen, dass der Kläger auch in Zukunft entsprechende gesundheitliche Probleme haben kann. Es ist ferner angemessen, anzunehmen, dass es auch in Zukunft – so wie offenkundig im Jahre 2005 – die Notwendigkeit von Therapieumstellungen geben wird. Dies ergibt sich auch daraus, dass sich die körpereigene Hormonversorgung und damit gegebenenfalls auch der Bedarf an medikamentöser Hormonversorgung bei Männern und Frauen bekanntermaßen im Laufe des Alterungsprozesses verändern.«

Von der Hormonausstattung von Frauen ist nicht die Rede, was aber auch nahe liegend ist, denn diese konnte der Kläger sicher nicht aufweisen. Die Orientierung an der Zwei-Geschlechter-Ordnung machte es dem Gericht aber wohl unmöglich zu fragen, ob nicht eine Diskriminierung »wegen der Transsexualität« in Frage gekommen wäre – was zur Folge gehabt hätte, dass die Legitimation der hormonellen körperlichen Anforderungen noch deutlicher zu hinterfragen gewesen wäre.

46 VG Frankfurt/Main 3.12.2007 – 9 E 5697/06 –, juris.

Eine einfacheren Fall hatte das BAG 1991 vorliegen:[47] Dort ging es um eine Arzthelferin, die dem Arbeitgeber zunächst verschwiegen hatte, dass sie eine Mann-zu-Frau-Transsexuelle war, deren Geschlechtsumwandlung körperlich noch nicht vollzogen war. Der Vertrag wurde angefochten.[48] Das BAG verneinte zwar eine arglistige Täuschung, denn das Transsexuellengesetz erlaubte der Klägerin, den »Mangel an weiblicher Identität« ungefragt zu verschweigen. Es akzeptierte dann aber die Anfechtung wegen Irrtums über eine »verkehrswesentliche Eigenschaft der Person« (§ 119 Abs. 2 BGB) – die »volle weibliche Identität«[49] sei eine für den Vertrag als Arzthelferin verkehrswesentliche Eigenschaft der Person.

Der Entscheidung liegen also zwei Annahmen zugrunde:

- Erstens sei es legitim, dass der Arzt in seiner Praxis nur Frauen (mit »voller weiblicher Identität«) beschäftigen wollte.
- Zweitens handele es sich bei der Bewerberin nicht um eine Frau im Sinne der vom Arzt gestellten Anforderungen.

Das BAG thematisiert in dieser Entscheidung zwar nicht das Problem der Diskriminierung. Der Fall war aber ganz offensichtlich als Fall einer unmittelbaren Diskriminierung wegen des Geschlechts zu behandeln. Denn das vom Arbeitgeber behauptete und vom BAG akzeptierte Differenzierungsmerkmal war ja allein das Geschlecht (obwohl wir auch hier vermuten dürfen, dass das BAG die eigentliche »Abneigung« des Arbeitgebers nicht ganz zutreffend erfasst).

Im Folgenden soll der Fall deshalb im Kontext der »erlaubten Ungleichbehandlungen« des Antidiskriminierungsrechts diskutiert werden.

b) Erlaubte Gründe

A. Das Geschlecht als »wesentliche und entscheidende berufliche Anforderung«

Die Richtlinie 76/207/EWG zur Gleichbehandlung der Geschlechter im Erwerbsleben sah bereits vor, dass in bestimmten Fällen das Geschlecht eine

47 BAG, AP Nr. 35 zu § 123 BGB.

48 Auch unter den Schwangerschaftsfällen war mehr als nur ein Fall einer Arzthelferin (z.B. BAG [Fn. 22]). Tamara de Adrián zitiert in einem unveröffentlichten Manuskript z.B. folgende Beispiele von lateinamerikanischen Verfassungsgerichtsentscheidungen: Entlassung eines Frau-zu-Mann-Transsexuellen in einem Baubetrieb (Kolumbien); Entlassung einer Mann-zu-Frau-Transsexuellen in einem Friseurbetrieb (Argentinien).

49 An einer anderen Stelle der Entscheidung heißt es »vollständige weibliche Identität«.

Rolle spielen durfte. Die damalige Formulierung, im deutschen § 611a a.F. BGB übernommen, erlaubte dies für »solche beruflichen Tätigkeiten [...], für die das Geschlecht auf Grund ihrer Art oder der Bedingungen ihrer Ausübung eine unabdingbare Voraussetzung darstellt«.[50] Nach der Definition des BAG sollte dies dann der Fall sein, »wenn ein Angehöriger des jeweils anderen Geschlechts die vertragsgemäße Leistung nicht erbringen könnte und dieses Unvermögen auf Gründen beruht, die ihrerseits der gesetzlichen Wertentscheidung der Gleichberechtigung beider Geschlechter genügen«.[51]

Im geltenden Antidiskriminierungsrecht, das für die Geschlechtergleichbehandlung im Erwerbsleben auf Richtlinie 2006/54/EG beruht, lautet die Ausnahmeregelung nun: wenn das Geschlecht »aufgrund der Art einer bestimmten beruflichen Tätigkeit oder der Bedingungen ihrer Ausübung eine wesentliche und entscheidende berufliche Anforderung darstellt, sofern es sich um einen rechtmäßigen Zweck und eine angemessene Anforderung handelt«. Rechtsgrundlage im deutschen Recht hierfür ist § 8 Abs. 1 AGG. Im Folgenden wird die Rechtspraxis anhand einiger Fälle zunächst dargestellt.

Einig ist man sich jedenfalls darüber, dass das Geschlecht nicht als Hilfsvariable für etwas »ähnliches« wie z.B. die Körperkraft verwandt werden darf,[52] sondern unmittelbare sachliche Voraussetzung der Tätigkeit sein muss. So ist nach Meinung des BAG das weibliche Geschlecht jedenfalls dann keine unverzichtbare Voraussetzung für die Einstellung als Gleichstellungsbeauftragte, wenn nur geschlechtsneutrale Qualifikationen erwartet werden (im Streitfalle waren dies »eine Hochschul-/ Fachhochschulausbildung im sozialen oder sozialpädagogischen Bereich, fundierte frauenpolitische Kenntnisse, die Fähigkeit zur Wahrnehmung und Lösung von Gleichstellungsproblemen, Erfahrungen in der Frauenarbeit und in der Kommunalverwaltung sowie die Fähigkeit zu selbständiger konzeptioneller Arbeit [etc. ...]«).[53]

Das BAG deutete aber an, die Sache könne anders zu beurteilen sein, wenn die Anforderung gestellt werde, dass die angesprochenen Bürgerinnen sich der Gleichstellungsbeauftragten vollständig offenbaren können sollen – dann könne ein Mann von vornherein ausgeschlossen werden.[54] In einem Ausnahmekatalog der Bundesregierung war in den 1980er Jahren schon versucht worden, dies beispielhaft festzulegen; der Katalog

50 Vgl. auch die Formulierung zur erlaubten Differenzierung in BVerfGE 85, 191 (207); 92, 91 (109): Ungleichbehandlungen, die an das Geschlecht anknüpfen, sind nur zulässig, »soweit sie zur Lösung von Problemen, die ihrer Natur nach nur entweder bei Männern oder bei Frauen auftreten können, zwingend erforderlich sind«.

51 BAG, AP Nr. 16 zu § 611a BGB.

52 Siehe z.B. LAG Köln 8.11.2000, NZA-RR 2001, S. 232.

53 BAG, ebd.

54 BAG, ebd.

hatte und hat aber keinerlei Rechtswirkungen.[55] Als Standardfälle, die weitgehend unbestritten sind, werden in der Regel genannt: Für die Tätigkeit als Model für Frauenkleidung kann verlangt werden, dass die Bewerber_innen Frauen sind. Für die Theaterrolle des jugendlichen Liebhabers darf ein junger Mann gesucht werden. Diese Fälle könnte man zusammenfassend als »Gründe der Authentizität« beschreiben, insbesondere in solchen Fällen (Model, Theaterrollen), in denen die Körperlichkeit der Arbeitsperson einschließlich ihrer geschlechtsbezogenen Merkmale in die auszuübende Tätigkeit mit einbezogen ist.[56]

Außerdem gibt es eine Fallgruppe »Schutz der Intimsphäre oder der persönlichen Sicherheit«, die weithin akzeptiert wird (siehe § 20 Abs. 1 Nr. 2 AGG):[57] So darf der Träger eines Gymnasiums nach Meinung des BAG bei der Besetzung einer Betreuer_innenstelle für das von ihm betriebene Mädcheninternat die Bewerberauswahl auf Frauen beschränken, wenn die Tätigkeit auch Nachtdienste im Internat beinhalten soll.[58] Das VG Kassel will die geschlechtsspezifische Ausschreibung erlauben, wenn eine Polizistin für die Befragung von Opfern sexueller Gewalt gesucht wird.[59] Nach Auffassung des EuGH[60] kann das Geschlecht unabdingbare Voraussetzung für eine Tätigkeit als Aufseher_in in Haftanstalten sein.[61]

Mit einer solchen Argumentation überzeugte der Arzt im Transsexuellen-Fall auch das BAG: »Gerade im Hinblick auf das Arzt-Patienten-Verhältnis ist es von erheblicher Bedeutung, ob der Patient bzw. die Patientin seinen/ihren Intimbereich dem Arzt in Gegenwart eines weiblichen oder männlichen Arzthelfers offenbart. Dies dürfte nach der Verkehrsanschauung generell und nicht erst speziell im Hinblick auf die besondere Situation beim Beklagten gelten, der als Chirurg in einer Durchgangspraxis mit Patienten überwiegend ausländischer Abstammung sowie ihrer

55 BArbBl. 11/1987, S. 40 ff., BT-Drs. 8/3317, 9 (dort sind nur einige Beispiele genannt); die Liste ist auch abgedruckt bei Pfarr/Bertelsmann, Diskriminierung im Erwerbsleben, 1989, S. 70 f.

56 Siehe den Versuch einer Systematisierung bei Pfarr/Bertelsmann (Fn. 53), S. 72.

57 Vgl. Pfarr/Bertelsmann(Fn. 53), S. 72 (»erzieherische Gründe; Gründe der Sittlichkeit«).

58 BAG 28.5.2009 – 8 AZR 536/08, juris.

59 VG Kassel, 6.9.2007 – 1 E 723/07.

60 EuGH, 30.6.1988 – C-318/86 (Kommission v. Frankreich), EuGHE 1988, 3559 (3575 ff.).

61 Eher akzeptiert wird auch eine geschlechtsspezifische Einstellungspraxis bei Tätigkeiten im Militär und Justizvollzugsdienst, siehe z.B. EuGH, 15.5.1986 – C-222/84 (Johnston), EuGHE 1986, 1676. [siehe aber auch für den damaligen Ausschluss von Frauen von allen Tätigkeiten in der Bundeswehr im deutschen Recht EuGH 11.1.2000 – C-285/98 (Kreil), Rn. 27 f]

gesellschaftlichen und religiösen Einstellung (Moslems) zudem noch eine besondere Sensibilität für seinen Patientenkreis reklamiert.«[62]

Diese Fallgruppe überschneidet sich und ist nicht klar abzugrenzen von einer anderen Fallgruppe, in der die Tätigkeit sich ausschließlich an Kund_innen des gleichen Geschlechts richtet und bei dem die Zielgruppe Frau/Mann prägend für die Tätigkeit ist.[63] Hierunter fallen wohl die (recht unbestrittenen) Fälle der Beschäftigten in einem Frauenhaus, sofern es ein entsprechendes geschlechtsdifferenzierendes Betreuungskonzept gibt. Die Fälle der Repräsentant_innen von Interessenvertretungsorganisationen werden meist ähnlich behandelt.[64]

Umstritten sind Fälle von (vorgeblichen) »Kund_innen-Wünschen«: Das LAG Köln hat das weibliche Geschlecht für eine unverzichtbare Voraussetzung für den Verkauf von Damenoberbekleidung einschließlich Badebekleidung in einem Einzelhandelsgeschäft mit Anprobemöglichkeit gehalten: Die »Kundinnen« erwarteten eine weibliche Bedienung und würden das Geschäft sonst meiden.[65] Jedenfalls werden Kund_innenwünsche wohl nur in Ausnahmefällen akzeptiert, und jedenfalls dann nicht, wenn sie offensichtlich der gesetzlichen Wertentscheidung des Diskriminierungsschutzes widersprechen.[66]

B. Die unternehmerische Entscheidung für die Geschlechtsstereotypisierung

In dieser rechtsdogmatischen Konstruktion liegt zunächst das Problem verborgen, dass die beruflichen Anforderungen letztlich vom Arbeitgeber festgelegt werden und die Rechtsprechung den Unternehmen hierbei einen gewissen Entscheidungsspielraum einräumt. »Der Arbeitgeber kann aufgrund der durch Art. 12 Abs. 1 GG geschützten unternehmerischen

62 BAG, AP Nr. 35 zu § 123 BGB. Zur Bewertung siehe gleich unter B. und C.

63 Pfarr/Bertelsmann (Fn. 55), S. 72.

64 Zum Beispiel: LAG Berlin, NJW 1998, 1429: Bundesfrauenreferentin beim Parteivorstand der PDS; (»weil Männern regelmäßig die Fähigkeit zur Zusammenarbeit mit Frauen aus feministischen Zusammenhängen fehlt und weil es Fraueninitiativen und -gruppierungen gibt, die eine Zusammenarbeit mit einem Mann ablehnen«); ArbG München, NZA-RR 2001, 365: Geschäftsführerin eines »Frauenverbands« (»Für den Beklagten steht und fällt die Glaubwürdigkeit seinen 180.000 weiblichen Mitgliedern gegenüber mit der Frage, ob an leitender Stelle ebenfalls eine Frau steht. Auch für die von der Geschäftsführung wahrzunehmende Darstellung und Repräsentation des Frauenverbandes nach außen hin liegt es in der Natur der Sache, dass an dieser Stelle allgemein eine Frau erwartet wird.«).

65 LAG Köln, AR-Blattei ES 800 Nr. 128.

66 Siehe auch EuGH, 10.7.2008 – C-54/07 (Feryn), EuGHE 2008, 51877.

Freiheit sowohl den Unternehmensgegenstand als solchen festlegen als auch bestimmen, welche Arbeiten auf dem zu besetzenden Arbeitsplatz zu erbringen sind. [...] Es unterliegt daher auch seinem organisatorischen Ermessen, wie er einen [...P]osten zuschneiden will und welche Anforderungen demgemäß der Bewerberauswahl zugrunde zu legen sind«.[67] Dies betrifft vor allem bestimmte unternehmerische Konzepte, wie zum Beispiel die pädagogischen Konzepte in (sozial-)pädagogisch arbeitenden Unternehmen und Einrichtungen. So kann z.B. eine Einrichtung zur Beratung von Frauen verlangen, dass die Berater_innen ebenfalls weiblichen Geschlechts sind, wenn das Unternehmen ein entsprechendes Konzept vertritt und nach einem Selbsthilfeprinzip arbeitet.

Indem das Recht sich hier in der Kontrolle zurückhält, überlässt es den Unternehmen die Definitionsmacht über Geschlechtsstereotypisierungen. Die Eingriffsbefugnis der Gerichte wird an einer anderen Stelle verortet: Ob die jeweilige Differenzierung gerechtfertigt ist, hängt dann jeweils davon ab, ob und wie das Unternehmen sein Konzept in konsistenter Art und Weise definiert hat.[68] Genau auf diesen Schritt hat das BAG in der Transsexuellen-Entscheidung allerdings verzichtet: Es akzeptierte das geschlechtspolitische Konzept des Arztes, ohne zu hinterfragen, wie sich der Respekt vor einer eventuellen Scham der Patient_innen mit der Tatsache vereinbaren ließ, dass der Arzt selbst offensichtlich[69] männlichen Geschlechts war ...

C. Was ist das »Geschlecht«?

Eine weitere problematische Frage, die in der Rechtslehre noch gar nicht angesprochen wurde, spricht das BAG in der Transsexuellen-Entscheidung mit der Formulierung an: »Dieser Eigenschaft [weibliches Geschlecht] genügte die Klägerin jedenfalls solange (noch) nicht, als nicht ihre Geschlechtsumwandlung nach §§ 8, 10 TSG vollzogen war.«[70] Spätestens damit dürfte klar sein, dass der Begriff des »Geschlechts« auch in dieser Norm alles andere als eindeutig ist und dass der schlichte Verweis auf die Biologie nicht selbstverständlich weiterführt. Denn die naturwissenschaftliche Auseinandersetzung zeigt, dass die Biologie in Bezug auf die Geschlechterzuweisung weniger eindeutig ist als gemeinhin angenommen wird. Biologisch handelt es sich bei »Geschlecht« nicht um ein Entweder-Oder, sondern um ein Kontinuum, bestehend aus genetischem

67 BAG 28.5.2009 – 8 AZR 536/08 –, juris.

68 Dem Arbeitgeber in BAGE 61, 219 gelang dies zum Beispiel nicht.

69 Dies wird in der Entscheidung nicht thematisiert, geht aber aus der Bezeichnung »der Kläger« klar genug hervor.

70 BAG, AP Nr. 35 zu § 123 BGB.

Geschlecht (Chromosomensatz), anatomischem Geschlecht (gonadisches Geschlecht) und hormonellem Geschlecht.[71]

Für den Sport jedenfalls hat der für Leichtathletik zuständige Weltverband IAAF erst jüngst im Fall von Caster Semanya wieder eine Geschlechtsbestimmung angeordnet, um die Anmeldung zu einem Frauen-Wettkampf zu überprüfen.[72] Dort werden zur Geschlechtsüberprüfung wohl vorrangig Gentests gemacht. Da jedoch manche mit einem Y-Chromosom geborenen Menschen alle körperlich charakteristischen Merkmale einer Frau entwickeln (ausgenommen der inneren Sexual-Organe), ohne dass ihr Körper aber auf das produzierte Testosteron reagiert (Androgen Insuffizienz Syndrom [AIS]), dürfen sie auch bei den Frauen starten – insofern scheint es eigentlich auf die Produktion von Testosteron anzukommen.[73]

Die transsexuelle Arzthelferin hatte jedoch anders argumentiert, als sie darlegte, sie habe gewusst, dass die Patient_innen »bei Kenntnis von ihrem organischen Zustand überreagiert und u.U. die Praxis nicht mehr aufgesucht hätten; sie habe allerdings niemals die Absicht gehabt, sich gegenüber den Patienten zu offenbaren.« Sie war also der Meinung, allein dadurch, dass sie den physischen Phänotyp »Frau« überzeugend darstellen konnte, erfüllte sie die Anforderung, die der Arzt aufgestellt hatte. Und tatsächlich wird man eine große Zahl der erwähnten Fälle so einordnen können. Um Frauenkleidung als Model präsentieren zu können, muss eine_r nur glaubwürdig einen Frauenkörper darstellen können. Um in einem Theaterstück eine Rolle zu spielen, die nach dem Willen des/der Regisseurs_in von einem Frauenkörper repräsentiert werden soll, muss eine_r nur glaubwürdig einen Frauenkörper darstellen können. Was häufig als »biologisch-natürlich« bezeichnet wird, ist vielmehr die »Performance«, die glaubwürdige Darstellung und Präsentation – nicht einer Geschlechterrolle, sondern eines Geschlechtskörpers.

Aber reicht das wirklich schon, um in einem Frauenhaus tätig zu sein? Oder um »Frauen« körperlich zu untersuchen, die sich nicht vor fremden »Männern« nackt zeigen mögen? Geht es dort wirklich nur um die glaubhafte Darstellung? Wie ist es mit der Geschäftsführung einer frauenpolitischen Institution oder der Repräsentation einer feministischen Organisation? Was muss eine_r mitbringen, um hier glaubwürdig repräsentieren zu können? In solchen Fällen geht es doch vermutlich darum, dass eine_r in bestimmten Situationen nicht mit Personen zu tun

71 Lorber/Farell, in: Lorber/Farell (Hrsg.), The Social Construction of Gender, S. 7 ff.

72 Die sportgerichtlichen Verfahren zur Startberechtigung von Caster Semenya wurden erst 2019 abgeschlossen.

73 Sieben der acht Frauen, die 1996 bei Olympia in Atlanta positiv auf Y-Chromosomen getestet wurden, hatten AIS und durften teilnehmen.

haben will, die im gesellschaftlichen Gewaltverhältnis der Geschlechter die »Gegenseite«, nämlich die Seite der Macht und Gewalt repräsentiert. Auch dabei geht es wohl nicht um biologische Gegebenheiten, sondern um gesellschaftliche, die gesellschaftlich an Körper gebunden sind – um Existenzweisen.[74] Aber wer wollte hier abgrenzen und Zuordnungen treffen?

Hier, bei der Bestimmung der legitimen Ausnahmen, tritt die Kehrseite der Verrechtlichung am deutlichsten zu Tage: Brauchen wir wirklich solche rechtlichen Definitionen, die Stereotypisierungen provozieren, die über Gerichte durchgesetzt und verallgemeinert werden? Sind dies nicht Fragen, die in der Gesellschaft bleiben sollen, in denen den gesellschaftlichen Akteur_innen also Einschätzungs- und Handlungsspielräume überlassen bleiben sollten? Dies ist jedenfalls ein starkes Argument für das Grundkonzept der Rechtsprechung zu den unternehmerischen Entscheidungsspielräumen. Die Justiz hätte dann aber wohl immer noch genug damit zu tun, das Handeln gesellschaftlicher Akteur_innen auf innere Konsistenz zu kontrollieren.[75]

4. Die Vielfalt der Geschlechter und der Universalismus des Rechts

Der Überblick sollte reichen, um die grundsätzlichen Probleme, die mit einer Verrechtlichung der Geschlechtergleichbehandlung verbunden sind, benennen zu können. Entsprechendes ließe sich auch im Recht der mittelbaren Diskriminierung[76] oder im Gleichstellungsrecht[77] finden. Neben und mit der Grundsatzfrage, inwieweit Stereotypisierungen mit der Verrechtlichung notwendig verbunden sind, stellen sich insbesondere auch Fragen nach der Fassung angemessener Tatbestände.

74 Maihofer, Geschlecht als Existenzweise, 1995.

75 Siehe oben unter 3.c)B, bei Fn. 68 f.

76 Zur Kritik an den stereotypisierenden Grundlagen (Teilzeitbeschäftigung als Erfahrung weißer heterosexueller Frauen) siehe nur Ashiagbor, The Intersection between Gender and »Race« in the Labour Market: Lessons for Anti-Discrimination Law, in: Morris, Anne/O'Donnel, Thérèse (Hrsg.), Feminist Perspectives on Employment Law, 1999, 139.

77 Frauenförder- und Gleichstellungsgesetze der Länder; siehe § 5 AGG: Erlaubte Geschlechtsdifferenzierung: »wenn durch geeignete und angemessene Maßnahmen bestehende Nachteile wegen [des Geschlechts] verhindert oder ausgeglichen werden sollen«.

a) Klassifikationen und Schließungen

In der Literatur wird versucht, unter den Begriff des »Geschlechts« nicht nur Schwangerschaft und Transsexualität zu fassen, wie es bereits der EuGH getan hat, sondern auch Intersexualität[78] und/oder sexuelle Orientierung und sexuelle Identität.[79]

Der Lesben- und Schwulenverband in Deutschland (LSVD) fordert dagegen rechtspolitisch eine Erweiterung der Tatbestände des Art. 3 Abs. 3 GG um die Frage der »sexuellen Identität« und wird dabei nicht nur von Christine Hohmann-Dennhardt unterstützt.[80] Am 29.9.2009 haben die Landesregierungen von Berlin, Hamburg und Bremen eine entsprechende Bundesratsinitiative gestartet. Andere teilen die Zielsetzung, halten aber auch den rechtsdogmatischen Weg über die Auslegung für möglich. Aber welche Begriffe und Konzepte sind dann geeignet? Schon nicht jegliche Konstruktion von Homosexualität ist rechtstauglich. Sabine Hark hat angemahnt zu reflektieren, wo Schließungen stattfinden, wer aufgerufen wird und wer nicht, und so Fixierungen von Identität aufzudecken.[81] So meint Antke Engel, nur die klassifikatorischen Begriffe »Lesben und Schwule« nötigten immer wieder die Frage nach Zugehörigkeit und Ausschlüssen auf, während der Begriff »sexuelle Orientierung« eher dazu auffordere, ihn unterschiedlich zu füllen.[82] Dass dies

78 Nollert-Borasio/Perreng, AGG, 2006, § 1, Rn. 9; Schiek (Fn. 42), § 1 AGG, Rn. 25.

79 Plett, Ausschluss eines transsexuellen Partners vom Anspruch auf betriebliche Hinterbliebenenrente, ZESAR 2004, 303. Siehe auch für Art. 3 GG Sacksofsky, Gleichheit in der neuen Vielfalt: Neuer Streit um Gleichberechtigung, in: Kritische Justiz (Hrsg.), Verfassungsrecht und gesellschaftliche Realität, 2009, 147 (153 f.) unter dem Oberbegriff »sexuelle Identität«.

80 »Kampagne 3+«, siehe www.artikeldrei.de: Forderung nach Ergänzung von Art. 3 Abs. 3 GG um »sexuelle Identität«; siehe auch Hohmann-Dennhardt, Gleichheit nur für Heteros? Keine Diskriminierung wegen der »sexuellen Identität«, in: Kritische Justiz (Hrsg.), Verfassungsrecht und gesellschaftliche Realität, 2009, 125: »geschlechtliche Identität oder sexuelle Orientierung«, um »Homo- und Transsexualität« zu erfassen; Sacksofsky (Fn. 76), 147 (154); siehe auch für einen etwas anderen (spezifischeren und freiheitsrechtlich orientierten) Ansatz die »Internationale Erklärung der Geschlechterrechte« der International Conference on Transgender Law and Employment Policy (ICTLEP) von 1995, im Original und deutscher Übersetzung wiedergegeben, in: Queering Demokratie, 2000, S. 175 ff.

81 Hark, Durchquerung des Rechts. Paradoxien einer Politik der Rechte, in: Queering Demokratie, 2000, S. 28 ff. (40). Siehe auch Hark, Ohne Geländer handeln. Paradoxien einer Politik der Rechte, Streit 1999, 59.

82 Engel, Differenz (der) Rechte – Sexuelle Politiken und der Menschenrechtsdiskurs, in: Queering Demokratie, 2000, S. 157 ff. (158).

aber auch geschieht, versteht sich keineswegs von selbst,[83] wie die Definitionsversuche der Kommentarliteratur zeigen: § 1 AGG (»sexuelle Identität«) erfasse wohl mindestens Homosexualität, Heterosexualität und Bisexualität.[84] Nach der Gesetzesbegründung sollen auch Transsexualität oder Intersexualität diesem Tatbestand zuzuordnen sein,[85] die wieder von anderen (nicht zuletzt dem EuGH) als Fälle der »Geschlechts«-Diskriminierung gesehen werden.[86] Auch die Grundbegriffe sind problematisch: Der Begriff der sexuellen Identität ersetzt im deutschen Recht den europarechtlichen Begriff der sexuellen Orientierung. Worum geht es also? Um sexuelle Praxis, um sexuelle Beziehungen oder um geschlechtliche soziale Identität?

b) Thematisierung von Machtverhältnissen und Praktiken durch Recht

Dabei geht es darum letztlich gar nicht. Der Diskriminierungsschutz wendet sich doch gegen bestimmte Machtverhältnisse. Auch Susanne Baer hat wiederholt gefordert, dass das Recht sich nicht an Identität, Gruppe oder Eigenschaft orientieren dürfe, sondern an benachteiligenden »-ismen«.[87] Zur Abwehr der Zwänge der Vergeschlechtlichung müsse das Recht in die Prozesse der Abwertung und Ausgrenzung intervenieren.

Dem entspricht einerseits die Struktur des geltenden Diskriminierungsschutzes, wonach es nicht darauf ankommen soll, welcher Gruppe der/die Diskriminierte »zugehört«, sondern auf welchen Annahmen und Vorurteilen die Benachteiligung beruht.[88] Eine parallele Rechtsentwicklung hat es übrigens im Recht der mittelbaren Diskriminierung gegeben, wo nicht mehr auf einen quantitativen Vergleich der Betroffenheit von »Frauen« und »Männern« abgestellt wird, sondern eine qualitative Einschätzung der geschlechtsspezifischen Wirkungen erlaubt wird (»Benachteiligung in besonderer Weise«).[89]

83 Baer, im Gespräch Beger/Baer/da Silva, Recht und Rechte, in: Queering Demokratie, 2000, S. 182 ff. Siehe auch schon zur Rechtsprechung oben 3.a) B. und C.
84 Nollert-Borasio/Perreng (Fn. 78), 2006, § 1, Rn. 38; Schiek (Fn. 42), Rn. 31.
85 BT-Drs. 16/1780, S. 31; Nollert-Borasio/Perreng (Fn. 78), 2006, § 1, Rn. 38; siehe auch für Art. 3 GG: Sacksofsky (Fn. 76), 147 (154) unter dem Oberbegriff »sexuelle Identität«.
86 Schiek (Fn. 42), § 1, Rn. 32; zur EuGH-Rechtsprechung oben 3.a)C.
87 Siehe Baer (Fn. 15), 32.
88 Kocher, in: Wedde (Hrsg.), Kompaktkommentar Arbeitsrecht, 2009, § 3 AGG, Rn. 10.
89 Siehe Schiek (Fn. 42), § 3, Rn. 43 ff.

Die Forderung, den Fokus nicht auf Kategorien, sondern auf Praktiken der Kategorisierung zu legen,[90] geht aber weiter. Ein gutes Beispiel für das, was gemeint sein könnte, bietet das Recht der »sexuellen« Belästigung im Erwerbsleben. Im US-amerikanischen Recht wird hier insbesondere die Legitimität der »equal opportunity harassment defense« diskutiert, die der US-amerikanische Supreme Court im Jahre 1998 erlaubt hatte.[91] In den USA wird sexuelle Belästigung anders als im Deutschland der Vor-AGG-Zeit schon lange als eine Frage der Diskriminierung »wegen des Geschlechts« behandelt.[92] 1997 ging es um die Frage, ob Belästigung auch vorliege, wenn ein Mann von Männern drangsaliert, mit Vergewaltigung bedroht und sexueller Gewalt unterworfen wird; der Supreme Court verlangt dafür den vergleichenden Nachweis, dass es einer Frau nicht genauso (oder schlimmer) ergangen wäre. Das Machtverhältnis, das durch sexuelle Belästigung (re-)produziert wird, lässt sich jedoch mit einem solchen Vergleichspersonenkonzept nicht adressieren.

Für das Recht der sexuellen Belästigung gibt es dieses Problem im deutschen Recht nicht, da dort (auch aufgrund der persönlichkeitsrechtlichen Konstruktion) konkrete Verhaltensweisen benannt werden:[93] § 3 Abs. 4 AGG verbietet »... unerwünschtes, sexuell bestimmtes Verhalten, wozu auch unerwünschte sexuelle Handlungen und Aufforderungen zu diesen, sexuell bestimmte körperliche Berührungen, Bemerkungen sexuellen Inhalts sowie unerwünschtes Zeigen und sichtbares Anbringen von pornographischen Darstellungen gehören«. So lassen sich sexualisierte und demütigende Arbeitsatmosphären generell thematisieren. Das Problem taucht aber im Zusammenhang mit der diskriminierenden Belästigung nach § 3 Abs. 3 AGG auf (»unerwünschte Verhaltensweisen, die mit einem in § 1 genannten Grund in Zusammenhang stehen«). Auch in Fällen von geschlechtsstereotypisierenden Kleiderordnungen kommt man mit dem Vergleichspersonenkonzept wohl nicht weiter: Der US-amerikanische Supreme Court hatte bereits im Fall »Price Waterhouse v Hopkins« einen anderen Ansatz zur Begründung einer Geschlechtsdiskriminierung

90 So auch Engel (Fn. 81), 160.

91 Oncale v. Sundowner Offshore Services, 523 U.S. 75 (1998); der Supreme Court verwies die Sache zurück, erlaubte aber den Einwand. Siehe z.B. Taflinger, Equal opportunity harassment?, Off Our Backs Jan 1998; Zalesne, Lessons from equal opportunity harasser doctrine, Duke Journal of Gender Law & Policy, Jan 2007. Sie zeigt auch, dass in der Praxis ein solcher Vergleich dennoch soweit ersichtlich nie verlangt wurde.

92 Vgl. Hohmann/Moors, Schutz vor sexueller Belästigung am Arbeitsplatz im Recht der USA (und Deutschland), KJ 1995, 151; Baer, Würde oder Gleichheit?, 1995; siehe auch Hannett, Equality at the Intersections, Oxford Journal of Legal Studies 2003, 65 (78) zum englischen Recht.

93 Vgl. zur Kritik Baer (Fn. 89).

gewählt.[94] Dort war eine Frau nicht als Partnerin eines Anwaltsbüros aufgenommen worden, weil sich sie nach Meinung der bisherigen Partner_innen zu maskulin verhalten habe; man hatte von ihr verlangt, femininer zu gehen, zu sprechen und sich zu kleiden, Make-up und Schmuck zu tragen.

Eine solche Auslegung des Verbots der Geschlechtsdiskriminierung als Verbot der Diskriminierung wegen einer Weigerung, sich Geschlechterstereotypen zu fügen, würde einen Aspekt des Machtverhältnisses »Geschlecht« klarer und treffender erfassen als die bisher verwandten Identitätskonstruktionen. Sie entspräche auch der Forderung des Bundesverfassungsgerichts, überkommene Rollenverteilungen nicht zu verfestigen.[95]

Mit einem solchen Ansatz würde auch die Diskriminierung »wegen der Schwangerschaft« besser erfasst als durch das Vergleichspersonenkonzept: Denn letztlich geht es ja hier auch darum, dass diejenigen, deren Lebensentwurf dem weiblichen Geschlechtsstereotyp entspricht, nicht in das herrschende Konzept der Erwerbsarbeit passen. Die Beschränkung auf Verbote der Diskriminierung »wegen der Schwangerschaft« oder »[vor bzw.] während der Elternzeit« (§ 18 Abs. 1 Satz 1 BEEG) reicht insofern nicht aus. Erfasste man den Kern dieser Diskriminierungsverbote z.B. mit Fragen der Diskriminierung »wegen Elternschaft«,[96] so wäre auch den zahlreichen Männern besser geholfen, die sich allein mit der Ankündigung, sich um ein Kind kümmern zu wollen, schon so weit vom männlichen Geschlechtsstereotyp entfernen, dass sie entlassen und/oder schikaniert werden.

5. Fazit

Die Reichweite des Verbots der Diskriminierung »wegen des Geschlechts« lässt sich nicht überzeugend nach der Reichweite des Begriffs »Geschlecht« bestimmen. Es muss hier letztlich darum gehen, die vielfältigen Machtkonstellationen zu erfassen, in denen sich die gesellschaftlichen Geschlechterverhältnisse darstellen. So würde auch deutlich, inwiefern die »Diskriminierung wegen der Schwangerschaft« mit Geschlechtsdiskriminierung zusammen hängt: Diese Diskriminierungen zielen darauf, ein Modell der Erwerbsarbeit als Norm zu etablieren, das mit weiblich kodierten Lebensläufen und Elternschaft nicht vereinbar ist. Mit dem biologischen Geschlecht hat es weniger zu tun als der EuGH annimmt. Dasselbe gilt für die Diskriminierung z.B. von

94 Price Waterhouse v. Hopkins, 490 U.S. 228 (1989).

95 Siehe oben Fn. 3.

96 Siehe schon oben Fn. 29.

Transgender-Personen, die zwar als Geschlechtsdiskriminierung erfasst werden kann. Dadurch wird aber verdeckt, worum es eigentlich geht, nämlich um einen spezifischen Aspekt der gesellschaftlichen Machtverhältnisse »Geschlecht«. Eine Interpretation des Geschlechtergleichbehandlungsgebots als Verbot geschlechtsstereotypisierender Anforderungen stellte auch insofern einen angemesseneren Zugang dar als die Argumentation des EuGH.[97]

Bedürfte es bei einer solchen Interpretation des Diskriminierungsverbots überhaupt noch der Entwicklung spezieller neuer »verpönter« Merkmale? Zumal die Hinzufügung von speziellen Diskriminierungsverboten wegen der sexuellen Orientierung und/oder Identität ja Rückwirkungen auf das Geschlechtergleichbehandlungsgebot hat: Wenn es nicht gelingt, neue Tatbestände mit Ausstrahlungswirkungen zu versehen, besteht die Gefahr, dass im Geschlechtsbegriff ein binäres Verständnis von Geschlecht zementiert wird. Oder, anders formuliert: Die Etablierung von Rechten für Homosexuelle schließt gerade nicht aus, dass Heterosexualität die privilegierte Position als unhinterfragte, institutionalisierte kulturelle Norm behält.[98]

Andererseits: Gerade die spezielle Festschreibung kann konkrete Machtverhältnisse und Probleme klarer adressieren.[99] So entbindet das spezielle Verbot der Diskriminierung wegen der Schwangerschaft von der Zuordnung zu Geschlechtsbegriffen und erfasst eine konkrete Problematik der Arbeitsmärkte. Und ein spezielles Verbot der Diskriminierung wegen der sexuellen Orientierung und Identität könnte die gesellschaftliche Marginalisierung und Invisibilisierung von Lesben, Schwulen, Bisexuellen, Transsexuellen und Transgender-Personen unmittelbar benennen – und gleichzeitig deutlich machen, dass das gesellschaftliche Problem der Geschlechterverhältnisse nicht nur in ungleicher Arbeitsverteilung besteht, sondern auch in geschlechtsstereotypisierenden Zumutungen, die jede_n treffen.

97 Vgl. Zalesne (Fn. 91); Adamietz (Fn. 13), 380; Cornell 1993 (Fn. 1), 81.

98 Hark (Fn. 81), 41.

99 Zur Funktion des Rechts in der Thematisierung von Machtverhältnissen siehe ausführlich Kocher, Funktionen der Rechtsprechung, 2007, S. 27 ff.; S. 78 ff. und passim; siehe auch Hark (Fn. 81), 30; 33 (dort auch: Rechte symbolisieren die Zugehörigkeit zur Gesellschaft).

Der arbeitsrechtliche Unterschied zwischen Müttern und Vätern (2015)

Die biologischen Unterschiede zwischen Männern und Frauen sind so gering, dass sie keine rechtlichen Unterschiede rechtfertigen; mit der Verbreitung des Begriffs »Gender« hat sich diese Erkenntnis mittlerweile verbreitet. Wer hätte also gedacht, dass biologische Begründungen noch im Jahre 2014 Gegenstand von EuGH-Urteilen sein würden? Denn im Arbeitsrecht spielen biologische Sachverhalte immer noch eine wichtige Rolle, wo es um den Schutz von Schwangeren und Mütter geht. Seit zunehmend diskutiert wird, den Mutterschutz auch auf Väter auszudehnen,[1] stehen besondere Regelungen für Mütter unter verstärktem Rechtfertigungszwang.

Dieser zeigt wiederum die Zweischneidigkeit solcher besonderer Rechte: Sie schützen einerseits, reproduzieren damit aber andererseits auch Voreinstellungen und können die bestehenden Diskriminierungen und Beschäftigungshindernisse zu Lasten aller Frauen im gebärfähigen Alter verstärken;[2] die Mutterschaftsgeld-Entscheidung des BVerfG hat diese Feststellung im Jahre 1993 verfassungsrechtlich geadelt.[3] Auf der anderen Seite gilt auch für geschlechtsneutrale Regelungen: Das Risiko für die Arbeitgeber, dass Beschäftigte von solchen Rechten Gebrauch machen, ist keineswegs geschlechtsneutral. Aufgrund der gesellschaftlichen

1 Empfehlung für ein individuelles, nicht übertragbares Recht auf Vaterschaftsurlaub nach der Entschließung des Rates vom 29.6.2000 über eine ausgewogene Teilhabe von Frauen und Männern am Berufs- und Familienleben, ABl. C 218; siehe auch Art. 16 und Erwägungsgrund 27 der Richtlinie 2006/54/EG. [Aktueller: Recht auf Freistellung für Väter oder »gleichstellte zweite Elternteile« für zehn 10 Arbeitstage nach der Geburt des Kindes (Art. 4 der Richtlinie (EU) 2019/1158 zur Vereinbarkeit von Beruf und Privatleben für Eltern und pflegende Angehörige); für Deutschland wird 2023 ein »Familienstartzeitgesetz« geplant, das aber 2023 noch nicht in den Bundestag eingebracht wurde.]

2 Schiek, Dagmar, Nachtarbeitsverbot für Arbeiterinnen: Gleichberechtigung durch Deregulierung?, Baden-Baden 1992; Generalanwalt Darmon, Schlussanträge in Rs. C-177/88 (Dekker), EuGHE 1990, I-3841, Rn. 46 ff. Auch nach Art. 4 Nr. 8 des – von der Bundesrepublik Deutschland nicht ratifizierten – ILO-Übereinkommens Nr. 103 dürfen die während der Mutterschutzfristen zu erbringenden finanziellen Leistungen nicht in voller Höhe dem einzelnen Arbeitgeber auferlegt werden.

3 BVerfG, 18.11.2003, AP Nr. 23 zu § 14 MuSchG 1968; dazu genauer v. Koppenfels-Spies, Katharina, Auf dem Weg zu einem nicht-diskriminierenden Mutterschutzrecht?, AuR 2005, S. 52–55; vgl. Adomeit, NJW 2005, S. 721 f.

Arbeitsteilung in den Familien erwarten Arbeitgeber eher bei Frauen, dass Elternrechte geltend gemacht werden; dies ist einer der Gründe dafür, dass Männern, die gleiches in Anspruch nehmen, oft ein kalter Wind entgegenweht. Und selbst wenn zwei das Gleiche tun, ist es nicht unbedingt das Gleiche. Wenn eine Frau Elternzeit nimmt, wird sie meist überwiegend als Mutter tätig sein. Wenn ein Mann Elternzeit nimmt, so gibt ihm dies oft auch die Chance, mehr Zeit auf die Beförderung seiner Karriere oder sonstiger Interessen zu verwenden. Wie steht das Unionsrecht also zum Verhältnis von Elternrechten und Mütterrechten?

I. Rechtsgrundlagen: Verbot der Diskriminierung und besonderer Schutz bei Schwangerschaft oder Mutterschutz

Art. 2 Abs. 2 lit. c) RL 2006/54/EG stellt ausdrücklich klar, dass jegliche ungünstigere Behandlung einer Frau im Zusammenhang mit Schwangerschaft oder Mutterschaftsurlaub (im Sinne der Mutterschutzrichtlinie 92/85/EWG) eine unmittelbare Diskriminierung wegen des Geschlechts darstellt. Eine Arbeitnehmerin ist in ihrem Arbeitsverhältnis vor jeder Benachteiligung geschützt, die auf der Tatsache beruht, dass sie im Mutterschaftsurlaub ist oder war.[4] Für Benachteiligungen im Zusammenhang mit einer Rückkehr aus dem Mutterschaftsurlaub enthält Art. 15 RL 2006/54/EG eine Spezialvorschrift.[5] Danach haben Frauen nach Ablauf des Mutterschaftsurlaubs Anspruch darauf, an ihren früheren Arbeitsplatz oder einen gleichwertigen Arbeitsplatz zurückzukehren, und zwar unter Bedingungen, die für sie nicht weniger günstig sind. Ihnen müssen auch alle Verbesserungen der Arbeitsbedingungen zugutekommen, auf die sie während ihrer Abwesenheit Anspruch gehabt hätten. Wenn Arbeitnehmerinnen aufgrund einer Schwangerschaft bestimmte Teile einer Fortbildung versäumen, so müssen ihnen z.B. zumindest Nachschulungskurse angeboten werden, falls gleichwertige Kurse nicht in angemessenen Zeiträumen stattfinden.[6]

Das Unionsrecht erlaubt darüber hinaus besondere Rechte für Frauen aufgrund von Schwangerschaft und Mutterschaft aufgrund der allgemeinen gleichbehandlungsrechtlichen Überlegung, dass diese sich insofern in einer Situation befinden, die mit der anderer Arbeitnehmer oder Arbeitnehmerinnen nicht vergleichbar ist:[7] Nach Art. 28 Abs. 1 der Richtlinie

4 EuGH, 18.11.2004, Rs. C-284/02 (Sass), EuGHE 2004, I-11143, Rn 35.

5 EuGH, 6.3.2014, Rs. C-595/12 (Napoli), Rn 29.

6 So z.B. EuGH, 6.3.2014, Rs. C-595/12 (Napoli), Rn 38.

7 EuGH, 16.9.1999, Rs. C-218/98 (Abdoulaye), EuGHE 1999, I-5723, Rn 18, 20, 22. Zum Verhältnis besonderer Schutz und Gleichbehandlung in Bezug

2006/54/EG steht das Verbot der Geschlechtsdiskriminierung den Vorschriften zum Schutz der Frau, insbesondere bei Schwangerschaft und Mutterschaft, nicht entgegen.[8]

II. Die Rechtsbegriffe des Mutterschutzes

1. Schwangerschaft = Geschlecht

Die Aussage, die Diskriminierung wegen Schwangerschaft seit mit einer Diskriminierung wegen des Geschlechts gleichzusetzen, geht auf die Rechtsprechung des EuGH zurück, der dieses Diskriminierungsverbot in aller Striktheit anwandte und sich dabei sogar von seinem Vergleichspersonenkonzept löste: Gerade und allein weil die Verweigerung einer Einstellung wegen Schwangerschaft nur Frauen gegenüber in Betracht komme, handele es sich um eine unmittelbare Diskriminierung aufgrund des Geschlechts.[9] Der EuGH akzeptiert keinerlei legitime Gründe, in denen »ausnahmsweise« Schwangere aus einem Arbeitsverhältnis entlassen werden könnten: So hält er eine Entlassung auch dann für diskriminierend, wenn die Frau die vereinbarte (unbefristete) Tätigkeit wegen eines mutterschutzrechtlichen Beschäftigungsverbotes zunächst nicht aufnehmen konnte[10] oder wenn sogar feststand, dass die Person aufgrund ihrer Schwangerschaft während eines wesentlichen Teils der Vertragszeit nicht würde arbeiten können.[11] Das BAG schlussfolgert zutreffend, dass deshalb auch ein Verstoß gegen das MuSchG ein Indiz für eine Benachteiligung wegen des Geschlechts sein könne.[12]

Die Begründung des EuGH für die Einordnung als Geschlechtsdiskriminierung läuft auf die Annahme hinaus, dass hier das Differenzierungsmerkmal (Schwangerschaft) notwendig mit dem verpönten Merkmal

auf den Mutterschutz siehe auch Nebe, Betrieblicher Mutterschutz ohne Diskriminierungen, 2006).

8 Die Norm schreibt Art. 2 Abs. 3 der RL 76/207/EWG (Ursprungsfassung) fort; siehe auch Erwägungsgründe 24 und 25 der RL 2006/54/EG in Bezug auf die Mutterschutzrichtlinie 92/85/EWG und die Elternurlaubsrichtlinie 2010/18/EU.

9 Erwägungsgrund 23 zur RL 2006/54/EG unter Bezugnahme auf EuGH, 8.11.1990, Rs. C-177/88 (Dekker), EuGHE 1990, 3941; siehe auch ArbG Düsseldorf, 12.3.2013 – 11 Ca 7393/11 zur Diskriminierung wegen einer möglichen Schwangerschaft.

10 EuGH, 5.5.1994, Rs. C-421/92 (Habermann-Beltermann), EuGHE 1994, 1657; EuGH, 3.2.2000, Rs. C-207/98 (Mahlburg), EuGHE 2000, 549; so jetzt auch BAG, AP Nr. 21 zu § 611a BGB in Abkehr von BAG, AP BGB § 123 Nr. 36.

11 EuGH, 4.10.2001, Rs. C-109/00 (Tele Danmark), EuGHE 2001, 6993.

12 BAG, 12.12.2013 – 8 AZR 838/12.

(Geschlecht) verbunden sei. Diese Begründung hat sich auch in der Kommentarliteratur durchgesetzt.[13] Sie ist zwar offensichtlich stereotypisierend und beruht auf einer bestimmten Vorstellung eines »Frauenkörpers«.

Es gibt aber einige wenige Fallkonstellationen, die sich nicht einfach durch den Verweis auf § 1591 BGB (»Mutter eines Kindes ist die Frau, die es geboren hat«) klären lassen und die im Hinblick auf den Begriff der Mutter nach einer stärker substanziellen Begründung verlangen:

a) In-vitro-Fertilisation: »Schwangerschaft«?

Der Fall »Mayr« verlangte allerdings nach einer größeren Begründungstiefe. Hier war eine Arbeitnehmerin gekündigt worden, die sich im vorgerückten Behandlungsstadium einer In-vitro-Fertilisation befand, nämlich zwischen der Follikelpunktion und der Einsetzung der in vitro befruchteten Eizellen in ihre Gebärmutter. Der EuGH ordnete den Fall allerdings dennoch ohne Weiteres als Fall der Geschlechtsdiskriminierung ein, weil »Maßnahmen wie eine Follikelpunktion und die Einsetzung der daraus hervorgegangenen Eizellen sofort nach ihrer Befruchtung in die Gebärmutter der Frau unmittelbar nur Frauen betreffen«.[14] Eine mühsame Begründung – der EuGH selbst weist darauf hin, dass Arbeitnehmer_innen »beider« Geschlechter » [...] aufgrund von medizinischen Behandlungen, denen sie sich unterziehen müssen, zeitweilig daran gehindert sein [können], ihre Arbeit auszuüben«. Man darf mit Interesse auf eine Entscheidung zur »Mutterschaft« einer Person warten, der/die nicht eindeutig biologische Frau mit Gebärmutter ist. Mit Hilfe des Begriffs der mittelbaren Diskriminierung wegen des Geschlechts wäre man wahrscheinlich schon in »Mayr« eher auf einen überzeugenden Weg gekommen.[15]

b) Fehlgeburt = Geburt?

Ebenfalls auf biologische Argumente führt die Frage, ob eine »Entbindung« im Sinne von § 9 Abs. 1 des deutschen Mutterschutzgesetzes

13 Siehe z.B. Schrader/Schubert, in: Däubler/Bertzbach (Hrsg.), AGG, 3. Aufl. 2013, § 3, Rn. 34 (»Zusammenhangseigenschaft«).

14 EuGH, 26.6.2008, Rs. C-506/06 (Sabine Mayr), EuGHE 2008, 1017. [Zum deutschen Recht siehe auch BAG, 26.3.2015 – 2 AZR 237/14: Kündigungsschutz nach § 9 Abs. 1 Satz 1 MuSchG greift ab dem Zeitpunkt der Einsetzung einer befruchteten Eizelle in die Gebärmutter.]

15 Vgl. aus der US-amerikanischen Rechtsprechung: United States Court of Appeals for the Seventh Circuit (Hall v. Nalco Co, 2008), Harvard Law Review 122 (2008), 1533 ff (Entlassung einer Frau wegen der Fehlzeiten aufgrund einer In-Vitro-Fertilisation).

(MuSchG) auch zu bejahen ist, wenn eine Fehlgeburt oder eine Totgeburt zu beklagen war. Auch hier beschränkte sich noch die deutsche Rechtsprechung des Jahres 2005 auf die biologische Abgrenzung zwischen Fehl- und Totgeburt, konzentrierte sich also auf die Frage, ob »sich das Kind bereits bis zu einem Stadium entwickelt hat, in dem es zu einem selbständigen Leben grundsätzlich fähig ist«.[16]

In dieser Rechtsprechung liegt bereits die Annahme, dass der Schutz von Schwangeren und Müttern nicht allein mit der körperlichen Beeinträchtigung durch und infolge der Schwangerschaft begründet werden soll, sondern eng mit der Frage zusammenhängt, ob und inwiefern ein Kind zu versorgen sein wird.

2. Die Mutterschaftsurlaubsberechtigung

a) Adoptivmütter und Leihmutterschaft

Die Frage, ob Mutterschaftsrechte vor allem mit der körperlichen Beziehung zum Kind begründet sind, stellt sich auch, wenn Adoptivmütter, Väter oder »Bestellmütter« Mutterschaftsrechte geltend machen. Dabei geht es in der Sache nicht mehr um die Anwendung von Diskriminierungsverboten, sondern um die Anwendung besonderer Rechte; Art. 28 Abs. 1 der Richtlinie 2006/54/EG erlaubt insofern einen Schutz der körperlichen Verfassung der Frau während und nach der Schwangerschaft. Die Norm gilt auch für tarifliche Leistungen, die die gesetzlichen Rechte bei Mutterschaft ergänzen, wie z.B. eine tarifliche Beihilfe für schwangere Frauen beim Antritt ihres Mutterschaftsurlaubs.[17]

Im deutschen Recht kommt eine Anwendung mutterschutzrechtlicher Regelungen auf Adoptivmütter (§§ 1741 ff BGB) keinesfalls in Betracht. Sowohl die Schutzfristen (§ 3 Abs. 2 und § 6 Abs. 1 MuSchG) als auch das Kündigungsverbot (§ 9 Abs. 1 MSchG) beziehen sich ausdrücklich auf »werdende oder stillende Mütter« und damit auf biologische Begriffe; Sinn und Zweck ist der Schutz wegen der mit Schwangerschaft und Entbindung verbundenen physischen und psychischen Belastungen von Frauen.[18] Dasselbe wie für Adoptivmütter muss deshalb für »Bestellmütter« gelten, die im Sinne von § 13b Satz 1 des

16 BAG, 15.12.2005 – 2 AZR 462/04 (Mutterschutz bei Totgeburt); siehe schon BAG, 16.2.1973 – 2 AZR 138/72 (keine Mutterschaftsrechte bei Fehlgeburt); vgl. aber anders ArbG Bochum, Streit 1983. Zur Abgrenzung von Lebendgeburt, Totgeburt und Fehlgeburt siehe auch § 31 PersStV.

17 EuGH, 16.9.1999, Rs. C-218/98 (Abdoulaye), EuGHE 1999, I-5723.

18 Reinecke/Velikova, MuSchG, 2. Auflage 2013, § 3, Rn. 9; § 6, Rn. 2 im Anschluss an BSG, 3.6.1981 – 3 RK 74/79.

Adoptionsvermittlungsgesetzes ein Kind nach einer »bestellten« Leih-/Ersatzmutterschaft annehmen oder in sonstiger Weise auf Dauer bei sich aufnehmen. Gleiches gilt für die Mutterschutzrichtlinie 92/85/EWG, die ausschließlich für schwangere Arbeitnehmerinnen, Wöchnerinnen und stillende Arbeitnehmerinnen gilt (zu den Definitionen siehe Art. 2).

Auch der EuGH hat es im Jahre 2014 in »Z./A Government Department« für ganz selbstverständlich gehalten, dass die nach irischem Recht geregelten Arbeits- und Beschäftigungsbedingungen von Frau Z. zwar einen Anspruch auf bezahlten Mutterschafts- und Adoptionsurlaub vorsahen, jedoch keine Mutterschaftsrechte (sie galt nach kalifornischem Recht als Mutter des Kindes, das eine »Ersatz-/Leihmutter« geboren hatte). Der EuGH zog ernsthaft lediglich eine mögliche Diskriminierung wegen einer Behinderung in Betracht, da Frau Z. sich für die Leihmutterschaft nur entschieden hatte, weil sie aufgrund einer körperlichen Fehlbildung keine Gebärmutter hatte und nicht schwanger werden konnte. Allerdings verneinte er dann das Vorliegen einer Behinderung mit der schlichten begrifflichen Begründung, die Fehlbildung selbst habe es Frau Z. »für sich genommen« nicht unmöglich gemacht, ihrer Arbeit nachzugehen, oder sie in der Ausübung ihrer beruflichen Tätigkeit beeinträchtigt.[19] Allerdings wäre in einem solchen Fall ebenfalls eine mittelbare Diskriminierung in Betracht zu ziehen: Die Behinderung hinderte Frau Z. zwar nicht »für sich genommen« in ihrer beruflichen Tätigkeit. Aber zusammengenommen mit den Regelungen des Mutterschutzes war ihre Erwerbstätigkeit anders als die von Adoptivmüttern nicht davor geschützt, durch die Betreuung eines Kleinkindes beeinträchtigt zu werden.[20]

b) Der Vater als Mutter?

Löst man die Berechtigung zum Mutterschaftsurlaub auf diese Weise vom körperlichen Gebären, stellt sich schnell auch die Frage einer Anwendung auf Väter. In einer Entscheidung aus den frühen 1980er Jahren hatte der EuGH zwar bereits einmal entschieden, dass die Nichtanwendung von Mutterschaftsrechten auf Väter keine Diskriminierung wegen des Geschlechts darstelle.[21] Auf der anderen Seite bekam ein Vater Recht, der den »Stillurlaub« nach Art. 37 Abs. 4 des spanischen Arbeitnehmerstatuts (»Estatuto de los Trabajadores«) für sich beanspruchte. Allerdings: Bei der in Frage stellenden Regelung ging es keineswegs um ein auf Mütter beschränktes Recht; die Vorschrift enthielt den Satz

19 EuGH, 18.3.2014, Rs. C-363/12 (Z./A Government Department), Rn. 80 f.
20 EuGH, 18.3.2014, Rs. C-363/12 (Z./A Government Department), Rn. 80 f.
21 EuGH, 12.7.1984, Rs. 184/83 (Hofmann), EuGHE 1984, 3047, Rn 25.

»Die Arbeitsbefreiung kann sowohl von der Mutter als auch vom Vater in Anspruch genommen werden, sofern beide arbeiten«. Hier handelte es sich in der Sache also um kein eng mit der Mutterschaft und dem Geschlecht verbundenes Recht; vielmehr wurde ein geschlechtsneutral gewährleistetes Recht Männern und Frauen unter ungerechtfertigt ungleichen Bedingungen gewährleistet.[22]

Allerdings gibt es auf anderer Ebene Entwicklungen, die die strenge Unterscheidung zwischen Mütterrechten und Elternrechten in Frage stellen: Mitgliedstaaten erkennen zunehmend eigene Rechte auf Vaterschaftsurlaub an, und der Rat hat die Einführung eines Rechts auf Vaterschaftsurlaub empfohlen.[23] Art. 16 der Richtlinie 2006/54/EG behandelt diese Rechte auf derselben Ebene wie den Adoptionsurlaub; erkennt eine Mitgliedstaat solche Rechte aber an, so sind die betroffenen Arbeitnehmerinnen und Arbeitnehmer wie Mütter vor Entlassung infolge der Inanspruchnahme dieser Rechte zu schützen; sie müssen danach unter Besitzstandswahrung an ihren früheren Arbeitsplatz oder einen gleichwertigen Arbeitsplatz zurückkehren können.[24] Damit wird ein Gleichstellungsgebot in Hinblick auf die Wahrnehmung von gesetzlichen Elternrechten begründet.

c) Die begrenzte Funktion des Mutterschaftsurlaubs

Was zur Frage führt, wie sich Mutterschaftszeit und Elternzeit eigentlich noch sinnvoll abgrenzen lassen. Eine solche sachliche Abgrenzung ist auch durch das Recht der EMRK verlangt. Dies machte eine Entscheidung des Europäischen Gerichtshofs für Menschenrechte vom November 2013 deutlich. Hier hatte der EGMR einen kroatischen Fall zu entscheiden, in dem einer Adoptivmutter der Mutterschaftsurlaub verweigert worden war. Der Gerichtshof wandte hier das Diskriminierungsverbot des Art. 14 in Verbindung mit dem Recht auf Achtung des Familienlebens nach Art. 8 EMRK an und begründete so die Anforderung, dass Unterscheidungen zwischen Familientypen objektiv gerechtfertigt sein müssten.[25]

Auch dieser Fall warf in der Sache nur Fragen nach der sachlichen Konsistenz und Nachvollziehbarkeit der Regelung auf, denn der

22 EuGH, 30.9.2010, Rs. C-104/09 (Roca Álvarez).

23 Empfehlung für ein individuelles, nicht übertragbares Recht auf Vaterschaftsurlaub nach der Entschließung des Rates vom 29.6.2000 über eine ausgewogene Teilhabe von Frauen und Männern am Berufs- und Familienleben, ABl. C 218. [Zum Stand 2023 siehe oben Fn. 1.]

24 Vgl. Erwägungsgrund 27 der RL 2006/54/EG; siehe auch Weldon-Johns, ELJ 2013, 662, 675 ff zur Debatte um die Reform der Mutterschutzrichtlinie.

25 EGMR, 14.11.2013, Nr. 19391/11 (Topčić-Rosenberg/Kroatien), Rn. 35 ff.

Mutterschaftsurlaub war nach kroatischem Recht grundsätzlich durchaus auch auf Adoptivmütter anwendbar; allerdings beschränkte sich die Anwendbarkeit auf das erste Lebensjahr des Kindes und entfiel, wenn ein älteres (im Ausgangsfall dreijähriges) Kind adoptiert wurde. Um diese Beschränkung auf die Adoption neu geborener Kinder begründen zu können, kam es auf den Zweck des Mutterschaftsurlaubs an. Zu Recht geht der EGMR davon aus, dass in Bezug auf eine Adoptivmutter der Zweck nur darin bestehen kann, das Zuhausebleiben zu ermöglichen, um das Kind in die Adoptivfamilie integrieren zu können und Bindungen zwischen den Adoptiveltern und ihrem Kind aufzubauen. Bezogen auf diese Zielsetzung durfte die Freistellungsmöglichkeit nicht auf die Adoption eines neugeborenen Kindes beschränkt sein.

Tatsächlich macht gerade die Anwendung von Mutterschutzregelungen auf Adoptivmütter deutlich, dass die Schutzzwecke des Mutterschutzes sich nicht allein auf Schutzbedürfnisse aus körperlichen und biologischen Gründen beschränken können. Auch der EuGH legte die Mutterschutzrichtlinie 92/85/EWG in der Vergangenheit so aus, dass sie u.a. das Ankommen des Kindes in der Familie ermöglichen sollte.

Allerdings meint der EuGH, mit dieser Argumentation auch umgekehrt besondere Rechte von Müttern im Verhältnis zu Vätern begründen zu können: Es sei rechtmäßig, »die besondere Beziehung zwischen der Mutter und ihrem Kind während der Zeit nach der Entbindung zu schützen«.[26] So hielt er es für europarechtskonform, bei Adoptiveltern zwischen Vätern und Müttern zu unterscheiden, um »die Umstände der Aufnahme des Adoptivkinds in die Familie denjenigen von Neugeborenen anzugleichen«.[27] Dies ist nicht leicht zu begründen. Ganz deutlich wird dies bei dem wortreichen Versuch einer Abgrenzung von Mutterschutz und Elternurlaub, mit dem der EuGH begründete, weshalb die beiden Freistellungen nicht aufeinander anrechenbar sein sollten: »Nach Nr. 9 der Allgemeinen Erwägungen der Rahmenvereinbarung ist der Elternurlaub ein vom Mutterschutz getrennter Urlaub. Der Elternurlaub wird den Eltern gewährt, damit sie sich um ihr Kind kümmern können. [...] Der Mutterschaftsurlaub dient einem anderen Zweck. Er soll den Schutz der körperlichen Verfassung der Frau und den Schutz der besonderen Beziehung zwischen der Mutter und ihrem Kind während der Zeit gewährleisten, die sich an die Schwangerschaft und Entbindung anschließt, damit diese Beziehung nicht durch die Doppelbelastung aufgrund der gleichzeitigen Ausübung eines Berufes gestört wird«.[28]

26 EuGH, 12.7.1984, Rs. 184/83 (Hofmann), EuGHE 1984, 3047, Rn 25; EuGH, 30.9.2010, Rs. C-104/09 (Roca Álvarez), Rn 26 f.
27 EuGH, 26.10.1983, Rs. C-163/82 (Kommission/Italien), Rn 15; Rn 16 f.
28 EuGH, 14.4.2005, Rs. C-519/03 (Kommission/Luxemburg), Rn. 32.

Weist man dem Mutterschaftsurlaub und den Mutterschaftsrechten aber die Funktion zu, die »Beziehung zwischen Mutter und Kind« zu schützen, so gerät man in ein gefährliches Fahrwasser biologistischen Argumentierens, wenn die Möglichkeit besonderer Beziehungen zum Kind zwar für Adoptivmütter, nicht aber für Väter in Betracht gezogen wird.[29] Mit der Anerkennung solcher Funktionen des Mutterschutzes muss deshalb die Anerkennung besonderer Rechte für Frauen in Frage gestellt werden.

Es ist deshalb nach anderen eigenständigen Rechtfertigungen zu suchen, wenn Mutterschaftsrechte, die auch die Adoptivelternschaft erfassen, auf Frauen beschränkt werden.

III. Eltern- und Mütterrechte als Förderung der Geschlechtergleichstellung?

Eine Rechtfertigung besonderer Rechte im Zusammenhang mit Mutterschaft und Elternschaft ist selbst dann erforderlich, wenn Rechte geschlechtsneutral gewährt werden. Denn jede Benachteiligung wegen der Wahrnehmung von Elternrechten kann eine mittelbare Diskriminierung von Frauen darstellen,[30] während umgekehrt Regelungen, die Personen wegen der Erziehung von Kindern Vorteile einräumen, in aller Regel nachteilig für männliche Beschäftigte wirken werden.[31] Zwar mag der prozentuale Anteil der Geschlechter unter den Personen mit oder ohne Familienpflichten sich nicht wesentlich unterscheiden. Insbesondere die Inanspruchnahme von Elternurlaub wird dennoch in der Praxis überwiegend weibliche Beschäftigte betreffen.[32] Insofern ist es Sache der mitgliedstaatlichen Gerichte, zu prüfen, ob in dem betreffenden

29 Kritisch auch z.B. Weldon-Johns, ELJ 2013, 662, 666; Suk, The American Journal of Comparative Law 2012, 75, 82 ff.

30 EuGH, 21.10.1999, Rs. C-333/97 (Lewen), EuGHE 1999, I-7243, Rn 35; EuGH, 20.6.2013, Rs. C-7/12 (Riežniece), Rn 40.

31 EuGH, 17.7.2014, Rs. C-173/13 (Leone und Leone); siehe schon zur Differenzierung zwischen unmittelbaren und mittelbaren Diskriminierungen EuGH, 29.11.2001, Rs. C-366/99 (Griesmar), EuGHE 2001, I-9383, Rn 49 ff.

32 EuGH, 21.10.1999, Rs. C-333/97 (Lewen), EuGHE 1999, I-7243, Rn 35; EuGH, 20.6.2013, Rs. C-7/12 (Riežniece), Rn 40; EuGH, 17.7.2014, Rs. C-173/13 (Leone und Leone), Rn 45 ff für eine Regelung, die allerdings auch Mutterschutzzeiten erfasste; siehe auch Schlachter, RdA 2010, 104, 106 (»klassischer Fall« der mittelbaren Diskriminierung); a.A. offensichtlich BAG, 18.9.2014 – 8 AZR 753/13 unter Bezugnahme auf Daten des Mikrozensus.

Mitgliedstaat eine sehr viel höhere Zahl von Frauen als Männern Elternurlaub in Anspruch nimmt.[33] Nach dem Wortlaut des Tatbestandes kommt es hierbei auch nicht ausschließlich auf statistische Zahlen an.

Eine benachteiligende Wirkung kann in diesem Zusammenhang durch jedes sachliche Ziel gerechtfertigt werden. So lässt es sich z.B. im Hinblick auf das legitime Ziel einer Verbesserung der Vereinbarkeit von Erwerbsarbeit und Familienarbeit (Art. 33 Abs. 2 EU-GRC) rechtfertigen, Unterbrechungszeiten wegen Kindererziehung bei der Berechnung von Betriebsrentenansprüchen zu berücksichtigen.[34] Erforderlich ist aber ein konkreter Zusammenhang zwischen dem Vorteil und potenziellen Vereinbarkeitsproblemen. So hat der EuGH richtigerweise ein Recht von Eltern (aufgrund von Kinderbetreuungszeiten) auf Versetzung in den vorzeitigen Ruhestand mit sofortigem Pensionsanspruch für rechtswidrig gehalten, da unklar sei, wie hiermit tatsächlich Nachteile ausgeglichen werden könnten.[35]

Geschlechtsspezifische Maßnahmen bedürfen jedoch nicht nur eines sachlichen Grundes, sondern einer spezifischen Rechtfertigung der unmittelbaren Benachteiligung; in Betracht kommt die Erlaubnis als positive Maßnahme i.S.v. Art. 3 der Richtlinie 2006/54/EG. Maßnahmen zum Ausgleich beruflicher Nachteile bei Mutterschaft und Elternschaft können dazu beitragen, Hindernisse auf dem Weg zur Chancengleichheit für Frauen abzubauen.[36] Auch in diesem Zusammenhang ist aber zu Recht umstritten, ob Maßnahmen, die nicht an die biologische Mutterschaft, sondern an die Elternschaft anknüpfen, als positive Maßnahme gerechtfertigt werden können; denn sie bringen die Gefahr mit sich, zur Verfestigung einer herkömmlichen Rollenverteilung zwischen Männern und Frauen beizutragen.[37] Dem EuGH ist deshalb darin zuzustimmen, dass Leistungen, die sich auf die Elternstellung generell beziehen und berufliche Nachteile durch Kindererziehung ausgleichen sollen, nicht nach dem Geschlecht differenziert ausgestaltet werden dürfen. Nicht zulässig ist deshalb z.B. eine Anerkennung von Kindererziehungszeiten nur bei Frauen.[38] Auch die Möglichkeit der Versetzung in den Ruhestand zur Pflege des Ehepartners kann nicht ausschließlich Frauen vorbehalten sein.[39] Hingegen hat es der

33 EuGH, 20.6.2013, Rs. C-7/12 (Riežniece), Rn 40.

34 So grundsätzlich EuGH, 29.11.2001, Rs. C-366/99 (Griesmar), EuGHE 2001, I-9383; EuGH, 17.7.2014, Rs. C-173/13 (Leone und Leone), Rn. 58.

35 EuGH, 17.7.2014, Rs. C-173/13 (Leone und Leone), Rn. 90 ff, der in der konkreten Regelung noch weitere Inkonsistenzen sieht.

36 Prechal, CMLR 33 (1996), 1245, 1253.

37 EuGH, 19.2.2002, Rs. C-476/99 (Lommers), Slg. 2002, I-2891, Rn 41 f; EuGH, 30.9.2010, Rs. C-104/09 (Roca Álvarez), Rn 32 ff.

38 EuGH, 29.11.2001, Rs. C-366/99 (Griesmar), EuGHE 2001, I-9383, Rn 40 ff.

39 EuGH, 13.12.2001, Rs. C-206/00 (Mouflin), Slg. 2001, I-10201, Rn 20 ff; vgl. EuGH, 30.9.2004, Rs. C-319/03 (Briheche), Slg. 2004, I-8807, Rn 27.

EuGH akzeptiert, wenn das knappe Gut subventionierter Kindertagesstättenplätze den weiblichen Beschäftigten vorbehalten blieb, während männliche Beschäftigte nur in Notfällen Zugang zu diesen Plätzen hatten. Diese Maßnahme sei für die Gleichstellung geeignet und erforderlich, da im Ausgangsfall »das erwiesenermaßen unzureichende Angebot an angemessenen und erschwinglichen Kinderbetreuungseinrichtungen insbesondere die weiblichen Arbeitnehmer zur Aufgabe ihrer Beschäftigung veranlassen [konnte]«.[40] Dem kann nur gefolgt werden, wenn darauf bestanden wird, dass Eignung und Erforderlichkeit einer Beschränkung auf Frauen streng zu überprüfen sind. In der Entscheidung zur Nichtanwendbarkeit mutterschutzrechtlicher Regelungen auf Väter hat der EuGH es sich dementgegen noch zu einfach gemacht mit der These, dass im Fall der Geburt eines Kindes »allein die Mutter dem unerwünschten Druck ausgesetzt sein kann, ihre Arbeit verfrüht wiederaufnehmen zu müssen«[41].

IV. Fazit

Die Gleichberechtigung der Geschlechter ist schon immer abhängig davon gewesen, inwieweit den Frauen in der familiären Arbeitsteilung die »private« Haus- und Fürsorgetätigkeit zugewiesen ist. Im Arbeitsrecht ist zu fragen, welche Anreize insofern für eine geschlechtergerechte Arbeitsteilung gesetzt werden können. Denn: »Überkommene Rollenverteilungen [...] dürfen durch staatliche Maßnahmen nicht verfestigt werden.«[42] In anderen Worten: Das Arbeitsrecht sollte dazu beitragen, dass die geschlechtsspezifische Spaltung des Arbeitsmarktes nicht vertieft, sondern abgebaut wird.[43] Allerdings: Die Gewährung geschlechtsunspezifischer Rechte bzw. die Gewährung von Väterrechten ist ein äußerst wichtiges Instrument, um Vätern größere Verantwortung in der Übernahme elterlicher Pflichten zu ermöglichen.

Die Ausdehnung von Elternrechten ist insofern eine wichtige Entwicklung; zu Recht ist die Elternzeit im deutschen Recht nicht mehr wie

40 EuGH, 19.2.2002, Rs. C-476/99 (Lommers), Slg. 2002, I-2891, Rn 37, 44 ff, 50.

41 EuGH, 12.7.1984, Rs. 184/83 (Hofmann), EuGHE 1984, 3047, Rn 25.

42 BVerfG, 28.1.1992, BVerfGE 85, 191 (207) (Nachtarbeitsverbot); siehe auch BVerfG, 16.11.1993, BVerfGE 89, 276. Genauer zum Ganzen Kocher, KJ 1999, S. 185 ff. (in diesem Band S. 49 ff)

43 So schon Pfarr, Heide M., Herstellung und Sicherung von Chancengleichheit durch Recht – dargestellt am Beispiel der Frauen, in: Winfried Hassemer/ Wolfgang Hoffmann-Riem/Jutta Limbach, Grundrechte und soziale Wirklichkeit, Baden-Baden 1982, S. 255 ff. Genauer zum Verständnis »gleichwertiger Rechte« Kocher, KJ 1999, S. 193 ff.

der frühere Erziehungsurlaub im Kontext des MuSchG geregelt. Problematisch ist es allerdings, wenn das BAG davon ausgeht, dass »keinerlei Zweifel daran [besteht], dass es sich bei Mutterschafts-, Vaterschafts-, Adoptions- und Elternurlaub um vier unterschiedliche Institute handelt«[44]. Es mag zwar angemessen sein, diese Unterscheidungen im Grundsatz zu treffen; in der Sache müssen aber Unterschiede zwischen den einzelnen Regelungen immer jedenfalls im Hinblick auf Art. 8 EMRK sachlich gerechtfertigt werden – und Unterschiede jedenfalls zwischen Adoptions- und Vaterschaftsurlaub erweisen sich als rechtlich im Ergebnis nicht haltbar.

44 BAG, 27.1.2011 – 6 AZR 526/09 in Bezug auf die Richtlinie 2006/54/EG.

Teil 3: Das Andere des Arbeitsrechts – Konflikte um Sorgearbeit

In diesem Teil werden konkrete Bereiche und Fragen des Arbeitsrechts aus einer feministischen Perspektive betrachtet. Hier wird gefragt, wie ein Arbeitsrecht aussehen müsste, das private und professionelle Sorgearbeit (»das Andere des Arbeitsrechts«) bewusst mitdenkt. Dies wird an Fragen der Vereinbarkeit von Berufs- und Familienarbeit sowie an Rechtsfragen von Hausangestelltentätigkeit (»live-in«-Beschäftigung) analysiert. Mit Hilfe dieser Beispiele werden auch die Leerstellen aufgezeigt, die eine feministische Perspektive in den rechtlichen Debatten um Arbeitszeit oder Kollektivvertragsfähigkeit offenlegt.

Der »Das Andere des Arbeitsrechts« betitelte erste Text dieses Teils formuliert den theoretischen Ansatz. Anlass des Texts war ein Vortrag, der die »Frankfurter Erklärung zum Arbeitsrecht« der Vereinigung Demokratischer Juristinnen und Juristen (VDJ) kritisch kommentierte. Während die Erklärung ein neues Arbeitsrecht im Interesse der Arbeitnehmer:innen vorschlug, vor dem Hintergrund des Wandels der Erwerbsarbeit, übersah sie die Bedeutung vergeschlechtlichter Leitbilder im Arbeitsrecht. Der Text fordert, das dem Normalarbeitsverhältnis innewohnende Leitbild von »Familie« kritisch zu reflektieren und »das Andere des Arbeitsrechts« – die private Sorgearbeit – systematisch in den Blick zu nehmen. Als Orientierung für ein neues Leitbild von »universal caregiver«[1] könnte danach die Figur des:der Alleinerziehenden dienen.

Es folgt ein Überblickstext (»Die Erwerbstätigkeit von Frauen und ihre Auswirkung auf das Arbeitsrecht – oder umgekehrt«), der für eine interdisziplinäre Debatte über die Rolle des Geschlechts im Recht geschrieben wurde. Er geht von Arbeitsmarktdaten (aus der Entstehungszeit des Textes, also um 2008/2009) aus und zeigt so, wie die Erwerbstätigkeit von Frauen von der Übernahme privater Sorgearbeit abhängig ist. Er analysiert, wie das »Vierphasenmodell« weiblicher Erwerbstätigkeit (Erziehungsurlaub, längere Familienpause, anschließende Teilzeitarbeit und Wiedereinstieg nach Ende der Schulpflicht der Kinder) sich im Arbeitsrecht spiegelt, und wie das Arbeitsrecht dazu beiträgt, dass Menschen mit Fürsorge- und Familienpflichten in der Erwerbsarbeit zu Außenseiter:innen gemacht werden. Gleichzeitig wird gezeigt, wie mit dem arbeitsrechtlichen Diskriminierungsschutz auch Instrumente entwickelt werden, die helfen könnten, neue Leitbilder zu etablieren. Der Text betont, dass Rechte auf Gleichbehandlung ergänzt werden müssen, einerseits durch Anpassungsansprüche (z.B. Rechte auf

1 Nancy Fraser, After the Family Wage. Gender Equity and the Welfare State, Political Theory 22 (1994), S. 591–618.

Arbeitszeitflexibilisierung) und andererseits durch Gleichstellungsregelungen (die Unternehmen zu einer geschlechterpolitischen Evaluation und Neubewertung ihrer Personalpolitik anhalten[2]).

Während der Text »das Andere des Arbeitsrechts« den Wert von Individualansprüchen hervorhebt, betont dieser Text eher die Grenzen individualrechtlicher Ansätze und die Bedeutung kollektiver Beteiligungsrechte von Betriebsräten, Gewerkschaften, Gleichstellungsbeauftragten, Verbänden, öffentlichen Stellen etc., einschließlich der Notwendigkeit von Verbandsklagen.[3]

[Auf eine interessante Entwicklung sei hier noch hingewiesen: Dieser Text ging noch davon aus, dass es unproblematisch anerkannt sei, dass auch die Tarifvertragsparteien jedenfalls an einen dem Art. 3 GG entsprechenden Gleichheitssatz gebunden sind. Diese Frage ist seither wieder streitiger geworden; jedenfalls gibt es unterschiedliche Auffassungen zu den rechtlichen Grundlagen und Maßstäben.[4]]

Dass sich die geschlechtshierarchische Spaltung der Erwerbsarbeit in den 10 Jahren nach Erscheinen dieses Textes wenig verändert hat, zeigt der folgende Text mit dem Titel »Die Organisation der Erwerbsarbeit ›gemeinsam neu gestalten‹«. Er fasst in äußerster Knappheit die Ergebnisse des Gutachtens zum Zweiten Gleichstellungsbericht der Bundesregierung zusammen; dieses Gutachten habe ich 2015/2016 als Vorsitzende der interdisziplinären Sachverständigenkommission koordiniert. Entsprechend der Anlage des Gleichstellungsberichts geht der Text über das Arbeitsrecht hinaus und formuliert als Leitbild eine gesellschaftliche Organisation von Sorge- und Erwerbsarbeit, die es allen Menschen ermöglicht, sowohl Erwerbs- als auch informelle Sorgearbeit in ihrem Leben zu verbinden (»Erwerb-und-Sorge-Arrangements«).

Der folgende Text »Das Recht auf eine selbstbestimmte Erwerbsbiografie« macht die feministische Perspektive weniger explizit sichtbar,

2 Siehe hierzu auch die konkreten Vorschläge des Deutschen Juristinnenbundes (djb) von 2015, 2021 und 2023, auf www.djb.de/themen/wege-zur-diskriminierungsfreiheit-in-unternehmen.

3 Siehe dazu schon Heide M. Pfarr/Eva Kocher, Kollektivverfahren im Arbeitsrecht. Nomos 1998; siehe auch die entsprechende Forderung der Unabhängigen Bundesbeauftragten für Antidiskriminierung in ihrem Grundlagenpapier zur Reform des Allgemeinen Gleichbehandlungsgesetzes (AGG) vom Juli/November 2023, S. 11.

4 Für verschiedene Senate des BAG vgl. BAG, 23.2.2021 – 3 AZR 618/19; BAG, 29.4.2021 – 6 AZR 232/17; BAG 24.5.2023 – 10 AZR 369/20; ein Überblick über die Rechtsprechungsentwicklung findet sich bei Matthias Jacobs, Zur Grundrechtskontrolle von Tarifverträgen, RdA 2023, 9, 10, der die Bindung an den Gleichheitssatz kritisch sieht und nur begrenzt anerkennen möchte. Es wird erwartet, dass das BVerfG sich in der Rechtssache 1 BvR 1109/21 dazu äußern wird.

wenn er ein neues Leitbild für das Arbeitsrecht in Anknüpfung an Konzepte von Zeitpolitik, von »Ziehungsrechten« und einer »Arbeitsversicherung« entwickelt. Er fasst vor allem Ergebnisse des Projekts »Soziales Recht der Arbeit«[5] zusammen, dem fast alle Texte dieses Teils viel verdanken. Am Beispiel von Fragen der Sorgearbeit, der Behinderung sowie der Weiterbildung konkretisiert er, wie arbeitsrechtliche Anpassungsansprüche aussehen könnten, die strukturelle und transformative Wirkung entfalten sollen. Hier geht es auch darum, wie arbeitsrechtliche Ziehungsrechte für Zeit und Bildung mit Finanzierungsmodellen verbunden werden können, und wie das Recht einen »offenen Suchprozess« im Betrieb gestalten und unterstützen könnte. Es handelt sich insofern implizit um einen recht konkreten Beitrag zur Gestaltung eines neuen Nicht-Recht (siehe »Objektivität und gesellschaftliche Positionalität« in Teil 4); der Text sollte auch einen sozialwissenschaftlichen Blick auf Verfahren als Funktionsbedingung von Rechten anregen.

Zu erwähnen bleibt, dass das damals eingeforderte Recht auf befristete Teilzeit seit 2019 in einer etwas verkümmerten Form als »Brückenteilzeit« in § 9a TzBfG geregelt ist. Kleinere rechtliche Änderungen in Detailfragen brachte im Dezember 2022 auch das Gesetz zur Umsetzung der Richtlinie (EU) 2019/1158 zur Vereinbarkeit von Beruf und Privatleben für Eltern und pflegende Angehörige.

Im Jahre 2012 habe ich anlässlich der Verabschiedung des Übereinkommens 189 über menschenwürdige Arbeit für Hausangestellte (Internationale Arbeitsorganisation, ILO) eine Expertise für die Hans-Böckler-Stiftung erstellt, in der die Voraussetzungen einer Ratifikation des Übereinkommens durch die Bundesrepublik Deutschland geprüft wurden.[6] Nachdem Deutschland das Übereinkommen ratifizierte und es dadurch hier in Kraft trat, haben sich mehrere Forschungsprojekte mit den Konsequenzen beschäftigt. Dabei ging es immer um ein wichtiges Anwendungsfeld der Konvention, nämlich die »live-in-Betreuung« durch meist migrantische Frauen aus Mittel- und Osteuropa in deutschen Familien.[7]

5 Eva Kocher/Henning Groskreutz/Ghazaleh Nassibi/Christian Paschke/Susanne Schulz/Felix Welti/Johanna Wenckebach/Barbara Zimmer, Das Recht auf eine selbstbestimmte Erwerbsbiografie. Arbeits- und sozialrechtliche Regulierung für Übergänge im Lebenslauf: Ein Beitrag zu einem Sozialen Recht der Arbeit, Nomos 2013.

6 Eva Kocher, Hausarbeit als Erwerbsarbeit: Der Rechtsrahmen in Deutschland: Voraussetzungen einer Ratifikation der ILO-Domestic Workers Convention durch die Bundesrepublik Deutschland, 2012.]

7 Projekt »Modelle der Live-in-Pflege« (gefördert durch die Hans-Böckler-Stiftung) in Kooperation mit Bernhard Emunds, Nell-Breuning-Institut, Philosophisch-Theologische Hochschule St. Georgen. Im Rahmen des Projekts wurde im Oktober 2021 ein Policy Paper zu Live-In-Care veröffentlicht. (Bernhard Emunds/Eva Kocher/Simone Habel/Rebekka Pflug/Theresa

Der Text »Der rechtliche Rahmen der 24 Stunden-Pflege in Deutschland« fasst Erkenntnisse dieser Debatte zusammen. Er geht von der doppelten Zielrichtung des ILO-Übereinkommens 189 aus, Hausarbeiter:innen sowohl gleichzubehandeln als auch in ihrer besonderen Verletzlichkeit zu schützen. Als politische Handlungsoptionen nennt der Text die Schaffung spezieller Regelungen, die Transparenz und Effektivität verbessern können, die Entwicklung von Qualitätsstandards für gute Arbeit in der häuslichen Betreuung sowie Anreizsysteme zur Förderung von Nachfragestrukturen für solche Angebote, die Mindeststandards entsprechen.

Das Thema der »live-in-Betreuung« ist in den letzten Jahren häufiger und breiter diskutiert worden. Der irreführende Begriff »24-Stunden-Betreuung« oder »-Pflege« sollte heute nicht mehr verwendet werden; die Besonderheiten dieser Tätigkeiten, die sich aus der faktisch ständigen zeitlichen Verfügbarkeit ergeben, sind durch den Begriff »live-in« besser charakterisiert.

Von großer Bedeutung für die Entwicklung der Debatte war ein Urteil des Bundesarbeitsgerichts (BAG) vom 24. Juni 2021 (5 AZR 505/20). Es betraf den Fall einer Pflege- und Betreuungskraft aus Bulgarien, die im Rahmen einer »24-Stunden-Betreuung« als »live-in« eine Frau in Deutschland gepflegt hatte. Das BAG bestätigte in seinem Urteil, dass der Arbeitnehmerin der Mindestlohn nicht nur für die sechs Arbeitsstunden täglich zustand, für die sie entlohnt wurde, sondern auch für alle Bereitschaftszeiten. Das Landesarbeitsgericht (LAG) Berlin-Brandenburg gab daraufhin der Klage auf Zahlung des Mindestlohns für grundsätzlich sieben Tage in der Woche für 24 Stunden statt (abzüglich einiger freier Tage bzw. freier Nachmittage).[8] In anderer Sache entschied das BAG, dass die verlängerten Kündigungsfristen nach § 622 Abs. 2 BGB nicht für Hausangestellte gelten sollen;[9] hier hatte der in diesem Buch abgedruckte Text (unter 3.b)) anders argumentiert.

Auf gesetzlicher Ebene hat sich seit Erscheinen des Textes nichts Wesentliches verändert. Allerdings enthält der Koalitionsvertrag 2021–2025 das Vorhaben, »eine rechtssichere Grundlage für die 24-Stunden-Betreuung im familiären Bereich« zu gestalten.[10] Zuletzt wurde auch die Debatte

Tschenker/Verena von Deetzen, Gute Arbeit für Live-In-Care. Gestaltungsoptionen für Praxis und Politik, NBI-Positionen 2021/2) Siehe auch die gemeinsam mit Nastazja Potocka-Sionek erstellte Studie »Rechtsfragen beim Einsatz polnischer Betreuungskräfte (Live-ins) in Deutschland durch Vermittlung polnischer Agenturen«, 2022, im Auftrag der Gleichbehandlungsstelle EU-Arbeitnehmer (Arbeitsstab der Beauftragten der Bundesregierung für Migration, Flüchtlinge und Integration).

8 LAG Berlin-Brandenburg, 5.9.2022 – 21 Sa 1900/19.

9 BAG 11. Juni 2020 – 2 AZR 660/19.

10 SPD, Bündnis 90/Die Grünen und FDP, Mehr Fortschritt wagen. Bündnis für Freiheit, Gerechtigkeit und Nachhaltigkeit, Koalitionsvertrag 2021–2025,

um mögliche Ausnahmen vom Arbeitszeitrecht, die kurz vor Ratifikation des ILO-Übereinkommens anhand von § 18 Abs. 1 Satz 3 ArbZG geführt worden war, wieder ausgegraben. Gemeinsam mit Kolleginnen habe ich in der Feministischen Rechtszeitschrift »Streit« dagegen Stellung bezogen.[11]

Zum Abschluss von Teil 3 führt der Text »Arbeit, Kollektivautonomie und Solidarität« die Gedanken über das »Andere des Arbeitsrechts« zusammen und entwickelt sie auf theoretischer Ebene weiter. Ausgangspunkt sind zwei Konstellationen, die bereits in den Texten über das Recht auf eine selbstbestimmte Erwerbsbiografie und über den rechtlichen Rahmen der 24 Stunden-Pflege thematisiert wurden: Einerseits wird die Debatte um die Kollektivvertragsfähigkeit einer deutschen Organisation von Hausarbeiterinnen analysiert, andererseits ein betrieblicher Konflikt um die Arbeitszeit einer Alleinerziehenden.[12] Diese Konstellationen sind Ausgangspunkt einer theoretischen Reflektion der Bedeutung von individuellen Rechten auf Nichtdiskriminierung in kollektiven Kontexten. Der Text hebt insbesondere den antidiskriminierungsrechtlichen Ansatz der »angemessenen Vorkehrungen« hervor, der Rechte auf Berücksichtigung von Differenz, auf Inklusion und Barrierefreiheit formulieren kann.

Der Text erweitert die Suche nach transformativen Konzepten um Vorstellungen von Kollektivautonomie und Solidarität in der Arbeitswelt und lenkt den Blick auf die Akteur:innen, die für eine solche Mobilisierung des Rechts ermächtigt werden müssten. Er fragt, wie das Solidaritätsprinzip, das im Arbeitsrecht in der Kollektivautonomie ausgeformt wird, in einem Umfeld wirken kann, das nicht nur von strukturellen Ungleichgewichten zulasten von Arbeitnehmer:innen, sondern auch von gesellschaftlichen Stereotypisierungen und strukturellen Diskriminierungen wegen des Geschlechts gekennzeichnet ist.

S. 64. Meine Kritik an dieser Zielsetzung wird demnächst in einem Schwerpunkt der Zeitschrift »International Labour Review« veröffentlicht.

11 Verena von Deetzen/Eva Kocher/Oda Hinrichs, Feministische Kontroversen zur Regulierung von Live-in-care. Ein Debattenbeitrag zum Artikel von Marianne Weg in Streit 1/2023, STREIT 4/2023, S. 166–173.

12 In Abschnitt C.III. dieses Textes habe ich einen Fehler im Ausgangsmanuskript korrigiert, der die Wiedergabe der Entscheidung des BAG vom 16.12.2008 – 9 AZR 893/07 betraf.

Das Andere des Arbeitsrechts (2016)[1]

Seit 1983 hat sich in der Welt der Arbeit (und in der Arbeit der Welt) einiges geändert. Die Frankfurter Erklärung der VDJ[2] thematisiert dies gleich zu Beginn und stellt dabei »Digitalisierung und Automatisierung« an den Anfang. Ein guter Start – denn unter diesen Stichworten lässt sich viel von dem zusammenfassen, was aktuell zum Wandel der Erwerbsarbeit diskutiert wird.[3]

Allerdings hängt mit dem Wandel der Erwerbsarbeit auch ein gesellschaftlicher Wandel zusammen. Dieser wird u.a. mit den Begriffen »Subjektivierung« und »Individualisierung« umschrieben, was ihn für kollektivrechtlich denkende Arbeitsrechtler*innen verdächtig macht. Tatsächlich drohen diese Begriffe die gesellschaftlichen Auseinandersetzungen, auf die sie verweisen, auf eine Weise zu politisieren, die bestimmte Vergesellschaftungsprozesse verschwinden lässt. Denn in ihnen versteckt sich ein fundamentaler Wandel sowohl der gesellschaftlichen Geschlechterverhältnisse als auch der globalen Arbeitsteilungen. Was sowohl in arbeitsrechtlichen Debatten als auch in Subjektivierungskritiken oft fehlt, ist die Erkenntnis, dass der Wandel der Erwerbsarbeit nicht nur durch die Technikentwicklung und Interessen an der privaten Gewinnerzielung angetrieben ist, sondern auch gesellschaftliche Gründe hat. Und diese Leerstelle findet sich auch in der »Frankfurter Erklärung«.

Die Erklärung ergänzt die VDJ-Erklärung von 1983, deren rechtspolitische Vorschläge sich auf Mitbestimmung, Tarifrecht, Arbeitskampfrecht, Kündigungsschutzrecht und Beamtenrecht konzentrierten. Neu sind insbesondere die Kapitel »Erosion des Normalarbeitsverhältnisses entgegen wirken«, zu Gesundheits- und Arbeitsschutz sowie zum Datenschutz. Dabei fällt auf, dass der Erklärung zu »Erosion des Normalarbeitsverhältnisses« vor allem die Abgrenzung zwischen Werkvertrag und Arbeitsvertrag einfällt. »Normalarbeitsverhältnis« wird so relativ

1 Überarbeitete Fassung des Vortrags auf der VDJ-Jubiläumsveranstaltung »Für ein besseres Arbeitsrecht« am 31.10.2015 in Frankfurt/Main. Die Vortragsform wurde im Wesentlichen beibehalten. Der Text wurde zuerst veröffentlicht in Arbeit und Recht (AuR) 2016, S. 334–338 (bei der Erstveröffentlichung war »Das andere« klein geschrieben).

2 Vereinigung Demokratischer Juristinnen und Juristen e.V. Bundesvorstand Arbeitskreis Arbeitsrecht, Frankfurter Erklärung zum Arbeitsrecht (die Erklärung ist AuR Heft 8-9/2016 beigelegt).

3 Siehe auch das Thema der Arbeits- und Sozialrechtlichen Abteilung beim DJT 2016 in Essen (»Digitalisierung der Arbeitswelt – Herausforderungen und Regelungsbedarf«), dem AuR Heft 8-9/2016 gewidmet ist.

umstandslos mit »Erosion« gleichgesetzt, obwohl der wertungsneutralere Begriff der »Krise« näher gelegen hätte.

Hintergrund dieser Begriffsverwendung ist vermutlich: Die Tatsache, dass das Normalarbeitsverhältnis eine wichtige Arbeitszeitdimension enthält, deren Krise eine durchaus auch gesellschaftlich emanzipatorische Bedeutung haben könnte, gerät der Erklärung nur am Rande ins Blickfeld. Die Frankfurter Erklärung behandelt Fragen der Arbeitszeit in allererster Linie als Arbeitsschutzthema. Was dabei übersehen wird, ist die Funktion, die Leitbildern der Arbeitszeit für die Arbeit außerhalb der Erwerbsarbeit zukommt: Wenn wir alle durchgehend mindestens 35 bis 45 Std./Woche arbeiten, bzw. wenn wir alle so arbeiten, wie es heute der durchschnittliche Mann tut,[4] wer sorgt sich dann um uns als Menschen?

1. Erosion oder Krise des Normalarbeitsverhältnisses?

Mit der Überschrift »Erosion« des Normalarbeitsverhältnisses überspringt die Frankfurter Erklärung die Leitbilddiskussion, die der Begriff des »Normalarbeitsverhältnisses« nahelegt. Und sie setzt damit implizit ein bestimmtes Leitbild voraus.

Es gibt einen Zeichentrickfilm der Gewerkschaft verdi, mit dem diese die Probleme der Erwerbsarbeit in der digitalen Gesellschaft aufzeigen möchte. Der Zeichentrickfilm heißt »Klaus der Cloudworker«[5] und stellt die Entwicklung der Erwerbsarbeit in drei Generationen dar. Dieser »Science Fiction über die gigantische Entwertung von Arbeit« beginnt mit dem Opa von Klaus und blickt nostalgisch auf die Zeit zurück, als Opa (der Elektriker war) am Morgen Oma einen Kuss geben und das Haus verlassen konnte, um 5 Tage in der Woche von 9 – 17 Uhr für seinen Arbeitgeber zu arbeiten, und das 40 Jahre lang. Für den Vater von Klaus war es schon schwerer; er musste oft Überstunden machen und kannte weniger Verlässlichkeiten und Sicherheiten. Klaus lebt im Jahre 2020 und hat selbst gar keine Festanstellung mehr, sondern bietet seine Arbeitskraft über virtuelle Netzwerke an; »ein Heer von Freelancern kämpft mit weltweiter Konkurrenz um Aufträge« mit der Konsequenz von »Preisdumping«.

Der Film endet mit einem schlichten Aufruf: »Wenn wir uns gemeinsam engagieren, können wir noch die Kurve kriegen. Dann hat unser

4 S. die Ergebnisse der aktuellen Zeitverwendungsstudie (Destatis, Zeitverwendungserhebung. Aktivitäten in Stunden und Minuten für ausgewählte Personengruppen, 2015; z.B. dort S. 154 (9.10 Personen nach Geschlecht – 30–44 Jahre); vgl. auch Meier-Gräwe/Klünder, Ausgewählte Ergebnisse der Zeitbudgeterhebungen 1991/92, 2001/02 und 2012/13, 2015.

5 Ver.di, Cloudworking, zu finden auf <https://www.verdi.de/themen/arbeit/++co++fd9e2f52-82fe-11e1-5004-0019b9e321e1> (Abruf 30.5.2016).

Cloudworker auch Zeit für die Liebe.« Und hier wird dann deutlich, was der Film sich (unter der Chiffre »Liebe«) unter gutem Leben vorstellt: Klaus sitzt mit Frau und Kind am Strand und wird von den beiden angehimmelt. Auch ansonsten bringt der Film Frauen und Kinder vor allem als Attribute von Klaus' Opa, Klaus' Vater und Klaus selbst ins Bild. Opa küsst Oma vor dem morgigen Gang zur Arbeit, und das Kleinkind am Bildrand lässt ahnen, dass Oma wohl zu Hause bleiben und das Kleinkind betreuen und erziehen wird. Vater hat schon größeren Stress, denn seine Frau ist ebenfalls berufstätig (von der er sich aber dennoch durch Abschiedskuss trennt, damit diese das Kind zur Kita bringen kann). Klaus der Cloudworker ist alleinstehend und ohne Kinder; wer, wie Klaus entgrenzt und ohne ausreichende Existenzsicherung arbeitet, kann sich wohl eine funktionierende Paarbeziehung nicht leisten.

Die Kleinfamilie mit traditioneller Arbeitsteilung ist offenbar das sozialpolitische Leitbild dieser nostalgisch angelegten Erzählung. In dieser Darstellung wird all die Arbeit unsichtbar gemacht, die für die Herstellung von »Liebe« erforderlich ist. Und mit der Unsichtbarmachung von Sorge- und Reproduktionsarbeit[6] werden auch die Voraussetzungen unsichtbar, auf denen das Normalarbeitsverhältnis beruht: Das Normalarbeitsverhältnis ist sozial- und familienpolitisch eng verbunden mit einem Familienernährermodell (Klaus' Großeltern) oder einem Zuverdienermodell (Klaus' Eltern).

Wie ein »adult worker model«, in dem alle Personen im Normalarbeitsverhältnis erwerbstätig sind, gesellschaftlich funktionieren soll, konnte noch nicht zufrieden stellend beantwortet werden. »Liebe« ist schließlich mehr als nur der morgendliche Abschiedskuss vor dem Weg zur Arbeit. Wer die Lösung dieses Problems anders als Klaus der Cloudworker nicht in der heteronormativen Kleinfamilie sieht, ist darauf angewiesen, die Sorge für sich und für andere zusätzlich zur Erwerbsarbeit in sein (oder ihr Leben) zu integrieren. Ein solches neues Leitbild des »universal caregiver«[7] oder des »Earner and Carer«-Modells[8] bedeutet deshalb mehr als nur »Normalarbeitsverhältnis plus Familienfreundlichkeit«. Seine Umsetzung erfordert Veränderungen in vielen Bereichen, von der Familien- und Steuer- bis hin zur Sozialpolitik und dem Arbeitsrecht.

6 Zum Begriff z.B. Jürgens, Deutschland in der Reproduktionskrise, Leviathan 38 (2010), S. 559 ff mit einem weiten Begriff der »Reproduktion«, der alle Aspekten »guten Lebens« und »Selbstsorge« umfasst; zu Begrifflichkeiten und Debatten der Sorgearbeit siehe z.B. Aulenbacher/Riegraf/Theobald (Hrsg.), Sorge: Arbeit, Verhältnisse, Regime, 2014.

7 Fraser, After the Family Wage. Gender Equity and the Welfare State, Political Theory vol. 22 (1994), S. 591 ff.

8 Auth/Klenner/Leitner, Die Zumutungen des Adult worker model, in: Völker/Amacker (Hrsg.), Prekarisierungen. Arbeit, Sorge und Politik, 2015, S. 42 ff.

Die Frankfurter Erklärung bezeichnet Teilzeitarbeit immer noch als »atypisch«, obwohl sie das typische Beschäftigungsmodell für Frauen ist, die in der Zuverdienerpartnerschaft leben, wie sie in Westdeutschland verbreitet ist (sog. »modernisiertes Ernährermodell«).[9] Wenn es in der Erklärung ohne weitere Kritik und Erläuterung heißt, » [d]ie sozialversicherungsrechtliche Teilzeit ist in bestimmten Lebenssituationen eine sinnvolle Beschäftigungsform,«[10] muss sich das für die gleichstellungspolitisch interessierte Arbeitsrechtlerin so lesen, als solle damit implizit die gesellschaftliche Arbeitsteilung, die im Zuverdienermodell organisiert ist, zu einem fairen Kompromiss erklärt werden.

Es gibt weitere Hinweise auf ein solches Leitbild: In deutlichem Kontrast zu den weitgehenden (und z.T. durchaus utopischen) Forderungen, zu denen sich die Frankfurter Erklärung an vielen anderen Stellen bekennt, entnimmt sie ihre rechtspolitischen Forderungen zur Teilzeitarbeit fast ausschließlich der Koalitionsvereinbarung von CDU, CSU und SPD auf Bundesebene von 2013. So heißt es zwischen Leiharbeit und Befristung unter »atypische Beschäftigung« merkwürdig zahm und bescheiden: »Der Anspruch auf Teilzeit sollte ausgebaut werden, indem auch eine befristete Arbeitszeitreduzierung zugelassen wird und damit die Möglichkeit einer Wiederaufstockung gesichert ist. Die Möglichkeit der Aufstockung muss generell verbessert werden; die jetzige Regelung in § 9 TzBfG ist unzureichend. [...] Bei Wiedereintritt nach Eltern- und Betreuungszeit ist der Anspruch auf Teilzeit zu verstärken.«

Das ist schade, denn die rechtspolitische Debatte jenseits der Koalitionsvereinbarung ist eigentlich schon weiter. So hat z.B. der Leitantrag »Neue Arbeitszeitpolitik« der IG Metall eine »partnerschaftliche Aufgabenverteilung in der Familie« vor Augen: »Ein neues Normalarbeitsverhältnis gründet wesentlich auf veränderten Arbeitszeitbedingungen.«[11]

2. Individuelle Rechtsgarantien, kollektiver Kampf und staatliche Interventionsrechte

Die Frankfurter Erklärung nähert sich allerdings dem neuen Leitbild durchaus: Sie enthält jetzt im Zusammenhang mit der Teilzeit auch (ergänzend?) die Forderung nach der »Möglichkeit einer Familienarbeitszeit (Wahlarbeitszeit), um Kinder- oder Angehörigenbetreuung sicherzustellen

9 Erster Gleichstellungsbericht der Bundesregierung 2011, BT-Drs. 17/6240, S. 117.

10 Frankfurter Erklärung (Fn. 2), S. 10.

11 Leitantrag »Neue Arbeitszeitpolitik« (EL3.001), beschlossen auf dem 23. Ordentlichen Gewerkschaftstag der IG Metall 2015.

(›Work-Life-Balance‹)«.[12] Sie bezieht sich damit implizit u.a. auf einen rechtspolitischen Vorschlag des djb, der sich zwar auf das Arbeitsrecht beschränkt,[13] sich dabei aber nicht nur mit den individuellen Ansprüchen von Arbeitnehmer*innen beschäftigt, sondern einen Wandel der betrieblichen Arbeitszeitkulturen anstoßen will.[14] Die Idee dahinter: Nur wenn eine kollektivrechtlich abgesicherte betriebliche Arbeitszeitkultur Zeitsouveränität selbstverständlich macht, werden Arbeitnehmer*innen, die von etwaigen Rechten auf Wahlarbeitszeit Gebrauch machen, in der betrieblichen Wirklichkeit nicht mehr als »Störfälle« angesehen. Wesentlich ist dabei gerade, dass die Möglichkeit der arbeitszeitrechtlichen »Work-Life-Balance« nicht selbstverständlich mit dem Stichwort »Familie« verbunden bleibt (womit im betrieblichen Alltag implizit dann doch meist »Frau« gemeint ist). Nur dann werden auch diejenigen, die bisher ihre Karrieren verfolgen und/oder aus einer traditionellen Rollenzuschreibung heraus keine Sorgearbeit leisten (wollen, können oder dürfen), durch Angebote der Wahlarbeitszeit angesprochen werden können. Nur dann wird sich ein »earner and carer«-Leitbild für die Erwerbsarbeit durchsetzen können.

Das vom djb vorgeschlagene Modell stellt deshalb die Verpflichtung der Arbeitgeber zur Entwicklung betrieblicher Wahlarbeitszeitkonzepte in den Mittelpunkt, einschließlich einer Erweiterung und Verbesserung der betrieblichen Mitbestimmung. Denn aktuell laufen individuelle Rechte (z.B. aus § 8 TzBfG) und betriebliche Mitbestimmung (insbesondere § 87 Abs. 1 Nr. 2 und 3 BetrVG) nebeneinander her, was einer der Gründe dafür sein mag, dass Betriebsräte alleinerziehende Mütter und Väter, die von ihren Individualrechten Gebrauch machen, oft als Störfälle ansehen.[15] Väter, die gern mehr für ihre Kinder da wären, nennen als wesentliches Hindernis, dass es an betrieblichen Strukturen und Möglichkeiten dazu fehle.[16]

12 Frankfurter Erklärung (Fn. 2), S. 11. Siehe auch schon die Begründung der arbeitszeitrechtlichen Forderungen auf S. 12 der Erklärung, wo die Familien-, Gesundheits- und Altersgerechtheit von Arbeitszeiten als gleichwertige Ziele benannt werden.

13 Insofern setzt die Konzeption die Frage der Finanzierung von Arbeitszeitverkürzung, verbunden mit einem Anreiz für partnerschaftliche Arbeitsteilung in Paarbeziehung, voraus, behandelt sie aber nicht ausführlich (zur Familienarbeitszeit siehe Müller/Neumann/Wrohlich, Familienarbeitszeit – Wirkungen und Kosten einer Lohnersatzleistung bei reduzierter Vollzeitbeschäftigung, DIW/HBS/FES, 2013).

14 Deutscher Juristinnenbund e.V., Kommission für Arbeits-, Gleichstellungs- und Wirtschaftsrecht, Konzept für ein Wahlarbeitszeitgesetz, djbZ 2015, 121 ff. Eine Weiterentwicklung findet sich auf <https://www.djb.de/themen/wahlarbeitszeit/>.

15 Paradigmatisch hierfür: *BAG* 16.12.2008, 9 AZR 893/07, AuR 2009, 184.

16 Pfahl/Reuyß/Hobler/Weeber, Nachhaltige Effekte der Elterngeldnutzung durch Väter, 2014.

Aber was helfen solche (kollektivrechtlichen) Verpflichtungen, wo es keine Betriebsräte gibt? Was nützen sie dort, wo Betriebsräte ihre gleichstellungspolitischen Aufgaben (§ 80 Abs. 1 Nr. 2a BetrVG) nicht ernst genug nehmen? Wie können Individualansprüche gegen einseitige Herrschaftsmacht des Unternehmens abgesichert werden, wie können sie auch in prekären Arbeits- und Beschäftigungsverhältnissen gesichert werden?

Die verbreitetste Antwort hierauf lautet: Da muss der Staat eingreifen. Vergleichbare Antworten gibt auch die Frankfurter Erklärung dort, wo sie sich mit der effektiven Rechtsdurchsetzung beschäftigt, nämlich z.B. bei der Durchsetzung des MiLoG, also in prekären Niedriglohnbereichen. Zum Ausbau der staatlichen Aufsicht »gehören der personelle Ausbau der Aufsichtsbehörden (Zoll etc.), die Einrichtung von Schwerpunkt-Staatsanwaltschaften und der Ausbau des Prüfdienstes der Rentenversicherung.« Eine andere Forderung nach staatlicher Kontrolle wurde aus der Erklärung von 1983 übernommen: die »Einführung einer Aufhebungsklage bei allen Kündigungen durch den Arbeitgeber und die Einführung eines echten Mitbestimmungsrechts des Betriebsrats.«

Solche Forderungen sind von großer Bedeutung, da sie insbesondere die Willkür von kleineren und mittleren Arbeitgebern, die kaum rechtlich beraten sind, ausschalten oder zumindest reduzieren und einer Kontrolle unterwerfen. Auf breiter Ebene und langfristig ist allerdings keineswegs gesichert, dass sich Behörden und Gerichte in der Konfrontation mit mächtigen wirtschaftlichen Interessen wesentlich konfliktbereiter als Gewerkschaften, Betriebsräte und widerständige Einzelne zeigen werden. Wenn man sich vor Augen hält, wie wenige Betriebsräte einer Kündigung tatsächlich widersprechen: Würde das Arbeitsgericht vor Ort sich vollständig anders verhalten, wenn es zu jeder einzelnen Kündigung angerufen würde? Denn die deutschen Arbeitsgerichte sind ja nicht nur Rechtsprechungs-, sondern auch Schlichtungsorgane und Verhandlungshelfer, haben also ein durchaus vielfältiges Verhaltensspektrum, in dem sie Rechtsfragen bearbeiten können.[17]

Wem dient es langfristig, wenn Arbeitgeberentscheidungen auf breiter Ebene Legitimität durch Verfahren zugesprochen wird? Diese Frage lässt sich in Bezug auf die legitimitätsfördernde Wirkung von Mitbestimmung und rechtlicher Kontrolle auch an die djb-Konzeption eines Wahlarbeitszeitgesetzes stellen. Das Regelungsziel dieser Konzeption geht dahin, dass auf betrieblicher Ebene gleichstellungsorientierte

17 § 54 ArbGG. Zu den Chancen und Gefahren einer kollektivrechtlichen Betrachtung, s. auch Kocher, Einschränkung von Individualrechten im Interesse der kollektiven Rechtsverwirklichung? Überlegungen aus dem Antidiskriminierungsrecht und Bemerkung zu BAGE 145, 113, FS Höland, 2015, S. 529 ff.

Wahlarbeitszeitkonzepte insbesondere mit Hilfe der betrieblichen Mitbestimmung entwickelt werden. Als Anreiz hierzu wird vorgeschlagen, den Arbeitgebern Rechtssicherheit zu gewähren, sobald diese den gesetzlichen Anforderungen nachgekommen sind. Diese Rechtssicherheit besteht darin, dass Individualansprüche gerade nicht mehr eine vollständige gerichtliche Rechtskontrolle zur Folge haben, Arbeitgeber also insofern entlastet werden. Das ist in der Sache natürlich etwas ganz Anderes als die vom vdj für die Kündigung vorgeschlagene regelhafte gerichtliche Kontrolle. In der Sache geht es aber in beiden Konzeptionen darum, Arbeitgeberentscheidungen einer Kontrolle auf breiter Ebene (Gericht und/oder Mitbestimmung) zu unterwerfen, und sich nicht auf die Initiative Einzelner zu verlassen.

Es ist aber gerade die Individualklage, die widerständigen Einzelnen (und Vereinzelten) die Instrumente an die Hand gibt, die Verhältnisse in Frage zu stellen. Letztlich ist auch die kollektive Organisation darauf angewiesen, dass sich einzelne selbst ermächtigen und bereit sind, mit ihrem Namen gegen den Vorgesetzten oder Arbeitgeber aufzutreten. Es ist nicht ungefährlich, mit einem Leitbild vollständiger Regulierbarkeit der Erwerbsarbeit der Illusion Vorschub zu verleihen, es könne »ein richtiges Leben im falschen« geben, und das Arbeitsrecht könne einen vollständig angemessenen Interessenausgleich zwischen Unternehmen und Beschäftigten schaffen.

3. Arbeitsrechte = Menschenrechte?

Die Frage, welche Rolle Individualrechte im Arbeitsrecht spielen können und sollen, wurde Ende der 1990er Jahre auf internationaler und völkerrechtlicher Ebene debattiert. Es ist nämlich konzeptionell keineswegs einfach, arbeitsrechtliche Forderungen in einen menschenrechtlichen Kontext zu stellen. Mit der Konzeptionalisierung von Arbeitsrechten als Menschenrechten ist das eine oder andere grundsätzlichere Problem verbunden, das in Deutschland schon in den 1980er Jahren unter dem Stichwort der »Verrechtlichung« thematisiert wurde.[18] In den 1990er Jahren wurden diese Fragen dann im Zusammenhang mit der ILO-Kernarbeitsnormenerklärung neu aufgeworfen, und diese Debatte ist vor einigen Jahren in den USA wieder aufgeflammt.[19] Kollektives Arbeitsrecht

18 Teubner, Verrechtlichung – Begriffe, Merkmale, Grenzen, Auswege, in: Kübler (Hrsg.), Verrechtlichung von Wirtschaft, Arbeit und sozialer Solidarität: vergleichende Analysen, 1984, S. 289 ff; Erd, Verrechtlichung industrieller Konflikte, 1987; Buschmann/Ulber, Flexibilisierung, 1989, S. 26 ff.

19 Youngdahl, Solidarity first. Labor Rights Are Not the Same as Human Rights, New Labor Forum 18(1) (Winter 2009), S. 31–37 und S. 46 f;

und Menschenrechte – das ist auch ein Spannungsverhältnis von Kollektiv und Individuum, ein Spannungsverhältnis von Politik und Recht.

Letztlich geht es dabei immer auch um die Akteur*innen der Interessenauseinandersetzung in der Erwerbsarbeit. Eine Fokussierung auf kollektive Menschenrechte (Gewerkschafts- und Kollektivverhandlungsfreiheiten) in ihrer Funktion als prozedurale Rechte kann in der Debatte nur teilweise vermitteln. Denn eine explizit menschenrechts- und öffentlichkeitsbezogene Politik wird nicht zufällig gerade in solchen Branchen und Bereichen vorangetrieben, in denen der gewerkschaftliche Organisationsgrad niedrig ist. Der menschenrechtliche Ansatz bedeutet mehr als nur eine Verankerung von Forderungen und Rechten in universellen Werten. Er führt auch dazu, dass man sich mit Ansätzen einer Einbeziehung von Öffentlichkeiten, mit Ansätzen von Citizenship und ähnlichem auseinandersetzen muss.

Es lohnt sich darüber nachzudenken, was das konkret für das kollektive Handeln im Betrieb bedeuten kann.[20] Welches Problem hier liegt und welche Bedeutung die Arbeitszeitfragen haben könnten, deutet der IG Metall-Leitantrag »Neue Arbeitszeitpolitik« aus dem letzten Jahr an.[21] Dort heißt es z.B., dass man im Bereich Arbeitszeit eine »schleichende Erosion der Handlungs- und Gestaltungsmacht« beobachte; erfolgreiche Arbeitszeitpolitik mit einer aktiven Einbeziehung der Beschäftigten erfordert, dass wir die Deutungshoheit in Betrieb und Gesellschaft zurückgewinnen.«

Das ist im Einzelnen durchaus schwierig und kann eine Herausforderung für die betriebliche Mitbestimmung sein. Viele Betriebsräte machen schon länger die Erfahrung, dass es nicht immer von vornherein klar ist, wen sie eigentlich gegenüber dem Arbeitgeber vertreten sollen. Anders gesagt: Es müssen nicht immer nur vertikal Interessen gegenüber dem Arbeitgeber durchgesetzt werden, sondern auch zunehmend horizontale Konflikte in der Belegschaft bearbeitet werden. Soll die alleinerziehende Mutter wirklich eine Ausnahme vom allgemeinen Schichtsystem bekommen? Und wie gestaltet man ein Schichtsystem, das einerseits so flexibel ist, dass auch Väter sich gleichberechtigt um ihre Kinder kümmern können, und das andererseits so viel Rechtssicherheit bietet, dass der Arbeitgeber damit nicht machen kann, was er will? Und: Ist es ein Zufall, dass Betriebsratsmitglieder zunehmend Seminare zum Mobbing besuchen?[22]

Erwiderung: Compa, Solidarity and Human Rights. A Response to Youngdahl, ebda., S. 38–45; siehe auch schon Leary, The Paradox of Workers' Rights as Human Rights, in: Compa/Diamond, Human Rights, Labor Rights and International Trade, 1996, S. 22 ff.

20 Kocher, z.B. in einer Analyse der Youngdahl-Compa-Debatte: »Solidarität und Menschenrechte – Zwei verschiedene Welten?«, FS Frankenberg, 2012, S. 151 ff.

21 S. o. Fn. 12.

22 Zur Erforderlichkeit s. BAG 14.1.2015, 7 ABR 95/12, NZA 2015, 632.

4. Ein besseres Arbeitsrecht muss auch von den Rändern her gedacht werden

Zurück zur Frage, wie ein besseres Arbeitsrecht aussehen könnte. Die Frankfurter Erklärung fordert zu Recht eine »demokratische, menschenrechtsbasierte Zügelung und Veränderung einer Ökonomie, die private Gewinnmaximierung als wesentliche Rationalität aufweist« – aber mit welchem Ziel? Da bleibt sie farblos, und man kann nur aus der Kritik der Ökonomie, die »nicht die Versorgung mit Gütern und allgemeinen Wohlstand« zur Rationalität hat, schließen, dass die Frankfurter Erklärung die gesellschaftliche Aufgabe der Ökonomie (und der Arbeit) wohl in der Versorgung mit Gütern und allgemeinem Wohlstand sieht. Aber gehört zu diesen Gütern auch die Pflege der Eltern, der gemeinsame Sport am Abend, die Arbeit an der Paarbeziehung, die Hilfe für Flüchtlinge? Dem Arbeitsrecht sollte es nicht gleichgültig sein, ob und wie die Bürger*innen ihre Arbeits- und Lebenskraft bewahren und für sich und für andere sorgen können.[23]

Es geht also nicht darum, nun neben der Geschichte von Klaus auch noch die Geschichte von Klaudia zu erzählen, und ihre Forderungen in der Frankfurter Erklärung zu ergänzen. Es geht darum, die Perspektive zu ändern, aus der die Erzählung geschrieben ist. Man könnte z.B. auch (als »Verbündete des Arbeitsrechts«) die Perspektiven von Freund*innen, Partner*innen und Kindern der Beschäftigten einnehmen, deren Ansprüche an Zeit und Zuwendung in Konkurrenz treten zu Ansprüchen auf Zeit und Zuwendung, die die moderne Arbeitswelt an Beschäftigte stellt.[24] Wem das zu utopisch ist, der könnte die Perspektive derjenigen einnehmen, bei denen heute die dramatischsten Armutsrisiken liegen: die Perspektive von Alleinerziehenden.[25]

Daraus ergeben sich leider noch keine ausformulierten Forderungskataloge, sondern erst einmal einige Fragen, einige davon (wie die nach der effektiven Rechtsdurchsetzung in Kleinbetrieben ohne Betriebsrat) wahrscheinlich ohne die Aussicht auf kurzfristig zufrieden stellende Antworten. Ein menschenrechtlich orientiertes Arbeitsrecht sollte aber die gesamte Gesellschaft und das gesamte Leben der Menschen im Blick haben.

23 S. zu dieser Debatte die Nachweise oben Fn. 7.

24 Möhring-Hesse, Wie Rechtsbrechern zu ihrem Recht verhelfen? Arbeitsrecht unter den Bedingungen subjektivierter Arbeit, KJ 2007, 347 ff, 356 f.

25 S. z.B. die »Armutsgefährdungsquote«, die das Statistische Bundesamt seit 2005 jährlich u.a. nach Haushaltstypen errechnet (<https://www.destatis.de/DE/ZahlenFakten/GesellschaftStaat/Soziales/Sozialberichterstattung/Tabellen/06AGQ_ZVBM_Haushaltstyp.html>).

Die Erwerbstätigkeit von Frauen und ihre Auswirkung auf das Arbeitsrecht – oder umgekehrt (2009)

1. Leitbilder der Erwerbsarbeit und des Arbeitsrechts

Nach Art. 3 Abs. 2 S. 1 des Grundgesetzes sind Männer und Frauen gleichberechtigt. Dieser Satz hatte im Arbeitsrecht lange Zeit keine merklichen Auswirkungen.[1] Erst die Rechtsentwicklung der Europäischen Gemeinschaft diente seit den 1970er Jahren als Katalysator für die Gleichberechtigung im deutschen Arbeitsrecht. Noch das AGG oder die aktuellen Programme für die Herstellung größerer Entgeltgleichheit zwischen den Geschlechtern gehen auf Initiativen der Europäischen Gemeinschaft zurück.[2]

Diese Rechtsentwicklungen haben aber nicht zur Folge gehabt, dass Gleichberechtigung in der Rechtswirklichkeit durchgesetzt wäre: Alle statistischen Zahlen über die Arbeitsmärkte zeigen kontinuierliche geschlechtshierarchische Spaltungen der Arbeitsmärkte. Die Geschlechterverhältnisse auf den Arbeitsmärkten haben sich in den vergangenen hundert Jahren zwar gravierend verändert. Sichtbarster Ausdruck ist die Zunahme der Erwerbstätigkeit von Frauen. Das Ziel der europäischen Beschäftigungsstrategie, bis zum Jahre 2010 eine Frauenerwerbsquote von 60% zu erzielen, ist in Deutschland schon erreicht; die Frauenerwerbsquote beträgt hier ca. 66 %. Der Unterschied in den Erwerbsquoten von männlichen und weiblichen Beschäftigten ist europaweit auf 14,4% gesunken.[3] Diese Zunahme der Erwerbstätigkeit fand und findet aber auf geschlechtshierarchisch segregierten Arbeitsmärkten statt.[4]

1 Mit einer bedeutenden Ausnahme: BAG 15.1.1955, AP Nr. 4 zu Art. 3 GG (siehe genauer bei Fn 47).

2 Z. B. Europäische Kommission, Mitteilung vom 18.7.2007 zur Bekämpfung des geschlechtsspezifischen Lohngefälles, KOM(2007)424.

3 Vgl. Europäische Kommission, Bericht zur Gleichstellung von Frauen und Männern vom 23.1.2008, KOM(2008) 10 endg., S. 13 ff; KOM(2007)424, S. 21 ff.

4 Siehe z.B. Bericht der Bundesregierung zur Berufs- und Einkommenssituation von Frauen und Männern, BTDrucks 14/8952, S. 59 ff., S. 183 ff; Europäische Kommission KOM(2007)424, S. 4.

a) Der gender pay gap und seine Hintergründe

Frauen und Männer nehmen nicht gleichberechtigt am Erwerbsleben teil, sondern scheinen sich in getrennten Welten bzw. Sektoren des Erwerbslebens zu bewegen, die von struktureller Ungleichheit zwischen den Geschlechtern gekennzeichnet sind. Diese hierarchische sektorale und berufliche Arbeitsmarktsegregation hat sich in den letzten Jahren oder Jahrzehnten kaum verändert.[5]

Am deutlichsten erkennbar ist diese Spaltung am geschlechtsspezifischen Lohngefälle. Es liegt in der EU-15 konstant bei etwa 16%, im Rahmen der EU-25 bei 15%. In Deutschland liegt der durchschnittliche Entgeltunterschied zwischen den Geschlechtern bei 20–26%.[6] Dementsprechend sind weibliche Beschäftigte auch deutlich stärker im Niedriglohnsektor vertreten als männliche Beschäftigte.[7]

Dies hängt einmal damit zusammen, dass die weibliche Erwerbstätigkeit auf bestimmte Arten von Tätigkeiten konzentriert ist. Mädchen richten sich mit ihren Berufswünschen auf eine begrenzte Anzahl von »Frauenberufen«. Diese wiederum gehören in aller Regel zu den schlecht bezahlten Sektoren des Arbeitsmarkts. »Weiblich« codierte Tätigkeiten und »männlich« codierte Tätigkeiten werden gesellschaftlich nicht nur unterschiedlich, sondern auch hierarchisch bewertet.[8] Es ist müßig darüber nachzudenken, ob diese Tätigkeiten deshalb schlecht bezahlt sind, weil sie überwiegend von Frauen eingenommen werden, oder ob sie weiblich codiert sind, weil sie schlecht bezahlt sind. Tatsache ist: Jedenfalls gibt es gläserne Wände zwischen einzelnen Sektoren des Arbeitsmarktes, und Frauen oder Männer, die diese Wände zu durchschreiten versuchen, begegnen vielfältigen Vorbehalten und Barrieren.

Allerdings scheint der geringere Verdienst in typischen »Frauenberufen« nur noch einen kleineren Teil des geschlechtsspezifischen Entgeltunterschieds (*gender pay gap*) erklären zu können. Ein guter Teil der Entgeltunterschiede ergibt sich aus Entgeltdifferenzen zwischen männlichen

5 Vgl. Europäische Kommission, KOM(2008)10 endg., S. 4 f.

6 Vgl. Europäische Kommission, KOM(2007)424 endg., S. 21 f; siehe auch schon Bericht zur Gleichstellung von Frau und Mann 2005, KOM(2005) 44 endg., S. 5; Bericht der Bundesregierung zur Einkommenssituation von Frauen und Männern vom 24.4.2002, BT-Drucks. 14/8952; Europäische Kommission, KOM(2008)10 endg., S. 13 ff; Tondorf, Karin, Fair P(l)ay – Entgeltgleichheit für Frauen und Männer, Berlin 2007.

7 Vgl. Bosch, Gerhard/Weinkopf, Claudia, Gesetzliche Mindestlöhne auch in Deutschland?, Bonn 2006.

8 Vgl. Engelbrech, Gerhard, Mindereinkommen von Frauen – Analysen zu Berufsstart und den ersten Berufsjahren, WSI-Mitt. 2005, S. 624–630.

und weiblichen Beschäftigten im selben Beruf.[9] Mit dem Alter nimmt der geschlechtsspezifische Entgeltunterschied zu. Vollzeit erwerbstätige Frauen im Alter zwischen 20 und 24 Jahren erreichen im Schnitt noch 90% des Einkommens vergleichbarer Männer; in der Altersgruppe ab 60 Jahren kommen sie nur noch auf 73%.[10] Für Beschäftigte mit Hochschulabschluss und in Führungspositionen ist der Entgeltunterschied noch größer. Und dabei ist auch noch die »gläserne Decke« zu berücksichtigen, an die Frauen stoßen, die in der Karriereleiter aufsteigen wollen: Der Anteil von Frauen in Führungspositionen liegt in Deutschland bei 9 bis 13%, je nachdem, über welche Ebene wir sprechen – und damit kontinuierlich unter dem EU-Schnitt.[11]

b) Sorgearbeit und Erwerbsarbeitszeit (»Vereinbarkeit«)

Übrigens führt der Blick auf die steigende Frauenerwerbsquote auch aus anderen Gründen in die Irre. Die Quote gibt den Anteil erwerbstätiger Frauen und Männern unabhängig von der Stundenzahl an. Misst man dagegen den Anteil der weiblichen Beschäftigten in Arbeitsvolumina, so kommt man für Deutschland auf lediglich ca. 47 % Vollzeitäquivalente.[12] Weibliche Arbeitskräfte werden demnach zwar zunehmend in den Arbeitsmarkt integriert; sie arbeiten jedoch zu einem guten Teil lediglich Teilzeit. So ist die Gesamt-Arbeitszeit, die auf die weiblichen Beschäftigten entfällt, in den letzten Jahrzehnten insgesamt gleich geblieben. Eine steigende Frauenerwerbsquote bedeutet, dass die weiblichen Beschäftigten ein gleich bleibendes Arbeitsvolumen unter einer größeren Anzahl von Frauen verteilen; in der Zunahme der Erwerbstätigkeit von Frauen liegt eine Umverteilung der Arbeitszeit unter den weiblichen Beschäftigten.[13]

9 Vgl. Hinz, Thomas/Gartner, Hermann, Lohnunterschiede zwischen Frauen und Männern in Branchen, Berufen und Betrieben, IAB-Discussion Paper 4/2005, zeigen, dass sich ein guter Teil der Entgeltunterschiede nicht durch die Arbeitsmarktsegregation erklären lässt; siehe auch Engelbrech, WSI-Mitt. 2005, S. 624 ff.

10 Vgl. BMFSFJ, Datenreport zur Gleichstellung von Frauen und Männern in der Bundesrepublik Deutschland, Berlin 2005, S. 205; Europäische Kommission, KOM(2007)424, S. 21 ff.

11 Vgl. von Alemann, Annette, Unterrepräsentanz ohne Ende? Geschlechterungleichheit bei Führungseliten der deutschen Wirtschaft; WSI-Mitt. 2007, S. 487–493.

12 Vgl. Beckmann, Petra, EU-Beschäftigungsquote. Auch richtige Zahlen können in die Irre führen, IAB-Kurzmitteilungen Nr. 11/2003, S. 3.

13 Vgl. Beckmann 2003; Wanger, Susanne, Beschäftigungsgewinne sind nur die halbe Wahrheit, IAB-Kurzbericht Nr. 22/2005.

Frauenerwerbstätigkeit ist schon immer abhängig davon gewesen, inwieweit den Frauen die «private« Haus- und Fürsorgetätigkeit zugewiesen wurde. Die deutsche Familien-, Steuer-, Arbeitsmarkt- und Beschäftigungspolitik ist lange ausschließlich dem Modell des Vollzeit erwerbstätigen Familienernährers gefolgt (*male breadwinner model*).[14] Die weibliche Erwerbstätigkeit folgte danach einem Vierphasenmodell von Erziehungsurlaub, längerer Familienpause, anschließender Teilzeitarbeit bis zum Ende der Schulpflicht und «Wiedereinstieg«.[15] So werden weibliche Erwerbsarbeitslebensläufe zu »Patch-Work«-Lebensläufen. Die Anknüpfung der Sozialversicherung an die Erwerbsarbeit bringt deshalb gravierende soziale Nachteile für alle Menschen mit sich, die »typisch weibliche« Erwerbsarbeitsverläufe aufweisen.

Die typischerweise durchbrochene Berufsbiografie von Müttern (»Vereinbarkeit« von Berufs- und Familienarbeit) wirkt sich darüber hinaus nachteilig auf die Arbeitsmarktposition aller Frauen aus.[16] »Frauen, deren Arbeit primär in der Familie verortet wird, bleiben Außenseiterinnen des Arbeitsmarktes – ihre Arbeitsmarktintegration folgt anderen Logiken«.[17] Weiblichen Beschäftigten werden häufig Teilzeittätigkeiten angeboten, unabhängig davon, ob sie dies wollen. Die planbaren Arbeitszeiten, die von Beschäftigten mit Familienpflichten oft gewünscht werden, werden auf den Arbeitsmärkten nicht entsprechend der Nachfrage angeboten.[18]

c) Leitbilder der Erwerbsarbeit

Die Randständigkeit der Frauenerwerbstätigkeit trotz der hohen Frauenerwerbsquote lässt sich auch als Exklusion der weiblich codierten Erwerbsbiografie gegenüber dem Leitbild der Erwerbsarbeit formulieren:

14 Vgl. Esping-Andersen, Gösta, The Three Worlds of Welfare Capitalism, Princeton/New Jersey 1990; siehe auch Rüling, Anneli, Vereinbarkeit von Familie und Beruf und die Gleichstellung der Geschlechter im europäischen Vergleich, WSI-Mitt. 2007, S. 538 ff.

15 Vgl. Schiek, Dagmar, »Vereinbarkeit von Beruf und Familie« – vereinbar mit der arbeitsmarktlichen Gleichstellung von Frauen?, Kritische Justiz (KJ) 1994, S. 511 ff.

16 Vgl. Schiek, Kritische Justiz 1994 (vgl. Anm. 15), S. 511–531.

17 Maier, Friederike, Arbeitsmarkt und Geschlechterverhältnis. Frauenarbeit als Gegenstand politischer Regulierung, in: Teresa Kulawik/Birgit Sauer (Hg.), Der halbierte Staat. Grundlagen feministischer Politikwissenschaft, Frankfurt/Main 1996, S. 175 ff; S. 181.

18 Vgl. Klenner, Christina/Schmidt, Tanja, Familienfreundlicher Betrieb – Einflussfaktoren aus Beschäftigtensicht, WSI-Mitt. 2007, S. 494–501; Schilling, Elisabeth, Projekt »Glückliches Leben«. Zum Zusammenhang von Zeitnutzung und Glück bei berufstätigen Eltern, Arbeit 2008, S. 51–65.

Leitbild ist noch in vielen Bereichen der in Vollzeit erwerbstätige männliche, gewerkschaftlich organisierte Facharbeiter, für den die abhängige Erwerbstätigkeit den Lebensmittelpunkt bildet und der als Familienernährer einem Haushalt vorsteht.[19] Dieses Leitbild ist geschlechtlich männlich codiert und grenzt Sorge- und Beziehungsarbeit aus der Erwerbsarbeit aus. Menschen mit Fürsorge- und Familienpflichten werden so zu Außenseiterinnen gemacht.[20]

Das Leitbild dieses »Normalarbeitsverhältnisses«[21] ist allerdings unter Druck geraten, nicht zuletzt durch die Flexibilisierung der Produktions- und Beschäftigungsverhältnisse. Der Anteil der unbefristet Vollzeitbeschäftigten an der Gesamtzahl der Erwerbstätigen sinkt kontinuierlich.[22] Zwar arbeiten in Deutschland immer noch ca. zwei Drittel der Beschäftigten in einem Normalarbeitsverhältnis. Allerdings hat sich auch dieses in seiner inneren Struktur geändert.[23] Denn die unbefristete Vollzeitbeschäftigung fungiert immer weniger als Leitbild, weder bei den Unternehmen noch bei den Beschäftigten: Zumutungen an Beschäftigte äußern sich in den letzten Jahrzehnten immer häufiger als Zumutungen an größere Flexibilität der Beschäftigten,[24] sowohl in Fragen der Arbeitszeit als auch in Fragen der Qualifikation oder der Art des Einbringens in ein Unternehmen.[25] Die Produktion wird immer kundenorientierter und differenzierter, die Zeitplanung wird immer stärker abhängig von individuellen Wünschen der Kundinnen und Kunden. In der Soziologie werden Aspekte dieser Veränderungen als Entgrenzung und Subjektivierung der

19 Vgl. Roseberry, Lynn, Equal Rights and Discrimination Law in Scandinavia, in: Peter Wahlgren (Hg.), Stability and Change in Nordic Labour Law, Stockholm 2002, S. 216 ff.

20 Vgl. Holst, Elke/Maier, Friederike, Normalarbeitsverhältnis und Geschlechterordnung, Mitteilungen aus der Arbeitsmarkt- und Berufsforschung (MittAB) 1998, S. 506 ff.

21 Matthies, Hildegard/Mückenberger, Ulrich/Offe, Claus/Peter, Edgar/Raasch, Sibylle, Arbeit 2000, Reinbek b. Hamburg 1994, S. 21 ff; S. 89 ff; siehe auch Zachert, Ulrich, Die Sicherung und Gestaltung des Normalarbeitsverhältnisses durch Tarifvertrag, Baden-Baden 1989, S. 14 ff.

22 Vgl. Hoffmann, Edeltraut/Walwei, Ulrich, Normalarbeitsverhältnis: ein Auslaufmodell? Überlegungen zu einem Erklärungsmodell, Mitteilungen aus der Arbeitsmarkt- und Berufsforschung (MittAB) 1998, S. 409–425.

23 Vgl. Hürtgen, Stefanie, Prekarität als Normalität, Blätter für deutsche und internationale Politik 2008, S. 113–119; siehe auch Vogel, Berthold, Die Staatsbedürftigkeit der Gesellschaft, Hamburg 2007.

24 Siehe auch Europäische Kommission, Grünbuch »Ein moderneres Arbeitsrecht für die Herausforderungen des 21. Jahrhunderts« vom 22.11.2006, KOM(2006) 708 endg.

25 Vgl. Stone, Katherine V. W., From Widgets to Digits. Employment Regulation for the Changing Workplace, Cambridge 2004.

Arbeit bezeichnet.[26] Auch die Beschäftigten entwickeln zunehmend subjektive Lebensentwürfe jenseits des »Normalarbeitsverhältnisses«: Viele gehen ihr Erwerbsleben immer stärker als »Arbeitskraftunternehmer« an,[27] sehen ihre berufliche Zukunft kaum noch als kontinuierliche Karriere für ein einziges Unternehmen vor sich und basteln stattdessen mühsam an der Schaffung einer »Work-Life-Balance«.[28]

Dem entsprechen Veränderungen in der Beschäftigungspolitik. Insbesondere in der Arbeitsmarktpolitik der EU setzt sich in den letzten Jahren langsam ein Leitmodell des »adult worker« durch, also ein Modell lebenslanger Erwerbstätigkeit für alle Erwachsenen, unabhängig von ihrer familiären Situation.[29] Hier werden erwachsene Personen ausschließlich als Erwerbstätige sowie ausschließlich in der Funktion der (individuellen) finanziellen Existenzsicherung wahrgenommen; auch hier werden »private« Sorgetätigkeiten ausgeblendet.[30] Im Unterschied zum bisher in Deutschland verbreiteten Vier-Phasen-Modell der Frauenerwerbstätigkeit sieht es aber grundsätzlich sowohl Männer als auch Frauen nur als Erwerbstätige. Derselbe Ansatz zeigt sich in einigen Aspekten der Hartz-IV-Gesetzgebung sowie in der Familienpolitik:[31] Frauen-Vollzeit-Erwerbstätigkeit ist selbstverständlicher geworden.

26 Siehe z.B. Georg, Arno/Peter, Gerd, Subjektivierung der Arbeit – Subjektivierung der Arbeitswissenschaften. Was folgt aus dem Epochenbruch?, Arbeit 2008, S. 39 ff.

27 Voß, G. Günther/Pongratz, Hans J., Der Arbeitskraftunternehmer – Eine neue Grundform der Ware Arbeitskraft?, KZfSS 50 (1998), S. 131–158.

28 Vgl. auch Lee, Sangheon/McCann, Deirdre/Messenger, Jon C., Routledge, ILO – working time. New ILO study: Working time around the world: Trends in working hours, laws and policies in a global comparative perspective, London/Genf, 2007.

29 Vgl. Dienel, Christiane, Eltern, Kinder und Erwerbsarbeit: Die EU als familienpolitischer Akteur, in: Sigrid Leitner/Ilona Ostner/Margit Schratzenstaller (Hg.), Wohlfahrtsstaat und Geschlechterverhältnis im Umbruch. Was kommt nach dem Ernährermodell?, Wiesbaden 2004, S. 285–307.

30 Vgl. Ostner, Ilona, From Equal Pay to Equal Employability: Four Decades of European Gender Policy, in: Mariagrazia Rossilli (Hg.), Gender Policies in the European Union, New York u.a. 2000, S. 25–42; Dienel 2004 (vgl. Anm. 29), S. 285–307.

31 Zum Beispiel Klenner, Christina, Gleichstellungspolitik vor alten und neuen Herausforderungen – Welchen Beitrag leistet die Familienpolitik?, WSI-Mitt. 2007, S. 523 ff; Jurczyk, Karin, Ansätze zu einer emanzipatorischen Familienpolitik: Der Siebte Familienbericht, WSI-Mitt. 2007, S. 531 ff.

2. Frauenerwerbstätigkeit und Arbeitsrecht

a) Geschlechterpolitische Leitbilder des Normalarbeitsrechts

Inwiefern nimmt das Arbeitsrecht nun an diesen Strukturen der Erwerbsarbeitsmärkte teil? Inwiefern nimmt es darauf Einfluss? Schließlich beansprucht Arbeitsrecht lediglich, das typische Ungleichgewicht zwischen Arbeitnehmer und Arbeitgeber in bestimmten Hinsichten auszugleichen. Die typischen Ungleichgewichte und Machtverhältnisse sind jedoch für jede Art Erwerbsarbeit gleich oder zumindest ähnlich: Aufgrund der Marktmacht der Arbeitgeber und der Angewiesenheit der Beschäftigten auf die Erwerbsarbeit kann der Arbeitgeber seine Interessen gegenüber den Beschäftigten in der Regel auch ohne den Einsatz des Rechts durchsetzen. Vor dieser willkürlichen Machtausübung des Arbeitgebers schützt das Arbeitsrecht alle Arbeitnehmerinnen und Arbeitnehmer.[32]

Konkret kann das Arbeitsrecht aber nur bestimmte Interessen vor Willkür schützen. Egal ob es um Höchstarbeitszeiten, Mindestentgelte, Mindesturlaub oder Mitbestimmung geht: Welche Interessen auf welche Art und Weise geschützt werden, hängt vom verfolgten Leitbild ab. Und das Leitbild des Arbeitsrechts ist lange Zeit das Normalarbeitsverhältnis gewesen.

Ein Beispiel für die selektiven Wirkungen des arbeitsrechtlichen Schutzes ist die Anknüpfung an die Betriebszugehörigkeit, die als Voraussetzung für arbeitsrechtliche Leistungen in Gesetzen, Tarifverträgen und Betriebsvereinbarungen sehr verbreitet ist. Die langjährige ununterbrochene Beschäftigung bei ein und demselben Unternehmen wird in vielerlei Hinsicht arbeitsrechtlich »belohnt«, von tariflichen Entgeltregelungen über die Berechnung der Kündigungsfrist nach § 622 BGB bis zur Berücksichtigung der Betriebszugehörigkeit in der Sozialauswahl bei betriebsbedingten Kündigungen und bei Sozialplänen. Beschäftigte, die z. B. nach dem Vierphasenmodell erwerbstätig sind, profitieren hiervon in geringerem Maße als Beschäftigte mit »männlicher« Erwerbsbiografie.

Die Orientierung des Arbeitsrechts am Leitbild des Normalarbeitsverhältnisses zeigt sich auch in Arbeitszeitfragen: Gesetzliche, tarifliche und betriebliche Regelungen schreiben meist einen festen Rahmen für die Vollzeitarbeit vor. Teilzeitbeschäftigung wird als randständig behandelt. Für die Durchsetzung individueller Interessen an einer planbaren[33] Abstimmung der Arbeitszeit mit der Betreuungszeit stehen erst seit kurzem rechtliche Instrumente zur Verfügung (siehe dazu unter c)). Eine Reihe von Tarifverträgen legt unter Billigung des BAG eine Höchstquote von

32 Siehe auch Davidov, Guy, Journal of Labor Research 28 (2007).

33 Siehe Klenner/Schmidt , WSI-Mitt. 2007 (vgl. Anm. 18), S. 494–501.

Teilzeitbeschäftigten fest.[34] Nicht nur Arbeitgeber, auch Betriebsräte, begründen ihre Blockadehaltung gegenüber einer Gewährleistung und Absicherung von Teilzeitarbeit mit allgemeinen »Prinzipien« (gemeint ist wohl eine generelle Ablehnung von Teilzeitarbeit als »prekär«).[35]

Wie hier sind es nicht selten auch Gewerkschaften und Betriebsräte, die in Kooperation mit den Arbeitgebern und Arbeitgeberverbänden die Strukturen und Standards des Arbeitsrechts wesentlich mitgestalten und dabei das Normalarbeitsverhältnis verteidigen. Dies hängt einerseits damit zusammen, dass die Prekarität flexibler und atypischer Arbeitsverhältnisse betrieblich und arbeitsmarktpolitisch auch zu einer Verunsicherung der »Stammbelegschaft« beiträgt.[36] Es hängt andererseits damit zusammen, dass weibliche Beschäftigte traditionell schwächer durch Gewerkschaften repräsentiert sind als männliche Beschäftigte.[37] So bewirkt auch die schwächere kollektive Repräsentation von Beschäftigten mit weiblicher Erwerbsbiografie, dass das Arbeitsrecht sich in weiten Bereichen als das Recht einer »Kernarbeitnehmerschaft« darstellt.

b) Rechte auf Gleichbehandlung und Diskriminierungsschutz

Spätestens mit dem Verbot der Diskriminierung wegen des Geschlechts musste auch im deutschen Arbeitsrecht grundsätzlich hinterfragt werden, inwieweit solche und andere arbeitsrechtliche Normen als Exklusionsmechanismen dienen.

Der verfassungsrechtliche Gleichheitssatz als »allgemeines Strukturprinzip der durch das Grundgesetz geschaffenen Rechtsordnung«[38] gilt zwar »als selbstverständlicher ungeschriebener Verfassungsgrundsatz in allen Bereichen«.[39] Da die Arbeitsvertragsparteien nicht

34 BAG, 21.11.2006, Betriebs-Berater (BB) 2007, S. 1001 ff.

35 Z.B. im Fall des LAG Schleswig-Holstein, 1.3.2007 – 4 SaGa 1/07, juris-Datenbank; Hanau, Hans, Die »betrieblichen Gründe« des § 8 Abs. 4 Satz 1 TzBfG im Lichte aktueller Entscheidungen des BAG, Recht der Arbeit (RdA), S. 301–305.

36 Siehe zum Beispiel Hürtgen 2008 (vgl. Anm. 23), S. 113 ff.

37 Blaschke, Sabine, Frauen in Gewerkschaften, München/Mering, 2008; zu den Mitgliederzahlen von Männern und Frauen in den DGB-Gewerkschaften siehe die Zahlen auf <http://www.dgb.de/dgb/mitgliederzahlen/mitglieder.htm#>.

38 Dieterich, Thomas, Art. 3 GG, Rn 2, in: Thomas Dieterich/Rudi Müller-Glöge/Ulrich Preis/Günter Schaub (Hg.), Erfurter Kommentar zum Arbeitsrecht, 7. Aufl. München 2007; zu der Besonderheit der Gleichheitsgrundsätze als »Fundamentalnorm« siehe auch Dieterich, Thomas, Anm. zu BAG, Urteil vom 4.4.2000, RdA 2001, S. 117.

39 BVerfG, 23.1.1957, BVerfGE 6, S. 84 ff. (S. 91).

Grundrechtsadressaten sind, gilt Art. 3 GG nicht unmittelbar in allen Bereichen des Arbeitsrechts. Die Institutionen und Personen, die arbeitsrechtliche Normen schaffen und schaffen können, sind jedoch in anderer Weise an Gleichbehandlungsgebote und/oder spezielle Diskriminierungsverbote gebunden.[40] So können sich Beschäftigte gegenüber dem Arbeitgeber auf den (ungeschriebenen) allgemeinen arbeitsrechtlichen Gleichbehandlungsgrundsatz berufen. Den Betriebsparteien (die Betriebs- bzw. Dienstvereinbarungen schaffen können) sind Gleichbehandlung und das Verbot der Diskriminierung wegen bestimmter Merkmale vorgeschrieben (z.B. § 75 Abs. 1 BetrVG). Und dass auch die Tarifvertragsparteien jedenfalls an einen dem Art. 3 GG entsprechenden Gleichheitssatz gebunden sind, davon geht das BAG in ständiger Rechtsprechung aus.[41]

Über die allgemeinen Gleichbehandlungsgrundsätze hinaus schreibt insbesondere das Allgemeine Gleichbehandlungsgesetz (AGG) seit 2006 spezielle arbeitsrechtliche Diskriminierungsverbote fest, die eine Differenzierung auf Grund bestimmter Merkmale wie insbesondere des Geschlechts verbieten. Darüber hinaus verbietet § 4 TeilzBefrG die Diskriminierung von Teilzeitbeschäftigten und befristet Beschäftigten.

Diese Diskriminierungsverbote gehen überwiegend auf EG-Recht zurück. Die Bedeutung des europäischen Rechtsrahmens bei der Schaffung von Diskriminierungsverboten im deutschen Arbeitsrecht kann kaum überschätzt werden. Ausgangspunkt für das europäische Recht der Geschlechtergleichbehandlung ist die Rechtsvorschrift zum gleichen Entgelt von Männern und Frauen in Art. 141 EGV [seit November 2009: Art. 157 AEUV]. Den wichtigsten konkreten Anstoß zur Rechtsänderung in Deutschland gab die Richtlinie 76/207/EWG zur Gleichbehandlung der Geschlechter beim Zugang zur Beschäftigung, Berufsbildung und zum beruflichen Aufstieg sowie in Bezug auf die Arbeitsbedingungen.[42] Sie leitete einen langwierigen Lernprozess im deutschen Arbeitsrecht ein.

40 Vgl. z. B. BAG, 4.4.2000, RdA 2001, S. 111.

41 BAG, 4.4.2000, RdA 2001, S. 110 ff.

42 Die Richtlinie wurde durch Richtlinie 2002/73/EG geändert (vgl. dazu Kocher, Eva, Gleichstellung von Frauen und Männern – die Anforderungen der EG-Richtlinie 2002/73/EG, Arbeitsrecht im Betrieb (AiB) 11/2004, S. 654–659). [Seit 2006: Richtlinie 2006/54/EG.] Weitere gemeinschaftsrechtliche Regelungen aus dieser Zeit sind die Richtlinie 75/117/EWG (Entgeltgleichheit für Männer und Frauen), Richtlinie 79/7/EWG (Geschlechtergleichbehandlung im Bereich der sozialen Sicherheit), Richtlinie 86/378/EWG (betriebliche Systeme der sozialen Sicherheit, geändert durch die Richtlinie 96/97/EG); Richtlinie 86/613/EWG (Geschlechtergleichbehandlung bei selbständiger Erwerbstätigkeit) und Richtlinie 97/80/EG (Beweislast bei Geschlechtsdiskriminierung). Der Umsetzung all dieser Richtlinien dient heute das AGG.

Der »Porto-Paragraph«[43] § 611a BGB wurde erst nach zweimaliger Gesetzesänderung im Anschluss an zwei Urteile des EuGH[44] durch eine Regelung ersetzt, die zumindest die europarechtlichen Mindestanforderungen an eine wirksame und effektive Sanktion bei Diskriminierung wegen des Geschlechts erfüllt (heute § 15 Abs. 2 AGG). Mittlerweile hatte auch das Bundesverfassungsgericht klar gestellt, dass das Verbot der Geschlechtsdiskriminierung im Arbeitsrecht verfassungsrechtliche Relevanz hat und die jeweiligen Normen (damals § 611a BGB, jetzt abgelöst durch das AGG) grundgesetzkonform auszulegen seien, da sie eine einfachgesetzliche Konkretisierung der staatlichen Schutzpflicht aus Art. 3 Abs. 2 GG darstellten.[45]

Mit der neuen Generation der multidimensionalen Antidiskriminierungsrichtlinien 2000/43/EG (Antirassismusrichtlinie), 2000/78/EG (allgemeine Gleichbehandlungsrichtlinie), 2002/73/EG (reformierte Geschlechtergleichbehandlungsrichtlinie) und 2006/54/EG[46] ist nun auch das Verbot der Geschlechtsdiskriminierung im deutschen Arbeitsrecht im AGG auf eine neue Grundlage gestellt worden.

(1) Das Verbot der unmittelbaren Diskriminierung

§ 3 Abs. 1 AGG verbietet zunächst die unmittelbare Diskriminierung, das heißt eine Ungleichbehandlung, die ausdrücklich das Kriterium des Geschlechts zum Unterscheidungsmerkmal nimmt. Unter Berufung auf das Grundgesetz erklärte das BAG zwar bereits im Jahre 1955 Frauenabschläge in Tarifverträgen für verfassungswidrig.[47] Dies blieb aber für lange Zeit die einzige Entscheidung zum Thema. Auch die verbreitete

43 Pfarr, Heide M./Bertelsmann, Klaus, Diskriminierung im Erwerbsleben, Baden-Baden 1989, S. 78.

44 Die erste (verspätete) Umsetzung aus dem Jahre 1980 (BGBl. I 1308; zur Diskussion während des Gesetzgebungsverfahrens siehe Pfarr/Bertelsmann 1989, S. 54 ff) wurde 1984 für gemeinschaftsrechtswidrig erklärt (EuGH 10.04.1984 – C-14/83, EuGHE 1984, S. 1891 ff (v.Colson/Kamann) und C-79/83, EuGHE 1984, S. 1921 f (Harz)). Das daraufhin folgende Zweite Gleichberechtigungsgesetz vom 24.6.1994 (BGBl. I 1406) wurde 1997 für unzureichend erklärt (EuGH, 22.4.1997, C-180/95, NJW 1997, S. 1839 f (Draehmpaehl); siehe auch Kocher, Eva, Verfassungsrechtliche Anforderungen an die Umsetzung des Gleichbehandlungsgebots – Zur Neuregelung des § 611a BGB und Streichung des § 61b ArbGG, Arbeit und Recht (AuR) 1998, S. 221 ff).

45 BVerfG, 16.11.1993, BVerfGE 89, S. 276 ff.

46 Vgl. Kocher, Eva, Europa räumt auf – heute: im Gleichbehandlungsrecht (zur Richtlinie 2006/54/EG), Streit 2007, S. 178–180.

47 BAG, 15.1.1955, Arbeitsrechtliche Praxis (AP) Nr. 4 zu Art. 3 GG.

tarifliche »Ehefrauenzulage« für männliche Beschäftigte wurde erst 1985 in Frage gestellt.[48] Anfang der 1990er Jahre gelang es dann aber mit Hilfe des Europarechts, die diskriminierende Abschottung bestimmter Teile von Arbeitsmärkten zumindest auf rechtlicher Ebene aufzubrechen. Das Nachtarbeitsverbot für Arbeiterinnen war eines der rechtlichen Instrumente, mit denen das Arbeitsrecht Frauen aus bestimmten Sektoren der Arbeitsmärkte heraushielt.[49] § 19 Abs. 1 AZO, wonach Arbeiterinnen nicht in der Nachtzeit von zwanzig bis sechs Uhr und an den Tagen vor Sonn- und Feiertagen nicht nach siebzehn Uhr beschäftigt werden durften, wurde 1992 durch das Bundesverfassungsgericht nach entsprechenden Urteilen des EuGH für verfassungswidrig erklärt.[50]

Heute sind unmittelbare Diskriminierungen in Gesetzen und Kollektivvereinbarungen weitgehend verschwunden. Das Verbot der unmittelbaren Diskriminierung hat heute in der Praxis seine größte Bedeutung bei Einstellungsentscheidungen von Arbeitgebern. Hier hat das Verbot der unmittelbaren Diskriminierung z. B. geholfen, klar zu stellen, dass die Frage eines Arbeitgebers nach einer Schwangerschaft in jedem Fall eine Diskriminierung wegen des Geschlechts und deshalb unzulässig ist – unabhängig davon, ob sich noch weitere Frauen auf die Stelle beworben hatten,[51] und unabhängig davon, ob bereits feststand, dass die Arbeitnehmerin aufgrund ihrer Schwangerschaft während eines wesentlichen Teils der Vertragszeit nicht würde arbeiten können[52] (siehe auch § 3 Abs. 1 Satz 2 AGG).

Vor allem aber können über § 3 Abs. 1 AGG nicht nur geschlechtsspezifische Stellenausschreibungen, sondern alle Personalentscheidungen in Frage gestellt werden, mit denen Frauen grundsätzlich die Kompetenz für bestimmte Stellen abgesprochen wird. Gerade in »Männerberufen«

48 BAG, 13.11.1985, AP Nr. 136 zu Art. 3 GG m. Anm. Zuleeg.

49 Vgl.Dobberthien, Marliese, Frauenerwerbsarbeit gleich Frauendiskriminierung?, Beschränkungen der Frauenerwerbsarbeit aus soziologischer, rechtlicher und sozialgeschichtlicher Sicht unter besonderer Berücksichtigung des Mittelalters, Zeitschrift für Rechtssoziologie (ZfRSoz) 1984, S. 276–295; Wecker, Regina, »Weiber sollen unter keinen Umständen in der Nachtarbeit eingesetzt werden…«, in: Christiane Eifert u.a. (Hg.), Was sind Frauen? Was sind Männer? Geschlechterkonstruktionen im historischen Wandel, Frankfurt/M. 1997.

50 BVerfG, 28.1.1992, BVerfGE 85, S. 191 ff; EuGH, 25.7.1991, AP Nr. 28 zu Art 119 EWG-Vertrag.

51 So jetzt auch BAG, 15.10.1992, AP Nr. 8 zu § 611a BGB unter Aufgabe von BAG, 20.2.1986, AP Nr. 31 zu § 123 BGB und im Anschluss an EuGH, 8.11.1990 –C-177/88, EuGHE 1990, S. 3941 ff.

52 EuGH, 4.10.2001, C-109/00 (Brandt-Nielsen); vgl. auch EuGH, 27.2.2003, C-320/01 (Wiebke Busch), EuGHE 2003, S. 2041 ff; BAG, 6.2.2003, NZA 2003, S. 848;.

kommt dies noch häufiger vor, als frau vielleicht vermuten würde. Die Auseinandersetzungen darüber, inwieweit die Geschlechtszugehörigkeit für eine konkrete Arbeitsaufgabe tatsächlich von Bedeutung sein darf,[53] finden rechtlich im Kontext von § 8 Abs. 1 AGG statt. Das BAG erlaubt eine geschlechtsbezogene Unterscheidung, wenn die Differenzierung sich an der auszuübenden Tätigkeit orientiert, wenn ein Angehöriger des jeweils anderen Geschlechts die vertragsmäßige Leistung nicht erbringen könnte und wenn dieses Unvermögen auf Gründen beruht, die ihrerseits der gesetzlichen Wertentscheidung der Gleichberechtigung beider Geschlechter genügen.[54] So dürfe für die Tätigkeit als Model für Frauenkleidung verlangt werden, dass die Bewerberinnen Frauen sind; für die Theaterrolle des jugendlichen Liebhabers dürfe ein junger Mann gesucht werden.[55] Dies zeigt, dass es in solchen Fällen letztlich nicht um die Zugehörigkeit zu einem biologisch definierten Geschlecht gehen dürfte, wie in der Rechtswissenschaft in der Regel angenommen wird, sondern um die glaubwürdige (Re-)Präsentation einer Geschlechtszugehörigkeit.

Darüber hinaus soll eine geschlechtsspezifische Auswahl zulässig sein, soweit sie sich schlüssig in ein bestimmtes unternehmerisches Konzept einfügt. Dies spielt vor allem eine Rolle in (sozial-)pädagogisch arbeitenden Unternehmen und Einrichtungen, die pädagogische Konzepte entwickeln dürfen, in denen sie je nach Klientel mit geschlechtsspezifischen oder geschlechterparitätischen Teams arbeiten dürfen; inwieweit dies auf bestimmte Zielgruppenkonzepte von Verkaufsunternehmen übertragbar ist, ist umstritten.[56] Hier wird den Unternehmen in gewisser Weise die Konstruktion ihrer Geschäftstätigkeit nach geschlechtsspezifischen Kriterien erlaubt. § 8 Abs. 1 AGG ist insofern das rechtliche Einfallstor für die Konstruktion des Geschlechterunterschieds für die Erwerbsarbeit.

(2) Das Verbot der mittelbaren Diskriminierung

Über das europäische Recht hat auch das Verbot der mittelbaren Diskriminierung aus dem anglo-amerikanischen Recht[57] Eingang in das

53 Siehe zum Beispiel Schlachter, Monika, Anm. zu BVerfG, 16.11.1993, AP Nr. 9 zu § 611a BGB.

54 BAG, 12.11.1998, Neue Zeitschrift für Arbeitsrecht (NZA) 1999, S. 371.

55 Vgl. Schmidt, Marlene, § 8 AGG, Rn 4 in: Dagmar Schiek (Hg.), Allgemeines Gleichbehandlungsgesetz. Ein Kommentar aus europäischer Perspektive, München 2007. Genauer dazu in diesem Band S. 85 ff.

56 Siehe BAG, 14.3.1989, BAGE 61, S. 219 ff; dem dort beklagten Arbeitgeber war dies allerdings nicht gelungen. Siehe genauer M.Schmidt 2007 (Anm. 55), Rn 5. Genauer dazu in diesem Band S. 85 ff.

57 Zur Herkunft aus dem anglo-amerikanischen Recht gegen rassistische Diskriminierung: Bieback, Karl-Jürgen, Die mittelbare Diskriminierung wegen

deutsche Recht gefunden. Die mittelbare Diskriminierung stellt nicht auf formale, sondern auf materiale Kriterien ab, nämlich darauf, ob »dem Anschein nach neutrale Vorschriften, Kriterien oder Verfahren Personen wegen [des Geschlechts] gegenüber anderen Personen in besonderer Weise benachteiligen können, es sei denn, die betreffenden Vorschriften, Kriterien oder Verfahren sind durch ein rechtmäßiges Ziel sachlich gerechtfertigt und die Mittel sind zur Erreichung dieses Ziels angemessen und erforderlich« (§ 3 Abs. 2 AGG). Verstöße gegen das Verbot der mittelbaren Diskriminierung können nur erkannt werden, wenn die rechtstatsächlichen Auswirkungen von Regelungen untersucht werden.[58] Die Neudefinition in § 3 Abs. 2 AGG betont, dass es dabei letztlich nicht auf eine statistische Betrachtung der unterschiedlichen Betroffenheiten der Geschlechter ankommt, sondern auf eine sozialwissenschaftlich informierte geschlechtsbezogene Analyse derjenigen Vorschriften, die möglicherweise diskriminierend wirken.[59]

Die größte praktische Bedeutung hat das Verbot der mittelbaren Diskriminierung bislang im Teilzeitrecht erlangt, denn jede Benachteiligung von Teilzeitbeschäftigten betrifft überproportional weibliche Beschäftigte bzw. Beschäftigte mit weiblichen Erwerbsbiografien. Hier hat sich einiges getan, angefangen von der Gleichbehandlung der Teilzeitbeschäftigten bei der betrieblichen Altersversorgung über die Gleichbehandlung der geringfügig Beschäftigten bei der Lohnfortzahlung im Krankheitsfall bis hin zur gleichmäßigen Anrechnung der Beschäftigungszeit von Teilzeit- und Vollzeitbeschäftigten bei der Bewährungszeit nach dem BAT.[60] Erst vor kurzem hat der EuGH entschieden, dass die Entgeltbedingungen, unter denen Teilzeitbeschäftigte Überstunden leisten, sich von den Bedingungen für Vollzeitbeschäftigte nicht unterscheiden dürfen.[61] Die Gleichbehandlung von Teilzeitbeschäftigten ist mittlerweile speziell geregelt (§ 4 Abs. 1 TzBefrG).

Auch die verbreiteten Senioritätsregelungen (Anknüpfung an die Betriebszugehörigkeit) lassen sich mit dem Verbot der mittelbaren Diskriminierung auf ihre geschlechtsspezifischen Wirkungen hinterfragen,

des Geschlechts, Baden-Baden 1997, S. 20 ff; Winter, Regine, Gleiches Entgelt für gleichwertige Arbeit – Ein Prinzip ohne Praxis, Baden-Baden 1998, S. 144 ff.

58 Vgl. zu den damit einher gehenden Problemen Bieback 1997, S. 235. Zur rechtsdogmatischen Einordnung siehe Kocher, Eva, Vom Diskriminierungsverbot zum »Mainstreaming«, Recht der Arbeit (RdA) 2002, S. 167–173.

59 Vgl. Schiek, Dagmar, § 3 AGG, Rn 23 ff, in: Dagmar Schiek (Hg.), AGG, München 2007.

60 Zusammenfassend Preis, Ulrich, § 4 TzBfG, Rn 28 ff, in: Erfurter Kommentar, 7. Aufl. 2007; vorbereitend schon Pfarr/Bertelsmann 1989 (Anm. 43), S. 214 ff; S. 273 ff.

61 EuGH, 6.12.2007, C-300/06.

denn sie gehen vom Normalarbeitsverhältnis aus und benachteiligen faktisch Menschen mit unterbrochenen (»weiblichen«) Erwerbsbiografien. Auch gegen die Bevorzugung Verheirateter in der Sozialauswahl ließe sich das Verbot der mittelbaren Diskriminierung einsetzen.[62]

Der Rechtsgrundsatz eignet sich insofern grundsätzlich durchaus dazu, zu einer Garantie verschiedener Optionen der Lebensgestaltung weiterentwickelt zu werden, also der Möglichkeit, verschiedene (Geschlechts-)Rollen einzunehmen.[63] Die Potenziale dieser Regel gaben sogar Anlass zur Befürchtung, im Arbeitsrecht werde kein Stein auf dem anderen bleiben, wenn man den Grundsatz konsequent anwende.[64] In der Rechtspraxis wird das Instrument aber durch seine Struktur als Individualanspruch entschärft. Man verlangt von den Arbeitgebern in diesem Kontext eben nicht, der geschlechtshierarchischen Spaltung von Arbeitsmärkten entgegenzuwirken, sondern akzeptiert die Rahmenbedingungen des Marktes als legitime Interessen. Die Wirksamkeit des Verbots der mittelbaren Diskriminierung muss praktisch begrenzt bleiben, wenn es Arbeitgebern zugestanden ist, Maßnahmen mit diskriminierender Wirkung aufrechtzuerhalten, die durch ein (legitimes) ökonomisches Interesse gerechtfertigt sind.

(3) Gleiches Entgelt für gleichwertige Arbeit

Ganz deutlich wird dies am Grundsatz der Entgeltgleichheit, einem der wichtigsten Anwendungsfelder des Verbots der mittelbaren Diskriminierung.[65] Die fortbestehenden erheblichen Entgeltungleichheiten zwischen Männern und Frauen sind zwar nicht ausschließlich, aber doch zu einem guten Teil auf die rechtliche Regelung des Entgelts in Tarifverträgen zurückzuführen.[66] Entgeltungleichheit ist also kein individuelles Problem. »Geschlechtsneutrale« Eingruppierungs- und Arbeitsbewertungskriterien, die in der Praxis Frauen und Menschen, die ein weibliches Arbeitsvermögen nutzen, benachteiligen, gehen nicht zuletzt auf die Entgeltpolitik der Verbände zurück – in der sich gesellschaftliche Wertungen

62 Dies versäumte allerdings das BAG, 9.11.2006 – 2 AZR 812/05. Vgl. auch schon zur bevorzugten Entlassung von Personen, die mit einem sogenannten »Verdiener« verheiratet waren (»Doppelverdiener«, in der Regel Frauen) Pfarr/Bertelsmann 1989 (Anm. 43), S. 373 ff.

63 Vgl. Bieback 1997 (Anm. 57) , S. 63; S. 92.

64 Vgl. Däubler, Wolfgang, Das Arbeitsrecht 2, 5. Aufl. Reinbek b. Hamburg 1988, S. 625.

65 Zum Verhältnis der Grundsätze siehe Kocher, Eva, Gleichstellungspolitik und Individualansprüche, KJ 2007, S. 22–34.

66 Vgl. Bericht der Bundesregierung zur Einkommenssituation von Frauen und Männern vom 24.4.2002, BT-Drucks. 14/8952.

widerspiegeln. Denn »weiblich« codierte Tätigkeiten und »männlich« codierte Tätigkeiten werden gesellschaftlich hierarchisch bewertet; die Entgeltungleichheit verursacht diese hierarchische Bewertung genauso wie sie auf sie zurückgreift.

Als Beispiel für diskriminierende Eingruppierungs- und Arbeitsbewertungskriterien seien die sogenannten »Leichtlohngruppen« vieler Tarifverträge (höheres Entgelt für »schwere Arbeit«) erwähnt. Sie stellen nicht nur implizit eine Fortsetzung der Frauenlohnabschläge dar, sondern waren sogar vom BAG 1955 als Möglichkeit der Lohndifferenzierung für »weibliche« Tätigkeiten vorgeschlagen worden.[67] Unter anderem am Beispiel der Leichtlohngruppen hat der EuGH für die Entgeltgleichheit in kollektiven Entgeltsystemen rechtliche Grundsätze entwickelt, die eine Bewertung des Systems als Ganzem verlangen.[68] Tarifliche Entgeltsysteme müssen danach durchschaubar sein, objektive Kriterien enthalten, die an die Art der in Frage stehenden Tätigkeit gebunden sind, das »Wesen« der Arbeit abbilden, einen »adäquaten Platz« im Gesamtsystem finden und diskriminierungsfrei ausgelegt und angewandt werden (siehe auch Art. 4 Abs. 2 der Richtlinie 2006/54/EG). Verlangt wird also Transparenz und Konsistenz. Dies ist zum Beispiel bei der Verwendung summarischer Arbeitsbewertungsverfahren problematisch; sie weisen geringe Transparenz auf, und sie decken oft die ihnen zu Grunde liegenden Wertungen nicht auf. Darüber hinaus verwenden Tarifverträge in Deutschland oft uneinheitliche Bewertungen.[69]

In Bezug auf die Leichtlohngruppen wies der EuGH nur darauf hin, dass die Tarifmerkmale »schwere Arbeit« und »große (muskuläre) Belastung« an sich neutral und damit zulässig seien. Es müsse lediglich sichergestellt sein, dass dieselben Kriterien für Männer und Frauen verwendet würden. Das heißt einerseits: Es ist diskriminierend, wenn für die Feststellung der Belastung lediglich auf Durchschnittswerte *eines* Geschlechts abgestellt wird. Das heißt andererseits: Der EuGH hält das Kriterium ansonsten nicht für problematisch, selbst wenn es im Ergebnis bestimmte Arten von Tätigkeit bevorzugt, die überwiegend männliche Arbeitnehmer ausüben. Der Tarifvertrag müsse aber insgesamt betracht werden. Um nicht insgesamt diskriminierend zu sein, müsse er so ausgestaltet sein, dass auch Tätigkeiten als gleichwertig anerkannt

67 Für eine eingehende Analyse und Kritik der Rechtsprechung des BAG siehe Winter 1998 (Anm. 57), S. 248 ff.

68 Vgl. Winter 1998, S. 123 ff; siehe EuGH, 17.10.1989, C-109/88, EuGHE 1989, S. 3199 ff (Danfoss); EuGH, 1.7.1986, C-237/85, EuGHE 1986, S. 2101 ff (Rummler); Tondorf, Karin, Entgeltgleichheit für Frauen und Männer – Tarifverträge entsprechen nicht EU-rechtlichen Vorgaben, AiB 2002, S. 757 ff zeigt, wie die Kriterien auf einen konkreten Tarifvertrag angewandt werden können.

69 Vgl. Tondorf, AiB 2002, S. 758 ff.

würden, bei denen Kriterien berücksichtigt würden, »hinsichtlich deren die weiblichen Arbeitnehmer besonders geeignet sein können«. Diese Formulierung birgt eine Gefahr der geschlechtsspezifischen Stereotypisierung in sich; gemeint sind wohl Tätigkeiten, die vor allem auf Arbeitsplätzen vorkommen, die in den Unternehmen durch Frauen besetzt werden – unabhängig davon, ob es für die dort auszuführenden Aufgaben geschlechtsspezifische »Eignungen« gibt oder nicht. Das weist auf die gesellschaftliche Problematik der Entgeltdiskriminierung zurück: Entgeltdiskriminierung wird eben nicht nur durch die Definitionen der Tarifgruppen und ihre Auslegung geschaffen, sondern auch durch die geschlechtsspezifische Segregation auf internen und externen Arbeitsmärkten.

Die geschlechtsspezifischen Wirkungen von Tarifverträgen sind so Ergebnis eines komplexen Zusammenspiels gesellschaftlicher, betrieblicher und rechtlicher Faktoren.[70] In Deutschland jedenfalls handelt es sich bei der Entgeltgleichheit nach wie vor um ein »Prinzip ohne Praxis«.[71]

(4) Sexuelle oder geschlechtsbezogene Belästigung

Die Randständigkeit von Frauen im Erwerbsleben wird nicht nur durch Unternehmen und Arbeitgeber produziert; auch die Belegschaften tragen dazu bei. Wenn in einem mittleren deutschen Unternehmen die Personalabteilung sich schützend vor »junge Frauen« stellt, denen man eine Beschäftigung in einer bestimmten Abteilung nicht zumuten könne,[72] so deutet dies das Problem zumindest an: Das gesellschaftliche Klima prägt auch das Klima an Arbeitsplätzen, und dieses ist nicht selten durch eine allgemein sexualisierte und/oder Frauen verachtende Arbeitsatmosphäre gekennzeichnet.[73] Auch dies ist eine Form der Exklusion und der Diskriminierung. Im Anschluss an das europäische Richtlinienrecht stellt das AGG klar, dass es sich bei der sexuellen sowie bei der geschlechtsbezogenen Belästigung um eine Form der Diskriminierung handelt (§ 3 Abs. 3 und 4 AGG).[74] Das AGG sieht als rechtliche

70 Umfassend hierzu mit rechtsvergleichenden Vorschlägen Winter 1998.

71 So der Untertitel von Winter 1998. Zu dieser Einschätzung auch Thüsing, Gregor, Anm. zu EuGH, 17.9.2002, Der Betrieb (DB) 2002, S. 2600.

72 Dies wurde mir im Verlauf einer Fortbildung entgegen gehalten.

73 Siehe zum Beispiel auch den Fall des OLG Frankfurt/Main, 26.8.1999, NJW-RR 2000, S. 976 f.

74 Siehe schon Baer, Susanne, Würde oder Gleichheit? Zur angemessenen grundrechtlichen Konzeption von Recht gegen Diskriminierung am Beispiel sexueller Belästigung am Arbeitsplatz in der Bundesrepublik Deutschland und den USA, Baden-Baden 1995; vgl. auch Cornell, Drucilla, Gender, Geschlecht und gleichwertige Rechte, in: Seyla Benhabib/Judith Butler/Drucilla

Reaktionen Beschwerderechte vor (§ 13), Fortbildung für Beschäftigte (§ 12) sowie die allgemeine Verpflichtung des Arbeitgebers, Maßnahmen gegen sexuelle und geschlechtsbezogene Belästigung zu treffen (§ 12), die wiederum durch individuelle Leistungsverweigerungsrechte (§ 14) und Schadensersatzansprüche für den Fall des belästigenden Mobbings[75] sanktioniert ist (§ 15).

Das Vorliegen einer Belästigung im rechtlichen Sinn setzt jedoch voraus, dass es sich um eine »unerwünschte Verhaltensweise« handelt. Dies bedeutet nicht, dass der/die Betroffene ausdrücklich deutlich gemacht haben muss, dass er/sie das Verhalten nicht wünscht. Bereits nach dem früheren Beschäftigtenschutzgesetz zum Schutz vor sexueller Belästigung, das sogar verlangte, dass die Belästigung »erkennbar abgelehnt« wurde, hatte das BAG an die Ablehnung geringe Anforderungen gestellt. Ein rein passives Verhalten in der Form eines zögernden, zurückhaltenden Geschehenlassens gegenüber einem drängenden, durchsetzungsfähigen Belästiger, insbesondere einem Vorgesetzten, reiche aus.[76] Unverwünscht sind aber auch alle Verhaltensweisen, die objektiv beleidigend und ausgrenzend sind; hier muss die betroffene Person nicht ausdrücklich kundgetan haben, dass sie dies nicht wünscht. Einer erkennbaren Ablehnung bedarf es jedoch bei neutralen Verhaltensweisen (z. B. Geschenken) oder wenn die/der Betroffene sich aktiv an den sexuellen Kontakten beteiligt.[77] Einer allgemein sexualisierten Arbeitsatmosphäre, an deren Herstellung sich meist alle Beschäftigten in der einen oder anderen Form beteiligen, ist mit diesen individuellen Handlungsinstrumenten allerdings nur schwer beizukommen.

c) Rechte auf Arbeitszeitflexibilisierung

Die Diskriminierungsverbote des AGG nehmen zur Kenntnis, dass gleiche Bedingungen und Chancen nur erreicht werden können, wenn bestehende Unterschiede und Herrschaftsverhältnisse zur Kenntnis genommen werden. Ihre strukturelle Schwäche liegt darin, dass sie lediglich eine Kritik betrieblicher und unternehmerischer Normalität

Cornell/Nancy Fraser, Der Streit um Differenz, Frankfurt/Main 1993, S. 81: Verstärkung von Stereotypen weiblicher Differenz als Diskriminierung. Für das US-amerikanische Recht siehe auch schon Hohmann, Harald/Moors, Christiane, Schutz vor sexueller Belästigung am Arbeitsplatz im Recht der USA (und Deutschland), KJ 1995, S. 151 ff.

75 Zu dieser Einordnung auch BAG, 25.10.2007, DB 2008, S. 529.

76 BAG, 25.3.2004, AP Nr. 189 zu § 626 BGB; anders wohl OLG Frankfurt a.M. 26.8.1999, NJW-RR 2000, S. 976.

77 BAG, 25.3.2004, AP Nr. 189 zu § 626 BGB.

ermöglichen, jedoch keine proaktive Veränderung der Arbeitsorganisation oder der Arbeitszeit fördern. Diskriminierungsschutz zielt auf Gleichbehandlung in einem vorgegebenen Rahmen. Dies gilt auch für das Verbot der mittelbaren Diskriminierung; es hinterfragt zwar explizit die vorgegebenen Strukturen auf ihre diskriminierenden Wirkungen.[78] Es knüpft aber an vorgegebenen betrieblichen und unternehmerischen Maßnahmen an.

Beschäftigten mit Familienpflichten wird es jedoch wenig helfen, wenn sie die gleichen Chancen in einem Arbeitsverhältnis bekommen, das darauf zugeschnitten ist, dass man dem Unternehmen jederzeit voll und ganz zur Verfügung steht.[79] Integration von Frauen in die Erwerbsarbeit auf breiter Ebene setzt eine »Vereinbarkeit« von Familien- und Erwerbsarbeit voraus. An rechtlichen Regelungen dazu gibt es in Deutschland das Mutterschutzgesetz (MuSchG), das Elternzeitgesetz (BEEG), das Teilzeit- und Befristungsgesetz (TzBfG) oder die sozialrechtlichen Regelungen über die unbezahlte Freistellung und die Zahlung von Krankengeld bei der Erkrankung von Kindern (§ 45 SGB V). Auch hier stellen europäische Richtlinien einen Rahmen bereit (Richtlinie 92/85/EWG über Sicherheit und Gesundheitsschutz schwangerer Arbeitnehmerinnen; Richtlinie 96/34/EG über Elternurlaub, die auf eine Rahmenvereinbarung von UNICE, CEEP und EGB, der europäischen Sozialpartnerorganisationen, zurückgeht; Richtlinie 97/81/EG zur Teilzeitarbeit).

Nicht zuletzt das Teilzeit- und Befristungsgesetz hat zu einem neuen Verständnis der Teilzeitarbeit als anerkannter Erwerbsarbeitsform beigetragen.[80] Eine wichtige Rolle spielen dabei Ansprüche auf Teilzeitarbeit und andere Ansprüche auf eine individualisierte Anpassung der Arbeitsbedingungen. Sie können dazu beitragen, weiblich codierte Lebensentwürfe in gleicher Weise wie männlich codierte Lebensentwürfe in das Erwerbsarbeitsleben zu integrieren.[81] Im US-amerikanischen und kanadischen Antidiskriminierungsrecht nennt man diese Kategorie von Anpassungsansprüchen, die Diskriminierung vorbeugen oder verhindern können, »accommodation«.[82] In der deutschen arbeitsrechtlichen Gesetzgebung gibt es eine Reihe von Ansätzen, die sich

78 Vgl. Kocher, KJ 1999, S. 185 ff; Kocher, RdA 2002, S. 167 ff.

79 Siehe auch Kocher, Eva, Gestaltungs- und Verhandlungsrechte von Beschäftigten, WSI-Mitt. 2007, S. 434–439.

80 Vgl. Schiek, Dagmar, Das Teilzeit- und Befristungsgesetz. Neue Paradigmen der Regulierung sogenannter atypischer Beschäftigung?, KJ 2002, S. 18 ff.

81 Kocher, WSI-Mitt. 2007, S. 434 ff.

82 Vgl. auch Waddington, Lisa/Hendriks, Aart, The expanding Concept of Employment Discrimination in Europe: From Direct and Indirect Discrimination to reasonable Accommodation Discrimination, International Journal of Comparative Labour Law and Industrial Relations (IJCLLIR) 18 (2002), S. 403-428.

als solche Anpassungsansprüche interpretieren lassen. So besteht nach § 15 Abs. 5–7 BEEG während der Elternzeit ein (geschlechtsunabhängiger) Anspruch auf Teilzeitarbeit. Er soll Personen mit Familienpflichten (häufig Frauen) eine Teilhabe an der Erwerbsarbeit ermöglichen, die sich an deren Bedürfnisse nach Zeitsouveränität anpasst. Auch auf der tariflichen Ebene gibt es besondere Teilzeitansprüche, wie zum Beispiel im öffentlichen Dienst für Beschäftigte, die minderjährige Kinder oder pflegebedürftige Angehörige betreuen.[83] Seit Juli 2008 sehen §§ 2, 3 PflegeZG darüber hinaus Ansprüche auf Pflegezeit und entsprechende Freistellung vor.[84]

Nur wenig anders gestrickt ist der Anspruch auf Reduzierung der Arbeitszeit nach § 8 TzBfG. Danach kann jeder Arbeitnehmer und jede Arbeitnehmerin Verringerung (sowie eine bestimmte Verteilung) der Arbeitszeit verlangen. Beschäftigte, die gerne ihre Arbeitszeit verringern möchten, müssen hier nicht bestimmte Gründe wie zum Beispiel Familienpflichten angeben. Damit löst sich der Anspruch aus dem Begründungszusammenhang des Diskriminierungsschutzes. § 8 TzBfG ist unter den Ansprüchen auf Reduzierung der Arbeitszeit der bekannteste. Er trat im Jahre 2001 in Kraft und wurde bereits im selben Jahr von fast 85.000 Beschäftigten geltend gemacht.[85]

§ 6 Abs. 4 Satz 1 ArbZeitG ist ein weiteres Beispiel für einen Anpassungsanspruch aus dem Kontext des Diskriminierungsschutzes. Danach hat der Arbeitgeber einen Nachtarbeitnehmer auf dessen Verlangen auf einen geeigneten Tagesarbeitsplatz umzusetzen. Der (geschlechtsneutral formulierte) Anspruch steht nur Beschäftigten zu, die ein Kind unter zwölf Jahren oder einen schwer pflegebedürftigen Angehörigen zu betreuen haben. Die Vorschrift ist an die Stelle des Nachtarbeitsverbots für Frauen getreten, das ja zum Teil damit gerechtfertigt worden war, dass Frauen häufiger Familienpflichten wahrzunehmen hätten, mit denen eine Nachtarbeit nicht zu vereinbaren sei. Das Nachtarbeitsverbot legte Frauen wegen ihres Geschlechts von vornherein auf eine bestimmte Geschlechtsrolle fest und schloss sie von bestimmten Teilen des Arbeitsmarktes aus; es war also diskriminierend.[86] Auf der anderen Seite führt jedoch eine Gestaltung von Arbeitsverhältnissen, die auf »private«

83 § 15b BAT/-O/§ 15b MTArb-O bzw. § 11 TVöD/§ 11 TV-L.

84 Siehe Müller, Stefan, Das Pflegezeitgesetz (PflegeZG) und seine Folgen für die arbeitsrechtliche Praxis, BB 2008, S. 1058 ff.

85 Vgl. Magvas, Emil/Spitznagel, Eugen, Teilzeitarbeit: Neues Gesetz bereits im ersten Jahr einvernehmlich umgesetzt, IAB-Kurzbericht Nr. 23/2003; Wanger, Susanne, Teilzeitarbeit: Ein Gesetz liegt im Trend, IAB-Kurzbericht Nr. 18/2004; Opitz, Heike, Der juristische und gesellschaftliche Umgang mit den Ansprüchen auf Teilzeitarbeit in den Niederlanden und in Deutschland, KJ 2005, S. 166.

86 Zur Diskussion siehe oben Fn 49 f.

Betreuungs-, Fürsorge- und Familienpflichten keine Rücksicht nimmt, ebenfalls zu einem Ausschluss von Frauen – diesmal mittelbar. Der Umsetzungsanspruch im Arbeitszeitgesetz versucht nun, diese Rücksichtnahme zu gewährleisten.

Allerdings stehen diese Ansprüche sämtlich unter dem Vorbehalt »betrieblicher Gründe«, »dringender dienstlicher Gründe«, oder ähnlicher Vorbehalte.[87] Die Teilzeitarbeit muss sich danach in ein arbeitgeberseitig vorgegebenes Organisationskonzept einfügen.[88]

d) Gleichstellung im Erwerbsleben

Das Antidiskriminierungsrecht bedarf der Ergänzung durch Regelungen, die die Unternehmen zu einer geschlechterpolitischen Evaluation und Neubewertung ihrer Personalpolitik anhalten. Die Anpassungsansprüche sind solche Instrumente. Auch in den Gleichstellungsgesetzen des öffentlichen Dienstes spielen sie eine große Rolle. Der umfassendste Anspruch auf Anpassung der Arbeitsbedingungen für Beschäftigte mit Familienpflichten findet sich insoweit in § 12 BGleiG (Bundesgleichstellungsgesetz): »Die Dienststelle hat Arbeitszeiten und sonstige Rahmenbedingungen anzubieten, die Frauen und Männern die Vereinbarkeit von Familie und Erwerbstätigkeit erleichtern, soweit zwingende dienstliche Belange nicht entgegenstehen.«

Die Gleichstellungs- oder Frauenfördergesetze enthalten darüber hinaus qualifikationsabhängige Entscheidungsquoten, Vorschriften über Gleichstellungspläne[89] und/oder Regelungen über Gleichstellungsbeauftragte. Die Entscheidungsquoten sind heute regelmäßig als Bevorzugungsansprüche ausgestaltet, wonach Frauen bei Personalentscheidungen unter bestimmten Voraussetzungen zu bevorzugen sind. Gleichstellung (*affirmative action*) geht hier nicht nur über das Diskriminierungsverbot

87 Siehe Preis, Ulrich, § 8 TzBfG, Rn 23 ff, Erfurter Kommentar, 7. Aufl. 2007; vgl. auch Kocher, WSI-Mitt. 2007, S. 434 ff.

88 Vgl. das Prüfungsprogramm des BAG (drei Schritte) seit BAG, 18.2.2003, Arbeitsrechtliche Praxis (AP) Nr. 2 zu § 8 TzBfG; Opitz, AuR 2003, S. 166 f; Preis, Ulrich/Gotthardt, Michael, Das Teilzeit- und Befristungsgesetz, DB 2001, S. 148; zur Kritik siehe auch Kocher, RdA 2002, S. 172 f.

89 Zum möglichen Zusammenhang und zur funktionalen Äquivalenz mit Gender Mainstreaming Konzepten siehe Kocher, RdA 2002, S. 172 ff; in den Ländern Hessen und Brandenburg ersetzen diese Pläne mit der Orientierung an einer Ergebnisquote die qualifikationsabhängige Entscheidungsquote (Schiek, Dagmar, Einleitung, Rn 145, in: Dagmar Schiek/Heike Dieball/Inge Horstkötter/Lore Seidel/Ulrike M. Vieten/Sibylle Wankel, Frauengleichstellungsgesetzes des Bundes und der Länder. Kommentar für die Praxis, 2. Aufl. 2002).

hinaus,[90] sondern tritt auch in Konkurrenz zu ihm. Denn Bevorzugungsregeln differenzieren gerade nach dem Geschlecht. Die Frage der rechtlichen Zulässigkeit von Bevorzugungsregelungen (»positive Diskriminierung«) ist für die Praxis allerdings im Wesentlichen geklärt; dies spiegelt sich in Art. 141 Abs. 4 EG und § 5 AGG. Der EuGH akzeptiert jetzt Entscheidungsquoten, die bei gleicher Qualifikation eine Bevorzugung der Frau vorsehen, unter bestimmten Voraussetzungen.[91]

Der Geltungsbereich dieser Gesetze beschränkt sich auf den öffentlichen Dienst. Für die Privatwirtschaft war im Jahre 2001 von der damaligen Bundesregierung ein »Gesetz zur Durchsetzung der Gleichstellung von Frauen und Männern in der Privatwirtschaft« geplant gewesen.[92] Die Politik verzichtete dann aber auf ein Gesetz und hofft auf die unternehmerische Umsetzung einer »Freiwilligen Vereinbarung zwischen der Bundesregierung und den Spitzenverbänden der deutschen Wirtschaft«. Evaluationen der Vereinbarung zeigen allerdings: Die Vereinbarung ist in den meisten Unternehmen unbekannt.[93] Nur die wenigsten wenden Maßnahmen zu »Vereinbarkeit« oder *work-life balance* an; ein äußerst geringer Anteil aller Unternehmen hat überhaupt eine geschlechtsspezifische Bestandsaufnahme ihrer Personalpolitik gemacht.[94]

3. Wirkungspotenziale des Arbeitsrechts

Was die Geschlechterverhältnisse auf den Arbeitsmärkten angeht, so hat sich in den vergangenen Jahrzehnten einiges verändert – auch im Arbeitsrecht: Veränderungen der Frauenerwerbstätigkeit spiegeln sich

90 Auch der EuGH, 28.3.2000, NJW 2000, S. 1549 ff bezeichnet dies als einen Gegensatz zwischen Ansprüchen auf materielle und solchen auf formelle Gleichheit.

91 EuGH, 11.11.1997, EuZW 1997, S. 757 ff (Marschall); EuGH, 28.3.2000, EuZW 2000, S. 474 ff (Badeck); siehe auch BAG, 2.12.1997, BAGE 87, S. 171 ff.

92 Vgl. Pfarr, Heide M./Weber, Ingrid/Rust, Ursula/Schiek, Dagmar/Laskowski, Silke/Kocher, Eva, Entwurf der Expertinnenkommission eines 2. Gesetzes zur Durchsetzung der Gleichstellung von Frauen und Männern, in: Heide M. Pfarr (Hg.), Ein Gesetz zur Gleichstellung der Geschlechter in der Privatwirtschaft, 2001, S. 11 ff und die Begründung hierzu S. 37 ff; siehe auch den Überblick von Laskowski, Silke, Kein Gleichstellungsgesetz für die Privatwirtschaft?, Zeitschrift für Rechtspolitik (ZRP) 2001, S. 504 ff.

93 Vgl. WSI-Betriebsrätebefragung, Düsseldorf 2003.

94 Vgl. Krell, Gertraude/Ortlieb, Renate, Umsetzung der »Vereinbarung zwischen der Bundesregierung und den Spitzenverbänden der deutschen Wirtschaft zur Förderung der Chancengleichheit zwischen Frauen und Männern in der Privatwirtschaft« vom 2.7.2001, Abschlussbericht, Berlin 2003.

insbesondere in den Regelungen zum Diskriminierungsschutz, zur Geschlechtergleichstellung und zur Arbeitszeitflexibilisierung wider. Sie enthalten aber umgekehrt auch Steuerungsansprüche und Erwartungen an die Unternehmen: Als zwingendes Recht verfolgt Arbeitsrecht den Anspruch, die Strukturen der Erwerbstätigkeit nicht nur widerzuspiegeln, sondern steuernd auf sie Einfluss zu nehmen.

Insofern wäre zu fragen: Welchen Einfluss sollte das Arbeitsrecht auf die Erwerbstätigkeit von Frauen haben? Gelingt es ihm, diesen Einfluss auszuüben?

a) Geschlechterpolitische Leitbilder für das Arbeitsrecht?

Die beschriebenen Gleichbehandlungs- und Gleichstellungsregelungen scheinen eine Veränderung des geschlechterpolitischen Leitbildes des Arbeitsrechts zum Ziel zu haben. In Umsetzung des Verfassungsgebots der Gleichberechtigung von Männern und Frauen sollen auch die arbeitsrechtlichen Gleichbehandlungs- und Gleichstellungsgebote »nicht nur Rechtsnormen beseitigen, die Vor- oder Nachteile an Geschlechtsmerkmale anknüpfen, sondern für die Zukunft die Gleichberechtigung der Geschlechter durchsetzen.«[95] Seit der Nachtarbeitsentscheidung vertritt auch das Bundesverfassungsgericht nicht mehr die Meinung, Art. 3 Abs. 2 GG richte sich nicht gegen die gesellschaftlichen Wirkungen der Geschlechterdifferenz.[96] Vielmehr gehe es um »Angleichung der Lebensverhältnisse. [...]. Überkommene Rollenverteilungen [...] dürfen durch staatliche Maßnahmen nicht verfestigt werden. Faktische Nachteile, die typischerweise Frauen treffen, dürfen [...] durch begünstigende Regelungen ausgeglichen werden«. Frauen müssen die gleichen Erwerbschancen haben wie Männer.[97] In anderen Worten: Das Arbeitsrecht soll dazu beitragen, dass die geschlechtsspezifische Spaltung des Arbeitsmarktes nicht vertieft, sondern abgebaut wird.[98] Die zusätzliche Belastung von Frauen mit Hausarbeit und Kinderbetreuung sei jedenfalls kein hinreichend geschlechtsspezifisches Merkmal, das eine Ungleichbehandlung erlaube.

95 BVerfG, 28.1.1992, BVerfGE 85, S. 191 ff (S. 207) (Nachtarbeitsverbot).
96 So noch BVerfG, 18.12.1953, BVerfGE 3, S. 225 ff (S. 241).
97 BVerfG, 28.1.1992, BVerfGE 85, S. 191 ff (S. 207) (Nachtarbeitsverbot); siehe auch BVerfG, 16.11.1993, BVerfGE 89, S. 276 ff. Genauer zum Ganzen Kocher, KJ 1999, S. 185 ff.
98 So schon Pfarr, Heide M., Herstellung und Sicherung von Chancengleichheit durch Recht – dargestellt am Beispiel der Frauen, in: Winfried Hassemer/Wolfgang Hoffmann-Riem/Jutta Limbach, Grundrechte und soziale Wirklichkeit, Baden-Baden 1982, S. 255 ff. Genauer zum Verständnis »gleichwertiger Rechte« Kocher, KJ 1999, S. 193 ff (in diesem Band S. 49 ff).

Schaut man sich die Entwicklung auf den Erwerbsarbeitsmärkten genauer an, scheint dieses Leitbild jedoch weit von einer Verwirklichung entfernt. Der Wandel des Leitbildes der Erwerbsarbeit äußert sich zurzeit nicht in einer geschlechtergerechteren Verteilung der Erwerbsarbeit und damit der Chancengleichheit.[99] Vielmehr scheinen mit dem Wandel des Normalarbeitsverhältnisses und einer größeren Selbstverständlichkeit von Frauenerwerbstätigkeit zwei Leitbilder der Erwerbstätigkeit nebeneinander zu existieren: Neben dem traditionellen und männlich codierten Normalarbeitsverhältnis gibt es das mit Fürsorgepflichten vereinbare und weiblich codierte Arbeitsverhältnis (Teilzeitarbeit, Erziehungsurlaub etc). Frauendomänen drohen Frauendomänen zu bleiben, Geschlechterbilder werden weiterhin auf den Arbeitsmärkten produziert und reproduziert. Frauen nehmen zwar mittlerweile eine Vielzahl von Rollenbildern und Erwerbsarbeitsverhältnissen wahr – oder versuchen dies zumindest. In weiblich codierten Sektoren des Arbeitsmarktes finden sich jedoch kaum Männer.

b) Die ökonomischen Kosten des arbeitsrechtlichen Diskriminierungsschutzes

Ist Arbeitsrecht überhaupt ein geeignetes Instrument zum Abbau geschlechtsspezifischer Spaltungen des Arbeitsmarkts? Dies wird zum Beispiel mit dem Argument bestritten, ein rechtlicher Zwang zur Gleichbehandlung sei marktwidrig, würde den Unternehmen zusätzliche Kosten auferlegen und diese von der Beschäftigung von Frauen abhalten statt sie dazu anzuhalten: »Die Verpflichtung, Frauen schematisch gleich zu behandeln, obwohl sie kalkulatorisch teurer sind, bedeutet das Errichten von Einstellungshemmnissen.«[100] Dem liegt die Behauptung zu Grunde, weibliche Arbeitskräfte hätte eine geringere Durchschnittsproduktivität (auf Grund von Durchschnittskosten von Schwangerschaften) und/oder (auf Grund der typischen weiblichen Erwerbsbiografie) höhere Fluktuationsraten.[101]

Für das Argument, der rechtliche Schutz schade der arbeitsmarktlichen Gleichstellung, wird neuerdings auch auf die Mutterschaftsgeld-Entscheidung des BVerfG aus dem Jahre 1993 verwiesen.[102] Das

99 Zu den Zusammenhängen Kocher, RdA 2002, S. 167 ff.

100 Adomeit, Klaus, Unisextarife und Aristoteles, NJW 2005, S. 721 f.

101 Zum Beispiel schon Anm. von Beitzke zu BAG, 15.1.1955, AP Nr. 4 zu Art. 3 GG zu den wirtschaftlichen Nachteilen der Frauenbeschäftigung; die Gleichbehandlung führe zu einer Art »Soziallohn« der Frauen; angedeutet auch von BAG, 15.1.1955, AP Nr. 4 zu Art. 3 GG.

102 Vgl. Adomeit, NJW 2005, S. 721 f.

Bundesverfassungsgericht verlangte damals vom Gesetzgeber, etwaige Beschäftigungshindernisse, die durch Schutzregelungen geschaffen würden, zu berücksichtigen.[103] Wenn die Kosten des Mutterschutzes auf Arbeitgeber, die Frauen beschäftigen, abgewälzt würden, drohten Beschäftigungshindernisse für Frauen im gebärfähigen Alter; dies könne die bestehende Erwerbsarbeitsmarktdiskriminierung von Frauen verstärken.[104] Der Arbeitgeberzuschuss zum Mutterschaftsgeld solle deshalb in einem Ausgleichs- und Umlageverfahren geleistet werden, um ungleiche Belastungen von Unternehmen mit unterschiedlich hohem Frauenanteil zu vermeiden.[105]

Dies ist allerdings bislang die einzige Entscheidung, die es dem Gesetzgeber auferlegt, Kosten, die Arbeitgebern aufgrund einer Schutzregelung entstehen, als mögliches Einstellungshindernis zu berücksichtigen.[106] Bezogen auf das Verbot an den Arbeitgeber, eine Schwangerschaft bei seiner Einstellungsentscheidung zu berücksichtigen, hatte das BAG noch im Jahre 1992 die Meinung vertreten, es sei »schließlich nicht Sache der Arbeitsgerichte, die Interpretation [des Gleichbehandlungsgrundsatzes] an den Auswirkungen des Arbeitsmarktes zu orientieren, zumal die These kaum beweisbar ist, bei grundsätzlicher Unzulässigkeit der Frage nach vorliegender Schwangerschaft wirke sich dies im Ergebnis zu Lasten der berufstätigen Frau aus.«[107] Auch der EuGH verlangt von den

103 BVerfG, 18.11.2003, AP Nr. 23 zu § 14 MuSchG 1968; dazu genauer v. Koppenfels-Spies, Katharina, Auf dem Weg zu einem nicht-diskriminierenden Mutterschutzrecht?, AuR 2005, S. 52–55.

104 Siehe auch schon Schiek, Dagmar, Nachtarbeitsverbot für Arbeiterinnen: Gleichberechtigung durch Deregulierung?, Baden-Baden 1992; siehe auch Hausen, Karin, Arbeiterinnenschutz, Mutterschutz und gesetzliche Krankenversicherung im Deutschen Kaiserreich und in der Weimarer Republik. Zur Funktion von Arbeits- und Sozialrecht für die Normierung und Stabilisierung der Geschlechterverhältnisse, in: Ute Gerhard (Hg.), Frauen in der Geschichte des Rechts, München 1997, S. 713 ff; Generalanwalt beim EuGH Darmon, Schlussanträge Fall Dekker C 177/88, Ziff. 46 ff, EuGHE 1990, I-3841 ff; Auch nach Art. 4 Nr. 8 des – von der Bundesrepublik Deutschland allerdings nicht ratifizierten – ILO-Übereinkommens Nr. 103 dürfen die während der Mutterschutzfristen zu erbringenden finanziellen Leistungen nicht in voller Höhe dem einzelnen Arbeitgeber auferlegt werden.

105 BVerfG, 18.11.2003, AP Nr. 23 zu § 14 MuSchG 1968 gegen frühere Entscheidungen, die die Verfassungsmäßigkeit der bisherigen §§ 13, 14 MuSchG bestätigt hatten (BVerfG, 23.4.1974, BVerfGE 37, 121; BVerfG, 3.7.1985, 70, 242).

106 Zu den Einflussfaktoren auf Arbeitgeberentscheidungen bei Einstellungen siehe Zachert, Ulrich/Schramm, Florian, Arbeitsrecht in der betrieblichen Anwendung . Mythen und Realität, München/Mering, 2008.

107 BAG, 15.10.1992, AP Nr. 8 zu § 611a BGB.

Unternehmen, etwaige Kosten, die sie infolge der Schwangerschaft einer Beschäftigten zu tragen haben, selbst zu tragen und in jeder Hinsicht personalpolitisch unberücksichtigt zu lassen.[108] Auch die BVerfG-Entscheidung zum Mutterschaftsgeld bestätigt jedenfalls nicht, dass seine Argumentation gegen den Diskriminierungsschutz gewandt werden könnte, denn das Gericht selbst hielt Diskriminierungsverbote für »grundsätzlich geeignet, möglichen faktischen Diskriminierungswirkungen von Schutzvorschriften entgegenzuwirken.« Es erkennt aber an, dass selbst ein anderes Konzept der Kostentragung nichts daran ändern würde, dass der rechtliche Mutterschutz Arbeitgeber »unvermeidlich« belaste. Dies sei gerade ein Argument für den Diskriminierungsschutz.[109]

Das bedeutet: Das BVerfG erkennt an, dass die arbeitsrechtliche Regulierung sich nicht darauf beschränken muss, marktgerechtes »rationales« Verhalten von den Unternehmen einzufordern. Dies ist auch richtig: Die Unterscheidung nach dem Geschlecht strukturiert die gesamte Gesellschaft und in besonderer Weise die Erwerbsarbeitsmärkte. Damit kann aber eine betriebliche Differenzierung nach den Geschlechtern einzelwirtschaftlich durchaus rational sein. Wo ein Unternehmen Arbeitskräfte auf einem Arbeitsmarkt rekrutiert, der geschlechtsspezifisch segmentiert ist, mag ein Unternehmen meinen können, sachliche Gründe anführen zu haben, diese Segmentation im Unternehmen widerzuspiegeln.[110] Die Summe solcher im Einzelnen sachlich begründbaren Entscheidungen trägt aber zur ständigen Produktion und Reproduktion der gesellschaftlichen Ungleichheiten bei. Sollen Diskriminierungsverbote und Gleichstellungsverpflichtungen gesellschaftliche Wirkungen erzeugen, so müssen sie sich auch gegen einzelwirtschaftlich rationale, aber gesellschaftlich diskriminierende unternehmerische Entscheidungen richten.[111]

Der Zusammenhang zwischen arbeitsrechtlichem Schutz und etwaigen adversen geschlechtsspezifischen Arbeitsmarktwirkungen ist im Fall

108 Siehe oben bei Fn 51 f zur Reichweite dieser Rechtsprechung.

109 BVerfG, 18.11.2003, AP Nr. 23 zu § 14 MuSchG 1968.

110 Zur Berechtigung siehe Thüsing, Gregor, Gedanken zur Effizienz arbeitsrechtlicher Diskriminierungsverbote, RdA 2003, S. 257 ff; Engert, Andreas, Allied by Surprise? The Economic Case For an Anti-Discrimination Statute, German Law Journal 4 (2003); McCrudden, Christopher, International and European Norms Regarding National Legal Remedies for Racial Inequality, in: Sandra Fredman (Hg.), Discrimination and Human Rights, Oxford 2001, S. 254.

111 Vgl. Fastrich, Lorenz, Gleichbehandlung und Gleichstellung, RdA 2000, S. 74 kritisiert deshalb zu Unrecht, dass Diskriminierungsverbote sich »gegen Marktergebnisse« wenden; zur Gruppenbetrachtung des Gleichberechtigungssatzes siehe insbesondere Sacksofsky, Ute, Das Grundrecht auf Gleichberechtigung, 2. Aufl. Baden-Baden 1996, S. 312 ff; S. 318 ff; Slupik, Vera, Die Entscheidung des Grundgesetzes für Parität im Geschlechterverhältnis,

des Gleichbehandlungsrechts ohnehin ein anderer als im Mutterschutz. Sowohl die Gleichbehandlungsregelungen als auch die Regelungen zur Arbeitszeitflexibilisierung sind geschlechtsneutral formuliert und können sowohl von Männern als auch von Frauen geltend gemacht werden. Das unterscheidet sie grundlegend vom Mutterschutzgesetz, aber auch von Bevorzugungs- und Quotierungsregelungen. Am weitesten gehen rechtspolitische Konzepte, die sich von einer Anbindung an geschlechtsspezifische Pflichten und Risiken lösen, wie z.B. ein Anspruch auf Teilzeitarbeit, der mit beliebigen »privaten« Interessen begründet werden darf und nicht verlangt, dass Berechtigte sich auf Fürsorgepflichten berufen.[112]

Allerdings ist das Risiko für die Arbeitgeber, dass Beschäftigte von solchen Rechten Gebrauch machen, keineswegs geschlechtsneutral. Die Zielrichtung des Geschlechtergleichbehandlungsgebots ist eine asymmetrische. Auch Rechte auf Arbeitszeitflexibilisierung werden in den betrieblichen und unternehmerischen Realitäten eher von weiblichen Arbeitskräften geltend gemacht. Jedenfalls bringen Arbeitgeber das Risiko dieser Pflichten eher mit Frauen in Verbindung; dies dürfte einer der Gründe dafür sein, dass Männern, die Elternzeit oder Teilzeit in Anspruch nehmen wollen, ein kalter Wind entgegenweht.

Stärker geschlechtsneutral konstruierte Ansprüche sind aber letztlich kein nachhaltiger Ausweg. Ein Beispiel ist der Teilzeit-Anspruch aus § 8 TzBfG, der nicht davon abhängig ist, ob Beschäftigte sich auf Familien- oder andere Fürsorgepflichten berufen. Und auch eine Mindestlohngesetzgebung lässt sich geschlechterpolitisch begründen.[113] Damit solche Ansprüche geschlechterpolitisch wirksam werden können, muss soziale Inklusion geschlechterpolitisch analysiert werden. »Um Gender zu demontieren, [muss man] bei Gender ansetzen.«[114]

c) Rechtsdurchsetzung und ihre Barrieren

Unabhängig von ihrer Struktur leidet die arbeitsrechtliche Regulierung unter einem grundsätzlichen Problem: Ihre Steuerungswirkungen erweisen sich immer wieder als unzureichend. »In order for a rule to

Baden-Baden 1988, vor allem S. 134 ff; Young, Iris, Polity and Group Difference: A Critique of the Ideal of Universal Citizenship, Ethics 99 (1988/89), S. 271 ff.

112 Vgl. Collins, Hugh, Discrimination, Equality and Social Inclusion, Modern Law Review (MLR) 66 (2003), S. 16–43.

113 Vgl. Peter, Gabriele, Gesetzlicher Mindestlohn: Eine Maßnahme gegen Niedriglöhne von Frauen, Baden-Baden 1995.

114 Lorber, Judith, Feministische Theorie und Degendering, in: Zeitschrift für Frauenforschung und Geschlechterstudien, 22 (2004), S. 9–24.

produce social effects, people must actually use the rule.«[115] Mögliche Klägerinnen und Kläger sind in Deutschland in erster Linie diejenigen, die von Diskriminierung betroffen sind. Die Rechtsdurchsetzung beschränkt sich hier fast ausschließlich auf den Individualrechtsschutz.[116] Die Betroffenen sind aber selten dazu bereit, sich rechtlich zu wehren; dem stehen die unterschiedlichsten Barrieren entgegen, von Kosten-, Zeit- und Kommunikationsbarrieren über die Angst vor Repressalien des Arbeitgebers.[117]

Zur Durchsetzung effektiver Gleichberechtigung ist es deshalb sinnvoll, auch Gewerkschaften und Betriebsräte stärker in die Pflicht zu nehmen und mit Handlungsbefugnissen zu versehen. Durch ihre Kenntnisse der Arbeitsbeziehungen und betrieblichen Strukturen eignen sich diese im Diskriminierungsschutz als kollektive Akteurinnen und Akteure.[118] Angesichts der durchschnittlich schwächeren Repräsentation weiblicher Beschäftigter in Betriebsräten und Gewerkschaften[119] werden diese keineswegs selbstverständlich für Gleichberechtigung eintreten. Es bedarf daneben der Handlungsbefugnisse (z. B. für eine Verbandsklage) für unabhängige Verbände und Antidiskriminierungsstellen. Im Fehlen solcher Akteure – die durch öffentliche Mittel unterstützt werden müssten[120] – sowie im Fehlen entsprechender kollektiver Handlungsbefugnisse liegen Lücken im deutschen Gleichbehandlungsrecht.[121]

Für individuelle wie kollektive Akteurinnen und Akteure gilt zudem: Wer Rechte auf Gleichbehandlung geltend macht, hat nicht selten mit

115 Griffiths, John, The Social Working of Anti-Discrimination Law, in: Titia Loenen/Peter R. Rodrigues (Hg.), Non-Discrimination Law: Comparative Perspectives, Den Haag 1999, S. 313–330.

116 Vgl. z. B. Kocher, Eva, Antidiskriminierungsrecht vor den Arbeitsgerichten – Perspektiven des kollektiven Rechtsschutzes, Streit 2003, S. 139–144.

117 Vgl. Kocher, Eva, Vorbem zu § 13 AGG, Rn 9 ff, in: Dagmar Schiek (Hg.), Allgemeines Gleichbehandlungsgesetz. Ein Kommentar aus europäischer Perspektive, München 2007.

118 Siehe auch Graue, Bettina, Aufgaben, Grenzen und Perspektiven des Gender-Gedankens im Betriebsverfassungsgesetz, Düsseldorf 2008.

119 Siehe oben Fn 37.

120 Zu den ökonomischen Hintergründen Olson, Mancur, Die Logik des kollektiven Handelns, 3. Aufl. Tübingen 1992; vgl. auch Koch, Harald, Alternativen zum Zweiparteiensystem im Zivilprozeß, KritV 4 (1989), S. 334 f; Kocher, Eva, Funktionen der Rechtsprechung, 2007, S. 59 ff.

121 Vgl. Kocher 2003. Dieser Ansatz entspricht dem »group justice model« bei McCrudden, Christopher, Regulating Discrimination: Advice to a Legislator on Problems Regarding the Enforcement of Anti-Discrimination Law and Strategies to Overcome Them, in: Titia Loenen/Peter R. Rodrigues (Hg.), Non-Discrimination Law: Comparative Perspectives, Den Haag 1999, S. 295–312.

einem Defizit-Image zu kämpfen.[122] Die symbolischen und die instrumentellen Funktionen von Antidiskriminierungsrecht[123] stehen in einem engen Zusammenhang. Je stärker das Recht symbolisch auf die gesellschaftlichen Wertvorstellungen und Bilder einwirkt, desto leichter lässt es sich auch instrumentell durchsetzen – und umgekehrt.

Das gesellschaftliche Rechtsbewusstsein im Diskriminierungsschutz stellt eine der größten Barrieren der Rechtsdurchsetzung dar.[124] Sie äußert sich in Deutschland nicht zuletzt in der jüngsten Delegitimierung des sogenannten AGG-Hopping, bei dem materielle Interessen an der Durchsetzung von Gleichbehandlung als illegitim und »missbräuchlich« angeprangert werden.[125] Dabei ist doch die deutsche Rechtsdurchsetzung auf Menschen angewiesen, die eigene wirtschaftliche Interessen mobilisieren, um für ihre Rechte und damit das gesellschaftliche Interesse an Geschlechtergerechtigkeit zu kämpfen.

d) Recht gegen strukturelle Diskriminierung

Anpassungsansprüche[126] und Gleichstellungsansprüche[127] sind Weiterentwicklungen des Diskriminierungsschutzes, die auf die Veränderung der betrieblichen Strukturen und der Leitmodelle der Erwerbsarbeit gerichtet sind. Sie sind zugleich individualrechtlich strukturiert. Individuelle Rechtsansprüche nehmen aber nur Einfluss auf das individuelle Verhalten einzelner Unternehmen. Diskriminierend wirkende Strukturen der Arbeitsmärkte sowie kollektive Regelungssysteme, die eine gleichberechtigte Integration einer weiblichen Erwerbsbiografie unmöglich machen, können mit individuellen Rechtsansprüchen nur mittelbar angegriffen werden. Diese richten sich notwendig nur gegen jeweils einzelne Bestandteile eines Regelungssystems, ohne dass das Regelungssystem als solches zur Debatte stehe. So führt zum Beispiel eine Aufhebung der Diskriminierung von Teilzeitbeschäftigten bei der betrieblichen Altersversorgung nur zu einer Erstreckung der Altersversorgung auf die bislang

122 Zu diesem Problem insbesondere Griffiths 1999.
123 Vgl. McCrudden 2001, S. 251–307.
124 Vgl. Baer, Susanne/Berghahn, Sabine, Auf dem Weg zu einer feministischen Rechtskultur? in: Teresa Kulawik/Birgit Sauer (Hg.), Der halbierte Staat. Grundlagen feministischer Politikwissenschaft, Frankfurt/Main 1996, S. 223 ff. Ein guter Teil der Klagen im Diskriminierungsschutz sind bisher von Männern erhoben worden (vgl. Kocher, Streit 2003, S. 139).
125 Zur juristischen Debatte siehe LAG Hamm, 22.11.1996, AP Nr. 15 zu § 611a BGB; Diller, Martin, »AGG-Hopping« – und was man dagegen tun kann!, BB 2006, S. 1968 ff.
126 Siehe oben bei Anm. 81 ff.
127 Siehe oben bei Anm. 89 ff.

Ausgeschlossenen, die bei der Ausgestaltung des Systems nicht mitgedacht waren; sie führt damit nur zu einer Erhöhung des Gesamtvolumens, nicht aber zu einer grundlegenden Reform. Auch die Abschaffung mittelbarer Diskriminierung in Entgeltsystemen mit dem Instrument des Individualanspruchs führt nur zu einem »Herausschießen« einzelner Bewertungsergebnisse wegen mittelbarer Diskriminierung; dadurch können »Patchwork«-Systeme entstehen, die am Ende keiner und keine so gewollt haben.[128]

Individuelle Anpassungs- und Gleichstellungsansprüche einzelner Betroffener müssen deshalb durch kollektive Beteiligungsrechte von Betriebsräten, Gewerkschaften, Gleichstellungsbeauftragten, Verbänden, öffentlichen Stellen etc. ergänzt werden.[129] Diese könnten dann Gleichstellungspläne, Gender-Mainstreaming-Modelle oder Entgeltgleichheitspläne (*pay equity plans*) verhandeln und ausarbeiten.[130] So ließen sich auch die Präventionspflichten konkretisieren, die §§ 12, 17 Abs. 1 AGG den Unternehmen nur vage und ohne Vorgabe konkreter Standards auferlegen.[131] Solch reflexives Recht, das die Rechtsdurchsetzung innerhalb eines festgelegten Rahmens betrieblichen und außerbetrieblichen Verhandlungen überlässt, ist zwar nicht ungefährlich.[132] Sie überlässt die Rechtsgestaltung den jeweiligen Verhandlungspartnern abhängig von deren Verhandlungsstärke. Man wird hier Grenzen zum Schutz von Individualansprüchen formulieren müssen.[133]

Der Vorteil solcher Instrumente ist aber, dass mit ihrer Hilfe eine ganze Reihe von Akteurinnen und Akteure ermächtigt und in die Pflicht genommen werden kann. Denn die Erwerbstätigkeit von Frauen hat zwar zahlreiche Auswirkungen auf die symbolische Ordnung des Arbeitsrechts, d.h. auf dessen materielle Regelungen und Leitbilder gehabt. Nur

128 Vgl. Winter 1998, S. 286. Pfarr, Heide M., Die mittelbare Diskriminierung von Frauen im Erwerbsleben – Chancen eines neuen Rechtsinstituts, in: Ute Gerhard/Jutta Limbach (Hg.), Rechtsalltag von Frauen, Baden-Baden 1988, S. 33 ff prognostizierte auch Schwierigkeiten der Durchsetzung im Justizapparat.

129 Dieser Ansatz entspricht dem Partizipations-/Mainstreaming-Modell von McCrudden 1999, S. 295–312.

130 Zu möglichen Regelungsmodellen siehe Pfarr/Weber/Rust/Schiek/Laskowski/Kocher 2001; Pfarr, Heide M., Entgeltgleichheit in kollektiven Entgeltsystemen, Festschrift 50 Jahre Bundesarbeitsgericht, München 2004, S. 779–794; zu den Rechtsfragen von »pay equity plans« Kocher, KJ 2007.

131 Zur Bedeutung Wendeling-Schröder, Ulrike, Grund und Grenzen gemeinschaftsrechtlicher Diskriminierungsverbote im Zivil- und Arbeitsrecht, NZA 2004, S. 1320–1323.

132 Vgl. Baer/Berghahn 1996, S. 223 ff (S. 258 ff). Zum Begriff Kocher 2007, S. 81–83.

133 Vgl. Kocher, KJ 2007.

die Ermächtigung geeigneter Akteurinnen und Akteure bringt aber auch die Chance mit sich, durch Recht Wirkungen auf den Arbeitsmärkten zu erzielen und gegen die geschlechtshierarchische Spaltung anzugehen.

Die Organisation der Erwerbsarbeit »gemeinsam neu gestalten«(2018)

Das Gutachten zum Zweiten Gleichstellungsbericht der Bundesregierung hatte schwerpunktmäßig eine Analyse der gesellschaftlichen Organisation von Sorge- und Erwerbsarbeit zum Gegenstand. Fazit: Da Gleichstellung und die Verhinderung von Nachteilen aufgrund des Geschlechts voraussetzt, dass es allen Menschen grundsätzlich möglich ist, sowohl Erwerbs- als auch informelle Sorgearbeit in ihrem Leben zu verbinden, fordert das Gutachten von Politik und Wirtschaft, solche »Erwerb-und-Sorge-Arrangements« besser zu ermöglichen.

Die Bundesregierung hat in der vergangenen Legislaturperiode zum zweiten Mal einen Bericht zur Gleichstellung von Frauen und Männern vorgelegt.[1] Grundlage war das Gutachten einer interdisziplinär breit aufgestellten Sachverständigenkommission von zwölf Personen (davon fünf Männer). Entsprechend ihres Auftrags konzentrieren sich Gutachten und Bericht auf Fragen der gleichstellungsorientierten Gestaltung von Erwerbs- und Sorgearbeit; das Gutachten empfiehlt aber eine Vertiefung der Fragen sexualisierter und geschlechtsbezogener Gewalt in zukünftigen Gleichstellungsberichten.

Unter Gleichstellung versteht das Gutachten eine gesellschaftliche Situation, in der die Verwirklichungschancen sowie die Chancen und Risiken im Lebensverlauf unabhängig vom Geschlecht verteilt sind. Wer mit wachen Augen durch die Welt geht, wird nicht überrascht sein zu erfahren, dass das Gutachten insofern gewaltige Defizite identifiziert. Es nennt aber auch geeignete Handlungsinstrumente, mit denen die Politik Gleichstellung befördern könnte.

Ein wichtiger Teil dieser Handlungsmöglichkeiten bezieht sich auf die Organisation der Erwerbsarbeit. Sowohl in der abhängigen wie in der selbstständigen Erwerbsarbeit finden sich bis heute hohe Barrieren der Gleichstellung, die strukturell überwiegend damit zusammenhängen, dass die Familien- und Sorgearbeit in der Erwerbsarbeit allenfalls als »Ausnahme« oder »Risiko« mitgedacht wird.

Dies geht an den Wünschen, der Rechtslage und der Realität der »Familien«, in denen Menschen ihre Leben miteinander solidarisch

1 Bundesregierung: Zweiter Gleichstellungsbericht. Erwerbs- und Sorgearbeit gemeinsam neu gestalten, mit Stellungnahme der Bundesregierung, BT-Drs. 18/12840. Der erste Bericht stammt von 2011: Bundesregierung: Neue Wege – Gleiche Chancen. Gleichstellung von Frauen und Männern im Lebensverlauf. Erster Gleichstellungsbericht. BT-Drucksache 17/6240. Rechtsgrundlage: Bundestagsbeschluss vom 6.3.2012, BT-Drs. 17/8879; Bundesratsbeschluss vom 23.9.2011, BR-Drs. 376/11.

verbinden,[2] vorbei: Denn in »linked lives«, in denen Menschen füreinander Verantwortung übernehmen, werden Entscheidungen in Übergangssituationen des Lebens nicht unabhängig voneinander getroffen. Solche Vereinbarungen über familiäre Arbeitsteilungen sind das Ergebnis komplexer Aushandlungsprozesse; Partnerinnen und Partner verhandeln Zeit und Ressourcen mal explizit, mal eher implizit. Dabei sind geschlechterhierarchische Traditionen der Rollenteilung heute sowohl rechtlich (§ 1356 Abs. 1 BGB) als auch gesellschaftlich hinterfragbar und damit entscheidungsoffen. Wer sich heute für eine Paarbeziehung und/oder für Kinder entscheidet, dem stehen mehr Möglichkeiten zur Verfügung als früheren Generationen – auch weil mehr Orientierungsmuster für familiäre Arbeitszeitarrangements existieren.

Die Aushandlungsprozesse in Paarbeziehungen finden aber in einem komplexen Wirkungsgeflecht statt und sind deshalb nicht nur von persönlichen Präferenzen und Wertvorstellungen abhängig, sondern von einer Vielzahl weiterer Rahmenbedingungen auf gesellschaftlicher und wirtschaftlicher Ebene. Einmal getroffene Arbeitsteilungen können dabei selbstverstärkend wirken: Da sich die Nachteile eines auch nur vorübergehenden Ausstiegs aus der Erwerbsarbeit oder einer länger andauernden Teilzeitbeschäftigung über den Lebensverlauf hinweg kaum kompensieren lassen, reduzieren sich die Entscheidungsspielräume der betroffenen Personen auf längere Sicht erheblich. Von großer Bedeutung für die erzielten Aushandlungsergebnisse sind auch ökonomische Effekte der Einübung und Gewöhnung, d.h. der Spezialisierung.[3]

Unter den zahlreichen wirtschaftlichen und gesellschaftlichen Rahmenbedingungen spielt die Organisation der Erwerbsarbeit also eine bedeutende Rolle. So wird die Nutzung von Elternzeit und Elterngeld durch Väter entscheidend von der Arbeitszeitflexibilität beeinflusst, die Betrieb oder Dienststelle ermöglichen.[4] Wenn familienfreundliche Regelungen in

2 Unter »Familie« versteht das Gutachten alle privaten solidarischen Lebensgemeinschaften: Ehe und Eingetragene Lebenspartnerschaft nach dem Lebenspartnerschaftsgesetz (LPartG); nichteheliche Lebensgemeinschaften unabhängig von der sexuellen Orientierung; alle Lebensgemeinschaften mit Kindern (unter Einbeziehung von Stief-, Pflege- und Adoptivkindern); Regenbogen- und Patchworkfamilien; Wahlfamilien, in denen sich Menschen in selbst definierten Solidaritätsverbünden gegenseitig Beistand bei der Alltagsbewältigung leisten; siehe dazu BT-Drs. 18/12840, Anlage 1, S. 75 f; alle weiteren Angaben in diesem Text sind ebenfalls dem Bericht entnommen.

3 Zum Ganzen Boll, Christina, Die Arbeitsteilung im Paar – Theorien, Wirkungszusammenhänge, Einflussfaktoren und exemplarische empirische Evidenz. Expertise im Rahmen des Zweiten Gleichstellungsberichts der Bundesregierung, 2017, http://www.gleichstellungsbericht.de/ (Abruf 16.2.2018).

4 Pfahl, Svenja/Reuyß, Stefan/Hobler, Dietmar/Weeber, Sonja (2014): Nachhaltige Effekte der Elterngeldnutzung durch Väter, 2014, http://

Betrieben auf traditionellen Geschlechterrollenbildern gründen und ihre Inanspruchnahme der beruflichen Karriere schadet, wirkt dies auf Familien als »Traditionalisierungsfalle« zurück.[5]

Aktuell deuten empirische Daten darauf hin, dass die gesellschaftliche Organisation von Sorge- und Erwerbsarbeit vor allem Alleinerziehende sowie Paare und Familien in Zweiverdiener-Arrangements überfordert. Nach wie vor arbeiten Frauen häufig kürzer und Männer häufig länger als gewollt.[6] Das Gutachten fordert vor diesem Hintergrund von Politik und Wirtschaft, auch »Erwerb-und-Sorge-Arrangements« zu ermöglichen: Es sollte allen Menschen grundsätzlich möglich sein, sowohl Erwerbs- als auch informelle Sorgearbeit in ihrem Leben zu verbinden. Denn Aufgaben der Sorgearbeit lassen sich nicht vollständig über den Markt abdecken; sie bleiben mit Zeit- sowie Koordinationsbedarf verbunden. Außerdem möchten viele Menschen in Deutschland informelle Sorgearbeit selbst übernehmen; diese sollte zum Leben dazugehören können. Die 15- bis 25-jährigen Mädchen und jungen Frauen erwarten heute, dass sie nicht nur gleichberechtigt im Berufsleben tätig werden können, sondern auch, dass der Beruf das Private nicht vollständig dominiert; und über 80 % der Väter finden schon heute, dass sie nicht ausreichend Zeit mit den Kindern verbringen.

www.sowitra.de/wp-content/uploads/2016/01/projektbericht-elterngeld v%C3%A4ter_2014-12-04_END.pdf (Abruf: 16.2.2018).

5 Bernhardt, Janine, NZFam 2015, S. 1085 ff; zum Begriff siehe Rüling, Anneli, Jenseits der Traditionalisierungsfallen: Wie Eltern sich Familien- und Erwerbsarbeit teilen, 2007.

6 Seifert, Hartmut/Holst, Elke/Matiaske, Wenzel/Tobsch, Verena, WSI-Mitt. 2016, S. 300 ff (303 f).

Das Recht auf eine selbstbestimmte Erwerbsbiographie

Eine prozedurale Betrachtung von Anpassungs- und Finanzierungsansprüchen für Übergangssituationen (2013)[1]

Ein Wandel der Erwerbsarbeit spiegelt sich in der Regel auch in Veränderungen des Arbeits- und Sozialrechts wider. Für solche Anforderungen an das Recht sind unterschiedliche Leitkonzepte vorgeschlagen worden, insbesondere in Hinblick auf eine lebenslauforientierte Gestaltung des Rechts. Der vorliegende Beitrag knüpft an Konzepte für Ziehungsrechte und eine »Arbeits- oder Beschäftigungsversicherung« an und entwickelt zunächst den Vorschlag, die hiermit umrissenen Anforderungen an die Regulierung als »Recht auf eine selbstbestimmte Erwerbsbiographie« auf den juristischen Begriff zu bringen (dazu 1.).

Politische Gestaltung bedarf aber nicht nur solcher Leitbegriffe, sondern auch konkreter Ordnungsvorstellungen. Hierfür muss das subjektive Recht, das der Leitbegriff formuliert, in einer Reihe arbeits- und sozialrechtlicher Ansprüche konkretisiert werden. Am Beispiel der Errungenschaften und Lücken des geltenden Rechts wird deshalb aufgezeigt, dass in diesem Zusammenhang die Ansprüche auf betriebliche Anpassung und Konfliktlösung systematisch getrennt von den Ansprüchen auf Finanzierung zu behandeln sind (dazu unter 2.). Denn die beiden Gruppen von Ansprüchen unterscheiden sich insbesondere darin, in welchen Verfahren sie durchgesetzt und effektiv gemacht werden können. Die Rede über »Recht« muss deshalb immer mit der Rede über »Verfahren« verbunden werden. Der Beitrag vertritt insofern die These, dass das Recht auf eine selbstbestimmte

1 Der Beitrag ist Ergebnis des Projekts »SozRA« unter Leitung von Eva Kocher und Felix Welti, das von der Hans-Böckler-Stiftung gefördert wurde. Die Ergebnisse erscheinen im Nomos-Verlag (Kocher/Groskreutz/Nassibi/Paschke/Schulz/Welti/Wenckebach/Zimmer, Das Recht auf eine selbstbestimmte Erwerbsbiographie. Arbeits- und sozialrechtliche Regulierung für Übergänge im Lebenslauf. Ein Beitrag zu einem Sozialen Recht der Arbeit, 2013). In Hinblick auf das »Recht auf Weiterbildung« wurden einige der hier diskutierten Überlegungen auch hier konkretisiert: Kocher/Welti, Wie lässt sich ein Anspruch auf Weiterbildung rechtlich gestalten? Rechtliche Instrumente im Arbeits- und Sozialrecht. Expertise für die Friedrich-Ebert-Stiftung 2013. Dank für die Diskussion gebührt Felix Welti, dem Projektteam und dem beratenden ExpertInnenkreis, namentlich Günter Schmid. Den anonymen Gutachterinnen/Gutachtern sei für konstruktives Feedback und Hinweise gedankt!

Erwerbsbiographie einer prozeduralen Ausgestaltung der dazu gehörenden Ansprüche bedarf. Nur die Verbindung entsprechender Ansprüche mit reflexiv wirkenden Verfahren vermag das Recht tatsächlich effektiv zu machen.

1. Arbeits- und Sozialrecht in einer Lebenslaufperspektive

Der Wandel der Erwerbsarbeit wird in den Sozialwissenschaften mit unterschiedlichen Begriffen erfasst. Doch unabhängig davon, ob wir es im Übergang vom Fordismus zum Postfordismus mit Entgrenzung, Subjektivierung, Prekarisierung und/oder Arbeitskraftunternehmertum zu tun haben: Es ist schon fast zu einem Gemeinplatz geworden, dass sich aus diesem Wandel grundsätzliche Herausforderungen für das Arbeits- und Sozialrecht und dessen normative Orientierungspunkte (»Normalarbeitsverhältnis«) ergeben.[2]

Insbesondere die Lebenslaufpolitik hat einige dieser Herausforderungen auf den Punkt zu bringen gesucht. Sie zielt auf der Grundlage der Lebenslaufforschung »gleichzeitig darauf [ab], ArbeitnehmerInnen bzw. BürgerInnen in die Lage zu versetzen, Erwerbsarbeit und andere sinnvolle Aktivitäten – wie Fürsorgearbeit – zu einem bestimmten Zeitpunkt zu synchronisieren sowie zugleich vielfältige Präferenzen und Entscheidungen über den Lebensverlauf zu verteilen (zu diachronisieren)«.[3] Eine Neubetrachtung des Arbeits- und Sozialrechts in einer Lebenslaufperspektive konzentriert sich auf Situationen der Diskontinuierlichkeit als zentralen Schaltstellen für eine Neuorientierung des Rechts. Übergangssituationen der Erwerbsarbeit werden hierfür aus der Sicht des Lebenslaufs von Beschäftigten und damit reflexiv in Hinblick auf ihre Konsequenzen[4]

2 Siehe die Fragestellung des 68. Deutschen Juristentages 2010: »Abschied vom Normalarbeitsverhältnis«; zur Debatte Kocher/Welti, Autonomie und soziale Sicherheit. Anforderungen an arbeits- und sozialrechtliche Regulierung, WSI-Mitt. 2010, 299; genauer zu den Unterschieden zwischen einer empirischen und einer normativen Auffassung des Begriffs Pfarr, Soziale Sicherheit und Flexibilität: Brauchen wir ein »Neues Normalarbeitsverhältnis«?, WSI-Mitt. 2000, 279; zu den tatsächlichen Veränderungen siehe z.B. Schmid, Von der Arbeitslosen- zur Arbeitsversicherung, Leviathan 2012, 248, 250 ff.

3 Klammer, Flexibilität und Sicherheit im individuellen (Erwerbs-) Lebensverlauf. Zentrale Ergebnisse und politische Empfehlungen aus der Lebenslaufforschung der European Foundation, in: Naegele/Bertermann, Britta (Hrsg.), Soziale Lebenslaufpolitik, Wiesbaden 2010, S. 675.

4 Siehe zu diesem Begriff von »Reflexivität« Naegele, Einleitung, in: Naegele/Bertermann (Hrsg.) 2010 (Fn. 3). Zum Konzept des reflexiven Rechts, der sich auf andere Gegenstände der Reflexivität bezieht, siehe unten bei Fn. 50.

betrachtet. Gerade weil die tatsächliche Betroffenheit der Beschäftigten durch Diskontinuierlichkeit und Destabilisierung sich je nach Qualifikation, Geschlecht, Alter und Herkunft stark unterscheidet,[5] muss vom Recht erwartet werden können, dass Entscheidungsfreiheit und Selbstbestimmung in Übergängen bei Unsicherheit gewährleistet sind.

Auf der Suche nach neuen Gesamtkonzepten für die rechtliche Regulierung haben die Analysen des Supiot-Berichts großen Widerhall gefunden. Der Rechtswissenschaftler Alain Supiot war von der Europäischen Kommission mit der Leitung einer interdisziplinären komparativen Studie beauftragt, die konzeptionelle Grundlagen für die arbeits- und sozialrechtliche Regulierung der heutigen Europäischen Union entwickeln sollte. Er kam ebenfalls zum Ergebnis, dass Regulierungen zum sozialen Schutz den Umgang mit wachsender Unsicherheit ermöglichen und berücksichtigen müssten, dass Beschäftigte im Laufe ihres Erwerbslebens zunehmend mehrere Arbeitstätigkeiten in unterschiedlichen Beschäftigungsformen ausübten. Der Schutz dürfe deshalb nicht zu stark mit dem einzelnen Arbeits- und Beschäftigungsverhältnis verklammert bleiben, um über Unterbrechungen und Übergänge hinweg gleich wirksam bleiben zu können.[6]

1.1 Bürger- und Menschenrechte in der Erwerbsarbeit

Der Supiot-Bericht schlägt insbesondere vor, die Regulierungsvorschläge für die Erwerbsarbeit in vier Rechtskreisen zu systematisieren: Es seien Regeln zu finden für die abhängige Erwerbsarbeit im engeren Sinn, für die berufliche Arbeit, für die nicht-berufliche Arbeit sowie – im äußersten Kreis – für jegliche Tätigkeit unabhängig vom konkreten Beschäftigungsverhältnis.[7] Spätestens im äußersten Kreis findet dieser Vorschlag Anschluss an Konzepte für fundamentale Grundrechte der Arbeit.[8] Ins-

5 Siehe zum Beispiel Giesecke/Heisig Höheres Risiko für Geringqualifizierte. Wie sich die berufliche Mobilität in Deutschland verändert hat, 2010.

6 Supiot, Beyond Employment. Changes in Work and the Future of Labour Law in Europe, Oxford 2001.

7 Supiot 2001 (Fn. 6), 50 ff; daran anschließend Europäisches Parlament, Entschließung vom 6. Juli 2010 zu atypischen Verträgen, gesicherten Berufslaufbahnen, Flexicurity und neuen Formen des sozialen Dialogs (2009/2220(INI)), Nr. 6 und 29; vgl. auch Freedland/Kountouris, The Legal Characterization of Personal Work Relations and the Idea of Labour Law, in: Davidov/Langille (Hrsg.), The idea of labour law, Oxford 2011, 190: »personal work profile«; zu den Gefahren einer »Überwindung« des Beschäftigungsverhältnisses Castel, Die Krise der Arbeit. Neue Unsicherheiten und die Zukunft des Individuums, Hamburg 2011, 106.

8 So auch z.B. Arthurs, Labour Law After Labour, in: Davidov/Langille (Hrsg.) 2011 (Fn. 7), 13; zur Menschenrechtsdebatte in Bezug auf Arbeitsrechte

besondere der Fähigkeiten-Ansatz (»capabilities«)[9] erscheint als geeigneter normativer Rahmen für ein solches Gesamtkonzept, wenn man die Aufgabe fundamentaler Rechte darin sieht, jedem Menschen eine Verwirklichung der eigenen Fähigkeiten und Wünsche zu ermöglichen – unter Berücksichtigung der tatsächlichen sozialen Bedingungen.[10]

Alain Supiot hat das Gesamtkonzept mit dem Begriff eines neuen »statut professionel« umschrieben. Dieser Begriff wird häufig in der französischen Fassung zitiert, da selbst Supiots eigene Übersetzungsversuche unzulänglich erscheinen (»labour force membership status« in der englischen Fassung[11]); auch die mögliche deutsche Übersetzung »Erwerbstätigenstatus« überzeugt nicht vollständig. Solche Übersetzungen leiden unter dem Ballast der mindestens impliziten Bezugnahmen auf die jeweiligen historisch geprägten institutionellen Arrangements und Rechtsordnungen. Es bedarf deshalb nicht nur einer begrifflichen Übersetzung, sondern auch einer auf den Pfad der konkreten Rechtsordnung bezogenen Re- und Ausformulierung. Aus der deutschen Debatte erscheint als Ausgangspunkt hierfür der Begriff des »Sozialen Rechts« interessant, der in der Rechtstheorie der Weimarer Republik mit dem Anspruch verbunden war, die realen Machtverhältnisse hinter der formalen Gleichheit der Rechtssubjekte in den Blick zu nehmen und normativ den »Menschen im Recht« in den Mittelpunkt zu stellen.[12]

siehe Fudge, Comp.Lab.L.&PolicyJ. 2007, 29; Kocher, Solidarität und Menschenrechte – Zwei verschiedene Welten?, in: Lindemann/Malaviya/Hanebeck/Hanschmann/Nickel/Tohidipur (Hrsg.), Erzählungen vom Konstitutionalismus. Festschrift für Günter Frankenberg, Baden-Baden 2012, 151.

9 Sen, Die Idee der Gerechtigkeit, München 2010; Nussbaum, Menschenrechte und Fähigkeiten über Grenzen hinweg, in: Richter (Hrsg.), Transnationale Menschenrechte. Schritte zu einer weltweiten Verwirklichung der Menschenrechte, Opladen u.a. 2008, 61.

10 Fudge, The New Discourse of Labor Rights: From Social to Fundamental Rights?, Comp.Lab.L.&PolicyJ. 2007, 29}; Supiot, in: Deakin/Supiot (Hrsg.) 2009, 161; zur Bedeutung des »capabilities«-Ansatzes siehe auch Schmid, Übergänge am Arbeitsmarkt. Arbeit, nicht nur Arbeitslosigkeit versichern, Berlin 2011, 50 ff; Bonvin, Individual working lives and collective action. An introduction to capability for work and capability for voice, Transfer 2012, 9; Drouin, »Capacitas« and Capabilities in International Labour Law, in: in: Deakin/Supiot (Hrsg.), Capacitas. Contract law and the institutional preconditons of a market economy, Oxford 2009, 141.

11 Supiot 2001 (Fn. 6), 50 ff; für eine Rekonstruktion der französischen Debatte siehe auch Castel 2011 (Fn. 7), 100 f.

12 Eichenhofer, Soziales Recht – Bemerkungen zur Begriffsgeschichte, SR 2012, 76; Seifert, »Von der Person zum Menschen im Recht«. Zum Begriff des sozialen Rechts bei Hugo Sinzheimer, SR 2011, 62; aus der damaligen Zeit siehe vor allem Radbruch, Der Mensch im Recht, Göttingen 1957.

1.2 Ziehungsrechte für Zeit und Bildung

Die Notwendigkeit einer pfadangepassten Ausformulierung besteht auch für einen zentralen (Unter-)Begriff der Debatte, den Begriff der Ziehungsrechte (»social drawing rights«).[13] Im Rahmen des von Supiot entwickelten Konzepts sollen solche Rechte einen Beitrag dazu leisten, über Unterbrechungen und Übergänge hinweg den Umgang mit wachsender Unsicherheit zu ermöglichen und Mobilität bzw. Flexibilität und Sicherheit für die Beschäftigten miteinander zu versöhnen.[14] Der Begriff wird meistens einerseits im Zusammenhang mit Rechten und »Optionen« auf Zeit verwendet,[15] andererseits im Zusammenhang mit dem Recht auf (lebenslange) Weiterbildung.[16]

Vergleichbare Grundanliegen finden sich in der europäischen Debatte um die Verbindung von Flexibilität und Sicherheit (»Flexicurity«) wieder, hier unter stärker arbeitsmarktpolitischen Vorzeichen. So war das arbeitsrechtliche Grünbuch der Europäischen Kommission, zu dessen Vorbereitung die Arbeiten von Supiot und anderen gedient hatten,[17] zwar an seinem deregulierenden Impetus gescheitert. Seine konzeptionellen Anliegen wurden jedoch fortgesetzt und führten zur Entwicklung von Forderungen nach Integration destandardisierter Lebensläufe und »garantierten Optionalitäten« der Zeitsouveränität einschließlich gesicherter Zeiten ohne Erwerbsarbeit,[18] nach Rechten auf lebenslanges Lernen sowie Arbeitsmarktübergängen und internen Flexibilitäten.[19]

13 Supiot 2001 (Fn. 6), 56 f.

14 Mückenberger, Ziehungsrechte. Ein zeitpolitischer Weg zur »Freiheit in der Arbeit«, WSI-Mitt. 2007, 195, 199; Castel 2011 (Fn. 7), 146.

15 Mückenberger, WSI-Mitt. 2007 (Fn. 14), 195, 196: »zeitbezogene Optionsrechte von Beschäftigten mit Blick auf die für ihre Lebenslagen und biographischen Verläufe spezifischen Zeitbedarfe« (dort auch zur Herkunft aus der internationalen Währungspolitik); Sachverständigenkommission Siebter Familienbericht: Familie zwischen Flexibilität und Verlässlichkeit – Perspektiven für eine lebenslaufbezogene Familienpolitik, BT-Drs. 16/1360, S. 266 ff: »Optionszeiten«.

16 Schmid 2011 (Fn. 10), 98 ff; Schmid, Leviathan 2012 (Fn. 2), 216 ff; vgl. auch Castel 2011 (Fn. 7), 102.

17 Europäische Kommission, Grünbuch »Ein modernes Arbeitsrecht für die Herausforderungen des 21. Jahrhunderts«, KOM(2006) 708 endg; für den Flexicurity-Begriff insbesondere Wilthagen/Tros, The concept of »flexicurity«: a new approach to regulating employment and labour markets, Transfer. European Review of Labour and Research 2004, 166.

18 Klammer, Flexicurity aus der Perspektive des Lebenslaufs, in: in: Kronauer/Linne (Hrsg.), Flexicurity. Die Suche nach Sicherheit in der Flexibilität, Berlin 2005, 249.

19 Europäische Kommission, Mitteilung vom 27.6.2007 »Gemeinsame Grundsätze für den Flexicurity-Ansatz herausarbeiten: Mehr und bessere

Der Begriff der Ziehungsrechte, der in diesen Zusammenhängen eine wichtige Umsetzungsidee darstellt, vereint zwei wichtige Aspekte:[20] Zum einen betont er die individuelle subjektive Freiheit in der Wahrnehmung z.B. von Auszeiten oder Weiterbildungsmöglichkeiten. Zum zweiten will er Klarheit hinsichtlich der zur Verfügung stehenden Ressourcen ermöglichen: Jeder und jede Beschäftigte soll danach aus einer individuell garantierten Reserve schöpfen können. Hierfür seien »accounts, credits, savings, vouchers« für erforderlich, die durch Staat, Sozialversicherung, Unternehmen, Verbände, Arbeitnehmer geschaffen werden könnten – abhängig vom Nutznießer der Ziehung.[21]

1.3 Kontenmodelle und das Problem der Sichtbarmachung von Verteilungsfragen

Als Rahmen für die Schaffung solcher »accounts, credits, savings, vouchers« in Form individuell garantierter Reserven sind insbesondere Kontenregelungen und Fonds vorgeschlagen worden.[22] Solche Modelle verwirklichen beide Aspekte – individuelle Freiheit und garantierte Reserve –, da individuelle (begrenzte) Ressourcen garantiert werden, so dass Anträge und Wünsche keiner Prüfung auf Notwendigkeit und »Förderungswürdigkeit« mehr unterzogen werden müssen. Jede selbstbestimmte Entscheidung wird als legitim anerkannt und gefördert; es entstehen Anreize auch für riskante Entscheidungen.[23]

Arbeitsplätze durch Flexibilität und Sicherheit«, KOM(2007) 359 endg.; siehe jetzt Europäische Kommission, Mitteilung vom 18.4.2012, »Einen arbeitsplatzintensiven Aufschwung gestalten«, KOM(2012) 173 endg; Klammer, in: Kronauer/Linne (Hrsg.) 2005 (Fn. 16), 249; Blanke/Bleses, Flexicurity im Arbeits- und Sozialleistungsrecht, in: Kronauer/Linne (Hrsg.) 2005 (Fn. 16), 365.

20 Supiot 2001 (Fn. 6), 56.

21 Supiot 2001 (Fn. 6), 57; Mückenberger, WSI-Mitt. 2007 (Fn. 14), 200.

22 Siehe den Überblick bei Käpplinger/Kulmus/Haberzeth, Weiterbildungsbeteiligung. Anforderungen für eine Beschäftigungs- und Arbeitsversicherung. Expertise für die Friedrich-Ebert-Stiftung 2013, 58 ff; Schmid 2011 (Fn. 10), 98 ff: »Persönliches Entwicklungskonto« (so auch Hipp, Weiter mit Weiterbildung! Von der Arbeitslosen- zur Beschäftigungsversicherung, WSI-Mitt. 2009, 362, 366 ff); Schmid, Leviathan 2012 (Fn. 2), 216 ff: »Individuelle Ziehungsrechte aus einem solidarischen Weiterbildungsfonds«; vgl. auch Expertenkommission Finanzierung Lebenslangen Lernens, Finanzierung Lebenslanges Lernen: Der Weg in die Zukunft, Berlin 2004, 188: »Bildungssparen«.

23 Schmid 2011 (Fn. 10), 99; 160 f auf der Basis einer verhaltenstheoretischen Analyse; siehe auch Sachverständigenkommission 2006 (Fn. 15), S. 267 ff mit einer geschlechterpolitischen Begründung.

Schon das Ziel, Menschen zu dem Zeitpunkt im Leben Ressourcen zur Verfügung zu stellen, zu dem sie diese benötigen,[24] kann dabei aber leicht verfehlt werden: In der »rush hour« des Lebens ist häufig noch nicht ausreichend angespart.[25] Es ist auch nicht auszuschließen, dass die Erkenntnis der »richtigen« Zeit- oder Bildungsnutzung individuell erst reift, nachdem das Recht bereits gezogen wurde. Die Ansparlogik wird in den vorliegenden Modellen zur Weiterbildung deshalb zu Recht eingeschränkt. Die Summe müsse nicht individuell angespart worden sein, und die Rechte sollen mehrfach und über die insgesamt anzusparende Summe hinaus in Anspruch genommen werden können.[26]

Ein weiteres Problem der Konten wirft die Frage nach der Gerechtigkeit in der Verteilung gesellschaftlicher Ressourcen auf: Wenn für jede Person dieselbe Summe bzw. Zeit zur Verfügung gestellt wird, kann nicht mehr nach unterschiedlichen Bedarfen differenziert werden (z.B. Bedarfe von Personen mit unzureichender oder verfallender Qualifikation, Personen mit einer Kumulation riskanter Übergänge oder einer Vielzahl von Sorgepflichten[27]). Auch so werden (unsichtbare) Verteilungsentscheidungen getroffen. Zum Beispiel erfordert die »richtige« Entscheidung für die »richtige« Weiterbildung zum »richtigen« Zeitpunkt hohe Bildungskompetenz; bereits heute nehmen diejenigen Personen mit dem höchsten Bildungsbedarf am seltensten Weiterbildung in Anspruch.[28]

Schränkt man die Ziehung aus einem Konto aber durch bedarfsorientierte Kriterien ein, befindet man sich auf dem Weg in ein Versicherungsmodell, das die Frage nach der richtigen Verteilung gesellschaftlicher Ressourcen anders löst als durch individuell garantierte Summen: Die Ressourcen würden dann nicht in der Höhe, sondern in der Sache begrenzt. Durch die Benennung konkreter Anspruchsvoraussetzungen müssen dann Kriterien für die finanzielle Förderungswürdigkeit von Auszeiten und/oder Weiterbildungsmaßnahmen gefunden werden, die einer sozialpolitisch gerechten Verteilung öffentlicher und gesellschaftlicher Ressourcen entsprechen.

Dies ist überall dort sachgerecht, wo der Staat (oder die Versichertengemeinschaft bzw. der mit öffentlichen Mitteln ausgestattete Fonds)

24 Schmid, Leviathan 2012 (Fn. 2), 263.

25 Mückenberger, WSI-Mitt. 2007 (Fn. 14), 198.

26 Schmid, Leviathan 2012 (Fn. 2), 263; vgl. auch Bosch, In Qualifizierung investieren – ein Weiterbildungsfonds für Deutschland, 2010, 39: »Beschäftigungslogik« statt Ansparlogik.

27 Welti/Kocher/Paschke/Nassibi/Wenckebach/Zimmer, Den sozialstaatlichen Pfad wieder finden: Arbeit, nicht nur Arbeitslosigkeit versichern. Anmerkungen zu einem Vorschlag von Günther Schmid, Soziale Sicherheit 2012, 184, 187.

28 Kruppe, Organisation und Finanzierung von Qualifizierung und Weiterbildung im Lebensverlauf. Expertise für die Friedrich-Ebert-Stiftung, Bonn 2013.

Ressourcen zur Verfügung stellt. Denn die öffentliche Hand sollte die finanziellen und sonstigen sozialen Risiken einer individuellen Entscheidung nur tragen, wo diese Entscheidung aus gesellschaftlicher Sicht sinnvoll und förderungswürdig erscheint. Unternehmen und Arbeitgeber wiederum sollten hingegen finanzielle Lasten dort tragen, wo sie die sozialpolitische Verantwortung tragen oder von den Vorteilen profitieren (wie insbesondere im Fall der betrieblichen Weiterbildung[29]).

Die Entnahme bzw. die Inanspruchnahme der Ressourcen und die Einhaltung von Kriterien müssten dann allerdings durch (sozialversicherungsrechtliche, behördliche oder andere) Entscheidungsträger und durch rechtlich ausgestaltete Verfahren kontrolliert werden.

1.4 Das Recht auf eine selbstbestimmte Erwerbsbiographie (Art. 12 GG)

Eine Begrenzung von Leistungen durch Sachkriterien erscheint deshalb vorzugswürdig gegenüber einer bedingungslosen Ziehung. Diese Begrenzung bei gleichzeitiger Autonomie können Rechtsansprüche leisten. Das Ziel der Selbstbestimmung in sozialer Einbindung, das mit solchen Ansprüchen verfolgt werden sollte, lässt sich insofern für die deutsche Rechtsordnung im verfassungsrechtlichen Rahmen eines »Rechts auf eine selbstbestimmte Erwerbsbiographie« ausformulieren.[30]

Ein solches Recht ergibt sich im Grundsatz bereits aus dem Grundgesetz. Die Berufsfreiheit (Art. 12 GG) enthält Rechte auf berufliche Entwicklung und Weiterentwicklung auch für abhängig beschäftigte Arbeitnehmerinnen und Arbeitnehmer.[31] Darüber hinaus gewährleisten die Grundrechte auf Privat- und Familienleben eine angemessene Abstimmung der Erwerbsarbeit mit »privaten« Anliegen. Die Integration von behinderten und gesundheitlich eingeschränkten Menschen ins Erwerbsleben, die Vereinbarkeit von nichterwerbsmäßiger Sorgearbeit, Familie und Beruf sowie die berufliche Fort- und Weiterbildung sind durch spezielle Rechte auf Gleichbehandlung, Förderung, angemesse-

29 Vgl. die Vorschläge für Handlungsanreize im Rahmen der Finanzierung (»levy-exemption-System«) Bosch 2010 (Fn. 26), 7f.

30 So auch der Titel des Buchs mit den Ergebnissen des Projekts SozRA (Kocher/Groskreutz/Nassibi/Paschke/Schulz/Welti/Wenckebach/Zimmer 2013 (Fn. 1)).

31 BVerfG 11.6.1958, BVerfGE 7, 377, 397; BVerfG 15.12.1987, BVerfGE 77, 308, Rz 98 (Weiterbildungsgesetze); BVerfG 25.1.2011, BVerfGE 128, 157 ff; Bryde, Artikel 12 Grundgesetz – Freiheit des Berufs und Grundrecht der Arbeit, NJW 1984, 2177; Schneider, Artikel 12 GG – Freiheit des Berufs und Grundrecht der Arbeit, VVdStRL 1985, 7.

ne Vorkehrungen und Persönlichkeitsentwicklung verfassungsrechtlich abgesichert. Das Recht auf eine selbstbestimmte Erwerbsbiographie hat damit insbesondere zum Gegenstand, Entscheidungen und Lebensläufe, die von der sozialen Norm abweichen, rechtlich zu akzeptieren – und Übergangssituationen entsprechend rechtlich zu gestalten. Die Beschäftigten müssen in der Erwerbsarbeit selbst mit darüber entscheiden können, wie persönliche und organisatorische Konflikte gelöst werden, anstatt ohne Not Normalitätsvorstellungen und Normalisierungszwängen unterworfen zu werden.

Dieses Recht und die Überlegungen, die mit Ziehungsrechten meist verbunden sind, verfolgen also ähnliche Ziele. Der Begriff »Ziehungsrecht« stellt allerdings die Technik der Finanzierung von Ansprüchen in den Mittelpunkt und erschwert die Sichtbarmachung von Verteilungsentscheidungen, indem er Kontenmodelle nahe legt. Das Recht auf eine selbstbestimmte Erwerbsbiographie bezieht sich demgegenüber auf den verfassungsrechtlichen Kontext des deutschen Rechts, ist stärker normativ aufgeladen und benennt unmittelbar die geschützten Interessen an einer selbstbestimmten Erwerbsbiographie.

Das Recht auf eine selbstbestimmte Erwerbsbiographie regelt einen Ausschnitt aus dem Gesamtkomplex fundamentaler Rechte der Erwerbsarbeit und benennt die normative Zielsetzung, der eine lebenslauforientierte arbeits- und sozialrechtliche Regulierung zu folgen hätte. Es steht allerdings gleichzeitig für eine Begrenzung individueller Leistungen durch Sachkriterien, die von Rechts wegen demokratisch festzulegen wären – und deren Einhaltung durch Entscheidungsträger kontrolliert werden müsste. Für diese Entscheidungen bedarf es rechtlich gestalteter Verfahren. Soll die erforderliche Selbstbestimmung nicht an dieser Stelle verloren gehen, bedarf es der Gestaltung fairer Verfahren, die Konflikte angemessen zu lösen in der Lage sein müssten. Man kann über Recht nicht reden, ohne gleichzeitig Verfahren zu betrachten.

In Bezug auf das Recht auf eine selbstbestimmte Erwerbsbiographie geht es dabei um Verfahren auf mindestens zwei Ebenen, denn zur Verwirklichung des Rechts bedarf es unterschiedlicher Ansprüche auf der betrieblichen Ebene (gegen Arbeitgeber) und auf der Ebene der Behörden (gegen den Staat bzw. Sozialversicherungsträger). Welche Ansprüche hier mit welchen Verfahren für betriebliche Konflikte und Finanzierungsfragen verbunden werden könnten, soll im Folgenden skizziert werden.

2. Ansprüche zur Verwirklichung des Rechts auf eine selbstbestimmte Erwerbsbiographie

2.1 Subjektive Rechte und Ansprüche

Geht es um die Umsetzung und Verwirklichung von Rechten in konkrete Regelungen, so bedarf es einer Ausdifferenzierung in einzelnen Ansprüchen. So ist z.B. die Verwirklichung von Rechten auf Zeit oder Weiterbildung auf eine ganze Reihe von Ressourcen angewiesen: Zeit; Finanzierung des Einkommensersatzes bzw. der Kosten des Lebensunterhalts; Finanzierung von Dienstleistungen wie der Qualifizierungsmaßnahme oder Finanzierung einer Anpassung des Arbeitsplatzes; Finanzierung sekundärer Risiken wie Krankheit oder Alterssicherung/Rente[32]. Für all diese Ressourcen kommen jeweils unterschiedliche Verteilungsentscheidungen und Entscheidungsverfahren und damit unterschiedliche Ansprüche in Betracht.

In der Rechtstheorie wird insofern zwischen »subjektivem Recht« und »Anspruch« unterschieden. Während das subjektive Recht den rechtlichen Schutz eines bestimmten Interesses (hier: der selbstbestimmten Erwerbsbiographie) bezeichnet, handelt es sich beim Anspruch um ein Forderungsrecht (§ 194 BGB), d.h. um die konkrete einklagbare Forderung gegen eine andere (juristische oder natürliche) Einzelperson (hier: den Anspruch auf Arbeitszeitreduzierung gegen den Arbeitgeber oder den Anspruch auf Finanzierung des Lebensunterhalts gegen die Sozialversicherung). Jedes subjektive Recht bedarf zu seiner Verwirklichung der Benennung von Ansprüchen gegen bestimmte Institutionen und Personen.

2.2 Das geltende Recht

Das subjektive Recht auf eine selbstbestimmte Erwerbsbiographie kann also nur durch konkrete Einzelansprüche gegen Arbeitgeber und Sozialversicherungsträger oder andere Institutionen rechtlich wirksam werden. Die hierfür erforderlichen zahlreichen konkreten Ansprüche in unterschiedlichen Kontexten können an dieser Stelle nicht im Einzelnen dargestellt werden. Auch die geltende Rechtslage ist komplex, disparat und in einem ständigen Wandel begriffen. Die Verbindung von Mobilitätssituationen mit Rechten »ist kein Patentrezept, sondern eher eine

32 Nur auf diesen letzten Aspekt bezieht sich das Optionszeitenmodell des Siebten Familienberichts der Bundesregierung, siehe Sachverständigenkommission 2006 (Fn. 15), S. 266 ff.

Baustelle. «[33] Zur Veranschaulichung sollen im Folgenden exemplarisch einige wesentliche Elemente herausgegriffen werden, für die es bereits Regelungen im geltenden Recht gibt. Es handelt sich dabei um Rechte auf Anpassung des Erwerbsarbeitsverhältnisses an die individuellen lebenslaufbezogenen Erfordernisse (2.2.1–2.2.2), insbesondere Rechte auf Zeitsouveränität und Weiterbildung sowie um die Finanzierung solcher Übergänge (2.2.3.).

2.2.1 *Das Recht auf individuelle Anpassung*

Für die individuelle Anpassung im Betrieb gibt es nach geltendem Recht[34] in bestimmten Fällen gesetzliche Ansprüche auf erwerbsarbeitsfreie Zeit zu dem jeweils erforderlichen Zeitpunkt (z.B. bei der Schwangerschaft (§§ 3 ff MuSchG), bei Elternzeit (§§ 15 ff BEEG), Pflegezeit (§§ 2 ff PflZG) oder bei Krankheit (§ 275 BGB)[35]). Darüber hinaus existieren Rechtsgrundlagen für die Reduzierung der Arbeitszeit (während der Elternzeit nach BEEG, während einer Pflegezeit nach dem PflegeZG,[36] als allgemeiner »Teilzeitanspruch« in § 8 Teilzeit- und Befristungsgesetz) sowie für den Wechsel von der Nachtarbeit auf einen Tagesarbeitsplatz bei Betreuung von Kindern oder gesundheitlichen Problemen (§ 6 Abs. 4 Arbeitszeitgesetz (ArbZG)). § 81 Abs. 5 Satz 3 des Neunten Buchs des Sozialgesetzbuchs (SGB IX) [seit 2018 § 164 Abs. 5 Satz 3 SGB IX] enthält einen Anpassungsanspruch auf variable Gestaltung der Arbeitszeiten für Schwerbehinderte.[37] Aus allgemeinen zivil- und arbeitsrechtlichen Vorschriften lassen sich darüber hinaus weiter gehende Ansprüche auf Anpassung entnehmen. So können sich Rechte der Beschäftigten auf entsprechende Anpassungsmaßnahmen sowohl aus der »Fürsorge«-Pflicht des Arbeitgebers nach § 618 BGB ergeben als auch aus den (verfassungsrechtlichen) Grenzen des Weisungsrechts nach § 106 der Gewerbeordnung (GewO) oder der Arbeitgeberpflicht zur Prävention von

33 Castel 2011 (Fn. 7), 213.

34 Siehe auch zu vergleichbaren Entwicklungen im Recht des Vereinigten Königreichs und im US-amerikanischen Recht Durkalski, Fixing Economic Flexibilization. A Role for Flexible Work Laws in the Workplace Policy Agenda, Berkeley Journal of Employment and Labor Law 2009, 381, 385 ff.

35 Das Entgeltfortzahlungsgesetz (EntgeltFZG) regelt die Frage des Entgelts in dieser Zeit.

36 Das Familienpflegezeitgesetz (FamPflZG) enthält lediglich Rechte auf Förderung entsprechender Arbeitszeitkonten, jedoch keine eigenständigen Anpassungsansprüche.

37 Bzw. für alle behinderten Arbeitnehmerinnen und Arbeitnehmer (genauer Nassibi, Die Durchsetzung der Ansprüche auf Schaffung behinderungsgerechter Arbeitsbedingungen, NZA 2012, 720, 721).

Diskriminierung (§ 12 Abs. 1 Allgemeines Gleichbehandlungsgesetz (AGG)). Bei einer sachgerechten Auslegung der meisten Arbeitsverträge dürften in aller Regel auch arbeitsrechtliche Ansprüche auf Freistellung für die betriebsnotwendige Weiterbildung herzuleiten sein (soweit dies angesichts des allgemeinen Teilzeitanspruchs noch erforderlich erscheint).[38]

Arbeitsrechtliche Anpassungsansprüche zur Verwirklichung des Rechts auf selbstbestimmte Erwerbsbiographien müssen deshalb nicht neu erfunden werden. Ein allgemeiner Anpassungsanspruch wäre aber gesetzlich transparent zu regeln; die bestehenden Ansprüche könnten dann systematisch in Hinblick auf dieses Recht begriffen und entsprechend verbessert werden. So fehlt es aktuell z.B. an explizit und transparent geregelten Ansprüchen auf befristete Teilzeit oder auf Vollzeit.[39]

2.2.2 *»Übergangsmanagement«: Reflexive Rechte im betrieblichen Konflikt*

Die erwähnten Rechtsansprüche sehen allerdings häufig vor, dass der Arbeitgeber dem Anpassungswunsch des Arbeitnehmers oder der Arbeitnehmerin »betriebliche Gründe«, »dringende betriebliche/dienstliche Belange« oder »Unzumutbarkeit« entgegen setzen kann. »Betriebliche Gründe« in diesem Sinne liegen (nur) vor, wenn sie sich zwingend aus der Arbeitsorganisation oder dem Arbeitsablauf ergeben oder sich aus unverhältnismäßigen Kosten des Arbeitgebers begründen lassen (vgl. § 8 Abs. 4 TzBfG). Betriebliche Gründe können sich auch aus der Unvereinbarkeit mit den legitimen Zeitinteressen anderer Beschäftigter ergeben.[40]

Die Begrenzung von Anpassungsansprüchen durch solche Einwände ist in der Sache durchaus sinnvoll. Schließlich sind in der Belegschaft oft widersprechende Zeitprioritäten gegeneinander abzuwägen und mit der betrieblichen Organisation abzustimmen.[41] Hier liegen notwendige Grenzen der individuellen Selbstbestimmung, die sich aus der kollektiven und betrieblichen Einbindung der Erwerbsarbeit ergeben.

38 Käufer, Weiterbildung im Arbeitsverhältnis, Baden-Baden 2002; Kocher/Welti 2013 (Fn. 1), 17 ff; siehe auch Natzel, Unwissenheit ist freiwilliges Unglück. Qualifizierung als Herausforderung beider Arbeitsvertragsparteien, BB 2010, 697, 700 ff; zur Finanzierung siehe unten 2.2.3.

39 Ausführlich Kocher/Groskreutz/Nassibi/Paschke/Schulz/Welti/Wenckebach/Zimmer 2013 (Fn. 1), 162 f. [Siehe aber § 9a TzBfG, der seit 2019 ein Recht auf eine zeitlich begrenzte Verringerung der Arbeitszeit (»Brückenteilzeit«) vorsieht.]

40 Kocher, Gestaltungs- und Verhandlungsrechte von Beschäftigten, WSI-Mitt. 2007, 434.

41 Vgl. auch Mückenberger, WSI-Mitt. 2007 (Fn. 14), 195, 198.

Da es sich bei den Einwänden im Rahmen von Rechtsansprüchen um rechtliche Einwände handelt, ist gerichtlich zumindest teilweise überprüfbar, ob die geltend gemachten betrieblichen Interessen tatsächlich vorliegen.[42] Insofern gewährleistet die Rechtsform größere Rechtssicherheit und Rechtsmacht im Konflikt, als wenn die Abstimmung der Interessen allein der beiderseitigen Willkür überlassen bliebe. Dennoch lässt der Vorbehalt der betrieblichen Interessen Entscheidungsspielräume.[43] »Wir müssen zwischen der Unbedingtheit des Rechts und den Bedingungen seiner Verwirklichung unterscheiden«[44]: Das zentrale Problem bei den betrieblichen Anpassungsansprüchen ist heute nicht mehr die Gewährung eines unbedingten Anspruchs als solchem; die zentrale Frage ist, wie dieser im betrieblichen Konflikt effektiv gemacht werden kann.

Der deutsche Gesetzgeber gibt immerhin einige Hinweise darauf, wie er sich dies vorstellen könnte. Denn wir finden im geltenden Recht zunehmend Regelungen über Organisationspflichten der Arbeitgeber (§ 12 AGG) oder – im Rahmen von Arbeitszeitreduzierungsansprüchen – Erfordernisse individueller »Verhandlungen« (§ 8 Abs. 3 TzBfG, § 15 Abs. 5 Satz 2 BEEG).[45] Bei der behindertengerechten Gestaltung von Arbeitsbedingungen schreibt § 84 Abs. 2 SGB IX [seit 2018 § 167 Abs. 2 SGB IX] mit dem Betrieblichen Eingliederungsmanagement (BEM) ein interessantes Verfahren vor, in dem unter Beteiligung aller betrieblichen Interessenvertretungen sowie mit Hilfe der zuständigen Sozialversicherungsträger ein »offener Suchprozess« und Dialog gestartet werden muss, sobald eine Arbeitnehmerin oder ein Arbeitnehmer Arbeitsunfähigkeitszeiten von mindestens sechs Wochen innerhalb eines Jahres aufweist.[46] In Hinblick auf die Weiterbildung schreibt § 81 Abs. 4 Satz 2 des Betriebsverfassungsgesetzes (BetrVG) dem Arbeitgeber vor, mit dem Arbeitnehmer zu erörtern, »wie dessen berufliche Kenntnisse und Fähigkeiten im Rahmen der betrieblichen Möglichkeiten den künftigen Anforderungen angepasst werden können«, sobald feststeht, dass aufgrund betrieblicher Veränderungen eine solche Anpassung erforderlich wird. Ein systematisches Verfahrensmodell lässt sich zwar noch nicht erkennen. Auch gibt es kaum empirische Daten über die Verwirklichung dieser Verhandlungsverfahren. Allerdings geben die vorliegenden Daten Hinweise darauf, dass eine Einbindung der Interessenvertretungen und externer Akteure, wie sie beim BEM praktiziert wird, größere Effektivität verspricht als

42 Zu den Grenzen der gerichtlichen Überprüfung einer »unternehmerischen Entscheidung« ausführlich Kocher, WSI-Mitt. 2007 (Fn. 40), 434.

43 Bundesarbeitsgericht, Urteil vom 16.12.2008, Az. 9 AZR 893/072008.

44 Castel 2011 (Fn. 7), 213.

45 Siehe dazu schon Kocher, WSI-Mitt. 2007 (Fn. 40), 434.

46 Bundesarbeitsgericht, Urteil vom 10.12.2009, Az. 2 AZR 198/09; Kohte, Das betriebliche Eingliederungsmanagement – Ein doppelter Suchprozess, WSI-Mitt. 2010, 374.

lediglich individuelle Verhandlungen zwischen Arbeitgeber/in und Arbeitnehmer/in.[47]

Insbesondere die betriebliche Mitbestimmung ist für die tatsächliche Verwirklichung solcher Verfahren von nicht zu unterschätzender Bedeutung. Ohne effektive Rechte der Interessenvertretungen können die Beschäftigten in individuellen Verhandlungen wenig ausrichten. Nur die regelmäßige Einbeziehung der betrieblichen Interessenvertretungen kann auch Lernprozesse in den Betriebsräten und in der Belegschaft fördern und zur Auseinandersetzung mit den Gerechtigkeitsfragen veränderter Normalitäten und veränderter privater Interessen beitragen. Das geltende Recht sieht bislang eine systematische Beteiligung von Betriebsräten allerdings nur für den Fall vor, dass ein Arbeitgeber selbst regelhafte Verfahren zur Behandlung individueller Ansprüche innerbetrieblich institutionalisiert; das Mitbestimmungsrecht (§ 87 Abs. 1 Nr. 1 BetrVG) bezieht sich in diesen Fällen auf die Ausgestaltung solcher Verfahren.[48]

Zur Bearbeitung der mit individuellen Anpassungswünschen verbundenen Abstimmungsfragen bietet es sich insgesamt einerseits an, nach den bislang verstreuten Vorbildern des geltenden Rechts, insbesondere nach dem Vorbild des BEM, weitere Verfahren des »betrieblichen Übergangsmanagements« vorzusehen, in denen die Pflicht zur Einleitung »offener Suchprozesse« zu bestimmten Eingreifzeitpunkten vorgesehen wird, z.B. nach längeren Auszeiten (insbesondere bei der Rückkehr aus der Elternzeit[49]) oder nach längerer unterwertiger Beschäftigung. Ein gesetzliches »betriebliches Qualifizierungsmanagement« in Anknüpfung an der Erörterungspflicht des § 81 Abs. 4 Satz 2 BetrVG könnte sich an tariflichen Vorbildern orientieren, die überbetriebliche Agenturen und Beratungseinrichtungen in die Rechtsdurchsetzung

47 Zum BEM siehe z.B. Niehaus/Vater, Aktueller Stand der Umsetzung des Betrieblichen Eingliederungsmanagements, in: Badura/Schröder/Klose (Hrsg.), Fehlzeiten-Report 2010. Vielfalt managen: Gesundheit fördern — Potenziale nutzen: Zahlen, Daten, Analysen aus allen Branchen der Wirtschaft, Berlin 2010, 189; zu den entsprechenden Daten aus der WSI-Betriebsräte-Sonderbefragung 2011 siehe Kocher/Groskreutz/Nassibi/Paschke/Schulz/Welti/Wenckebach/Zimmer 2013 (Fn. 1), 134 ff.

48 Zum Mitbestimmungsrecht nach § 87 Abs. 1 Nr. 1 BetrVG bei der Einrichtung von Beschwerdestellen nach dem Allgemeinen Gleichbehandlungsgesetz (§ 13 AGG) siehe Bundesarbeitsgericht, Urteil vom 21.7.2009, Az. 1 ABR 42/08; zur Verallgemeinerung siehe Kocher/Groskreutz/Nassibi/Paschke/Schulz/Welti/Wenckebach/Zimmer 2013 (Fn. 1), 308 f.

49 Zu den Anforderungen des europäischen Rechts insofern siehe z.B. Kohte, Return to work – Europäische Impulse und deutsche Handlungsmöglichkeiten in: Hohmann-Dennhardt/Körner/Zimmer (Hrsg.), Geschlechtergerechtigkeit: Festschrift für Heide Pfarr, Baden-Baden 2010, 489.

einbinden.[50] Die Betriebsräte wären jeweils generell in die individuellen Verhandlungen bei Anpassungsansprüchen einzubeziehen (hierfür müssten insbesondere Mitbestimmungsrechte über den »Regelungsspielraum« der »betrieblichen Interessen« vorgesehen werden).[51]

Solche Verfahren konfrontieren die betrieblichen Logiken und Interessen sowohl mit individuellen als auch mit kollektiven Arbeitnehmerinteressen. Dadurch wird der jeweilige Anspruch zu einem »reflexiven«[52] Recht.

2.2.3 *Finanzierung von Anpassungen*

Wenn das Recht auf eine selbstbestimmte Erwerbsbiographie effektiv werden soll, bedarf es neben den allgemeinen Anpassungsansprüchen für Übergänge und den dazugehörenden Verfahrensvorschriften eines zweiten Bündels von Ansprüchen, die Fragen der Finanzierung regeln. Die Problematik der Finanzierung von Anpassungsrechten lässt sich an dieser Stelle leider nicht ansatzweise in der notwendigen Differenziertheit darstellen. U.a. ist hier zwischen unterschiedlichen Kosten (Lebensunterhalt, sekundäre soziale Risiken,[53] Kosten der Übergangsmaßnahme selbst) zu unterscheiden; die Kostentragung ist auch zwischen möglichen Finanzierungsträgern angemessen aufzuteilen. Eine wenige Beispiele sollen aber zeigen, in welchen Bereichen hier Regelungen zu treffen sind und welche Probleme das geltende Recht aufweist.

So gibt es zwar für die Elternzeit eine aus Steuermitteln finanzierte Entgeltersatzleistung (§ 2 BEEG), für Pflegesituationen existiert hingegen keine an die pflegende Person adressierte Leistung. In Situationen einer gesundheitlich bedingten Reduzierung der Arbeitszeit steht eine Teilsicherung nur sehr eingeschränkt zur Verfügung, es fehlt an Kongruenz

50 Siehe auch Schmid, Leviathan 2012 (Fn. 2), 263 zur möglichen Einbindung kommunaler Ämter für Ausbildungsförderung.

51 Zum Vorbild des § 87 Abs. 1 Nr. 5 BetrVG siehe schon Kocher, WSI-Mitt. 2007 (Fn. 40), 434; zum geltenden Recht am Beispiel der Arbeitszeit Paschke, Zeitsouveränität durch Anpassung der Arbeitszeitlage an die persönlichen Bedürfnisse. Individuelle Zeitansprüche und kollektive Mitbestimmung, AuR 2012, 11; genauer zum Ganzen Kocher/Groskreutz/Nassibi/Paschke/Schulz/Welti/Wenckebach/Zimmer 2013 (Fn. 1), 307 f.

52 Zu diesem Begriff grundlegend Teubner/Willke, Kontext und Autonomie: Gesellschaftliche Selbststeuerung durch reflexives Recht, ZfRSoz 1984, 4; siehe auch Kocher, Effektive Mobilisierung von Beschäftigtenrechten. Das Arbeitsrecht in der betrieblichen Praxis, Düsseldorf 2009, 8; 34 ff.

53 So bezieht sich wohl das Optionszeitenmodell des Siebten Familienberichts der Bundesregierung allein auf die Finanzierung des Alterssicherungsrisikos (Sachverständigenkommission 2006 (Fn. 15), S. 266 ff).

zum Recht der (Teil-)Erwerbsminderungsrente. Die Kosten in diesen und anderen Übergangssituationen sind so je nach Situation und Kontext teils von der Sozialversicherung, teils vom Staat, teils vom Arbeitgeber und teils von den Beschäftigten selbst zu tragen.[54]

In den letzten Jahren ist insbesondere die Frage der Finanzierung von Weiterbildung lebhaft diskutiert worden.[55] Auch hier zeigt sich die Breite und Differenziertheit der Regelungsnotwendigkeiten. Aktuell bestehen für die Finanzierung von Weiterbildungsrechten arbeitsrechtliche Ansprüche in Hinblick auf die betriebsnotwendige Weiterbildung, die sich nicht nur auf Freistellung, sondern auch auf Finanzierung des Lebensunterhalts, sekundärer sozialer Sicherung sowie der Maßnahme selbst durch den Arbeitgeber beziehen.[56] Weitere Ansprüche auf Finanzierung von Qualifizierungsmaßnahmen sowie von Entgeltersatz durch die Sozialversicherung sind in §§ 81 ff SGB III geregelt; sie erfassen unter bestimmten Voraussetzungen bereits heute die Förderung der individuellen Beschäftigungsfähigkeit.

Die Erfahrungen mit der Finanzierung durch die Agenturen für Arbeit und insbesondere mit den dortigen Entscheidungsverfahren sind jedoch nicht durchweg positiv, weder in Hinblick auf individuelle Bedürfnisse noch in Hinblick auf arbeitsmarktpolitische Anforderungen. Dies dürfte eine wichtige Motivation für die Suche nach Regelungsmodellen sein, die stärker die Entscheidungsfreiheit des einzelnen betonen. Die Vorschläge für eine Beschäftigungs- bzw. Arbeitsversicherung schlagen insofern eine Verallgemeinerung der sozialversicherungsrechtlichen Unterstützung jedenfalls hinsichtlich der Förderung (und des Erhalts) der individuellen Beschäftigungsfähigkeit vor.[57]

2.3 Zur methodischen Trennung der Ansprüche auf Anpassung und auf Finanzierung

Vorliegend wird also eine Trennung zwischen den Ansprüchen auf Zeit oder sonstige arbeitsrechtliche Anpassung (die sich gegen den

54 Zum Ganzen Kocher/Groskreutz/Nassibi/Paschke/Schulz/Welti/Wenckebach/Zimmer 2013 (Fn. 1), 314 ff.

55 Siehe z.B. Expertenkommission Finanzierung Lebenslangen Lernens 2004 (Fn. 22); Bosch 2010 (Fn. 26), 40 f; Schmid 2011 (Fn. 10); Kruppe 2013 (Fn. 28).

56 Käufer 2002 (Fn. 38); Natzel, BB 2010 (Fn. 38), 700 f; Kocher/Welti 2013 (Fn. 1), 19 ff; vgl. SPD-Regierungsprogramm 2013–2017, S. 23.

57 Schmid, Leviathan 2012 (Fn. 2), 248; Hipp, WSI-Mitt. 2009 (Fn. 22), 366 f; Hammer/Rosemann, Finanzierungspotenziale bei der Weiterentwicklung der gesetzlichen Arbeitslosenversicherung zur Arbeitsversicherung.

Arbeitgeber richten müssen) und den Ansprüchen auf Finanzierung von Kosten und sozialen Risiken (für die unterschiedliche Finanzierungsträger in Betracht kommen) vorgeschlagen. Diese Trennung erscheint sinnvoll, um differenzierte Regelungen treffen zu können. Was das im Einzelnen bedeuten kann, soll im Folgenden beispielhaft gezeigt werden.

2.3.1 Unterschiedliche Voraussetzungen für Anpassung und Finanzierung

So ist es zunächst keineswegs erforderlich, etwa als Voraussetzung der Wahrnehmung eines sozialversicherungsrechtlichen Anspruchs auf Finanzierung eine Abstimmung mit der Betriebsleitung vorzusehen. Zwar können Ansprüche auf finanzielle Unterstützung nur effektiv werden, wenn es flankierende Ansprüche auf Anpassung (z.B. der Arbeitszeit) gibt, die gegen den Arbeitgeber gerichtet werden müssen. Dies bedeutet jedoch nicht, dass die Anspruchsvoraussetzungen miteinander verknüpft werden müssen. Die Trennung ermöglicht es, für die Anpassungsansprüche ein systematisches und rechtlich eingebundenes Verfahren vorzusehen, in das die Sozialversicherung eingebunden sein kann[58] – ohne dass gleichzeitig die Finanzierung von den Bedingungen des betrieblichen Konflikts abhängig gemacht werden muss.

Umgekehrt sind Anpassungsansprüche nicht notwendig von einer bestimmten Finanzierung abhängig: Warum sollte ein Arbeitgeber nicht in jedem Fall Anpassungen im Rahmen des betrieblich Möglichen gewährleisten müssen, auch wo er nicht gleichzeitig für die finanziellen Risiken solcher Entscheidungen aufkommen muss? Anders als Ansprüche auf Finanzierung aus Mitteln Dritter muss die Anpassung im Betrieb keineswegs von der betrieblichen oder gesellschaftlichen Nützlichkeit abhängig gemacht werden. So sollte die Freiheit, ein Sabbatjahr für den Bau eines Hauses oder eine Weltreise zu nehmen, als allein privatnützige Entscheidung privat durch die Beschäftigten finanziert werden müssen; dies schließt aber nicht aus, dass der- oder diejenige im betrieblichen Konflikt durch einen Zeitanpassungsanspruch unterstützt wird.

Basisstudie. Expertise für die Friedrich-Ebert-Stiftung 2012; Käpplinger/Kulmus/Haberzeth 2013 (Fn. 22); siehe auch SPD-Regierungsprogramm 2013–2017, S. 23. Hinsichtlich der »Verwirklichung beruflicher Ziele« ist die Forderung des SPD-Regierungsprogramms nach »Unterstützung« durch die Arbeitsversicherung wohl nicht als Finanzierungsvorschlag in Bezug auf Entgelt und sonstige Kosten zu verstehen; möglicherweise ist dies als Gegenstand zu unterstützender tariflicher Weiterbildungsfonds gemeint (ebda. S. 49).

58 Was insbesondere in Hinblick auf die erforderliche Beratung sinnvoll sein kann (vgl. Schmid, Leviathan 2012 (Fn. 2), 248, 263).

Betriebliche Ansprüche auf Zeit müssen auch nicht auf eine fest vorgegebene konkrete Zeitspanne begrenzt werden, wie es aktuell bei der Eltern- und Pflegezeit der Fall ist.[59] Schließlich sind die möglichen Konflikte hier von anderer Art als bei Fragen der Finanzierung: Hier besteht das Problem nicht in der Ressourcenknappheit, sondern in der Konkurrenz und dem Konflikt von Zeitnutzungswünschen. Zur Lösung solcher Konflikte innerhalb der Belegschaft sowie in der betrieblichen Organisation bedarf es vorrangig der Festschreibung zwingender Verfahren unter Beteiligung wirkmächtiger Akteurinnen und Akteure.[60] Die Benennung konkreter Zeitspannen kann eine Hilfestellung für die Verwirklichung eines Mindestrechts sein, ist darüber hinaus aber nur erforderlich, wo es um die Finanzierung durch Mittel Dritter oder die soziale Sicherung geht.

2.3.2 Weitergehend: Trennung von Finanzierungsanspruch und Bereitstellung der Ressourcen

Für die Ausgestaltung von Finanzierungsansprüchen kann eine weitere Unterscheidung zwischen Finanzierungsansprüchen und der Bereitstellung von Ressourcen nützlich sein. Denn Rechtsansprüche haben gegenüber Ziehungsrechten und Fonds zwar den Vorteil, dass sie Verteilungsentscheidungen transparent machen können.[61] Auf der anderen Seite besteht die Gefahr, dass die rechtsgebundenen Entscheidungsverfahren dysfunktional wirken, wenn die Entscheidungsträger/innen Zielkonflikten und Ressourcenbeschränkungen unterliegen, die nichts mit den rechtlichen Vorgaben zu tun haben und deshalb die Selbstbestimmung stärker einschränken als rechtlich zulässig oder erforderlich. So dürfte z.B. für die Mängel bei der Durchsetzung der geltenden arbeitsförderungsrechtlichen Ansprüche auf Weiterbildungsfinanzierung auch die Tatsache verantwortlich sein, dass aktuell die Weiterbildungsförderung durch die Agenturen für Arbeit einer »Vermittlungslogik« folgt.[62]

Hier bieten die Modelle für »accounts, credits, savings, vouchers«, wie sie im Zusammenhang mit Konten- und Fondsmodellen entwickelt wurden, interessante Anregungen. So könnten die notwendigen Ressourcen zumindest verwaltungsintern in Form von individuellen »Konten« berechnet und zur Verfügung gestellt werden. Dies wäre Grundlage eines alternativen Modells für die Steuerung und das Management der Weiterbildungsförderung – ohne dass solche Konten notwendig den Rechtsanspruch der Betroffenen begründen oder begrenzen müssten.

59 § 15 BEEG; §§ 2–4 PflZG.
60 Genauer dazu oben 2.2.2.
61 Siehe dazu oben 1.3. und 1.4.
62 Bosch 2010 (Fn. 26), 9; 40.

Eine ähnliche Funktion können tarifliche oder andere überbetriebliche »Fonds« erfüllen, wenn es um die Finanzierung von Ansprüchen gegen Arbeitgeber geht. Die Vorteile solcher Fonds liegen nicht nur in der möglichen Dezentralisierung der Steuerung, sondern auch in der kollektiven und überbetrieblichen Refinanzierung von Lasten der Unternehmen. In der deutschen Tarifpolitik gibt es seit den 1990er Jahren bereits Weiterbildungsfonds der Tarifparteien[63]; der Betriebliche Demografiefonds nach dem »Tarifvertrag Lebensarbeitszeit und Demografie« der Chemieindustrie aus dem Jahre 2008 kann z.B. für unterschiedliche Auszeiten genutzt werden. Einen gesetzlichen Rahmen für eine überbetriebliche Verteilung der Arbeitgeberlasten für Auszeiten von Beschäftigten bietet bereits heute das Aufwendungsausgleichsgesetz (AAG) – allerdings eng beschränkt auf die Entgeltfortzahlung im Krankheitsfall und den Mutterschutz. Solche Instrumente erleichtern die Finanzierung von Anpassungen durch die Arbeitgeber, ohne dass sie gleichzeitig die Ansprüche der Betroffenen begründen oder begrenzen.

2.3.3 *Anpassung und Finanzierung am Beispiel von Zeitwertkonten*

Trennt man so einerseits die Ansprüche auf Anpassung und auf Finanzierung sowie andererseits die Finanzierungsansprüche von der Ressourcenbereitstellung, wird auch die mögliche Funktion betrieblicher Langzeit(wert)konten im Kontext eines Rechts auf eine selbstbestimmte Erwerbsbiographie deutlich.

Diese Konten können zunächst die Anpassung von Arbeitszeiten erleichtern. Dies kann durch vertragliche Rechtsansprüche geschehen, die in den Kontenvereinbarungen festzuschreiben wären. Darüber hinaus schafft die Institutionalisierung von Zeitwertkonten faktisch Gelegenheitsstrukturen auch für die Verwirklichung gesetzlicher Zeitanpassungsansprüche im Betrieb: Wo es solche Konten gibt, ist Flexibilität in der betrieblichen Arbeitszeitorganisation mitgedacht, so dass die Geltendmachung entsprechender Rechtsansprüche nicht so schnell auf unüberwindbare arbeitsorganisatorische Barrieren stößt.[64]

Die Hauptfunktion der Konten liegt aus rechtlicher Sicht allerdings darin, dass sie in einer Übergangssituation der Finanzierung des Lebensunterhalts und der sekundären sozialen Risiken dienen können. Die Konten ermöglichen den Beschäftigten das Bruttosparen und damit eine eigene (private) Finanzierung von Anpassungszeiten. Sie verteilen die

63 Bosch 2010 (Fn. 26), 19ff.

64 Vgl. Wotschack/Scheier/Schulte-Braucks/Solga, Zeit für Lebenslanges Lernen. Neue Ansätze der betrieblichen Arbeitszeit- und Qualifizierungspolitik, WSI-Mitt. 2011, 541.

Finanzierungskosten jedoch zu Lasten der Beschäftigten und sollten deshalb von Gesetzes wegen nur für solche Fälle als Finanzierungsinstrumente vorgesehen werden, in denen die Anpassung allein persönlich-privaten Interessen der Betroffenen dient. Als Instrumente zur Finanzierung von Anpassungen, die im betrieblichen oder gesellschaftlichen Interesse liegen (z.B. gesellschaftlich notwendige/legitime Sorgearbeit, gesundheitsbedingte Leistungseinschränkungen), sind sie ungeeignet.[65] Für solche Situationen erscheint eine unmittelbare Leistungsgewährung aus Steuer- oder Sozialversicherungsmitteln effektiver und zielgenauer. Diese kann auch besser einen sozialen Ausgleich gewährleisten. Dementsprechend sollte die Finanzierung der Freistellung für Angehörigenpflege auch nicht der privaten Finanzierung durch Zeitwertkonten überantwortet werden, wie es durch das Familienpflegezeitgesetz (FamPflZG) von 2012 geschieht.

3. Zusammenfassung und Ergebnisse

Das Konzept der Ziehungsrechte hat wichtige Impulse für die Entwicklung neuer Normalitätsannahmen für das Arbeits- und Sozialrecht gesetzt; es soll insbesondere eine lebenslauforientierte Gestaltung des Rechts ermöglichen. Das »Recht auf eine selbstbestimmte Erwerbsbiographie« kann als ein Versuch gelesen werden, dieses Konzept vor dem Hintergrund einer allgemeinen bürgerrechtlichen Betrachtung der Erwerbsarbeit pfadgemäß für die deutsche Rechtsordnung auszuformulieren. Ein Verdienst solcher übergreifender Konzepte besteht darin, dass sie über die zahlreich bestehenden Einzelregelungen und Beschäftigungsformen hinweg die Chance einer zusammenfassenden Betrachtung unabhängig von Erwerbs- und Beschäftigungsformen eröffnen.[66] Sie erinnern daran, dass unterschiedliche Rechtsbereiche und Ansprüche der Verwirklichung desselben rechtlich geschützten Interesses dienen können. Entsprechend verbindet das Recht auf eine selbstbestimmte Erwerbsbiographie Anforderungen an Unternehmen, Sozialversicherung und den Staat konzeptionell miteinander.

Der vorliegende Beitrag sollte aufzeigen, welche Folgen sich ergeben, wenn man das subjektive Recht als Bündel unterschiedlicher Ansprüche begreift, bei deren Regelung jeweils unterschiedliche

65 Zumal die Eignung von Zeitwertkonten für eine selbstbestimmte Erwerbsbiographie auch dadurch begrenzt wird, dass auf solchen Konten eine Vielzahl von Zeitverwendungswünschen lasten (Seifert/Kümmerling/Riedmann, Langzeitkonten – überschätzte Erwartungen einer biografieorientierten Zeitpolitik?, WSI-Mitt. 2013, 133; vgl. auch Zapf/Herzog-Stein, Betriebliche Einsatzmuster von Arbeitszeitkonten während der Großen Rezession, WSI-Mitt. 2011, 60 zur Nutzung für die Beschäftigungssicherung).

66 Mückenberger, WSI-Mitt. 2007 (Fn. 14), 195, 196.

Verteilungsentscheidungen zu treffen und unterschiedliche Verfahren in Betracht zu ziehen sind. So kann auch der »Gegensatz zwischen der Genauigkeit und empirisch sorgfältig fundierten Subtilität des Supiot-Berichts und der relativen Unbestimmtheit«[67] aufgelöst werden.

Zu unterscheiden sind dabei insbesondere Anpassungsansprüche, die sich gegen den Arbeitgeber richten und die im geltenden Recht bereits grundsätzlich anerkannt sind, von Finanzierungsansprüchen, die sich gegen unterschiedliche Träger und Vermögensmassen richten können und die im geltenden Recht noch nicht nach einer erkennbaren Systematik auf das Recht auf eine selbstbestimmte Erwerbsbiographie ausgerichtet sind.

Die Vorteile einer solchen Unterscheidung bestehen einerseits darin, dass differenzierte Anspruchsvoraussetzungen und damit Verteilungsentscheidungen diskutiert werden können. Andererseits können die Ansprüche mit unterschiedlichen Verfahren verbunden werden. Der Beitrag vertritt insofern die These, dass das Recht auf eine selbstbestimmte Erwerbsbiographie einer prozeduralen Ausgestaltung bedarf. Nur die Verbindung entsprechender Ansprüche mit reflexiv wirkenden Verfahren vermag das Recht tatsächlich effektiv zu machen. Bei dieser Betrachtung von Recht als »Verfahren« offenbart sich eine weitere innere Logik der Unterscheidung zwischen arbeitsrechtlichen Ansprüchen für betriebliche Konflikte und den (meist sozialversicherungsrechtlichen) Finanzierungsansprüchen: Beide Gebiete beziehen sich auf unterschiedliche Akteurinnen und Akteure, unterschiedliche Ressourcen und somit unterschiedliche Konflikte. Um effektiv wirken zu können, bedarf jedes Recht und jeder Anspruch eigener effektiver Verfahren der Implementation und Mobilisierung.[68]

Im Einzelnen wird für Verfahren zur Durchsetzung von Anpassungsansprüchen eine prozedurale Regelung von »betrieblichen Übergangsmanagements« vorgeschlagen, die betriebliche Interessenvertretungen genau wie externe Akteure (insbesondere aus den Sozialversicherungen) einbezieht. Für die Geltendmachung von Finanzierungsansprüchen wiederum wird eine Trennung des Anspruchs von den Ressourcenzuweisungen vorgeschlagen, die verhindern kann, dass die Durchsetzung von Rechtsansprüchen an sach- (und meist auch rechts-)widrigen Zielkonflikten und Ressourcenbeschränkungen scheitert.

In vielen sozialwissenschaftlichen Debatten wird das Recht nur als äußeres Orientierungssystem und feststehendes Regelwerk betrachtet. Für die Rechtswissenschaften ist das Recht jedoch vor allem ein umkämpftes Entscheidungssystem für Konflikte. Der vorliegende Text soll einen sozialwissenschaftlichen Blick auf diese Funktionsbedingungen des Rechts anregen.

67 So Castel 2011 (Fn. 7), 102 in Bezug auf die Frage der Finanzierung.

68 Zu diesem Begriff Blankenburg, Mobilisierung von Recht, ZfRSoz 1980, 33; für das Arbeitsrecht Kocher 2009 (Fn. 52).

Der rechtliche Rahmen der 24-Stunden-Pflege in Deutschland (2019)

Am 12. November 2018 jährte sich ein wichtiges Ereignis im deutschen Recht: An diesem Tag des Jahres 1918 erließ der Rat der Volksbeauftragten einen »Aufruf an das deutsche Volk«, der die Gesindeordnungen außer Kraft setzte[1] – und zwar endgültig, denn der Aufruf wurde durch ein Gesetz der verfassunggebenden Deutschen Nationalversammlung vom 4.3.1919 bestätigt.[2] Damit war ein wichtiger Schritt zur Gleichstellung von Hausangestellten mit anderen Arbeitnehmer*innen getan. Denn zuvor war die Arbeit von Hausangestellten außerhalb des allgemeinen Arbeitsrechts in Gesindeordnungen geregelt – »feudale Ruinen«, in denen die Rechtsverhältnisse des Gesindes als Mitglieder einer »häuslichen Gesellschaft« und damit teils ähnlich wie im Familienrecht modelliert waren.[3] Als das Bürgerliche Gesetzbuch (BGB) Ende des 19. Jahrhunderts im Reichstag und seinen Ausschüssen verhandelt wurde, war es eins der wichtigsten Anliegen der damaligen Sozialdemokratischen Partei gewesen, diese Sonderregelungen abzuschaffen. Dies gelang mit der Revolution von 1918.

Seither gibt es im deutschen Recht kaum noch Sonderregelungen für die Erwerbsarbeit in Privathaushalten. Dies erleichterte es der Bundesrepublik Deutschland erheblich, das Übereinkommen der Internationalen Arbeitsorganisation (ILO) über menschenwürdige Arbeit für Hausangestellte (Domestic Workers Convention 2011, C-189) zu ratifizieren. Bereits bevor die Europäische Union ihre Mitgliedstaaten zur Ratifikation ermächtigte,[4] hatte Deutschland 2013 mit Unterstützung aller

1 RGBl. 1918, Nr. 153, 1303.

2 RGBl. 1919, Nr. 55, 285f.

3 Vormbaum, Thomas, Politik und Gesinderecht im 19. Jahrhundert (vorn. in Preußen 1810–1918). Berlin 1979, S. 116, S. 146; Scheiwe, Kirsten/Schwach, Verena, »Decent work for domestic workers« – das Übereinkommen 189 der Internationalen Arbeitsorganisation, Zeitschrift für ausländisches und internationales Arbeits- und Sozialrecht (ZIAS) 2012, S. 317–349, S. 328; genauer auch Vormbaum, Thomas, Gesinderecht und Politik im 19. Jahrhundert. In: Scheiwe, Kirsten/Krawietz, Johanna (Hg.): (K)Eine Arbeit wie jede andere? Die Regulierung von Arbeit im Privathaushalt, 2014, S. 23–40, S. 32, S. 35 ff.; Meder, Stephan, Stephan, 2014: Gesinderecht als Familienrecht: »Versorgung gegen Gehorsam« statt »Lohn gegen Arbeit«, ebda., S. 41–59.

4 Beschluss des Rates 2014/51/EU vom 28. Januar 2014 zur Ermächtigung der Mitgliedstaaten, das Übereinkommen über menschenwürdige Arbeit für Hausangestellte der Internationalen Arbeitsorganisation von 2011

politischen Parteien als neunter Staat weltweit und als zweiter europäischer Staat[5] das Abkommen als geltendes deutsches Recht akzeptiert; im September 2014 wurde es wirksam.[6]

Ein wichtiges Argument für die Ratifikation war die Einschätzung, dass das deutsche Arbeitsrecht bereits weitgehend konform mit dem Übereinkommen sei.[7] Darüber hinaus war man jedoch nicht bereit, sich mit den besonderen Herausforderungen von Erwerbsarbeit in Haushalten zu beschäftigen, insbesondere der 24-h-Betreuung in Privathaushalten.

Vor dem Hintergrund dieses Übereinkommens (1.) werden deshalb im Folgenden die rechtlichen Gestaltungsformen für die 24-h-Betreuung dargestellt (2.) und die damit einhergehenden Rechts- und Anwendungsfragen identifiziert (3.). Angesichts der sich hieraus ergebenden Probleme der Transparenz und der Rechtsdurchsetzung werden abschließend Regelungsoptionen dargestellt, die diesen Problemen begegnen und darüber hinaus Grundlage einer Architektur von Anreizmechanismen für gute/bessere Arbeit bei Hausangestelltentätigkeit sein könnten (4.).

1. Übereinkommen 189 der Internationalen Arbeitsorganisation (ILO) über menschenwürdige Arbeit für Hausangestellte

a) Die doppelte Zielrichtung: Gleichbehandlung und besondere Regeln

Die Verabschiedung des Übereinkommens 189 im Jahre 2011 durch die Arbeitskonferenz der Internationalen Arbeitsorganisation (ILO) war ein großer Erfolg der transnationalen Bewegung von Hausarbeiterinnen.

(Übereinkommen Nr. 189) im Interesse der Europäischen Union zu ratifizieren, ABl. L 32 vom 1.2.2014, 32.

5 Zum Zeitpunkt der Erstveröffentlichung hatten nur sechs Mitgliedstaaten der EU ratifiziert; im Jahre 2024 sind es 9 (Belgien, Finnland, Deutschland, Irland, Italien, Malta, Portugal, Spanien (Inkrafttreten 29.2.2024), Schweden).

6 Ausführlich zur Ratifikation: Trebilcock, Anne, Challenges in Germany's Implementation of the ILO Decent Work for Domestic Workers Convention, International Journal of Comparative Labour Law and Industrial Relations (IJCLLIR) 34 (2018), S. 149–176, S. 152

7 Beschlussempfehlung und Bericht des Ausschusses für Arbeit und Soziales, BT-Drucks. 17/13303, S. 2; vgl. Kocher, Eva, Hausangestellte im deutschen Arbeitsrecht: Ratifikation der ILO-Konvention 189, Neue Zeitschrift für Arbeitsrecht (NZA) 2013, S. 929–934.

Seit den 1930ern wurde inner- und außerhalb der ILO an diesem Thema gearbeitet, angestoßen und vorangetrieben durch Hausarbeiterinnen und ihre Organisationen, zuletzt vor allem der »International Domestic Workers Federation«, die aus einer Kooperation von Gewerkschaften und NGOs entstand.[8]

Im Rahmen der ILO war dieses Übereinkommen ein Baustein der Fokussierung auf informale Arbeit, die vor allem in Ländern des Südens große Teile der Arbeitsmärkte bestimmt.[9] Ein wichtiges Vorbild war das südafrikanische Recht – das Recht eines Landes, in dem 8,7% der Bevölkerung in diesem Sektor arbeitet.[10]

Das Übereinkommen betont zunächst vor allem die Notwendigkeit der »Normalisierung« dieser Art der Arbeit; Hausangestellten sollen die gleichen Rechte wie anderen Arbeitnehmer*innen zustehen. Daneben soll es aber auch gegen die besonderen Gefahren von Misshandlungen, Belästigungen und Gewalt schützen, die sich aus der Privatheit des Haushalts und der damit einhergehenden Unsichtbarkeit dieser Arbeit ergeben.[11] Weitere besondere Gefahren für die Privatsphäre und den Schutz der Freizeit bestehen, wenn Hausangestellte in dem Haushalt leben, in dem sie arbeiten (»live-in«). Darüber hinaus werden in einer Reihe von weiteren Sondervorschriften die spezifischen Gefährdungslagen berücksichtigt, die sich aus der Tatsache ergeben, dass die Arbeit oft von Migrantinnen geleistet wird, die rassistischer Diskriminierung begegnen.[12]

8 Scheiwe/Schwach ZIAS 2012 (Fn. 3), S. 317; Blackett, Adelle, Introduction; Regulating Decent Work for Domestic Workers, Canadian Journal of Women and the Law, 23 (2011), S. 1–46; Bonner, Chris/Horn, Cat/Jhabvala, Renana, Informal Women Workers open ILO doors through transnational organizing 1980s–2010s, in: Boris, Eileen/Hoehtker, Dorothea/ Zimmermann, Susan (Hrsg.), Women's ILO – Transnational Networks, Global Labour Standards and Gender Equity, 1919 to Present, Genf, 2018, S. 176–200; Scheiwe, Kirsten Kirsten/Artner, Lucia, International Networking in the Interwar Years: Gertrud Hanna, Alice Salomon and Erna Magnus, ebda., S. 75–96, S. 92; Pape, Karin, ILO Convention C189 – a good start for the protection of domestic workers: An insider's view, Progress in Development Studies 16 (2016), S. 189–202.

9 ILO, Effective Protection for Domestic Workers: A Guide to Designing Labour Laws, Genf 2012; Bonner u.a. 2018 (Fn. 8).

10 Blackett, Adelle, Exploited, Undevalued – Domestic Workers and the Realisation of their Rights, Law & Society Review 49 (2015), S. 801–804; vgl. du Troit, Darcy (Hrsg.), Exploited, Undervalued – and Essential: Domestic Workers and the Realisation of their Rights, Pretoria, 2013.

11 Anderson, Bridget, Doing the Dirty Work? The Global Politics of Domestic Labour, London 2000, S. 135 ff.; vgl. Boni, Guido, The 189th ILO Convention: a new era for domestic workers?, Transfer 17 (2011), S. 581–584.

12 Vgl. Blackett 2015 (Fn. 10); Rodgers, Lisa, Race Discrimination and Migrant Domestic Workers. A Legal Loophole, International Labor Rights Case Law 3 (2017), S. 116–120.

Dabei enthält die Konvention eine Reihe von Öffnungsklauseln für die ratifizierenden Staaten. Vor allem in Hinblick auf Arbeitszeit, Arbeitsschutz und soziale Sicherung erlaubt sie die »gebührende Berücksichtigung« der »Besonderheiten der Hausarbeit«. Teilweise wird dies als Übergangsproblem definiert; in diesen Fällen wird von den ratifizierenden Staaten eine schrittweise Anpassung an den Grundsatz der Gleichbehandlung erwartet. Hier können sich gefährliche Einfallstore öffnen. Denn in den meisten Mitgliedstaaten der ILO wird die Arbeit in Privathaushalten im Vergleich zu sonstiger abhängiger Beschäftigung in vielen rechtlichen Hinsichten noch als Erwerbsarbeit zweiter Klasse behandelt.[13]

b) Die Bedeutung der ILO-Konvention für Deutschland

Das Abkommen gilt für alle »Hausangestellten«, d.h. alle Personen, die im Rahmen eines Arbeitsverhältnisses hauswirtschaftliche Arbeit verrichten. Art. 1 des Übereinkommens verwendet hierfür einen weiten Begriff der »hauswirtschaftlichen Arbeit« (domestic work). Entscheidend ist dabei allein der Arbeitsort »Haushalt«. Das Abkommen gilt also für Tätigkeiten der Haushaltsführung im engeren Sinn (einkaufen, kochen, reinigen, aufräumen), aber auch für haushaltsnahe Dienstleistungen wie Gartenarbeiten, Fahrdienste oder die Tätigkeit von Hauslehrer*innen oder »Diener*innen«. Auch pflegerische Tätigkeiten oder Aufgaben der Betreuung von Kindern, älteren oder behinderten Personen fallen darunter.

Dabei ergeben sich für unterschiedliche sozio-ökonomische Systeme und Rechtsordnungen spezifische Umsetzungsprobleme und -schwerpunkte. In west- und mitteleuropäischen Industriestaaten kommen typische Haushaltsführungstätigkeiten vergleichsweise selten in »live-in«-Verhältnissen vor; das heißt aber nicht, dass die damit verbundenen Gewaltverhältnisse nicht auch hier schon beobachtet worden wären. Die Misshandlung einer indonesischen Hausangestellten in einem saudi-arabischen Diplomatenhaushalt in Berlin war vor einigen Jahren vor den deutschen Arbeitsgerichten.[14] Angesichts des engen Zusammenhangs dieser Rechtsverhältnisse zu »Menschenhandel«, illegalem Aufenthalt und den damit zusammenhängenden prekären und diskriminierenden Verhältnissen,[15] stellen sich weitreichende Fragen des

13 Vgl. Scheiwe/Schwach ZIAS 2012 (Fn. 3), S. 322.

14 Siehe BAG, NZA 2013, 343, das nach der zeitlichen Beendigung der Immunität des Beklagten zurückverwiesen hat. Im anschließenden Vergleich (ArbG Berlin 36 Ca 3627/11) verpflichtete sich der Arbeitgeber zur Zahlung von 35.000 Euro.

15 Für UK: Mantouvalou, Virginia, Human Rights for Precarious Workers: The Legislative Precariousness of Domestic Labor, Comparative Labor Law and

Zusammenhangs von Migrationsregimes und Rechtsdurchsetzungssystemen.[16]

Was die Zahl der Fälle angeht, so steht für die Anwendung der Konvention in Deutschland eine Fallgruppe im Vordergrund, die auch komplexe materiellrechtliche Fragen aufwirft: Viele Live-In-Hausangestellte werden durch Agenturen als Beschäftigte oder Auftragnehmerinnen ausländischer Partnerunternehmen in deutsche Privathaushalte entsandt oder als Selbständige vermittelt. Dabei sind sowohl ausländische als auch deutsche »Vermittlungsagenturen« involviert.[17]

Für die vertragliche Gestaltung, insbesondere die Frage, wer Vertragspartner*in der Hausangestellten wird, lassen sich auf der Grundlage von Barbara Buchers Unterscheidung[18] fünf Modelle unterscheiden:

- Die Hausangestellte ist vertraglich direkt an den Haushalt gebunden, dessen Mitglieder ihre Vertragspartner*innen in einem selbstständigen Dienstvertrag werden.
- Die Hausangestellte ist durch einen Arbeitsvertrag direkt an Mitglieder des Haushalts gebunden.
- Die Agentur selbst verpflichtet sich zur Übernahme der Dienstleistung; die Pflegekraft erfüllt in ihrer Funktion als Arbeitnehmer*in die vertraglichen Pflichten der Agentur gegenüber dem Haushalt.
- Für den Fall, dass es sich um eine Agentur aus dem Ausland handelt, die eine Arbeitgeberstellung übernimmt, handelt es sich dann um Arbeitnehmerentsendung.
- Die Tätigkeit einer Hausangestellten als Arbeitnehmerin der Agentur kann auch in Form der Arbeitnehmerüberlassung (»Leiharbeit«) vertraglich organisiert werden. Agentur und Haushaltsmitglieder sind dann Verleiher*in bzw. Entleiher*in, die Hausangestellte ist Leiharbeitnehmer*in.

Policy Journal 34 (2012), S. 133 ff; vgl. FRA (European Agency for Fundamental Rights), Migrants in an Irregular Situation Employed in Domestic Work: Fundamental Rights Challenges for the European Union and its Member States, Luxemburg, 2011; Triandafyllidou, Anna (Hrsg.), Irregular Migrant Domestic Workers in Europe: Who Cares?, Aldershot 2013.

16 Vgl. Fischer-Lescano, Andreas/Kocher, Eva/Nassibi, Ghazaleh (Hrsg.), Arbeit in der Illegalität. Die Rechte von Menschen ohne Aufenthaltspapiere, Frankfurt/Main 2012.

17 Zweiter Gleichstellungsbericht der Bundesregierung, Erwerbs- und Sorgearbeit gemeinsam neu gestalten, mit Stellungnahme der Bundesregierung. BT-Drucks. 18/12840, S. 171 ff.

18 Bucher, Barbara, Rechtliche Ausgestaltungen der 24-h-Betreuung durch ausländische Pflegekräfte in deutschen Privathaushalten. Eine kritische Analyse, Baden-Baden 2018.

Agenturen bieten häufig mehrere, einige sogar alle dieser Gestaltungsformen an. Zahlen dazu, welcher Vertragstypus empirisch am häufigsten angewendet wird, liegen derzeit nicht vor. Einige Hinweise auf die Nutzung geben aber die Verbraucherinformationen, die Barbara Bucher ausgewertet hat.[19] Danach wird den Haushalten von dem Selbstständigenmodell wegen des Risikos der »Scheinselbstständigkeit« (s.u.) abgeraten. Auch vor der Arbeitnehmerüberlassung werde (wegen der Gefahr, dass die Agentur hierfür keine Erlaubnis habe) häufig gewarnt. Das Entsendemodell scheint in der Beratungspraxis als das für die Haushalte am einfachsten handhabbare und rechtlich unbedenklich einzustufende Modell behandelt zu werden.[20]

2. Rechtsfragen: Klassifizierung und Rechtsfolgen

a) Selbstständigkeit oder Scheinselbstständigkeit

Für die Rechtsstellung der Betroffenen ist es von entscheidender Bedeutung, ob überhaupt ein Arbeitsverhältnis vorliegt – unabhängig davon, wer im konkreten Fall die Arbeitgeberpflichten übernommen hat. Auch für die Anwendung der ILO-Hausangestelltenkonvention kommt es nicht darauf an, ob die Tätigkeit im Privathaushalt des Arbeitgebers oder im Privathaushalt einer dritten Person ausgeübt wird; sie erfasst auch Tätigkeiten für Dienstleister im Haushalt (insbesondere Wohnungsreinigungsunternehmen oder ambulante Pflegedienste).[21] Das ILO-Abkommen setzt allerdings voraus, dass der*die Hausangestellte in einem Arbeitsverhältnis tätig wird, d.h. dass es eine*n Arbeitgeber*in gibt, der*die rechtliche Pflichten übernimmt. Ähnliches gilt nach deutschem Recht für fast alle arbeits- und sozialrechtlichen Ansprüche und Rechte.

Bei der Frage, ob und wie ein Pflegearrangement tatsächlich als Selbstständigenmodell ausgestaltet sein kann, bestehen erhebliche rechtliche Unsicherheiten. Denn für die Frage, ob ein Arbeitsverhältnis vorliegt, ist nicht die Benennung im Vertrag entscheidend, sondern die wirtschaftliche Ausgestaltung, also die Frage, ob nach dem Gesamteindruck, den die Durchführung des Vertrags macht, persönliche Abhängigkeit,

19 Bucher 2018 (Fn. 18).

20 Frings, Dorothee, Die Entwicklung haushaltsnaher Dienstleistungen im Kontext der begrenzten Arbeitnehmerfreizügigkeit für Neu-Unionsbürgerinnen, in: Scheiwe, Kirsten/ Krawietz, Johanna (Hrsg.), Transnationale Sorgearbeit – Rechtliche Rahmenbedingungen und gesellschaftliche Praxis. Wiesbaden, 2010, S. 57–80, S. 67.

21 So auch Scheiwe/Schwach ZIAS 2012 (Fn. 3), S. 330.

Fremdbestimmung bzw. Weisungsrechte und Einbindung in die Organisation des Unternehmens bestehen (§ 611a BGB).[22]

Bei der Auseinandersetzung mit der bisherigen Rechtsprechung wird in Rechtsprechung und Teilen der Literatur immer wieder die Behauptung des Bundessozialgerichts (BSG) wiederholt, häusliche 24-h-Pflege könne grundsätzlich »sowohl als Beschäftigung als auch im Rahmen eines freien Dienstverhältnisses« ausgeübt werden.[23] Viele Agenturen tragen diese Entscheidung des BSG aus dem Jahre 2011 mit großem Nachdruck vor sich her. Entscheidend sei das »Gesamtbild der Arbeitsleistung«; danach unterlagen die damaligen Familienbetreuer*innen nach Meinung des BSG »keiner arbeitnehmertypischen Leistungspflicht, weil sich für sie bei ihrer Tätigkeit für einen Arbeitnehmer uncharakteristische Handlungsspielräume ergaben« – und dies, obwohl die Agentur durch Qualifizierung, Qualitätskontrolle und Dokumentationspflichten die Tätigkeit nach engen eigenen Vorgaben einband. Es muss deshalb trotz der vorliegenden Urteile höchst zweifelhaft bleiben, ob sich solche Pflegearrangements tatsächlich in persönlicher Unabhängigkeit und ohne Fremdbestimmung durch die Agenturen ausgestalten lassen, ob also das Selbstständigenmodell rechtlich tragfähig ist.[24]

b) Entsendung und Arbeitnehmerüberlassung

Solche Rechtsunsicherheiten und Probleme werden vermieden, wenn die Agenturen selbst die Arbeitgeberstellung übernehmen – entweder als Dienstleister, im Entsendemodell oder im Überlassungsmodell.

Beim Entsendemodell bestehen offene Fragen allenfalls im Hinblick darauf, welches Arbeitsrecht anzuwenden ist; hinsichtlich der Zuordnung zum System der sozialen Sicherheit kann mit Hilfe der A1-Bescheinigung[25] eine gewisse Rechtssicherheit erreicht werden. In Bezug auf das Arbeitsrecht kommt es nach Art. 8 Abs. 2–4 der Rom I-Verordnung (EG) 593/2008 jedoch darauf an, wo der »gewöhnliche Arbeitsort« der Betreuerinnen liegt – werden sie ausschließlich für Tätigkeiten in Deutschland angestellt, so zieht dies die Anwendung deutschen Arbeitsrechts nach sich.

22 Kocher NZA 2013 (Fn. 7).

23 BSG, 28.9.2011 – B 12 R 17/09 R; vgl. auch BAG, 11.8.2015 – 9 AZR 98/14 (Todesrad).

24 Bucher 2018 (Fn. 18).

25 Darin bescheinigt der zuständige Sozialversicherungsträger, welches Sozialsystem in der EU für einen Versicherten zuständig ist (Art. 19 Abs. 2 VO 987/2009 iVm VO 883/2004.

Beim Arbeitnehmerüberlassungsmodell ist hingegen das Erfordernis der Verleiherlaubnis zu beachten (§ 1 Abs. 1 S. 1 AÜG). Fehlt diese, so kommt es zu einem Arbeitsverhältnis zwischen Betreuten und Pflegekraft, es sei denn, die Pflegekraft gibt form- und fristgerecht eine Festhaltenserklärung bei der zuständigen Agentur für Arbeit ab (§ 9 Abs. 1 Nr. 1, Abs. 2, 3, § 10 Abs. 1 AÜG).

3. Konkrete Anwendungsfragen in Deutschland

Sowohl bei Arbeitgeberstellung der Haushalte, als auch bei Arbeitgeberstellung der Agenturen ergeben sich rechtliche Folgeprobleme, die mit den Grenzen arbeitsrechtlich zulässiger Gestaltungen zu tun haben. Zentrale Probleme liegen in der Vereinbarkeit mit dem Arbeitszeitrecht. Dieser Aspekt ist es auch, für den das ILO-Expert*innenkomitee (Committee of Experts on the Application of Conventions and Recommendations, CEACR) im Jahre 2017 von Deutschland Antworten erbeten hat.[26]

a) Deutsches Arbeitszeitrecht, insbesondere die »Kinderdorfklausel«

Das deutsche Arbeitszeitrecht ist geprägt durch den europarechtlichen Rahmen. Im Gegensatz zu Art. 3a) der europäischen Richtlinie zur Verbesserung der Sicherheit und des Gesundheitsschutzes der Arbeitnehmer bei der Arbeit (Arbeitsschutz-Rahmen-Richtlinie 89/391/EWG), die nicht auf Hausangestellte anwendbar ist, gewährleistet das deutsche Recht jedenfalls im Arbeitszeitrecht bereits eine deutlich weitergehende Gleichstellung von Hausangestellten und 24-h-Betreuer*innen als das Unionsrecht: Anders als die bis 1994 geltende deutsche Arbeitszeitordnung (§ 1 AZO) erfasst das heutige deutsche Arbeitszeitgesetz grundsätzlich Hausangestellte.

Allerdings ist keineswegs schon abschließend geklärt, ob Hausangestellte im Unionsrecht tatsächlich nicht doch auch der europäischen Arbeitszeitrichtlinie 2003/88/EG (einer speziellen Arbeitsschutzrichtlinie)

26 Report of the Committee of Experts on the Application of Conventions and Recommendation, International Labour Conference, 106th session, 2017, Report III (Part 1A) (ILO 2017): direct request to Germany about its application of the Decent Work for Domestic Workers Convention, 2011 (No. 189), 662, 665 (https://www.ilo.org/wcmsp5/groups/public/---ed_norm/---relconf/documents/meetingdocument/wcms_543646.pdf) (Abfrage 18.1.2019); vgl. auch Trebilcock IJCLLIR 2018 (Fn. 6).

unterfallen.[27] Sollte auch die Arbeitszeit-Richtlinie grundsätzlich auf Hausangestellte anwendbar sein, so wäre jedenfalls zu beachten, dass Ausnahmen bzw. Abweichungsmöglichkeiten (z.B. Art. 17 Abs. 1 Richtlinie 2003/88/EG) angesichts der grundrechtlichen Vorgaben (Art. 31 Abs. 2 EU-GRC) eng auszulegen sind.[28]

Im deutschen Recht lässt zwar § 10 Abs. 1 ArbZG Ausnahmen vom Sonntagsarbeitsverbot zu, wenn es um »Behandlung, Pflege und Betreuung von Personen« (Nr. 3) geht oder um Tätigkeiten »im Haushalt«, »soweit die Arbeiten nicht an Werktagen vorgenommen werden können« (Nr. 4). Auch in diesen Fällen ist jedoch ein freier Tag pro Woche zu gewährleisten, sodass den Vorgaben des Art. 10 Abs. 2 der ILO-Konvention Genüge getan ist. Auch für Arbeitsbereitschaft und Bereitschaftszeit gelten hinsichtlich der Hausangestellten die allgemeinen Regeln.[29]

Die frühere arbeitszeitrechtliche Ausnahme für Hausangestellte wurde jedoch in § 18 Abs. 1 Nr. 3 ArbZG fortgeschrieben, wenn auch beschränkt auf Arbeitnehmerinnen und Arbeitnehmer, die »in häuslicher Gemeinschaft mit den ihnen anvertrauten Personen zusammenleben und diese eigenverantwortlich erziehen, pflegen oder betreuen«.[30] Der Gesetzgeber wollte damit einer Petition der SOS-Kinderdörfer Rechnung tragen, hatte also Personen vor Augen, die als »Eltern« in derartigen Einrichtungen oder in betreuten Wohngruppen tätig sind; hier ließen sich Arbeitszeit und Freizeit nicht so voneinander trennen, wie es für die Kontrolle erforderlich sei.[31]

Die Bundesregierung bezog sich bei Ratifikation der ILO-Konvention 189 auf diese Vorschrift. Für die in § 18 Abs. 1 Nr. 3 ArbZG genannte Fallgruppe wurde von der Ausnahmemöglichkeit für »begrenzte Gruppen von Arbeitnehmern, bei denen besondere Probleme von erheblicher Bedeutung auftreten« (Art. 2 Nr. 2b) der Konvention) Gebrauch gemacht.[32] Dass hiermit insbesondere die Fälle der 24-Stunden-Pflege

27 Kritisch Novitz, Tonia/Syrpis, Phil, The Place of Domestic Work in Europe, European Labour Law Journal (ELLJ) 6 (2015), S. 104–127, S. 122; Pavlou, Vera, Domestic work in EU law – the relevance of EU employment law in challenging domestic workers' vulnerability, European Law Review 41 (2016), S. 379–398.

28 EuGH 26.7.2017 – C-175/16 (Hälvä u.a.).

29 Zur Entwicklung auf europäischer Ebene vgl. Wank, Rolf, in: Müller-Glöge, Rudi/Preis, Ulrich/Ingrid, Schmidt (Hrsg.): Erfurter Kommentar zum Arbeitsrecht, 19. Aufl. Beck: München 2019, § 2 ArbZG, Rn. 23 ff.

30 Vgl. Bundesregierung, Entwurf für ein Arbeitszeitrechtsgesetz, BT-Drucks. 12/5888, S. 10 f., S. 32; im Gegensatz dazu schlug der Oppositionsentwurf der SPD die Einbeziehung der Hausangestellten vor (SPD-Fraktion, Entwurf eines Arbeitszeitgesetzes, BT-Drucks. 12/5282, § 2 Abs. 1).

31 Wank (Fn. 29), § 18 ArbZG, Rn. 5; BT-Drucks. 17/13303 (Fn. 7), S. 44.

32 Bundesregierung, Denkschrift zum Entwurf eines Gesetzes zu dem Übereinkommen Nr. 189 der Internationalen Arbeitsorganisation vom 16. Juni 2011

gemeint waren, konnte man aus früheren Äußerungen der Bundesregierung gegenüber dem Bundestag[33] schließen. Das in der Konvention hierfür vorgesehene Verfahren, das Verbandsanhörungen vorsieht (Art. 2 Abs. 1), wurde jedoch nicht eingeleitet.

Im Bericht gegenüber der ILO über die Durchführung des Abkommens von Juni 2015 bis Mai 2018 rückt die aktuelle Bundesregierung nun jedoch ausdrücklich von dieser Auslegung ab und weist darauf hin, dass die Ausnahme nicht generell auf die 24-h-Pflege anwendbar sei; vielmehr könne dies nur bei besonderen Umständen des Einzelfalls der Fall sein.[34] Dies ist auch zutreffend: Unabhängig davon, ob § 18 Abs. 1 Nr. 3 ArbZG selbst in der Ursprungsanwendung auf SOS-Kinderdörfer europarechtskonform ist,[35] passt die Norm nicht auf die 24-h-Pflege. Eigenverantwortlichkeit im Sinne dieser Norm würde voraussetzen, dass den Betreuenden keine weiteren sachkundigen Personen vorgesetzt sind, sie die Betreuung demzufolge nach einer Einführung und allgemeinen Rahmenweisungen ohne konkrete Einzelweisungen vollständig selbst gestalten. Dies kann allenfalls und nur dann der Fall sein, wenn nicht eine Pflegeeinrichtung, sondern Angehörige der Pflegebedürftigen Arbeitgeberfunktionen wahrnehmen. Aber selbst dann leben diese Arbeitnehmer*innen nicht schon deshalb »in häuslicher Gemeinschaft mit den ihnen anvertrauten Personen zusammen [...]« (§ 18 Abs. 1 Nr. 3 ArbZG), weil sie in deren Haushalt leben.[36] Erforderlich wäre vielmehr, dass nicht nur gemeinsam gewohnt, sondern auch gemeinsam gewirtschaftet bzw. ein gemeinsamer Lebensalltag organisiert wird.

Eine andere Auslegung wäre auch schwerlich verfassungsgemäß. Denn der Gesetzgeber muss dafür sorgen, dass die Gesundheit und Sicherheit der Hausangestellten gesetzlich in gleicher Weise wie bei anderen Arbeitnehmer*innen geschützt wird. Als Begründung für die Ausnahmeregelung in § 18 Abs. 1 Nr. 3 ArbZG wird angeführt, die besondere Ausgestaltung des Beschäftigungsverhältnisses mache eine Trennung von Arbeitszeit und Freizeit unmöglich, und ein angepasster Schutz der Hausangestellten lasse sich über die allgemeine Fürsorgepflicht (§ 618

über menschenwürdige Arbeit für Hausangestellte. BT-Drucks. 17/12951, S. 18; Bundesregierung, Bericht gemäß Art. 22 der Verfassung der Internationalen Arbeitsorganisation über die Durchführung des Übereinkommens 189 für die Zeit vom 1. Juni 2015 bis 31. Mai 2018, S. 4.

33 Bundesregierung, Antwort auf die Kleine Anfrage der Fraktion der Linken über »Arbeitnehmerrechte ausländischer Pflegehilfskräfte im grauen Pflegemarkt«, BT-Drucks. 17/8373, S. 4.

34 Bundesregierung 2018 (Fn. 32), S. 4 f.

35 Dagegen Steinke, Viktoria, Wie privat ist privat? – Betrachtungen zur Beschäftigung im Privathaushalt, Recht der Arbeit (RdA) 2018, S. 232–241, S. 243.

36 Vgl. Scheiwe/Schwach, ZIAS 2012 (Fn. 3), S. 338.

Abs. 2 BGB) erreichen. Für diejenigen Einrichtungen, die der Gesetzgeber dabei vor Augen hatte, mag dies insofern zutreffen, als jedenfalls der »SOS-Kinderdorf e.V.« als große sozialpädagogische Institution durchaus in der Lage zu sein scheint, selbst einen angemessenen Arbeitsschutz zu entwickeln; man hat dort mittlerweile für die Kinderdorfeltern Arbeitszeit und Freizeit trennbar gestaltet.[37] Für die typischen Fallgestaltungen der 24-h-Pflege ist ein solches Vertrauen aber bislang noch in keiner Weise gerechtfertigt. Der Gesetzgeber kann insofern seiner Schutzpflicht für die Gesundheit der Hausangestellten nicht mit Hilfe einer unbestimmten Fürsorgepflicht des Arbeitgebers erfüllen; wenn § 18 Abs. 1 Nr. 3 ArbZG diese Fallgruppe erfassen sollte, wäre die Norm verfassungswidrig.[38]

b) Sonstige Rechte und Ansprüche, insbesondere Betriebsbegriff

Im Übrigen gilt das deutsche allgemeine Arbeitsrecht einschließlich des Diskriminierungs- und Gewaltschutzes auch für Hausangestellte.[39]

Hausangestellte sind jedoch bislang noch explizit aus dem Anwendungsbereich des deutschen Arbeitsschutzgesetzes ausgeschlossen (§ 1 Abs. 2 S. 1 ArbSchG). Dies ist eine Konsequenz der entsprechenden Ausnahme in der europarechtlichen Rahmenrichtlinie, die aber selbst grundrechtlich problematisch ist.[40]

Eine spezifische Frage des deutschen Arbeitsrechts ergibt sich im Hinblick auf den Betriebsbegriff. Einige arbeitsrechtliche Ansprüche setzen voraus, dass die Arbeitnehmer*innen in einem »Betrieb« beschäftigt sind; dies gilt insbesondere für die Anwendung des Betriebsverfassungsgesetzes (BetrVG: Wahl und Tätigkeit von Betriebsräten), die Anwendung des

37 Scheiwe, Kirsten, Arbeitszeitregulierung für Beschäftigte in Privathaushalten – entgrenzte Arbeit, ungenügendes Recht?, in: Scheiwe/Krawietz (Hrsg.) (Fn. 3), 2014, S. 60–84, S. 70 f.

38 Kocher, Eva, Die Ungleichbehandlung von Hausangestellten in der 24-Stunden-Pflege gegenüber anderen Arbeitnehmerinnen und Arbeitnehmern – eine Frage des Verfassungsrechts, in: Scheiwe/Krawietz (Hrsg.) (Fn. 3), 2014, S. 85–107, S. 101 ff.

39 Anders im Vereinigten Königreich: Mantouvalou 2012 (Fn. 15); zum spanischen Recht León, Margarita, A real job? Regulating household work – The case of Spain, European Journal of Women's Studies 20 (2013), S. 170–188; zum deutschen Koalitions- und Tarifrecht ausführlich Kocher, Eva, Tariffähigkeit ohne Streikbereitschaft? – Funktionale Alternativen zur Arbeitskampfbereitschaft im Fall von Hausangestelltenvereinigungen, in: Jens M. Schubert (Hrsg.), Anforderungen an ein modernes kollektives Arbeitsrecht. Festschrift für Otto Ernst Kempen, Baden-Baden, S. 166–178, S. 166 ff.

40 Novitz/Syrpis, ELLJ 2015 (Fn. 27), S. 122.

Kündigungsschutzgesetzes (§§ 1, 23 KSchG) und die Verlängerung von Kündigungsfristen abhängig von der Betriebszugehörigkeit (§ 622 Abs. 2 BGB). Soweit Betreuer*innen in der 24-h-Pflege bei Agenturen angestellt sind, liegt unzweifelhaft ein Betrieb vor. Umstritten ist jedoch, ob diese Vorschriften auch für die Beschäftigung in Privathaushalten gelten. Dagegen wird angeführt, dass kein Betrieb vorliegen könne, wo nicht für einen externen Markt produziert oder Dienstleistungen erbracht werden.[41] So hat das LAG Düsseldorf die Anwendung des Kündigungsschutzgesetzes im Fall eines 7-köpfigen Haushalts verneint, in dem insgesamt 15 Personen als Hausdame, im Housekeeping, für die Wäsche, als Fahrer, Koch, Gärtner, Nanny oder im Service dauerhaft tätig waren.[42] Dies überzeugt nicht;[43] zuzustimmen ist den gegenläufigen Entscheidungen, z.B. des LAG Baden-Württemberg für die Anwendung der verlängerten Kündigungsfristen (§ 622 Abs. 2 BGB) auch für Arbeitgeberkündigungen in privaten Haushalten.[44]

4. Handlungsoptionen

Die Live-In-Pflege ist ein fester Bestandteil des deutschen Pflegesystems. Selbst bei vorsichtiger Schätzung leisten die mittel- und osteuropäischen Live-Ins etwa ein Viertel der bezahlten Pflegearbeit in Deutschland. Schon aufgrund des Umfangs besteht ein gravierendes sozialpolitisches Interesse an einer Formalisierung und gerechteren Regelung dieser Erwerbstätigkeit. Hierfür kann nicht auf Kollektivverhandlungen und Tarifverträge vertraut werden – auch wenn es jetzt in Dänemark bereits einen ersten Tarifvertrag zwischen der Gewerkschaft »3F« und der Plattform »Hilfr.dk« gibt. Selbst solche Kollektivverträge sind auf einen »Schatten des Rechts« angewiesen, in dem sie effektiven Schutz konkretisieren könnten – soweit es tatsächlich zu einer gewissen Form der Selbstorganisation in Gewerkschaften kommen sollte/könnte.

41 Siehe z.B. Steinke, RdA 2018 (Fn. 35), S. 236.

42 LAG Düsseldorf, 10.5.2016 – 14 Sa 82/16: Nichtanwendung des KSchG.

43 Kocher, NZA 2013 (Fn. 7); differenzierend auch Bucher, Barbara, Keine Anwendbarkeit des KSchG auf Privathaushalt. Anmerkung zu dem Urteil des Arbeitsgerichts Essen vom 17. Dezember 2015 – 1 Ca 2808/14, Arbeit und Recht (AuR) 2016, S. 515–516.

44 LAG Baden-Württemberg, 26.6.2015 – 8 Sa 5/15. [Anders aber jetzt BAG 11.6.2020 – 2 AZR 660/19.

a) Transparenz und Effektivität: Notwendigkeit spezieller Regelungen

Die Zielrichtung einer Regelung muss dabei zunächst in der Erhöhung der Transparenz und Effektivität bestehender gesetzlicher Regelungen bestehen. Bereits Vilhelm Aubert hatte in seiner Studie zur Wirksamkeit des norwegischen Hausangestelltengesetzes von 1948[45] die Kenntnis eines Gesetzes als entscheidenden Faktor für dessen Wirksamkeit identifiziert. Für die Kenntnis, insbesondere auf Seiten der Hausangestellten, wäre es von großer Bedeutung, dass ein spezifisches Gesetz die Arbeitsbedingungen der Hausangestellten regelte.[46]

In die falsche Richtung geht der Ansatz, mit dem der österreichische Gesetzgeber in den Jahren 2006 bis 2009 die 24-h-Pflege durch (meist slowakische) Pflegekräfte regelte. Er legalisierte Praxen, die zuvor als »irreguläre« sehr verbreitet, sozialversicherungs-, steuer-, aufenthalts- und arbeitsrechtlich aber weitgehend rechtswidrig waren. Mit dieser Regularisierung (»emersione« = Auftauchen in die Legalität) waren von Anfang an keine Veränderungs-, sondern ausschließlich Legalisierungsperspektiven verbunden.[47]

Angesichts der Arbeitsbedingungen, der Rechtsunsicherheiten und der Schwierigkeiten in der Rechtsdurchsetzung müsste eine gesetzliche Regelung in Deutschland weitergehende Ziele anstreben – insbesondere die effektive Durchsetzung von Mindeststandards für Live-in-Arbeitskräfte in 24-Stunden-Konstellationen.

Auch die Bundesregierung von 2018 ist der Meinung, »eine Klärung des Tätigkeitsprofils der Betreuungs- und Pflegekräfte in privaten Haushalten, eindeutige rechtliche Rahmenbedingungen (etwa zu

45 Aubert, Vilhelm, Einige soziale Funktionen der Gesetzgebung, in: Hirsch, Ernst E./Rehbinder, Manfred (Hrsg.), Studien und Materialien zur Rechtssoziologie, Kölner Zeitschrift für Soziologie und Sozialpsychologie, Sonderheft 11 (1971), S. 284–309.

46 Die ILO hat hierzu ein Handbuch mit Regelungsbeispielen aus unterschiedlichen Rechtsordnungen entwickelt (ILO 2012 (Fn. 9)). Vgl. McCann, Deirdre, New Frontiers of Regulation: Domestic Work, Working Conditions, and the Holistic Assessment of Nonstandard Work Norms, Comparative Labor Law & Policy Journal 34 (2012), S. 167–192; für eine südafrikanische Regelungsinnovation in der Konfliktlösung: Blackett, Adelle/Galani Tiemeni, Thierry, Regulatory Innovation in the Governance of Decent Work for Domestic Workers in South Africa. Access to Justice and the Commission on Conciliation, Mediation and Arbitration, International Journal of Comparative Labour Law and Industrial Relations (IJCLLIR) 34 (2018), S. 203–230.

47 Kretschmann, Andrea, Regulierung des Irregulären. Carework und die symbolische Qualität des Rechts, Weilerswist 2016, S. 51 ff.

Bereitschaftszeiten, Arbeitsperioden etc.) und eine Verbesserung der Informationslage wären wünschenswert«.[48] Mindestens erforderlich wäre eine Klarstellung zur Anwendbarkeit des Arbeitszeitgesetzes sowie eine spezifische Regelung zur Frage, welche Mindestbedingungen gegeben sein müssen, damit das Rechtsverhältnis als »selbstständige Erwerbsarbeit« anzuerkennen ist. Auch ein Musterarbeitsvertrag könnte hilfreich sein.[49]

Die Problematik der Rechtsdurchsetzung betonte bereits der Gemeinsame Aufruf »Menschenwürdige Arbeit für Hausangestellte!«, den Forscher*innen und Beratungseinrichtungen 2014 anlässlich der Ratifikation der ILO-Konvention veröffentlichten: Es bedarf nicht nur einer Verbesserung der Beratung und Unterstützung für Hausangestellte. Behördliche Überwachung kann in diesem gesellschaftlichen Bereich geringer Sichtbarkeit nicht effektiv wirken.[50] Auch eine Auftraggeberhaftung für Rechtsverstöße, wie sie z.B. in Israel eingeführt wurde,[51] passt eher für die gewerbliche Reinigung als für Privathaushalte. Die Möglichkeiten der Rechtsdurchsetzung insbesondere für irregulär beschäftigte Migrantinnen in Pflegehaushalten müssten deshalb auch durch formale Instrumente wie einen Rechtshilfefonds oder ein Verbandsklagerecht für Hausangestelltenorganisationen verbessert werden.

b) Entwicklung von Qualitätsstandards

Der erwähnte Aufruf von 2014 verfolgte darüber hinaus eine weitergehende Stoßrichtung in Richtung auf die Arbeitsmarkt- und Nachfragestrukturen, die aktuell die nachhaltige Entwicklung guter Arbeitsbedingungen eher erschweren. Der Gemeinsame Aufruf fordert deshalb u.a. die »Förderung von Dienstleistungspools oder Agenturen, die qualifizierte Haushaltsdienstleistungen bei gleichzeitig fairen Beschäftigungsbedingungen bieten«.

48 Bundesregierung, Antwort auf eine Kleine Anfrage der Fraktion Die Linke. BT-Drucks. 19/6792, S. 3 f. [Im Koalitionsvertrag 2021–2025 ist das Thema zwar angesprochen, allerdings inhaltlich vage: »Wir gestalten eine rechtssichere Grundlage für die 24-Stunden-Betreuung im familiären Bereich.« (SPD, Bündnis 90/Die Grünen und FDP, Mehr Fortschritt wagen. Bündnis für Freiheit, Gerechtigkeit und Nachhaltigkeit, Koalitionsvertrag 2021–2025. S. 64).]

49 Trebilcock IJCLLIR 2018 (Fn. 6), S. 175.

50 Trebilcock IJCLLIR 2018 (Fn. 6), S. 175; Bundesregierung 2018 (Fn. 32), S. 9.

51 Trebilcock IJCLLIR 2018 (Fn. 6), S. 175; Davidov, Guy, Special Protection for Cleaners: A Case of Justified Selectivity?, Comparative Labour Law & Policy Journal 36 (2015), S. 219–240, S. 229 ff.

Tatsächlich entwickeln sich, wie der Zweite Gleichstellungsbericht der Bundesregierung feststellt, ganz unterschiedliche Beschäftigungs- und Organisationsmodelle für die Pflege im häuslichen Bereich. Während einige Dienstleister die Übernahme jeder eigenen sozialen Verantwortung, zum Teil sogar für die Qualität der Dienstleistung, ablehnen, entwickeln andere Anbieter Unterstützungsmodelle für die Beschäftigten, einschließlich Aus- und Weiterbildung, Beratung sowie Konfliktlösungsmodelle.[52] Die Sachverständigenkommission empfahl deshalb, aufbauend auf den Empfehlungen, die es für die häusliche Krankenpflege in der gesetzlichen Krankenversicherung und für die ambulante Pflege in der Pflegeversicherung gibt, je ein Zertifikat für haushaltsnahe Dienstleistungen im engeren Sinne und für die häusliche Betreuung zu entwickeln, die neben Standards für Information, Beratung und Vermittlung auch Standards für die Qualität der Dienstleistung und der Beschäftigung enthalten sollten – diese Standards könnten und sollten über die gesetzlichen Mindeststandards deutlich hinausgehen.

c) Anreizsysteme und Förderung der Nachfragestrukturen

Um solche Qualitätsstandards und entsprechende Nachfrage zu fördern, wird es entsprechender Anreizmodelle bedürfen.

Einige Anreize für Schritte aus der irregulären Beschäftigung heraus gibt es bereits heute. So können private Haushalte ein vereinfachtes Verfahren der sozialversicherungsrechtlichen Anmeldung und Abrechnung nutzen (»Haushaltsscheckverfahren«, § 28a Abs. 7 und 8 SGB IV). Haushalte mit überdurchschnittlich hohen Einkommen können nach § 35a Einkommenssteuergesetz (EStG) von einer Steuererleichterung profitieren. Beide Instrumente haben Erfolge bei der Verhinderung »irregulärer Beschäftigung« erzielt (im Sinne des Gesetzes zur Bekämpfung der Schwarzarbeit und illegalen Beschäftigung, SchwarzArbG).[53] Höhere Beschäftigungsqualität könnten sie jedoch nur fördern, wenn die Steuererleichterung an bestimmte Mindestanforderungen der Dienstleistung gebunden würde.

In der rechtspolitischen Diskussion steht hierfür aktuell ein anderes Instrument im Fokus: Der aktuelle Koalitionsvertrag von CDU, CSU und SPD verspricht »Zuschüsse für die Inanspruchnahme von haushaltsnahen Dienstleistungen«. Dabei wird davon ausgegangen, dass haushaltsnahe Dienstleistungen mit ihren Entlastungsfunktionen die Vereinbarkeit von Familie und Beruf fördern können. Der Koalitionsvertrag will die Zuschüsse deshalb »erwerbstätigen Eltern, Alleinerziehenden, älteren

52 Zweiter Gleichstellungsbericht (Fn. 17), S. 172 f.

53 Zweiter Gleichstellungsbericht (Fn. 17), S. 173.

Menschen und pflegenden Angehörigen« sowie »Eltern in der unternehmerischen Gründungsphase« anbieten.[54] Soll damit gleichzeitig legale, sozialversicherungspflichtige Beschäftigung, insbesondere von Frauen gefördert werden,[55] müssten die Zuschüsse an die Inanspruchnahme bestimmter, zertifizierter Dienstleistungen gebunden werden. Das Gutachten zum Zweiten Gleichstellungsbericht empfiehlt insofern konkret die Einführung subventionierter Gutscheine nach belgischem Vorbild.[56]

5. Fazit

Der Gesetzgeber ist in der Pflicht, seiner verfassungsrechtlichen Schutzpflicht für Haushaltsarbeiterinnen und Haushaltsarbeiter insbesondere bei der 24-Stunden-Pflege/-Betreuung im Haushalt wirksam nachzukommen. So wären die anwendbaren arbeitsrechtlichen Bestimmungen, insbesondere zur Arbeitszeit, transparent zu regeln. Darüber hinaus bedarf es der Entwicklung von Qualitätsstandards für professionelle Dienstleistungsunternehmen, die durch entsprechende Anreizesysteme gefördert werden könnten. Wobei alle rein arbeits- und sozialrechtlichen Instrumente dort unzureichend bleiben müssen, wo das Migrationsregime Ausbeutungsverhältnisse ermöglicht oder erleichtert.[57]

54 CDU, CSU und SPD, Ein neuer Aufbruch für Europa. Eine neue Dynamik für Deutschland. Ein neuer Zusammenhalt für unser Land, Koalitionsvertrag 2018, S. 25; S. 42; vgl. Zweiter Gleichstellungsbericht (Fn. 17), S. 174.

55 Koalitionsvertrag (Fn. 54), S. 25.

56 Zweiter Gleichstellungsbericht (Fn. 17), S. 174.

57 Vgl. Fischer-Lescano/Kocher/Nassibi (Hrsg.), 2012 (Fn. 16).

Arbeit, Kollektivautonomie und Solidarität (2018)[1]

Autonomie ist in der Erwerbsarbeit in ganz spezifischer Art und Weise sozial gebunden, beschränkt und geprägt.[2] Denn die Arbeitsmärkte sind typischerweise Nachfragermärkte, d.h. die Arbeitsanbieter*innen – die Arbeitnehmer*innen – verfügen nur über geringe Spielräume und damit über geringe Autonomie beim Zugang zur Erwerbsarbeit und beim Vertragsschluss. Ist der Arbeitsvertrag aber einmal abgeschlossen, entsteht ein Arbeitsverhältnis, was bedeutet, dass die Arbeitnehmer*in der Arbeitgeber*in ein Weisungsrecht überträgt (§ 106 GewO). Organisationswissenschaftlich gesprochen: Die Arbeitnehmer*in wird partial in die Organisation inkludiert. Anders gesagt: Wer Arbeitskraft anbietet, überlässt es dem Unternehmen, diese arbeitsteilig mit der Arbeitskraft anderer Beschäftigter so zusammenzufügen, dass etwas Sinnvolles dabei herauskommt, also ein Produkt entsteht, das auf den Güter- und Dienstleistungsmärkten Gewinn verspricht. Wer Arbeitskraft anbietet, gliedert sich in eine Organisation ein, die Arbeitskraft in einem Wertschöpfungszusammenhang arbeitsteilig zusammenfügt. In dem entstehenden Macht- und Herrschaftsverhältnis bleibt nicht viel Raum für individuelle (Privat-)Autonomie.[3]

Hier kommt das Arbeitsrecht im Spiel: Es erkennt ein spezifisches »strukturelles Ungleichgewicht«[4] an und soll materiale Vertragsfreiheit, also Privatautonomie, gewährleisten. Wegen dieses »Schutz«-Zwecks steht das Arbeitsrecht seit jeher im Verdacht, im Gegeneinander von Freiheit und Bevormundung auf der Seite der letzteren zu stehen. Ein näherer Blick auf die Strukturen des Arbeitsrechts zeigt aber: Ganz so einfach ist es nicht. Denn jedenfalls das kontinentaleuropäische Arbeitsrecht ist durch Kollektivautonomie (insbesondere Kollektivverhandlungsfreiheit) geprägt. Damit findet ein Solidaritätsprinzip rechtlichen Ausdruck und

1 Der Text geht auf einen Vortrag beim Internationalen Workshop »Autonomie im Recht – geschlechtertheoretisch vermessen« zurück (3. bis 5. März 2016 an der Goethe-Universität Frankfurt/Main). Die Vortragsform wurde im Wesentlichen beibehalten (unter Ergänzung einiger Hinweise für die weiterführende Lektüre).

2 Dieser Text untersucht die Emanzipationschancen, die ein spezifisch (arbeits-)rechtlich geprägtes Handlungssystem bietet; sein Gegenstand beschränkt sich deshalb auf das Handlungssystem der abhängigen Erwerbsarbeit; erfasst sind weder die unbezahlte Arbeit in Haushalten, noch die selbstständige Erwerbsarbeit.

3 Eva Kocher, Private Macht im Arbeitsrecht, in: Florian Möslein (Hg.) Private Macht, 2015, S. 241 ff.

4 Grundsätzlich dazu BVerfGE 81, 242 (7.2.1990); 89, 214 (19.10.1993).

rechtliche Anerkennung: Autonomie verwirklicht sich als kollektiv ausgeübte Privatautonomie in Solidarität. Was das in einem Umfeld bedeutet, das nicht nur von strukturellen Ungleichgewichten zulasten von Arbeitnehmer*innen, sondern auch von gesellschaftlichen Stereotypisierungen und strukturellen Diskriminierungen wegen des Geschlechts gekennzeichnet ist, wird im Folgenden mit Hilfe von zwei Geschichten thematisiert.

A. Geschichten von Solidarität, Geschlecht und Kollektivautonomie

I. Tarifverträge für Hausarbeiterinnen

Die International Labour Organisation (ILO; Internationale Arbeitsorganisation) verabschiedete im Jahre 2011 das Übereinkommen 189 über menschenwürdige Arbeit für Hausangestellte (C-189 »Domestic Workers Convention«). Als neunter Staat weltweit und zweiter europäischer Staat hat Deutschland dieses Abkommen ratifiziert.[5] Zu den wesentlichen Anliegen gehört die Gleichbehandlung von Hausangestellten mit anderen Arbeitnehmerinnen und Arbeitnehmern (Art. 3) – unter Berücksichtigung der besonderen Schutzbedürfnisse der Hausangestellten (insbesondere Art. 5, 6, 9 und 12).

Was die Ermöglichung von Solidarität und Kollektivverhandlungsfreiheit (Art. 9 Abs. 3 GG) angeht, so scheint Deutschland auf den ersten Blick auf Gleichbehandlung zu setzen. Jedenfalls darf auch der »Berufsverband katholischer Arbeitnehmerinnen in der Hauswirtschaft« mit Organisationen des Katholischen Deutschen Frauenbundes[6] Tarifverträge abschließen. Denn dies erlaubte das Bundesverfassungsgericht im Jahre 1964. Damals hatte der Landesverband Bayern der Vorgängerorganisation (des Berufsverbands katholischer Hausgehilfinnen) mit der Bayerischen Hausfrauenvereinigung des Katholischen Deutschen Frauenbundes einen Vertrag abgeschlossen, und es ging darum, ob dieser einen »Tarifvertrag« im Rechtssinne darstellte.

Das Bundesarbeitsgericht verneinte die Frage im Jahre 1962. Der Vertrag könne kein Tarifvertrag sein, weil der »Berufsverband katholischer

5 Ratifikation am 20.9.2013 auf der Grundlage des Gesetzentwurfs der Bundesregierung, BT-Drs. 17/12951 und der Beschlussempfehlung und Bericht des Ausschusses für Arbeit und Soziales, BT-Drs. 17/13303.

6 Und zwar mit dem »VerbraucherService Bayern« (für alle Beschäftigten in Privathaushalten) und dem Klerusverband (für die Pfarrhaushälterinnen in Bayern).

Hausgehilfinnen« nicht tariffähig sei.[7] Diese Entscheidung widersprach zwar dem Reichsarbeitsgericht, stand jedoch im Einklang mit den damals allgemein akzeptierten Kriterien der Tariffähigkeit, die vorsahen, dass nur solche Organisationen Tarifverträge abschließen können, die auch fähig wären, einen Arbeitskampf zu führen.[8] Diese Voraussetzung fehlte dem Berufsverband katholischer Hausgehilfinnen schon deshalb, weil er ausdrücklich erklärte, einen Arbeitskampf weder durchführen zu wollen noch durchführen zu können.

Das Bundesverfassungsgericht hob das Urteil des Bundesarbeitsgerichts im Jahre 1964 jedoch auf und erkannte die Tariffähigkeit des Verbands an.[9] Sein Hauptargument: Die Hausangestelltenarbeit sei eine ganz besondere Tätigkeit, für die allgemeine arbeitsrechtliche Prinzipien nicht gelten könnten: » [Bei den Berufen des Haushalts…] treten die sonst zwischen Arbeitgebern und Arbeitnehmern bestehenden natürlichen Gegensätze zurück. Der Haushalt stellt nicht wie ein wirtschaftlicher Betrieb Güter mit der Absicht der Gewinnerzielung her, sondern hat völlig andere Aufgaben.«

Hier werden also »gleiche« Handlungsmöglichkeiten nur durch Anwendung ungleicher Regeln unter besonderer Berücksichtigung besonderer Bedingungen geschaffen. Aber was sagen uns diese – zumindest 1964 geltenden – Regeln über die vergeschlechtlichten Normalitätskonstruktionen von Solidarität in der Arbeitswelt?

II. Die Arbeitszeit von Alleinerziehenden

Bei der zweiten Geschichte[10] geht es um K, die seit 2001 beim Baumarkt B als »Mitarbeiterin Kasse/Verkauf/Info« tätig ist. Der Baumarkt beschäftigt insgesamt 24 Arbeitnehmer*innen und ist montags bis samstags von 8:00 Uhr bis 20:00 Uhr geöffnet. Die Arbeitnehmer*innen im Verkaufs-, Kassen- und Informationsbereich werden in einem rollierenden Schichtsystem an fünf Werktagen beschäftigt. K war zunächst in Vollzeit tätig, bekam dann aber ein Kind und arbeitete während ihrer

7 BAGE 12, 184 (19.1.1962).

8 Ob es für den Arbeitskampf funktionale Äquivalente geben kann, ist heute umstritten; die Gegenmeinung stützt sich ganz wesentlich auf die hier kritisierte Entscheidung des Bundesverfassungsgerichts. Genauer zu dieser Debatte Eva Kocher, Tariffähigkeit ohne Streikbereitschaft? – Funktionale Alternativen zur Arbeitskampfbereitschaft im Fall von Hausangestelltenvereinigungen, in: Jens M. Schubert (Hg.) Festschrift für Otto Ernst Kempen, 2013, S. 166 ff.

9 BVerfGE 18, 18 (6.5.1964).

10 Nach BAGE 129, 56 (16.12.2008).

Elternzeit in Teilzeit. Sie lebt jetzt allein mit ihrem kleinen Sohn; er besucht von 8:00 Uhr bis 15:00 Uhr einen »Kinderladen«. Nach Ende der Elternzeit will K deshalb nun nicht einfach zurück in ihr altes Arbeitsverhältnis, sondern ihre Arbeitszeit von 37,5 auf 30 Wochenstunden verringern. Wegen der Öffnungszeiten des Kinderladens wünscht sie sich eine Arbeitszeit montags bis freitags von 8:30 Uhr bis 14:30 Uhr; sie will höchstens zwei Samstage im Monat arbeiten.

Die Arbeitgeberin weigert sich – auch weil die Umsätze abends und samstags höher sind als sonst – und verweist darauf, dass auch der Betriebsrat dagegen sei – was stimmt. Die Betriebsratsvorsitzende schreibt dazu: »Eine starre, festgelegte Arbeitszeit eines einzelnen Mitarbeiters steht mit den Interessen der anderen Kolleginnen und Kollegen nicht im Einklang. Eine festgelegte Arbeitszeit eines einzelnen Mitarbeiters würde den Betriebsfrieden ganz erheblich stören.« Der Hintergrund: Die Arbeitszeiten am Nachmittag und Abend sowie am Samstag werden von allen Arbeitnehmer*innen als belastend empfunden; wöchentlich wechselnde Schichten sollen gewährleisten, dass diese gleichmäßig auf alle verteilt wurden.

Hier wurde nun also Gleichbehandlung unter Außerachtlassung besonderer Bedingungen geschaffen – auch eine Frage vergeschlechtlichter Normalitätskonstruktionen im kollektiven Handeln?

B. Autonomie und Solidarität im Recht der abhängigen Arbeit

Die beiden Geschichten sollen Anlass sein, darüber nachzudenken, wie Solidarität und die Grundbegriffe von Kollektivautonomie gedacht werden müssen, wenn Autonomie für alle unabhängig vom Geschlecht erreicht werden soll.

I. Solidarität und Gegenmacht: Kollektives Handeln »für andere« oder »mit anderen«?

Ausgangspunkt für die (verfassungsrechtliche, in Art. 9 Abs. 3 GG verankerte) Legitimation von Kollektivautonomie im deutschen Recht ist die Annahme, dass sie die strukturelle Unterlegenheit der einzelnen Arbeitnehmer*innen beim Abschluss von Arbeitsverträgen durch kollektives Handeln ausgleichen und damit ein annäherndes Gleichgewicht ermöglichen könne.[11] Ausgangspunkt ist damit die Vorstellung, dass durch

11 Zur Tarifautonomie BVerfGE 84, 212 (26.6.1991); zur Betriebsautonomie BAGE 104, 175 (10.12.2002).

Solidarität Gegenmacht erreicht werden könne. Solidarität ist hier also als kollektives Handeln nach einem Gegenmachtprinzip konzipiert; es ist nicht etwas, das »gewährt« wird, sondern etwas, das erkämpft worden ist und immer wieder erkämpft wird.

Im deutschen Recht setzt sich diese Grundannahme u.a. in einer engen Legitimationskette fort, die gewährleisten soll, dass das Erkämpfte grundsätzlich nur für diejenigen gilt, die an seiner Entstehung mitgewirkt haben. Das gilt jedenfalls im Tarifvertragsrecht, das eng auf Mitgliedschaft, also auf Freiwilligkeit bezogen ist. Tarifbindung setzt in der Regel Mitgliedschaft voraus (§ 4 TVG: Der Tarifvertrag gilt rechtlich nur für ein Arbeitsverhältnis, wenn die Arbeitnehmer*in Gewerkschaftsmitglied und die Arbeitgeber*in Arbeitgeberverbandsmitglied ist). Wer davon nicht erfasst wird, heißt im Arbeitsrecht »Außenseiter«.

Es gibt zwar mittlerweile auch im deutschen Recht eine Reihe von Instrumenten, mit denen Tarifwirkungen auf Außenseiter erstreckt werden können (Allgemeinverbindlicherklärung nach § 5 TVG, Rechtsverordnung nach dem AEntG, u.ä.). Diese sind aber erklärungs- und rechtfertigungsbedürftig.[12] Zum Teil werden sogar individualvertragliche Bezugnahmeklauseln, mit denen tarifvertragliche Regelungen auf Personen angewandt werden, die nicht durch Mitgliedschaft eingebunden waren, unter dem Verdacht eines Verstoßes gegen die »negative Koalitionsfreiheit« in Frage gestellt.[13] Strenger als andere Rechtsordnungen geht das deutsche Tarifrecht von der Idee aus, dass Solidarität in Form kollektiven Handelns nur als Handeln »mit anderen« legitim sei – aber nicht notwendigerweise auch »für andere«.

Damit werden die In- und Exklusionswirkungen von Solidarität und kollektivem Handeln hier letztlich über die sozialen Prozesse konstruiert, die »Mitgliedschaft« herstellen und organisieren. Einheitsgewerkschaften wie die im DGB versammelten Gewerkschaften versuchen traditionell (d.h. spätestens seit dem Zweiten Weltkrieg), Arbeitnehmer*innen für eine berufsübergreifende Solidarität innerhalb der Branche zu organisieren – mit dem Effekt, dass durchsetzungsstarke Gruppen (im öffentlichen Dienst z.B. die streikbereiten Arbeiter*innen der Müllabfuhren oder Ärzt*innen im Gesundheitsbereich) ihre Verhandlungs- und Kampfmacht faktisch auch »für andere« (z.B. Verwaltungsangestellte, Krankenhelfer*innen) einsetzen. Diese Solidarität ist über die Mitgliedschaft und die Organisationsprinzipien der Gewerkschaften vermittelt;

12 Grds. BVerfGE 44, 322 (24.5.1977).

13 Dies wird jedenfalls für den Fall der Weitergeltung im Betriebsübergang diskutiert. Siehe zur Debatte um die EuGH-Entscheidung C-426/11 – Alemo-Herron (18.7.2013): Johannes Heuschmid, Von der negativen Koalitionsfreiheit zur negativen Tarifvertragsfreiheit und zurück. Eine Betrachtung im europäischen Mehrebenensystem, Kritische Justiz 2014, 384 ff.

sie fehlt z.B. zwischen den durchsetzungsstarken Arbeitnehmer*innen, die in der IG Metall organisiert sind, und den Verkäufer*innen im Einzelhandel, denen es zuletzt aufgrund der wirtschaftlichen und sozialpolitischen Schwäche ihrer Branche nur mit großen Schwierigkeiten[14] überhaupt gelang, einen Tarifvertrag zu erzwingen.

In neuerer Zeit sind diese Dynamiken vor allem anlässlich der Renaissance der Berufsgewerkschaften diskutiert worden. Gewerkschaften wie die GDL (Gewerkschaft der Lokomotivführer) scheren aus der branchenweiten berufsübergreifenden Solidarität aus, indem sie ihre spezifische Streikfähigkeit und Durchsetzungsmacht für berufsspezifische »Partikularinteressen« einsetzen.[15] (Darauf hat der Gesetzgeber mit dem »Tarifeinheitsgesetz« (§ 4a TVG) reagiert.)

II. Außenseiter*innen der Kollektivautonomie

Wenn aber Solidarität und kollektives Handeln in dieser Form über Mitgliedschaftsstrukturen organisiert ist, heißt es auch: Minderheiten in einer gewerkschaftlichen Organisation genauso wie Gruppen, die nicht gewerkschaftlich organisiert sind, partizipieren nur, soweit ein Solidaritätsgedanke des Handelns »für andere« wirksam wird. Ihre Autonomie verwirklicht sich nicht durch die Wahrnehmung eigener kollektivierter Autonomieoptionen.

Dies heißt z.B.: Da die Mitgliedschaftsstrukturen und Kollektivverhandlungssysteme noch fast ausschließlich[16] auf den Bereich einzelner Rechtsordnungen bezogen und kaum europäisiert oder gar globalisiert sind, existieren auch noch kaum rechtlich wirksame grenzüberschreitende Solidarität und Kollektivautonomie, die der zunehmend grenzüberschreitenden Konkurrenz auf den Arbeitsmärkten etwas entgegen setzen könnten.[17]

Das heißt z.B. auch: Soweit die kollektiven Willensbildungsprozesse, die Mitgliedschaftsstrukturen und imaginierten kollektiven Selbstbilder sich als hegemonial vergeschlechtlicht darstellen,[18] setzen sich diese

14 U.a. unter Zuhilfenahme gesellschaftlicher Solidarität in Form des »Flash-Mobs«, über den das BAG 2009 entschied: BAGE 132, 140 (22.9.2009).

15 Siehe dazu z.B. Mario Eylert, Kollektive Normsetzung heute – zwischen Solidarität und Partikularinteressen, Die Sozialgerichtsbarkeit 2015, 540 ff.

16 Mit Ausnahme der ITF (International Transport Workers' Federation).

17 Zur Problematik aus Sicht der IG BAU Frank Schmidt-Hullmann, in: Andreas Fischer-Lescano/Eva Kocher/Ghazaleh Nassibi (Hg.) Arbeit in der Illegalität. Die Rechte von Menschen ohne Aufenthaltspapiere, S. 199 ff.

18 Zur Vergeschlechtlichung des kollektiven Handelns in der Erwerbsarbeit siehe z.B. Maria Funder/Steffen Dörhöfer/Christian Rauch, Geschlechteregalität – mehr Schein als Sein. Geschlecht, Arbeit und Interessenvertretung in der

Strukturen relativ bruchlos in einer Vergeschlechtlichung von Solidarität, kollektivem Handeln und Kollektivverträgen fort.[19]

III. Zum Beispiel: Die Kollektivverhandlungsautonomie in der Hausangestelltenarbeit

Ist nun der Berufsverband katholischer Hausarbeiterinnen ein Beispiel für einen solchen Außenseiter des Kollektivverhandlungssystems? Und fördert das Recht nicht die Solidarität und kollektive Autonomie der Hausangestellten, wenn es den Verband – wie es das Bundesverfassungsgericht getan hat – als tariffähig und damit als kollektiven Akteur anerkennt?

Zunächst zu den Anforderungen an die Tariffähigkeit: Sie sollen gewährleisten, dass das kollektive und solidarische Handeln im Rahmen einer Gewerkschaft dem Prinzip der Kollektivvertragsautonomie gerecht wird. »Form follows function«:[20] Die Funktion der rechtlichen Kontrolle der Tariffähigkeit besteht darin, Gegenmacht zu legitimieren und zu verhindern, dass solchen Verträgen der Titel »Tarifvertrag« (mit den entsprechenden Rechtsfolgen) verliehen wird, die faktisch durch ein Diktat der Arbeitgeberseite zustande gekommen sind. Tarifverhandlungen ohne Druckmittel sind schließlich nicht mehr als »kollektives Betteln«.[21] An dieser Durchsetzungsfähigkeit fehlt es aber im Fall des Berufsverbandes katholischer Hausarbeiterinnen.

Das Bundesverfassungsgericht kam auch nur auf einem Umweg zur Anerkennung der Tariffähigkeit, indem es eine tarifpolitische Sonder-

Arbeits- und Telekommunikationsindustrie, 2006; Ursula Stöger, Aus Frauensicht. Eine Analyse des Deutungsmusters »innerbetriebliche Interessenbeziehungen« von weiblichen Betriebsratsmitgliedern, 2008; Lydia Schambach-Hardtke, Gender und Gewerkschaften, Der Kampf von Frauen um politische Partizipation im organisationalen Handeln, 2005; Ralph Greifenstein/Leo Kißler, Wen Betriebsräte repräsentieren – Sozialprofil von Interessenvertretungen und Belegschaftsstrukturen: Spiegelbild oder Zerrbild?, 2014.

19 Zur Repräsentation vergeschlechtlichter Interessen im Betriebsratshandeln siehe z.B. Begründung des Regierungsentwurfs für ein Gesetz zur Reform des Betriebsverfassungsgesetzes, BT-Drs. 14/5741, S. 37; BAG 7 ABR 40/04 (16.3.2005); Funder/Dörhöfer/Rauch (Fn. 18); Hildegard Maria Nickel/Andreas Heilmann/Hasko Hüning/Max Lill, Geschlechterpolitik in Krisenzeiten: eine Fallstudie im Bankensektor, 2015.

20 Otto Ernst Kempen, »Form follows funktion« – Zum Begriff der »Gewerkschaft« in der tarif- und arbeitskampfrechtlichen Rechtsprechung des Bundesarbeitsgerichts, in: Hartmut Oetker/Ulrich Preis/Volker Rieble (Hg.) Festschrift 50 Jahre Bundesarbeitsgericht, 2004, S. 733 ff.

21 BAGE 33, 140 (10.6.1980).

stellung der Hausarbeit behauptete: »[Der Berufsverband katholischer Hausgehilfinnen] selbst vertraut offenbar auf die Einsicht und den guten Willen seiner möglichen Tarifpartner und hält auch deshalb den Arbeitskampf grundsätzlich nicht für erforderlich und sinnvoll. [...] Die Gleichheit der Mittel ist hier auch ohne Kampfbereitschaft gewahrt.« Eingebettet ist dieses Argument in eine Überlegung, die eine grundsätzliche Außenseiterstellung der Hausangestellten jenseits der »eigentlichen« Erwerbsarbeit behauptet: »Der Haushalt stellt nicht wie ein wirtschaftlicher Betrieb Güter mit der Absicht der Gewinnerzielung her, sondern hat völlig andere Aufgaben.« Und am Ende sichert sich das Bundesverfassungsgericht noch vermeintlich empirisch ab: »Weder die historische Entwicklung noch die gegenwärtige Lage ergeben einen Anhalt dafür, daß die beiden möglichen sozialen Gegenspieler von sich aus nur durch Arbeitskampf oder Drohung mit ihm die Arbeitsbedingungen befriedend regeln könnten.« Ob dies im Jahr der Entscheidung (1964) zutreffend war, mag dahingestellt bleiben. Jedenfalls für 2010 ist gezeigt worden, dass diese Annahme der empirischen Grundlage entbehrt: Hausangestellte werden zu einem nicht geringen Anteil in »systematischen Ausbeutungsmustern« beschäftigt, »wie sie im Bereich der geringfügigen Beschäftigung und Niedrig(st)löhne, der Familialisierung von Care-Arbeit sowie der Duldung graumelierter Pflegearbeitsmärkte zu finden sind.«[22]

Als Außenseiter*innen der Erwerbsarbeit sind die Hausangestellten notwendig auch Außenseiter*innen des Kollektivvertragssystems; die entsprechenden Organisationen können nicht die Mitgliedschaft und den Solidaritäts- und Durchsetzungswillen vorweisen, der erforderlich ist, um rechtliche Handlungsmacht zu legitimieren. Die Gewährleistung von Kollektivverhandlungsfreiheit für den »Berufsverband katholischer Arbeitnehmerinnen in der Hauswirtschaft« ist also nicht Zeichen einer Anerkennung als Gleiche. Sie lässt im Gegenteil die Anerkennung der grundsätzlichen Vergleichbarkeit von Hausangestelltenarbeit mit anderen Arbeitsverhältnissen gerade vermissen.[23]

Hausangestellte sind seither ohnehin andere Wege der Solidarität und des kollektiven Handelns gegangen: Anstatt auf »Einsicht und den

22 Karin Gottschall/Manuela Schwarzkopf, Irreguläre Arbeit in Privathaushalten, 2010, S. 69 und passim. Eine ausführliche Auseinandersetzung mit dieser Rechtsprechung findet sich in Eva Kocher, Tariffähigkeit ohne Streikbereitschaft? – Funktionale Alternativen zur Arbeitskampfbereitschaft im Fall von Hausangestelltenvereinigungen, in: Jens Schubert (Hg.) Anforderungen an ein modernes kollektives Arbeitsrecht. Festschrift für Otto Ernst Kempen, 2013, S. 166 ff.

23 Ausführlich wird diese Argumentation ausgeführt in Eva Kocher, Die Ungleichbehandlung von Hausangestellten in der 24-Stunden-Pflege gegenüber anderen Arbeitnehmerinnen und Arbeitnehmern – eine Frage des Verfassungsrechts, in: Kirsten Scheiwe/Johanna Krawietz (Hg.) (K)Eine Arbeit wie

guten Willen« ihrer Arbeitgeber*innen zu vertrauen, haben sie sich global organisiert.[24] Die heutige »International Domestic Workers Federation« entstand aus einer Kooperation von Gewerkschaften und NGOs im Rahmen der ILO. Größter Erfolg dieses Bündnisses war das im Jahre 2011 durch die Internationale Arbeitsorganisation (ILO) verabschiedete Übereinkommen 189 über menschenwürdige Arbeit für Hausangestellte (C-189 »Domestic Workers Convention«).[25] Dieses Abkommen stellt sich implizit gegen die Annahme, die »natürlichen Gegensätze« zwischen Arbeitgeber und Arbeitnehmer seien in der Hausangestelltentätigkeit geringer. Sie soll gegen die besonderen Gefahren von Misshandlungen, Belästigungen und Gewalt schützen,[26] aber auch gegen die Gefahren eines Übergreifens der Erwerbsarbeitstätigkeit auf die Freizeit,[27] die sich gerade aus dem »privaten Charakter« des Arbeitsplatzes ergeben.

C. Solidarität und individuelle Rechte: ein Gegensatz?

Die Konstruktion des Schutzes in der Erwerbsarbeit als »Menschenrecht« ist allerdings wiederholt grundsätzlich kritisiert worden. Beispielhaft für diese Debatten stehen einerseits die Auseinandersetzungen um die Rolle des Menschenrechtsdiskurses für kollektive Kämpfe in der Erwerbsarbeit (I.) und andererseits die Diskussionen um die Bedeutung des Antidiskriminierungsrechts für ein soziales Europa (II.).

I. »Solidarity first«?

Erst im Jahre 2009 wurde im US-amerikanischen New Labor Forum wieder eine Kontroverse unter dem Titel »Solidarity First – Labor Rights

jede andere? Die Regulierung von Arbeit im Privathaushalt, 2014, S. 85 ff. (vgl. auch in diesem Band S. 191 ff)

24 Zu den Hintergründen im Recht der ILO und Entstehungsbedingungen siehe ausführlich Kirsten Scheiwe/Verena Schwach, »Decent work for domestic workers« – das Übereinkommen 189 der Internationalen Arbeitsorganisation, Zeitschrift für ausländisches und internationales Arbeits- und Sozialrecht 2012, 317.

25 Gemeinsam mit dem Übereinkommen wurde die Empfehlung betreffend menschenwürdige Arbeit für Hausangestellte verabschiedet (R-201).

26 Siehe auch den Fall, der dem Urteil des BAG v. 22.8.2012 zugrunde lag (veröffentlicht in Arbeit und Recht 2012, 374) (hier wurde allerdings zunächst lediglich über die Frage (beendeter) Immunität eines Diplomaten entschieden).

27 Siehe dazu insbesondere die Regelungen der Art. 5, 6, 9 des ILO-Übereinkommens 189.

Are Not the Same as Human Rights« geführt.[28] Die These: Es bedeute das Ende der Gewerkschaftsbewegung »as we know it«, wolle man »Solidarität« als Anker für Gerechtigkeitsvorstellungen in der Erwerbsarbeit durch »individuelle Menschenrechte« ersetzen.[29] Zu den Zielen der Arbeiter*innenbewegung gehörten Demokratie am Arbeitsplatz und ökonomische Gerechtigkeit – und der Erreichung dieser Ziele erweise die Menschenrechtsdebatte einen Bärendienst. Die Menschenrechtsbewegung betrachte Recht als Ziel anstatt nur als Mittel und übersehe damit, dass die kollektive Repräsentation, der kollektive Zusammenschluss, gewerkschaftliches und betriebsrätliches Handeln wirksamere Mittel für die Durchsetzung von Beschäftigteninteressen im Betrieb sein könnten. Die Durchsetzung von Menschenrechten sei häufig ein Diskurs der Fürsorge gegenüber Opfern statt der Ermächtigung und der Förderung kollektiven Handelns.[30]

II. Antidiskriminierungsrecht: Das trojanische Pferd einer marktradikalen EU?

In eine ähnliche Kerbe schlägt eine Kritik am EU-Antidiskriminierungsrecht, die dieses als anglo-amerikanisches Regelungsmodell bezeichnet, das mit einem sozialen Europa nicht vereinbar sei, wenn dieses nicht auf den Kerngehalt sozialpolitischer Strategien, die Orientierung auf Kollektivvereinbarungen und Solidarität, verzichten wolle. Jedenfalls sei Antidiskriminierungsrecht in kontinentaleuropäischen Rechtsordnungen mit gut entwickeltem Sozialschutz entweder überflüssig oder es leiste einer Neuorientierung der Sozialpolitik vom Insiderschutz hin zu einem

28 Ausführlich zu dieser Debatte Eva Kocher, Solidarität und Menschenrechte – Zwei verschiedene Welten?, in: Helena Lindemann/Nina Malaviya/Alexander Hanebeck/Felix Hanschmann/Rainer Nickel/Timo Tohidipur (Hg.) Erzählungen vom Konstitutionalismus, 2012, S. 151 ff.

29 Jay Youngdahl, Solidarity first. Labor Rights Are Not the Same as Human Rights, New Labor Forum 18/Winter 2009, 31 ff. und 46 f.; dagegen Lance Compa, Solidarity and Human Rights. A Response to Youngdahl, New Labor Forum 18/Winter 2009, 38 ff.

30 Zusammenfassung der Argumente: Kevin Kolben, Labor Rights as Human Rights? Virginia Journal of International Law, 50/2009, 449 ff. Zur allgemeinen Kritik der Verrechtlichung politischer Prozesse: Rainer Erd, Verrechtlichung industrieller Konflikte, 1987; Klaus Moritz, Begrenzung gewerkschaftlicher Politik durch Arbeitsrecht, in: Rüdiger Voigt (Hg.) Verrechtlichung, 1980, S. 170, 181; Gunther Teubner, Verrechtlichung – Begriffe, Merkmale, Grenzen, Auswege, in: Friedrich Kübler (Hg.) Verrechtlichung von Wirtschaft, Arbeit und sozialer Solidarität: vergleichende Analysen, 1984, S. 289 ff.

bloßen Schutz von Zugangschancen (und sozialpolitischem Abbau) Vorschub.[31]

III. Zum Beispiel: Rechte von Alleinerziehenden gegen Kollektivvereinbarung

Auf welche praktischen Fragen sich solche Befürchtungen beziehen, zeigt z.B. der Fortgang der Geschichte von K., die andere Arbeitszeiten wünschte: Dort hatte der Betriebsrat mit dem Arbeitgeber vor langer Zeit eine Lösung des Problems der »unbequemen Schichten« ausgehandelt; sie sollten formal unter allen Beschäftigten gleich verteilt werden. Anlässlich dieser Abrede entschied das Bundesarbeitsgericht anlässlich des Falls der alleinerziehenden Verkäuferin, dass solche Vereinbarungen immer auch die besonderen Anforderungen der Vereinbarkeit von Beruf und Familie mitdenken müsse.

Wenn auf diese Weise Individualrecht gegen Kollektivvereinbarung in Anschlag gebracht wird, handelte es sich keineswegs um einen unbedeutenden Eingriff in betriebliche Verhandlungen. Die an Betriebsräte gestellte Aufgabe ist schließlich gewaltig: Sie stehen in einer ständigen Machtauseinandersetzung mit dem Arbeitgeber, in der sie die Aufgabe haben, durch Solidarität soviel Gegenmacht wie möglich zu entwickeln. In einer solchen Situation kann es durchaus gute Gründe dafür geben, formale und gleiche Regeln aufzustellen, anstatt individuelle Konfliktlagen zu berücksichtigen. Deshalb ist es richtig, wenn das Bundesarbeitsgericht den Betriebsparteien für die bei der Abwägung der Einzel- und Kollektivinteressen einen Beurteilungsspielraum zuerkennt.

Dennoch wäre es wichtig, den gesellschaftlichen Interessen, die in solchen Individualrechten von Eltern repräsentiert sind, größere Wirksamkeit zu verschaffen.[32] Denn Solidarität und kollektives Handeln haben insofern eine begrenzte Reichweite, als sie im Gegenmachtprinzip legiti-

31 Alexander Somek, Engineering Equality. An Essay on European Anti-Discrimination Law, 2011; vgl. auch die Beschreibung bei Thomas Blanke/Bettina Graue, Das Gleichheitskonzept der EU-Antidiskriminierungs-Richtlinien, in: Wolfgang Däubler/Martin Bertzbach (Hg.) AGG. Kommentar, 3. Aufl. 2013, Einl. IV, Rn. 238 (sie wenden sich aber nicht gegen das AGG). Zu dieser Debatte ausführlich Dagmar Schiek, Zwischenruf: Den Pudding an die Wand nageln? Überlegungen zu einer progressiven Agenda für das EU-Anti-Diskriminierungsrecht, Kritische Justiz 2014, 396 ff.

32 Das BAG greift hier zu kurz, wenn es aus dem Fehlen von Anhaltspunkten für eine gezielte Diskriminierung schon schließt, dass die Interessen der Klägerin hinreichend berücksichtigt worden seien (BAGE 129, 56 (16.12.2008) (Fn. 10).

miert sind, d.h. ausschließlich durch das »vertikale« Ungleichgewichtsverhältnis zwischen Arbeitnehmer*innen und Arbeitgeber*innen. Das Antidiskriminierungsrecht[33] muss deshalb als eigenständiges Paradigma Interessen schützen, die im Kollektiv der Arbeitnehmer- oder auch der Arbeitgeberkoalition nicht notwendig schon aufgehoben sind.[34] Diese »horizontalen« Verteilungskonflikte unter den Beschäftigten stellen eine dritte Dimension des Arbeitsrechts dar.[35] Diese Dimension wird jedoch aktuell überwiegend über Individualrechte mobilisiert.

D. Inklusive Solidarität durch Recht?

Es ist also kein Zufall, wenn die geschlechtertheoretische Vermessung des Feldes der Erwerbsarbeit bisher häufig in einem kritischen Verhältnis zum kollektiven Handeln von Gewerkschaften und Betriebsräten steht, diesem Gleichbehandlungsrechte als individuelle subjektive Rechte entgegenstellt und Kollektivvereinbarungen als Hindernisse identifiziert. Aber gibt es nicht auch Wege, die »dritte Dimension« des Arbeitsrechts in einer Weise ins Spiel zu bringen, die Kollektiv- und Solidaritätsprinzipien fortsetzt? Verfolgt nicht auch Antidiskriminierungspolitik gesellschaftlich transformative Zielsetzungen, die zwar nicht auf soziale Umverteilung im engeren Sinn, aber durchaus auf sozialpolitische Anliegen abzielen?[36]

I. Formen spezifischer Repräsentation

Das geltende Antidiskriminierungsrecht der Europäischen Union thematisiert das Problem an etwas versteckter Stelle: Die Anwendungsbereiche der Antidiskriminierungsrichtlinien erstrecken sich durchweg auch

33 Zur Relevanz des Antidiskriminierungsrechts im vorliegenden Fall siehe z.B. Eva Kocher/Henning Groskreutz/Ghazaleh Nassibi/Christian Paschke/Susanne Schulz/Felix Welti/Johanna Wenckebach/Barbara Zimmer, Das Recht auf eine selbstbestimmte Erwerbsbiographie, 2013, S. 79 ff.; das BAG hatte sich allerdings vor allem auf Art. 6 GG gestützt (Recht auf Familie).

34 So auch Thomas Dieterich, Bindung der Tarifvertragsparteien an den Gleichheitssatz, Recht der Arbeit 2001, 112, 116 ff. für die Legitimation der Inhaltskontrolle von Tarifverträgen am Gleichheitssatz.

35 Guy Mundlak, The Third Function of Labour Law: Distributing Labour Market Opportunities among Workers, in: Guy Davidov/Brian Langille (Hg.) The Idea of Labour Law, 2011, S. 315 ff.; siehe auch schon Franz Gamillscheg, Die Solidarität als Rechtsbegriff, in: Georg Wannagat/Wolfgang Gitter (Hg.) Festschrift für Erich Fechner zum 70. Geburtstag, 1973, S. 135 ff.

36 Schiek (Fn. 31).

auf »die Mitgliedschaft und Mitwirkung in einer Arbeitnehmer- oder Arbeitgeberorganisation oder einer Organisation, deren Mitglieder einer bestimmten Berufsgruppe angehören, einschließlich der Inanspruchnahme der Leistungen solcher Organisationen«.[37] Soweit ersichtlich, sind diese Regeln aber noch nicht unmittelbar praktisch geworden.

Im Gleichstellungsrecht sind seit langem darüber hinaus Konzepte für eine spezifische Repräsentation vergeschlechtlicher Interessen oder Perspektiven entwickelt worden.[38] Es handelt sich zum einen um den Ansatz, die Präsenz von Frauen (bzw. manchmal auch von Männern) dort zu erhöhen, wo sie »unterrepräsentiert« sind (siehe z.B. § 15 Abs. 2 BetrVG: »Das Geschlecht, das in der Belegschaft in der Minderheit ist, muss mindestens entsprechend seinem zahlenmäßigen Verhältnis im Betriebsrat vertreten sein, wenn dieser aus mindestens drei Mitgliedern besteht.«). Zum anderen wird manchmal die Berücksichtigung bzw. Repräsentation vergeschlechtlichter Interessen vorgeschrieben. So ist den Betriebsräten mittlerweile die Aufgabe übertragen, »die Durchsetzung der tatsächlichen Gleichstellung von Frauen und Männern [...]« sowie »die Vereinbarkeit von Familie und Erwerbstätigkeit zu fördern« (§ 80 Abs. 1 Nr. 2a) und b) BetrVG); das Gesetz regt auch betriebsrätliches Handeln im Gleichstellungsinteresse an (§§ 81 ff., 92 Abs. 3 BetrVG).

Ohne spezifische Kompetenzen in der Wahrnehmung vergeschlechtlichter Verhältnisse, ohne spezifische Institutionen und Zuständigkeiten ändert dies in der Praxis jedoch wenig bzw. diese nur sehr langsam. Spezifische Organisationen vergeschlechtlicher Interessen leiden hingegen – mangels hinreichender Macht – meist unter schwacher Organisations- und Durchsetzungsfähigkeit.[39] Ein potenzieller Wettbewerb zu den Gewerkschaften, Betriebs- oder Personalräten schadet auch in der Praxis mehr als er hilft.[40] Je stärker das Gleichbehandlungsinteresse als »öffentliches Interesse« konstruiert wird, desto weiter weg gerät es von Solidarität »mit anderen«.[41]

37 Art. 14 Abs. 1 Buchst. d) der Richtlinie 2006/54/EG; Art. 3 Abs. 1 Buchst. d) der Richtlinie 2000/43/EG; Art. 3 Abs. 1 Buchst. d) der Richtlinie 2000/78/EG; im deutschen Recht siehe § 2 Abs. 1 Nr. 4 AGG.

38 Für eine ausführliche Analyse in demokratietheoretischer Perspektive siehe auch schon Eva Kocher, Geschlechterdifferenz und Staat, Kritische Justiz 1999, 182 ff (in diesem Band S. 49 ff).

39 Historisch vgl. auch Brigitte Kerchner, Beruf und Geschlecht. Frauenberufsverbände in Deutschland 1848–1908, 1992.

40 Iris Bednarz-Braun/Kirsten Bruhns, Personalpolitik und Frauenförderung im öffentlichen Dienst. Gleichberechtigungsgesetze zwischen Anspruch und Alltag, 1997.

41 Zum »Gruppendenken« vgl. Iris Young, Polity and Group Difference: A Critique of the Ideal of Universal Citizenship, Ethics 99/1988/1989, 250.

II. Antidiskriminierungsrechtliche Instrumente der Inklusion

Ein anderer Weg, inklusive Solidarität anzustoßen, führt über Verfahren, die zur Transformation der Geschlechterverhältnisse, der Integration von Minderheiten und einer entsprechenden Transformation des Arbeitslebens beitragen könnten. Das Ziel wären »gleichwertige Rechte«, also gestaltende Rechte, die Exklusionsdynamiken der Erwerbsarbeit sowie der imaginierten Kollektivitäten aufheben und inklusive Dynamiken entwickeln könnten.[42]

Als Instrumente sind proaktive Verpflichtungen und »positive/affirmative action« zu nennen,[43] aber auch andere »innovative Governance-Arrangements« wie z.B. »Gender Mainstreaming«, die besser geeignet wären als individueller Rechtsschutz, um gesellschaftlichen Wandel herbeizuführen.[44] Besonders interessant scheint der antidiskriminierungsrechtliche Ansatz der »angemessenen Vorkehrungen«, der ein Recht auf Berücksichtigung von Differenz, auf Inklusion und Barrierefreiheit formuliert.[45] Er könnte genutzt werden, um vergeschlechtlichte hegemoniale Strukturen, die Insider*innen- oder Outsider*innen-Positionen zuweisen, in Frage zu stellen.[46]

Die Gestaltung des Verfahrens als »offenen Suchprozess« – durchaus im Einzelfall – spielt hierbei eine zentrale Rolle;[47] auch hierfür bedarf es jedoch geeigneter Akteurinnen und Akteuren.

III. Die Grenzen des Rechts

Wer aber könnte inklusive Solidarität und kollektives Handeln durchsetzen, welche Akteur*innen könnten inklusive kollektive Willensbildungsprozesse, Mitgliedschaftsstrukturen und entsprechende imaginierte

42 Drucilla Cornell, Gender, Geschlecht und gleichwertige Rechte, in: Seyla Benhabib/Judith Butler/Drucilla Cornell/Nancy Fraser (Hg.) Der Streit um Differenz, 1993, S. 80 ff.; zur Debatte siehe Kocher (Fn. 37).

43 Sandra Fredman, Human Rights Transformed, 2008; Christopher McCrudden, Rethinking Positive Action, Industrial Law Journal 19/1986, 219 ff.

44 Schiek (Fn. 31).

45 Zur Bedeutung jenseits des Behindertendiskriminierungsschutzes siehe Eva Kocher/Johanna Wenckebach, § 12 AGG als Grundlage für Ansprüche auf angemessene Vorkehrungen, Soziales Recht 2013, 17 ff.

46 Für eine Perspektive aus der Sicht von Alleinerziehenden: Eva Kocher, Das Andere des Arbeitsrechts, Arbeit und Recht 2016, 334 ff (in diesem Band S. 128 ff).

47 Kocher/Groskreutz/Nassibi/Paschke/Schulz/Welti/Wenckebach/Zimmer (Fn. 34) S. 131 ff.; 196 ff.; 332 ff.; Eva Kocher, Das Recht auf eine selbstbestimmte Erwerbsbiografie. Eine prozedurale Betrachtung von

kollektive Selbstbilder vorantreiben? Die Frage verweist auf das Recht als Handlungssystem. Die emanzipatorischen Chancen, die dem Recht zukommen können, entfalten sich gerade in privatrechtlich geprägten Bereichen nur, wenn das Recht von widerständigen Personen in Gebrauch genommen wird. Arbeitsrechtlicher »Schutz« ist deshalb in seiner Konstruktion keineswegs Bevormundung, sondern umgekehrt ein Angebot, sich zu wehren, sowie eine Chance, die eigenen Interessen in einer gesellschaftlichen Gerechtigkeitsvorstellung zu verankern.

Wie schafft man aber eine Wirklichkeit für den Gebrauch des Rechts in sozialen Situationen, in denen niemand sich wehren mag, wie z.B. in Betrieben, in denen es keinen Betriebsrat gibt, kein*e Gewerkschaftsfunktionär*in sich blicken lässt? Prekarität und fehlende Interessenvertretungsstrukturen bedingen sich nicht zufällig wechselseitig. Welche zentrale Bedeutung dem widerständigen und kollektiven Handeln aber auch dort zukommt, zeigt die Praxis der behördlichen Rechtsdurchsetzung, die auch in Deutschland zunehmend eingesetzt wird, wo es an solidarischem Handeln und individueller Rechtsdurchsetzung typischerweise fehlt, d.h. in der prekären Erwerbsarbeit oder genauer: im Rahmen von Mindestlohnfestsetzungen. Auch die behördlichen Kontrollen sind darauf angewiesen, dass am Ende jemand bereit ist, den eigenen Namen und die eigene Person als Zeug*in oder Betroffene offen zu legen und ins Spiel zu setzen.[48] Selbst das Übereinkommen, das durch die Hausangestelltenorganisationen erstritten wurde, ändert erst dann etwas an der Arbeit von Hausangestellten, wenn es in Gebrauch genommen und angerufen wird.

Individuelle Rechte können transformative Situationen schaffen. Sie benötigen aber widerständige, autonome, freie Individuen, die Zorn hervorrufen – und ihre Angst überwinden.[49] Solidarität und Kollektivautonomie bieten in der Erwerbsarbeit einen Rahmen hierfür. Es ist aber noch ein weiter Weg, bis sie inklusiv funktionieren – und das Antidiskriminierungsrecht könnte mit Verfahren und angemessenen Vorkehrungen hierbei beschleunigend wirken, indem es konkrete Verbindungen zwischen solidarischen Beschäftigten herstellt.

Anpassungs- und Finanzierungsansprüchen für Übergangssituationen, Leviathan 41/2013, 457 ff. (in diesem Band S. 170 ff).

48 Für ein Beispiel (Entgeltprüfung in der Heimarbeit): Heide Pfarr/Eva Kocher Kollektivverfahren im Arbeitsrecht. Arbeitnehmerschutz und Gleichberechtigung durch Verfahren, 1998, S. 149 ff.

49 Andrea Maihofer, Freiheit – Selbstbestimmung – Autonomie, erschienen im selben Band wie dieser Aufsatz, d.h. in Baer/Sacksofsky (Hrsg.), 2018 (Fn. 1), S. 31 ff, S. 49 ff.

Teil 4: Theoretische Vertiefungen und praktische Erweiterungen

Der letzte Teil dieses Bandes enthält Texte, die das Selbstverständnis des Rechts und das Selbstverständnis von Jurist:innen reflektieren.

Bereits in Teil 1 dieses Buchs wird die feministische Kritik an der Rechtsfigur des autonomen Staatsbürgers erläutert. Diese wird im Text »Objektivität und gesellschaftliche Positionalität« nun fortgeführt, in Anknüpfung an die feministische Kritik der »Objektivität« des Rechts. Hierfür analysiert der Text im Detail, wie Objektivität in der sozialen Praxis von Richter:innen hergestellt wird, sucht nach Einfallstoren für kritische Praxen der Anerkennung von Positionalität und berichtet von Praxis-Experimenten. Die Konzeption »situierten Wissens«, wie sie von Donna Haraway für die Wissenschaftstheorie formuliert wurde, spielt dabei eine wichtige Rolle. In diesem Zusammenhang wird u.a. diskutiert, was es konkret bedeuten könnte, wenn »kritische Reflexion« zum Gegenstand des Jurastudiums werden sollte.

Viele der Texte in diesem Buch beruhen auf interdisziplinärer Forschung und verwenden selbst Methoden der interdisziplinären Rechtsforschung. Der Text »Die transdisziplinäre Rechtsforschung braucht die Rechtssoziologie – und umgekehrt« reflektiert nun die Schwierigkeiten und Chancen der interdisziplinären Rechtsforschung vor dem Hintergrund von Praxiserfahrungen in der interdisziplinären Arbeitsrechtsforschung,[1] die zeigen, wie soziale und institutionelle Grenzen von Disziplinen fortbestehen. Hier geht es unter anderem auch um den Status der Gender Studies als einer wissenschaftlichen »Disziplin«.

Der Text kritisiert Behauptungen transdisziplinärer Forschung, die zu überspielen drohten, dass bereits jede Fragestellung oder Problemdefinition eine disziplinäre Orientierung in sich trage. Interdisziplinäre Rechtsforschung bedürfe der methodischen Professionalisierung, Beobachtung und Ausdifferenzierung; sie müsse in rechtssoziologische Debatten eingebunden sein, die theoretische Fragen des Verhältnisses zwischen Autonomie und Praxis thematisieren. Umgekehrt könnte sich die rechtssoziologische Grundlagenforschung stärker für die Mühen der interdisziplinären Ebene interessieren.

1 Hier handelt es sich keineswegs um dasselbe Feld wie die interdisziplinäre Sozialpolitikforschung, die im Deutschen Institut für Interdisziplinäre Sozialpolitikforschung (DIFIS) seit 2021 einen institutionellen Ort gefunden hat. Das Projekt »Socio-legal Trajectories in Europe« (Christian Boulanger, Naomi Creutzfeldt, Jen Hendry) gab zuletzt Gelegenheit, über die interdisziplinäre Rechtsforschung anhand konkreter Erfahrungen zu reflektieren. Die Ergebnisse erscheinen 2024 in einem Buch in englischer Sprache.

Der Band schließt mit einer Selbstpositionierung in Form einer Glosse. Das Subjekt, das hier objektivierend ironisiert wird, ist das Phänomen der einzigen Frau in einer Gruppe von Männern, und zwar am Beispiel der einzigen anwesenden Redakteurin unter männlichen KJ-Redakteuren[2] – also an meinem eigenen Beispiel.

2 Es handelte sich um einen Beitrag für das liber amicorum Thomas Blanke, eines langjährigen Redaktionsmitglieds.

Objektivität und gesellschaftliche Positionalität (2021)[1]

I. Die feministische Kritik an der Objektivität des Rechts

Rechtsprechung soll unabhängig und neutral, das Recht soll objektiv sein – diese Vorstellungen stehen nicht zufällig im Zentrum des Selbstverständnisses von Jurist:innen.[2] Das Versprechen des Rechts,[3] seine Unabhängigkeit und Objektivität, steht aber auch im Mittelpunkt grundsätzlicher feministischer Kritiken[4] – ähnlich wie z.B. das Objektivitätsversprechen der Wissenschaft.[5] Die feministische Kritik ist insofern immer schon Teil der Debatte um neuere rechtskritische Ansätze.[6] Es geht hier nicht zuletzt um das, was in Vorstellungen von »Objektivität«

1 Der Aufsatz beruht auf den Überlegungen, die ich in meinem Aufsatz Eva Kocher, Die Position der Dritten. Objektivität im bürgerlichen Recht, JöR 67 (2020), 403 angestellt habe und führt diese weiter. Es handelt sich um eine überarbeitete Fassung von »Die Position der Dritten. Objektivität im bürgerlichen Recht«, erschienen in: Susanne Baer, Oliver Lepsius/Christoph Schönberger/Christian Waldhoff/Christian Walter (Hg.), Jahrbuch des öffentlichen Rechts der Gegenwart (JöR) 67 (2019), S. 403-426. Dieser Text wurde zuerst in Kritische Justiz (KJ) 3/2021, S. 268–283 im Themenschwerpunkt» »Beziehungen« veröffentlicht.

2 Dahinter steht die Autonomie des Rechts (wie auch immer man diese Funktionen theoretisch im Einzelnen beschreiben mag); vgl. Eva Kocher, »Rechtssoziologie«: Das Recht der Gesellschaft und die Gesellschaft des Rechts, in: Rechtswissenschaft 2017, 153.

3 »Die Versprechungen des Rechts« war der Titel des Dritten Kongresses der deutsch-sprachigen Rechtssoziologie-Vereinigungen 2015 in Berlin (vgl. Susanne Baer, Recht als Praxis. Herausforderungen der Rechtsforschung heute, ZfRSoz 36 (2016), 213–232).

4 Jutta Limbach, Engagement und Distanz als Probleme einer feministischen Rechtswissenschaft, in: Gerhardt/Limbach (Hg.). Rechtsalltag von Frauen, 1988, 169, 173 ff; Susanne Baer, Objektiv – neutral – gerecht? Feministische Rechtswissenschaft am Beispiel sexueller Diskriminierung im Erwerbsleben, KritV 77 (1994), 154–179, 157 f; Cara Röhner, Ungleichheit und Verfassung, 2019, 15 ff.

5 Lorraine Daston/Peter Galison, Objektivität, 2017.

6 Christoph Menke, Kritik der Rechte, 2018; Alexander Somek, The legal relation, 2017; Daniel Loick, Juridismus, 2017; Sonja Buckel, Die Bürde der subjektiven Rechte, KJ 50 (2017), 461, 468 (die beiden letztgenannten Autor:innen verorten sich allerdings ebenfalls in feministischen Ansätzen).

unsichtbar gemacht wird: Recht wird täglich neu von Menschen gemacht, die in persönlichen, menschlichen und gesellschaftlichen Beziehungen – und damit auch Machtverhältnissen – verortet und eingebunden sind, und deren Sein und Subjektpositionen durch diese Bindungen geprägt sind.[7]

Aber hat die Feststellung, wie sehr Menschen durch ihre Beziehungen geprägt sind, zur Konsequenz, dass das Objektivitätsversprechen des Rechts aufgegeben werden muss? Ist »kritische Reflexion« eine Alternative, und was würde es in der Praxis bedeuten, wenn man sie z.B. als Gegenstand des Jurastudiums festschreiben würde?[8] Oder wie sähe eine Rechtspraxis ohne Anspruch auf Unabhängigkeit und Objektivität aus?

Um sich diesen Fragen zu nähern, geht der vorliegende Text den Weg von der Theorie in die Praxis von Zivilrichter:innen und wieder zurück. Er versucht dabei zunächst genauer zu verstehen, wie Objektivität in der sozialen Praxis von Richter:innen hergestellt wird (II. und III.), um dann in einem zweiten Schritt Einfallstore für kritische feministische Praxen richterlicher Tätigkeit ausmachen zu können (IV.). Von besonderem Interesse ist dabei die Konzeption »situierter Wissensbestände« von Donna Haraway, die Kritiken am Objektivitätsverständnis der Wissenschaft queer-feministisch ausformuliert hat, indem sie (u.a.) (menschliche) Beziehungen relevant setzt. Dass sie gleichzeitig dennoch am Anspruch einer (feministischen) Objektivität festhält, macht ihren Ansatz für die Rechtspraxis besonders interessant.

7 Jennifer Nedelsky, Law's relations, 2011; Sabine Hark, Enteignet Euch! oder: Keine Frage der Wahl, in: Baer/Sacksofsky (Hg.). Autonomie im Recht – Geschlechtertheoretisch vermessen, 2018, 157, 166 ff; Susanne Baer, Komplizierte Subjekte zwischen Recht und Geschlecht. Eine Einführung in feministische Ansätze in der Rechtswissenschaft, in: Kreuzer, Christine (Hg.), Frauen im Recht – Entwicklung und Perspektiven, 2001, 9–25, 9, 13 ff; Ratna Kapur, Gender, alterity and human rights, 2018; dazu genauer Eva Kocher, Recht oder Nicht-Recht: Eine Wahl zwischen Gleichheit und Freiheit? Zum Stand der feministischen Rechtstheorie, KJ 2020, 481 (in diesem Band xxx).

8 Zu einem entsprechenden Projekt des BMJV zur Änderung des § 5a DRiG siehe z.B. die Stellungnahme 02/2021 der Neuen Richtervereinigung v. 16.2.2021 (https://www.neuerichter.de/details/artikel/article/stellungnahme-zur-aenderung-des-5a-deutsches-richtergesetz-drig-implementierung-des-themas-ns-unrecht-in-die-juristische-ausbildung), die Stellungnahme Nr. 4/21 des Deutschen Richterbundes v. 17.2.2021 (https://www.drb.de/positionen/stellungnahmen/stellungnahme/news/4-21) und die Pressemitteilung 21-04 des Deutschen Juristinnenbundes (djb) v. 26.2.2021 (https://www.djb.de/presse/stellungnahmen/detail/pm21-04?actbackPid=57&cHash=3c1389576e8287efe39fe3df488b8581).

II. Praxen der Objektivität im Zivilrecht

Für die soziale Praxis von Richter:innen ist die Vorstellung, sie könnten autonom und objektiv die richtigen oder zumindest passenden Entscheidungen für Streitfälle finden, eine notwendige, d.h. »feldspezifische Illusion«; ihre Tätigkeit ist fundamental auf diese Vorstellung angewiesen.[9] Bei der Frage, wodurch diese Illusion gekennzeichnet ist, ist der Begriff der »Objektivität« von besonderem Interesse. Anders als die parallelen Begriffe der Unabhängigkeit und Neutralität bezeichnet er nicht das, was in der richterlichen Bewertung und Entscheidung außen vor bleiben muss, sondern formuliert positiv, woran sich richterliche Entscheidungen orientieren sollen: Diesen obliegt es danach, die Position einer gesellschaftlich nicht durch ihre Beziehungen bestimmten Person zu suchen, die reines Individuum und Rechtssubjekt ist.

Nun kann die richterliche Praxis von vielen verschiedenen Seiten angeschaut, beobachtet, analysiert und kritisiert werden. Der formale Zielpunkt der richterlichen Tätigkeit ist dabei zunächst die Entscheidung – was nicht heißen soll, dass andere Tätigkeiten des Verhandelns und der Vermittlung nicht z.T. (insbesondere in ersten und zweiten Instanzen) praktisch wesentlich breiteren Raum einnehmen würden als das Urteilen selbst. Aber es ist die Potenzialität der Entscheidung, von der aus auch alle anderen richterlichen Tätigkeiten bestimmt werden. Und gerade dieser Teil der Tätigkeit liegt weitgehend »im Dunkeln«.[10] Was wir sehen, ist die Darstellung einer Entscheidung, nicht deren Herstellung.

Das heißt aber nicht, dass nicht auch die Darstellungen – konkret die Urteile – auch einiges über die Produktionsformen von Objektivität zeigen können: Texte konstruieren Vorstellungen, und Vorstellungen konstruieren Texte.[11] Methoden der gedanklichen Arbeit mögen nicht

9 Michael Wrase, Recht und soziale Praxis – Überlegungen für eine soziologische Rechtstheorie, in: Cottier/Estermann/Wrase (Hg.). Wie wirkt Recht? Ausgewählte Beiträge zum Ersten Gemeinsamen Kongress der Deutschsprachigen Rechtssoziologie-Vereinigungen, 2010, 113, 115 ff; Pierre Bourdieu, Die Juristen. Türhüter der kollektiven Heuchelei, in: Kretschmann (Hrsg.), Das Rechtsdenken Bourdieus, 2018, 29 ff.

10 Susanne Baer, Recht als Praxis. Herausforderungen der Rechtsforschung heute, ZfRSoz 2016, 36(2), 213, 223 f; ein seltener Versuch, Licht in das Dunkel zu bringen: Uwe Kranenpohl, Hinter dem Schleier des Beratungsgeheimnisses. Der Willensbildungs- und Entscheidungsprozess des Bundesverfassungsgerichts, 2010.

11 Das zeigt empirisch Peter Stegmaier: Wissen, was Recht ist. Richterliche Rechtspraxis aus wissenssoziologisch-ethnografischer Sicht, 2009 (zur einzelrichterlichen (Re-)Strukturierung von Rechtsfällen, der kollektiven Aushandeln von Falllösungen, der Nutzung von Texten und Arbeitstechniken); für ein Beispiel siehe das Argument von Christoph Strecker (Betrifft Justiz

binden; aber es spricht doch einiges dafür, dass sie Denken prägen und leiten.[12] Mit ihrer Hilfe werden » [d]ie von den sozialen Akteuren im praktischen Erkennen der sozialen Welt eingesetzten kognitiven Strukturen« ausgebildet, die als »inkorporierte soziale Strukturen« des Habitus wirken.[13] Die Arbeit mit und an Texten, die Einübung eines bestimmten Schreibens und Denkens macht deshalb nicht zufällig den längsten Teil der Ausbildung zur Jurist:in aus. Noch die Kritik an der juristischen Ausbildung geht meist von der mehr oder weniger unausgesprochenen Annahme aus, dass die im Studium gelesenen und verfassten Texte einen Habitus und damit die Berufspraxis prägen können.

Auf Basis dieser Annahme werden juristische Denkformen im Folgenden als soziale Praxis untersucht. Die kognitiven Strukturen, die zur Darstellung von Objektivität verwendet werden, werden am Beispiel der Figur der »objektiven Dritten« analysiert, die im Zivilrecht allgegenwärtig ist.[14] Am »objektiven Dritten« lässt sich nachlesen und so beobachten, wie »Objektivität« in der richterlichen Praxis verstanden und hergestellt wird.

2000, S. 370 in der Erwiderung auf Theo Rasehorn, Betrifft Justiz 2000, S. 369) gegen die mündliche Urteilsbegründung: Er führt die Erfahrung an, dass eine mündlich gegebene Begründung sich der schriftlichen Aufzeichnung verweigern und so als unrichtig erweisen könne.

12 Christian Boulanger, Die Soziologie juristischer Wissensproduktion. Rechtsdogmatik als soziale Praxis, in: Boulanger/Rosenstock/Singelnstein (Hrsg.), Interdisziplinäre Rechtsforschung, 2019, S. 173 ff; Silvia von Steinsdorff, (Verfassungs-)Richterliches Entscheiden, ebda., S. 207 ff.

13 Pierre Bourdieu, Die feinen Unterschiede, 8. Aufl. 1996, 730 (zum Nutzen von Bourdieus Habitus-Feld-Konzept für eine soziologische Rechtstheorie siehe Nachweise oben Fn. 9).

14 Vgl. auch die soziologische Bedeutung der »Figur des Dritten« als eine Keimzelle des Gesellschaftlichen: Georg Simmel, Soziologie. Untersuchungen über die Formen der Vergesellschaftung, 1908 (Exkurs »Wie ist Gesellschaft möglich?«); Albrecht Koschorke, Ein neues Paradigma der Kulturwissenschaften, in: Esslinger/Schlechtriemen/Schweitzer/Zons (Hg.). Die Figur des Dritten. Ein kulturwissenschaftliches Paradigma, 2010, 9, 16 (hervorgegangen aus dem Graduiertenkolleg »Die Figur des Dritten« (2003–2009 an der Universität Konstanz)); Ulrich Bröckling, Gesellschaft beginnt mit Drei: Eine soziologische Triadologie, in: Bedorf/Fischer/Lindemann (Hg.). Theorien des Dritten. Innovationen in Soziologie und Sozialphilosophie, 2010, 161, 166; Joachim Fischer, Tertiarität / Der Dritte. Soziologie als Schlüsseldisziplin, in: Bedorf/Fischer/Lindemann (Hg.). Theorien des Dritten. Innovationen in Soziologie und Sozialphilosophie, 2010, 131, 144 ff und Ulrich Bröckling (Fn. 14), 166 f.

1. Objektivität als Denkaufgabe

Rechtsfiguren, die explizit »Objektivität« abbilden, gibt es im Privatrecht eine ganze Menge.[15] Immer wieder stoßen wir im Zivilrecht auf »objektive« Maßstäbe, die Gerichte anzuwenden haben. In Gesetzen und Rechtsprechung gibt es den »umsichtigen Menschen«, den »ordentlichen Kaufmann« (§ 347 HGB) bzw. »Geschäftsmann« (§ 43 GmbHG), den »gewissenhaften Geschäftsleiter« (§ 93 AktG), den »durchschnittlichen« oder »durchschnittlich verständigen« oder »durchschnittlich aufmerksamen Verbraucher«, den »verständigen Arbeitgeber«, den »durchschnittlich gut ausgebildeten Fachmann«, die »besonnene und gewissenhafte Hausfrau«, den »unvoreingenommenen Durchschnittsleser«, den »objektiven eBay-Nutzer« oder den »durchschnittlichen Nutzer des Internet«.[16]

Jutta Limbach lieferte schon 1977 eine ausführliche Untersuchung zu einer solchen Rechtsfigur (der »verständige Rechtsgenosse«).[17] Und Elena Barnert systematisierte 2008 die unterschiedlichen Aufgaben, für die solche Figuren (»eingebildete Dritte«) verwendet werden: Bildung von Maßstäben für Handlungen (Fahrlässigkeit und Sorgfalt), für das Verständnis (Auslegungsmaxime), den Willen (objektiver Empfängerhorizont) und »Gefühl«.[18] Beide Arbeiten sind gelungene Versuche, die Methoden der Praxis zu analysieren und zu begreifen.[19]

Die Figuren der Objektivität symbolisieren danach einen »reflexiven Denkprozess« bzw. eine »Denkaufgabe«, die als »Hilfsmittel für das Denken über die Wirklichkeit« dient.[20] Indem »der Richter eine allen Juristen gemeinsame Sprach- und Vorstellungsebene aufsucht, den Bereich persönlicher Ansicht und Empfindung also verläßt« und eine »Technik des Verfremdens« anwendet, sollen »individuelle Besonderheiten und subjektive Empfindlichkeiten [...] ausgeblendet« werden können.[21] Die Rechtsfiguren des objektiven Dritten verlangen von der

15 Elena Barnert, Der Dritte im Recht, in: Esslinger/Schlechtriemen/Schweitzer/Zons (Hg.). Die Figur des Dritten. Ein kulturwissenschaftliches Paradigma, 2010, 254 zur Erklärung, wieso das gerade im Zivilrecht der Fall ist (symmetrische Ausgangslage).

16 Elena Barnert, Der eingebildete Dritte, 2008, 15 ff und passim; vgl. auch Eva Kocher (Fn. 1).

17 Jutta Limbach, Der verständige Rechtsgenosse, 1977; siehe auch Jörn Eckert, Der »objektive Beobachter« in der Rechtsprechung des Bundesgerichtshofs in Zivilsachen, 1982.

18 Elena Barnert (Fn. 16).

19 Zu dieser Aufgabe vgl. Josef Esser, Wertung, Konstruktion und Argument im Zivilurteil, 1965, S. 3 unter Bezugnahme auf Philipp Heck.

20 Jutta Limbach (Fn. 17), 2; 76; 99.

21 Elena Barnert (Fn. 15), 256.

Richter:in also die Konstruktion eines »normativen Modellmenschen«, der als Vergleichsgröße dienen kann.[22] Der konkrete »eingebildete Dritte« entscheidet am Ende den Fall: Das Gericht stellt sich eine bestimmte Position vor, mit deren Hilfe der rechtliche Maßstab für den Sachverhalt konkretisiert wird.

a) Der Dritte empirisch und/oder normativ

Oberflächlich mag sich dies so anhören, als sei nach einer empirischen Kategorie zu suchen. Bei genauerem Hinschauen handelt es sich eigentlich um eine normative Kategorie. Mit dem »Dritten« wird kein »Menschenbild« formuliert, sondern ein Leitbild und Idealtypus.[23] Die Formulierung »ein verständiger Mieter musste die Vertragsklausel so verstehen, daß...« bedeutet insofern nichts anderes als »die Vertragsklausel ist so zu verstehen, daß...«.

Dieses Changieren zwischen Empirie und Normativität bringt es aber auch mit sich, dass mit der Figur eines eingebildeten Dritten das normative Moment der Entscheidung überspielt werden kann; es handelt sich um eine »Strategie der De-Thematisierung von Recht«.[24] Da der Erkenntnis- und Entscheidungsprozess zur Konstruktion des eingebildeten Dritten nicht offengelegt wird, verhindert die Verwendung dieser Figur auch, dass die zugrunde gelegten Annahmen rational überprüfbar und kritisierbar werden: Nach herkömmlicher juristischer Dogmatik sind Rechtsauffassungen überzeugend, vertretbar oder falsch, Tatsachen sind wahr oder unwahr; »was der Dritte tut, will oder denkt,« ist jedoch keins von diesen – es ist plausibel oder unplausibel.[25]

b) Methoden der Praxis

Dass es gleichwohl eine Herausforderung darstellt, eine solche Person zu imaginieren, wird bereits bei Otto von Gierke deutlich, der bei den Entwürfen des BGB die Figur des »ordentlichen Hausvaters« mit den Worten kritisiert, es sei eine »seltsame Zumutung«, vom »Studierenden auf

22 Elena Barnert (Fn. 15), 256.

23 So auch Regina Ogorek, Virtual Reality und Rechtsanwendung, in: Assmann/Brinkmann/Gounalakis/Kohl/Walz (Hg.). Wirtschafts- und Medienrecht in der offenen Demokratie. Freundesgabe für Friedrich Kübler zum 65. Geburtstag, 1997, 3.

24 Niklas Luhmann, Kommunikation über Recht in Interaktionssystemen, in: Luhmann (Hg.). Ausdifferenzierung des Rechts. Beiträge zur Rechtssoziologie und Rechtstheorie, 1981, 53, 71 f.

25 Gesamter Abschnitt paraphrasiert nach Elena Barnert (Fn. 16), 51.

der Universität«, sich »zum Vater [zu] träumen«.[26] Dieser »ordentliche Hausvater« steht in der Tradition des »bonus pater familias«, quasi der Urform des objektiven Dritten.[27] Dies legt nun bereits ein bestimmtes Geschlecht des objektiven Dritten nahe, und im französischen Zivilrecht wurde erst 2014 der Maßstab des »bon père de famille« explizit durch den Standard »raisonnable« ersetzt.[28] Aber hilft das den Richter:innen im Umgang mit dieser Zumutung?

2. Das Reflektionsangebot der Rechtsdogmatik

Die Rechtsdogmatik macht den Richter:innen nur wenige Angebote, wie sie an die Denkaufgabe der objektiven Dritten herangehen können – und diese sind zudem unzureichend:

a) Volksgeist, Anstandsgefühl und bürgerliche Tugenden

Das älteste Werkzeug, das da angeboten wird, wird heute nur noch selten verwendet: Die Begriffe »Anstandsgefühl«, »Rechtsgefühl«, Anstands- und Rechtsgefühl, oder Anstands- und Gerechtigkeitsgefühl, sind eher nicht mehr so moderne Umschreibungen für die Suche nach dem »Volksgeist«, wie ihn sich die historische Rechtsschule zu finden vorgenommen hatte[29] und wie er kürzlich als allgemeines »Rechtsempfinden der Bevölkerung« wieder auftauchte.[30] Aber schon dem Reichsgericht war

26 Otto von Gierke, Der Entwurf eines bürgerlichen Gesetzbuchs und das deutsche Recht, 1889, 39, zur Begründung (Motive I, 279) von § 144 des Entwurfs, der für die Definition von Fahrlässigkeit auf die »Sorgfalt eines ordentlichen Hausvaters« verwies (zitiert nach Elena Barnert (Fn. 16), 121).

27 Josef Esser, Vorverständnis und Methodenwahl in der Rechtsfindung, 1970, 56 f.

28 Art. 26 LOI n° 2014-873 du 4 août 2014 pour l'égalité réelle entre les femmes et les hommes (Gesetz zur tatsächlichen Gleichstellung der Geschlechter).

29 Franz Jürgen Säcker, NJW 2018, 2375, 2377. Die erwähnten Begriffe enthalten auch Anklänge zum »gesunden Volksempfinden« (z.B. § 2 des StGB von 1935), der als nationalsozialistische Begrifflichkeit heute nicht mehr gebraucht wird; siehe auch die Entschuldigung des Richters am Landgericht Dieter Meyer, NJW 1993, 3124 für die Verwendung des Begriffs in einem von ihm verfassten landgerichtlichen Zivilurteil.

30 NRW-Innenminister Herbert Reul in der »Rheinischen Post« vom 16.8.2018, der dieses den Gerichten als Leitlinie empfahl (https://rp-online.de/nrw/panorama/sami-a-muss-nach-deutschland-zurueckgeholt-werden_aid-24401713, Abruf 1.6.2021).

ja klar, dass es unterschiedliche Gefühle und Empfindlichkeiten in Volk (bzw. Gesellschaft) geben mag, und man das »Anstandsgefühl aller billig und gerecht Denkenden« ja immer noch von aufgekommenen Unsitten und »Machenschaften« abgrenzen muss.[31] Für Rehbinder legt schon »die Vorstellung von einem intellektuellen Gefühl« nahe, »daß hier etwas nicht stimmen kann.«[32]

Alternativ wurde auch schon ein Leitbild bürgerlicher Gewissenhaftigkeit und Verantwortung beschworen, eine Tugendhaftigkeit, die einer »Epoche weithin homogener Bürgerlichkeit« zuzurechnen ist,[33] ein ganzes Korsett von Vorschriften für »ordentliches, propres, solides, vorauskalkulierbares Verhalten – [...] integraler Bestandteil [des] bürgerlichen Kosmos.«[34] Doch kanonische Vorstellungen von Bürgerlichkeit sind keineswegs verschwunden. So begründete noch in den 1990er Jahren der Vorsitzende Richter des 9. Senats des BGH, der den Rechtssatz aufgestellt hatte, dass » [e]in Volljähriger [...] im Geschäftsverkehr im allgemeinen auch ohne besondere Erfahrung in der Lage zu erkennen [ist], daß die Abgabe einer Bürgschaft ein riskantes Geschäft ist«,[35] diesen damit, dass ja »jeder von uns [...] vielleicht früher ›Die Bürgschaft‹ von Schiller gelesen [hat].«[36]

b) Vernunft, Verfassungswerte und der homo oeconomicus

Neuere Ausformulierungen des objektiven Dritten betonen oft stärker normative Aspekte: Er muss nun »verständig« oder »vernünftig«, »raisonnable«[37] bzw. »reasonable« sein. Limbach meinte, mit der »Verständigkeit« habe der »Mustermensch den Sprung von den Sekundärtugenden der Gewissenhaftigkeit und Ehrlichkeit zu den Kardinaltugenden des Wohlwollens und der Gerechtigkeit gewagt«.[38] Entsprechend finden sich zunehmend Bezugnahmen auf öffentlichrechtliche Vorgaben oder gar Verfassungsrecht zur Bestimmung des »objektiven« Maßstabs.[39]

Allerdings kann der Maßstab der »Vernünftigkeit« auch auf ökonomische Rationalitäten verweisen. Dies scheint im Privatrecht generell

31 RG, 11.4.1901 – VI 448/00, RGZ 48, 114, 124.
32 Manfred Rehbinder JZ 1982, 1, 3.
33 Elena Barnert (Fn. 16), 61.
34 Hans-Ulrich Wehler, Deutsche Gesellschaftsgeschichte, Bd. 3, 1995, 138 (zitiert nach Elena Barnert (Fn. 16), 60 ff).
35 BGH, 16.3.1989 – IX ZR 171/88, aufgehoben durch BVerfGE 89, 214 (Bürgschaftsentscheidung).
36 Franz Merz im Gespräch mit Rudolf Gerhardt (ZRP-Redaktion), ZRP 1991, 307, 308.
37 Vgl. oben Fn. 28.
38 Jutta Limbach (Fn. 17), 20.
39 Eva Kocher (Fn. 1).

nahezuliegen, denn der objektive Dritte agiert ja häufig auf einem bestimmten Markt und bringt »die Erwartungen der Marktgesellschaft, einer Anbieter- oder Nachfragergruppe, der Unfallopfer und der Rechtsdienstleister, aus Groß-, Klein- und Kleinstgruppen«[40] ins Spiel. Systemtheoretisch gesprochen kann die Figur also auch als »Akteursfiktion« nicht allein der Rechts-, sondern auch der Wirtschaftspraxis verstanden werden, die strukturelle Kopplungen mit anderen Sozialsystemen herstellt.[41]

c) Behauptungen statt Begründungen

Diese von den Dritten »inspirierten Lösungsmuster« sind jedenfalls »grobmaschig und grobschlächtig«.[42] Und letztlich ermöglicht es die Figur den Richterinnen, sich hinter ihr zu verbergen, das normative Moment der Entscheidung zu überspielen, Begründungen durch Behauptungen zu ersetzen, indem die Überzeugungsarbeit abgebrochen werden kann; die Begründung wandelt sich »von einer Rechtfertigungs- in eine Immunisierungsstrategie«.[43]

3. Das Judiz und der gesunde Menschenverstand

Wie kann das Recht dennoch etwas anderes als individuelle und willkürliche Entscheidungen versprechen? Wie kommt es, dass » [d]er Ziviljurist [mit Konstrukten wie dem ›Erwartungshorizont des durchschnittlichen Haustürkäufers‹] so selbstverständlich zu hantieren [vermag], als würde er diese Universalien täglich auf der Straße treffen«?[44]

a) Das Judiz als Ausprägung des Habitus

Nun, im Wesentlichen vertraut das Rechtssystem hier auf das »Judiz« derer, denen es anvertraut ist. Limbach hat die Formel vom objektiven Dritten deshalb auch als »Personifikation des richterlichen Judizes«

40 Peter Derleder, Rezension von Barnert, Der eingebildete Dritte, KJ 2009, 99.

41 Michael Hutter/Gunther Teubner, Der Gesellschaft fette Beute. Homo juridicus und homo oecnomicus als kommunikationserhaltende Fiktionen, in: Fuchs/Göbel (Hg.). Der Mensch – das Medium der Gesellschaft?, 1994, 110, 112; 117.

42 Jutta Limbach (Fn. 17), 95; vgl. auch Derleder (Fn. 40) in der Rezension von Barnerts Buch (und im Widerspruch zu deren Bewertung).

43 Jutta Limbach (Fn. 17), 40; 93 f; vgl. Elena Barnert (Fn. 15), 13; siehe dazu schon oben bei Fn 24/25.

44 Regina Ogorek (Fn. 23), 5.

bezeichnet.[45] Das Judiz, der »sensus juridicus«, die »Fähigkeit zu einem professionellen (Vor-)Urteil«,[46] ist zugleich der »Gradmesser der Sozialisation« zur Juristin,[47] oder in anderen Worten (nämlich denen von Bourdieu): Es ist die Ausprägung des Habitus von Jurist:innen, deren zweite Natur, die »geschichtlich ausgebildete[n] Wahrnehmungs- und Bewertungsschemata, die [...] jenseits von Bewußtsein und diskursivem Denken arbeiten.«[48] Hierzu passt, dass die meisten (74%) der befragten Jurist:innen einer neueren Studie über juristisches Urteilsverhalten unterstellten, dass die Mehrheit so denke wie sie selbst.[49]

So ganz mag man sich aber nicht immer darauf verlassen, dass das mit dem Judiz und mit dem Habitus funktioniert. Nicht nur dass der Instanzenzug gewissermaßen kollegiale Kontrollen enthält. Auch »anderen« Jurist:innen (z.B. solchen, die ein muslimisches Kopftuch tragen) wird die Darstellung einer »besondere[n] persönliche[n] Zurücknahme« und damit wohl auch die Imagination des objektiven Dritten nicht unproblematisch zugetraut.[50]

Neuerdings scheinen Probleme zuzunehmen – oder wie soll man die Zunahme von Richtlinien und Fortbildungen zur Berufsethik von Richter:innen[51] verstehen? Individuell schlagen z.B. die Autor:innen der erwähnten Studie zum juristischen Urteilsverhalten als »Gegenmittel für bessere Risikoeinschätzungen« vor, »die Bewertungen verschiedener Jurist/innen zusammenzuführen«, und zwar »im verbalen Austausch von Auffassungen und Argumenten«[52] – hier wird vermutlich auch der Kaffee-Senat wertgeschätzt.[53]

45 Jutta Limbach (Fn. 17), 86.

46 Willi E. Joachim, Judiz – Brauchen Juristen (Rechts)Gefühl?, ZVglRWiss 93 (1994), 343, 345.

47 Manfred Rehbinder, Fragen an die Nachbarwissenschaften zum sogenannten Rechtsgefühl, JZ 1982, 1, 5.

48 Pierre Bourdieu, Die feinen Unterschiede, 8. Aufl. 1996, 730; siehe schon oben Fn. 13.

49 Andreas Engert/Christina Abreß, Online-Studie über juristisches Urteilsverhalten (Stand: 10. August 2020), https://docplayer.org/196424727-Vorlaeufige-ergebnisse-der-online-studie-ueber-juristisches-urteilsverhalten-stand-10-august-2020.html (Abruf 5.3.2021). (Nur) zum Teil lagen sie damit auch richtig.

50 BVerfG, 14.1.2020 – 2 BvR 1333/17, BVerfGE 153, 1, Rn. 92.

51 Udo Schneider, Richterliche Ethik im Spannungsfeld zwischen richterlicher Unabhängigkeit und Gesetzesbindung, 2017, 333 ff; vgl. Marion Eckertz-Höfer, »Vom guten Richter«: Ethos, Unabhängigkeit, Professionalität, 2009, 25 ff.

52 Andreas Engert/Christina Abreß (Fn. 49).

53 Wie produktiv dieser zu wirken vermag, hat schon Udo Reifner, Kollektiver Rechtsgebrauch. Die Massenklagen der IG Metall gegen die Aussperrung, ZfRSoz 2 (1981), 88, 108 f angedeutet (»innergerichtliche Kommunikation«).

b) Laien als »Lebensweltvermittler:innen«: der »gesunde Menschenverstand«

Am Ende verzichten viele dann doch auf eine genauere Bestimmung des objektiven Dritten und rekurrieren auf etwas, das sie »gesunden Menschenverstand« nennen.[54] Doch auch damit, diesen zu ermitteln, bleibt ein gewisses Unbehagen; manche Richter:innen sollen auch schon bekannte und befreundete Nicht-Jurist:innen um ihre Meinung zu Fallkonstellationen befragt haben. Und hier haben vermutlich die Laienrichter:innen mit ihrer Stellung »an der Grenze zwischen Rechtssystem und Außenwelt«[55] eine ihrer wichtigsten Funktionen; die Autor:innen einer empirischen Studie zu ehrenamtlichen Richter:innen in der Arbeits- und Sozialgerichtsbarkeit nennen dies die Funktion der »Lebensweltvermittler:innen«: Sie dienten der »Berücksichtigung von sozialer Wirklichkeit und Lebensnähe in der Entscheidungspraxis«, indem sie ihre nicht-juristische Berufserfahrung, Praxisnähe und Kenntnis der betrieblichen Wirklichkeit in das Verfahren einbringen.[56] Für die Hilfs- und Begriffslosigkeit rund um den objektiven Dritten ist es bezeichnend, dass die Laienrichter:innen in den Interviews diesen Transfer von der Lebenswelt in die juristische Fachwelt mit demselben Begriff kennzeichnen, der Richter:innen als Ersatz für das Judiz dient: dem »gesunden Menschenverstand«.

III. Beziehungen und Gesellschaft in der Objektivität

Für das Recht ist die Aufdeckung seiner gesellschaftlichen Gebundenheit zwar immer wieder eine Provokation;[57] aber es ist nicht so, dass es unter den Akteur:innen des Rechtssystems nicht ein durchaus verallgemeinertes Bewusstsein der Fragilität ihrer Suche nach Objektivität gäbe. Davon zeugt nicht zuletzt ein gewisses Interesse von Richter:innen an der Erforschung der eigenen Tätigkeit, das Sozialwissenschaftler:innen schon das eine oder andere Mal überrascht hat;[58] auch die

54 Affirmativ: Willi E. Joachim (Fn. 46), 345; kritisch: Jutta Limbach (Fn. 17), 86; Elena Barnert (Fn. 15), 262.

55 Gerhard Struck, Rechtssoziologie, 2011, § 8.

56 Armin Höland/Christina Buchwald/Elisabeth Krausbeck, Ehrenamtliche Richterinnen und Richter in der Arbeits- und in der Sozialgerichtsbarkeit – ein Forschungsprojekt, NZA 2018, 493.

57 Eva Kocher (Fn. 2).

58 Vgl. Catharina Claus/Berthold Vogel, Rechtsprechung und Arbeitswelt, KJ 2013, 158; Britta Rehder, Rechtsprechung als Politik, 2011 war ebenfalls schon auf erhebliches Interesse gestoßen; für ehrenamtliche Richter:innen siehe den beeindruckenden Rücklauf (59%!) bei Armin Höland/Christina

Allgegenwärtigkeit der Floskel »über den Tellerrand hinausblicken« in Debatten über die Anforderungen an die richterliche Entscheidungstätigkeit sollte Unbehagen auslösen, dem mit der alten Forderung, die »Alltagstheorien« von Richter:innen mit Hilfe wissenschaftlicher Standards zu überprüfen,[59] kaum angemessen begegnet werden kann.

Aber wie könnte denn die Leere des objektiven Dritten besser gefüllt werden?

1. Offen gesellschaftlich-historische Verortung von Entscheidungen

Einer der Katalysatoren der Debatte um eine konstruktive Wendung der hermeneutischen Kritik war Josef Essers »Vorverständnis und Methodenwahl in der Rechtsfindung«. Er betonte vor allem die »Befangenheit des Interpreten in seiner geschichtlichen Situation«.[60] Um diese mit der tatsächlichen Entscheidungspraxis verbinden zu können, müsse die rechtsdogmatische Technik »durchlässig« bleiben »für die wirklich maßgebliche Gerechtigkeitstendenz, d.h. für die abwägenden Argumente, welche die Entscheidung tragen«. Er plädiert letztlich für mehr Transparenz und Reflektion und in der Konsequenz für bessere Begründungen.

Dieser Berufung auf geschichtliche Situationen und das entsprechend historisch wandelbare »gesellschaftliche Bewusstsein« fehlt es jedoch an einer Vorstellung von gesellschaftlichen Machtverhältnissen. Hier setzte Jutta Limbach an: Anstelle einer Immunisierung des Rechts »durch die Figur eines Mustermenschen« sollten die gesellschaftlichen Konflikte, die sich in zivilrichterlichen Entscheidungen verbergen, offengelegt und bewusst gestaltet werden.[61]

Das setzt jedoch voraus, dass man eine Vorstellung davon hat, welcher Art diese Konflikte sind und welche Informationen für deren bewusste Gestaltung von Interesse sein könnten.

Buchwald/Elisabeth Krausbeck, Ehrenamtliche Richterinnen und Richter in der Arbeits- und in der Sozialgerichtsbarkeit – ein Forschungsprojekt, NZA 2018, 493.

59 Hans-Joachim Koch, Zur Rationalität richterlicher Entscheidungen. Rezension zu Esser, »Vorverständnis und Methodenwahl«, Rechtstheorie 4 (1973), 183, 206.

60 Josef Esser (Fn. 27); siehe auch die Kritik an der Verdeckung subjektiver richterlicher Überzeugungen durch Jörn Eckert (Fn. 17).

61 Jutta Limbach (Fn. 17), 90 ff.

2. Objektivität als Subjektivierung

An einer anderen Stelle setzen demgegenüber Theorien an, die das Problem der Objektivität in der Positionierung der Richter:in selbst verorten und nicht in einer eingebildeten Dritten. Sie schlagen damit auch den Bogen zu Subjektivierungstheorien.

Ansätze dafür, die Suche nach dem Objektiven als Subjektivierung der Richter:in zu fassen, finden sich bereits bei Jutta Limbach, die andeutet, dass die mit der Suche nach einem objektiven Dritten verbundene Technik des Verfremdens Richter:innen darin anleiten könnte, Abstand vom eigenen »privaten Dafürhalten« zu gewinnen.[62] In der Soziologie ist der Dritte grundsätzlich als Funktion der subjektiven Trennung zwischen Amt und Person gesehen worden, die bei der subjektivierenden »Grenzziehung zwischen dem Innen und dem Außen der Institution« hilft.[63]

Dass die Suche nach dem Objektiven ein Selbstdisziplinierungs- und Subjektivierungsverfahren sein kann, machen auch Formulierungen deutlich, die »Distanz zur Sache und innere Neutralität« als Strategie richterlicher Tätigkeit formulieren,[64] »Distanz und Gleichmaß« sowie »besondere persönliche Zurücknahme« in der Rolle der Richter:in[65] oder, stärker als aktives Handeln konzipiert, »ständige[.] und konsequente[.] Erziehung zur Selbstdisziplin« durch die Rechtsanwenderin als Voraussetzung eines objektivierten Judiz formulieren.[66] Objektivität für die Rechtspraxis wird hier vor allem als »Widerpart der Subjektivität«,[67] als Unterdrückung von Aspekten des Selbst und Beschränkung des eigenen Willens beschrieben.

3. Wissenschaftstheoretische Verortungen situierten Wissens

Lorraine Daston und Peter Galison haben allerdings für die Wissenschaftstheorie historisch nachvollzogen, dass sich dort seit ungefähr der Mitte des 20. Jahrhunderts zur »Objektivität« weitere Techniken des

62 Jutta Limbach (Fn. 17), 86.

63 Albrecht Koschorke, Institutionentheorie, in: Esslinger/Schlechtriemen/Schweitzer/Zons (Hg.). Die Figur des Dritten. Ein kulturwissenschaftliches Paradigma, 2010, 49, 57–59, der Rituale, Gesten und andere »materielle« soziale Praktiken im Blick hat.

64 Marion Eckertz-Höfer, »Vom guten Richter«: Ethos, Unabhängigkeit, Professionalität, 2009, 25 ff.

65 BVerfG, 14.1.2020 – 2 BvR 1333/17, BVerfGE 153, 1, Rn. 90, 92.

66 Willi E. Joachim (Fn. 46), 349.

67 So der Begriff von Lorraine Daston/Peter Galison (Fn. 5), 28 ff, 33 ff, insbes. 38; 43 für die Wissenschaftstheorie; zu Weiterentwicklungen siehe nächster Abschnitt.

Selbst entwickelten haben, die nicht mehr »Blindsehen«, sondern »Sehen mit erfahrenen und geübten Augen«, also geschulte Aufmerksamkeit fordern.[68]

Aber selbst hierüber geht Donna Haraway weit hinaus: Mit klarem queer-feministischem und antikolonialem Blick für soziale Ungleichheitslagen bietet sie der Wissenschaftstheorie ihre Vorstellung »situierter Wissensbestände« an: Die soziale Verortung der forschenden Person sei in den Forschungsprozess einbezogen und bewusst einzubeziehen; Wissen ist schließlich immer in konkreten Körpern verortet. Nur eine partielle Perspektive verspreche einen objektiven Blick.[69]

Haraways Verständnis von »feministischer Objektivität« ist insofern reflexiv, als es sich nicht auf die Suche nach einem Standpunkt/einer Position beschränkt, sondern verlangt, vielfältige Wissensbestände in sehr unterschiedlichen (und ungleich mit Macht ausgestatteten) kollektiven/gesellschaftlichen Zusammenhängen (»communities«) zu erahnen und für die jeweils anderen zu übersetzen.[70]

Das kommt nur auf den ersten Blick der Forderung nach gesellschaftlich-historischer Verortung von Wissen sehr nahe. Auf den zweiten Blick ist es notwendig mit der selbstreflexiven Verortung der Position der Forscherin verbunden. Was diese Herausforderungen für die Rechtspaxis bedeuten können, ist noch weithin unbeantwortet.

4. Positionalität in der normativen Praxis

Der Weg von der Wissenschaftstheorie, auf die Haraway sich überwiegend bezieht, zur Rechtspraxis ist allerdings durchaus kompliziert. Die wissenschaftliche Suche nach Wahrheit kann schließlich jederzeit vorläufig bei der Kritik stehenbleiben; sie kann also damit leben, dass sich alle Perspektiven immer auch als »power moves« interpretieren lassen.[71] Bei der Suche nach Wahrheit können unterschiedlich situierte Wissens- (und Wollens-)Bestände nebeneinander stehen, und die Wissenschaftler:in

68 Lorraine Daston/Peter Galison (Fn. 5), 209; 247 ff; 343; 383; zum Begriff des »Blindsehens« (Wissen, »das keine Spuren des Wissenden trägt«): Lorraine Daston/Peter Galison (Fn. 5), 17 ff.

69 Donna Haraway, Situated Knowledges, Feminist Studies 14 (1988), 575, 581; 583; vgl. auch zu Stuart Halls identitätspolitischem Konzept (Positionierung sowohl als gesellschaftliches Sein als auch als Tun des Subjekts) Linda Supik, Dezentrierte Positionierung. Stuart Halls Konzept der Identitätspolitiken, Bielefeld: transcript 2005, S. 13 f.

70 Donna Haraway (Fn. 69), 580.

71 Donna Haraway (Fn. 69), 576, die dies als »verlockende Sichtweise« beschreibt, aber dennoch auf einer »feministischen Version von Objektivität« besteht (578).

kann sich »gleichmütig mit der Tatsache abfinden, dass alles Urteilen nun mal durch »historische Zufälligkeiten« bedingt ist, »die dafür gesorgt haben, dass diese Wünsche normal wirken und nicht jene«.[72]

Wenn die Situierung von Wissen aber im Feld der Rechtspraxis und damit der Entscheidung wirksam werden soll, muss die Reflektion einerseits aus der Rolle der Beobachterin in die der Teilnehmerin geführt werden. Und andererseits geht es dann nicht mehr in erster Linie um Fragen des Wissens und der Wahrheit, sondern um Normativität und damit um die Ausübung von Gewalt, die Personen, nämlich Richter:innen »anvertraut« ist (§ 1 GVG; Art. 92, 1. Hs. GG). Und dafür bedarf es der Entwicklung von Praxen für die normative Entscheidung;[73] mit dem Begriff »Positionalität«[74] kann insofern an Haraways Ansätze angeknüpft und eine Übersetzung für normative Praktiken versucht werden.

IV. Kritische Reflektion statt oder als Berufsethik

Die Reflektionsangebote der Rechtsdogmatik für die Suche von Richter:innen nach einer objektiven Position sind deutlich defizitär; die Analyse unter II. sollte dies gezeigt haben. Das Rechtssystem befindet sich hier noch auf dem Reflektionsniveau, das die Wissenschaftstheorie im 20. Jahrhundert verlassen hat,[75] d.h. sie geht noch davon aus, dass es »durch jahrelange Schulung« auf indirektem Wege gelingen könne, »subjektive Meinungen und schlimme Vorurteile [...] zu neutralisieren und zu trennen von dem objektiven Streben nach einer gerechten Entscheidung«.[76]

Angesichts der Tatsache, dass Objektivität und Unabhängigkeit als feldspezifische Illusionen notwendig wesentliche Sinnkonfigurationen

72 Richard Rorty, Solidarität oder Objektivität?, 1988.

73 Zu den Grenzen der Wissenssoziologie für das Recht vgl. Doris Schweitzer, Diskursanalyse, Wahrheit und Recht: Methodologische Probleme einer Diskursanalyse des Rechts, ZfRSoz 35 (2015), 201 Demgegenüber geht es Anna Katharina Mangold, Positionalität in der Rechtsphilosophie, Manuskript ihres Vortrags an der Julius-Maximilians-Universität Würzburg vom 4.11.2017 mit ihrem Verständnis von »Positionalität als demütiges Ideal guter wissenschaftlicher Praxis« um die (rechts-)wissenschaftliche Praxis.

74 Katharine T. Bartlett, Feminist Legal Methods, HLR 103 (1990), 829–888. Mit der Anknüpfung an Haraway und Hall (oben III.3.) meint der Begriff mehr und anderes als eine »Standpunkttheorie« (vgl. Jutta Limbach (Fn. 4), S. 177 ff; Susanne Baer (Fn. 4), 156).

75 Siehe oben Fn. 68.

76 Franz Jürgen Säcker, (Fn. 29), 2379. Das Zitat bezieht sich auf Studierende und die juristische Ausbildung.

richterlicher Selbstverständnisse darstellen,[77] ist dies ein systematisches Problem und führt geradezu tragisch dazu, dass Richter:innen in ihrer Praxis allein gelassen werden. Individuell mögen sie dann durchaus interessante Praktiken entwickeln. So erzählte eine Arbeitsrichterin, dass sie nach der mündlichen Verhandlung mit den ehrenamtlichen Richter:innen oft zunächst einen kurzen Zeitblock dem Austausch subjektiver Eindrücke (einschließlich »ablästern«) widme, bevor es dann – klarer Einschnitt, Fenster auf – nur noch um »die Sache« gehe. Ein kollektiver Austausch über solche Praxen, geschweige denn eine kollektive Praxis dazu ist jedoch nicht ersichtlich.

Aber wo wären denn Ansatzpunkte für reflektiertere und reflexivere Praktiken der Objektivität – also für Positionalität – zu suchen?

1. Beziehungen in Zivil- und Grundrechtsdogmatik

Verglichen mit den Anleitungen durch die Figur der objektiven Dritten, die »zu grobmaschig und grobschlächtig« daherkommt,[78] erscheint eine grundrechtliche Einbindung der Konflikte und Positionen deutlich leistungsfähiger, um Positionalität und die Situiertheit von Wissen zu reflektieren – d.h. gesellschaftlich geprägte Beziehungen mitzureflektieren. Ohne hier tiefer in die Grundrechtstheorie einzusteigen, sei aber an einem Beispiel gezeigt, wie voraussetzungsreich ein solcher Ansatz ist:

In einer heftig diskutierten Entscheidung von Ende der 1990er Jahre hatte das OLG Köln der Unterlassungsklage eines Grundstückseigentümers gegen die benachbarte heilpädagogische Einrichtung stattgegeben, mit der verlangt wurde, dass den Heimbewohner:innen an Sommerabenden und -sonntagen den Zutritt zum Garten verwehrt würde.[79] Das Gericht formulierte damals zwar einen grundrechtlichen Maßstab und stellte fest, dass Äußerungen der klagenden Nachbar:innen die gebotene Toleranz bzw. »erhöhte Toleranzbereitschaft«, die »im Lichte des Art. 3 Abs. 3 Satz 2 GG von einem verständigen Durchschnittsmenschen im nachbarschaftlichen Zusammenleben mit behinderten Menschen« zu fordern sei, vermissen ließen. Nachdem vor Gericht aber Tonbandaufzeichnungen abgespielt worden waren, meinte es selbst, »daß Lautäußerungen geistig schwer behinderter Menschen auch von solchen Bürgern

77 Thorsten Berndt, Richterbilder, 2010; vgl. auch die Typisierung des Professionsverständnisses von Arbeitsrichter:innen durch Catharina Claus/Berthold Vogel, Rechtsprechung und Arbeitswelt, KJ 2013, 158.

78 Jutta Limbach (Fn. 17), 95.

79 OLG Köln, 8.1.1998 – 7 U 83/96, NJW 1998, 763 ff.; das BVerfG 28.5.1998 – 1 BvR 329/98 nahm die Verfassungsbeschwerde mangels Substantiierung nicht zur Entscheidung an.

als sehr belastend empfunden werden können, die sich gegenüber Behinderten von der gebotenen Toleranz leiten lassen.« Hier nimmt der Senat vermutlich auch auf seine eigenen Mitglieder Bezug.

Das Urteil bleibt jedoch nicht nur mit dieser Reduktion des Art. 3 Abs. 3 Satz 2 GG auf ein »Toleranzgebot« weit hinter den aktuellen Standards des BVerfG zurück.[80] Es bewegt sich zudem bei der eigenen Positionsfindung allein in einer binären Betrachtung des Verhältnisses zwischen Heimbewohner:innen und Nachbar:innen. Diese Beschränkung wird in der Entscheidung auch deshalb augenfällig, weil das Gericht gleichzeitig durchaus z.B. die Positionen der betreuenden Aufsichtspersonen reflektiert. Diese hatten nicht nur aufgrund ihrer heilpädadogischen und psychologischen Kenntnisse, sondern auch aufgrund des täglichen Umgangs mit den Heimbewohner:innen kein Gefühl der »Lästigkeit«. Das Gericht selbst erkennt also, dass der »unmittelbare persönliche Kontakt [...] ein wichtiges Mittel ist, emotionale Abwehrhaltungen abzubauen oder erst gar nicht entstehen zu lassen«.

Ein Verständnis von Objektivität, das Positionalität mitdenkt, hätte dies zum Anlass nehmen müssen zu fragen, ob das Grundgesetz solche Kontakte nicht gerade ermöglichen soll. Denn Positionalität erfordert nicht nur eine Sensibilität für gesellschaftliche Diskriminierungsstrukturen, sondern auch für die Beziehungen, die durch diese geschaffen werden und durch die jene verändert werden können. So hat Jennifer Nedelsky mit ihrer relationalen Grundrechtstheorie ein dogmatisches Prüfungsprogramm vorgeschlagen, das auch eine Antwort auf die Frage verlangt, welcher Art die Beziehungen sein sollten, die durch eine bestimmte Entscheidung gefördert werden (können).[81] Mit einem solchen Ansatz wäre dem OLG Köln zu entgegnen, dass der Kontakt mit behinderten Menschen nicht etwas sein darf, zu dem man sich qua Beruf oder freiwillig entscheiden muss. In der Suche nach der Position eines objektiven Dritten hätte der Schritt vom eigenen empirischen als sehr belastend »Empfinden-Können« zum normativen »Empfinden-Dürfen« gemacht werden müssen.

Wie gesellschaftliche Ungleichheiten und Differenzkonstruktionen als Beziehungen im Recht thematisiert werden können, ist insofern eine wichtige Frage sowohl für die Grundrechtstheorie[82] als auch für das Objektivitätsverständnis im Zivilrecht.

80 Vgl. BVerfG, 30.1.2020 – 2 BvR 1005/18, NJW 2020, 1282 (Blindenhund), Rn. 42 (Verbot der Benachteiligung wegen einer Behinderung ist auch ein Verbot der Bevormundung).

81 Jennifer Nedelsky (Fn. 7), 236; Cara Röhner (Fn. 4) hat mit der relationalen Methodik einen Ansatz für ein »Verfassungsaudit« im deutschen Recht entwickelt.

82 Z.B. Jennifer Nedelsky (Fn. 7); Cara Röhner (Fn. 4); Tim Wihl, Aufhebungsrechte, 2019; Tim Wihl, Immanente Kritik durch »Aufhebungsrechte«, KJ 2021, 145 ff.

2. Kritische Reflektion: Pflichtfach oder Schlüsselqualifikation?

Unabhängig von den Denkstrukturen, die der Rechtspraxis zur Reflexion zur Verfügung stehen, bedarf es auch institutioneller Orte, um kollektive Praktiken einer Reflektion von Positionalitäten und situierten Wissens und Wollens zu entwickeln.

Das Jurastudium ist ein guter Ort, um nach Keimen solcher Praktiken zu suchen, denn hier sollen doch Jurist:innen diejenigen Kompetenzen erstmals erwerben, mit denen sie dann als Richter:innen über das Leben anderer Menschen erscheinen. Man kann die aktuelle Debatte über § 5a DRiG und das Ausbildungsziel, Studierende ausgehend von der Auseinandersetzung mit dem NS-Unrecht zur »kritischen Reflexion des Rechts« zu befähigen,[83] immerhin als ein Zeichen dafür ansehen, dass solche oder ähnliche Notwendigkeiten für die juristische Ausbildung breiter anerkannt ist.

Spricht man über Praktiken und Subjektivierungseffekte im Zusammenhang mit der Jurist:innen-Ausbildung, so ist »Kompetenzentwicklung« das richtige Stichwort. Der Begriff wird z.T. als Orientierung auf ökonomische und Arbeitsmarktinteressen kritisiert;[84] das liegt aber wesentlich auch an den dazu vorherrschenden Konzepten. Speziell in der juristischen Ausbildung werden unter dem Stichwort »Kompetenzentwicklung« allenfalls »Schlüsselqualifikationen« iSd § 5a Abs. 3 S. 1 DRiG diskutiert, die von den Landesjustizprüfungsämtern in der Regel so verstanden werden, dass es hier nur um pragmatische Handlungskompetenzen mit Blick auf die Berufspraxis gehe (»Verhandlungsmanagement, Gesprächsführung, Rhetorik, Streitschlichtung, Mediation, Vernehmungslehre und Kommunikationsfähigkeit«). Schon »Gender- und Diversity-Kompetenz« wird da oft als schon zu wenig »praktisch« angesehen; andere, allgemeinere Angebote der Sensibilisierung, Wahrnehmung und Reflexion werden soweit ersichtlich jedenfalls nicht als Schlüsselkompetenzen angesehen.[85]

Und das ist ja eigentlich auch richtig. Die fachbezogenen, professionsspezifischen Kompetenzen,[86] die eine Richter:in notwendig entwi-

83 Siehe die Nachweise oben Fn. 8.

84 Siehe z.B. die »1. Frankfurter (In-)Kompetenzkonferenz Kompetent in Kompetenz?« 2017, https://bildung-wissen.eu/wp-content/uploads/2016/01/ffm_in_kompetenztagung.pdf (eine Fortsetzung scheint es aber nicht gegeben zu haben).

85 Zur Kritik schon Ulla Gläßer/Eva Kocher, Gender- und Diversity-Kompetenz ist eine (juristische) Schlüsselqualifikation!, djbZ 20 (2017), S. 188–190; zur Relevanz für die Berufspraxis siehe auch Frank Schreiber, Richterliche Praxis und kulturelle Diversität in Europa, Betrifft Justiz 136 (Dezember 2018), 183–184 (Bericht über eine Fortbildungsveranstaltung).

86 Jens R. Rogmann/Moritz Meyer, Affirmatives Kompetenztraining oder reflexive Bildungserfahrung? Ist die Förderung von Schlüsselkompetenzen

ckeln muss, müssen im Pflichtfach verortet sein. Und hier werden selbstverständlich seit jeher Kompetenzen vermittelt, auch wenn das nicht mit diesem Begriff thematisiert wird, sondern als Fokus auf die sogenannte »Methode« und in der Behauptung vom exemplarischen Lernen formuliert wird. Die Frage ist insofern, was Subjekte mitbringen müssen, um eine Rechtspraxis schaffen zu können, die den demokratischen Rechtsstaat nicht nur schützen, sondern auch gegen Widerstände entwickeln kann – und mit welchen Praktiken entsprechende Subjektivierungsprozesse verbunden wären. Die gesellschaftliche Legitimität eines Rechtssystems, dessen Personal sozial homogener ist als die Gesellschaft drumherum[87] und das sich für die Konsequenzen gesellschaftlicher Diskriminierungsstrukturen und sexistischer, rassistischer oder klassistischer Subjektkonstruktionen dennoch kaum interessiert, kann schnell in Frage stehen. Wie lange wird das Mantra, Richter:innen seien qua Ausbildung und Praxis »objektiv«, gesellschaftlich noch wirken?

Deshalb ist es richtig, »kritische Reflektion« als Gegenstand und Ziel der juristischen Ausbildung zu setzen – wenn man darunter auch die reflexive Befassung mit Praktiken der Objektivität und der Positionalität versteht.

Damit ist aber die Frage nicht beantwortet, wie eine Ausbildungspraxis aussieht, die entsprechende Subjektivierungsprozesse fördert. Einen Anfang hatte bereits Esser gemacht, mit seinem bis heute kaum verwirklichten Vorschlag, »auch der schulmäßig zu lösende Fall [müsse] genügend Spielraum für Gerechtigkeits- und Zweckmäßigkeitsüberlegungen lassen und deutlich machen, daß der Bearbeiter nicht hilflos auf begrifflichen Zwang reagieren muß.«[88] Er war aber noch der Meinung, dass es nur darum gehe, eine Sensibilität für (gesellschaftliche) Konflikte zu entwickeln, um mit anderen Worten[89] »den Richter [herauszuführen] aus der Position des hilflos und unzufrieden eingeklemmten Staatsdieners zwischen Gutachten, Lehre und Rechtsprechung und einer unverstandenen Sozialwelt.« Objektivität muss stattdessen stärker auch selbstreflexiv werden.

an deutschen Universitäten am Scheidepunkt?, https://www.ew.uni-hamburg.de/ueber-die-fakultaet/personen/rogmann/files/rogmann-meyer-2013-sq-forum-1-2013-41-62.pdf; Gabi Reinmann, Lehrkompetenzen von Hochschullehrern: Kritik des Kompetenzbegriffs in fünf Thesen, in: Olaf Hartung/Marguerite Rumpf (Hrsg.), Lehrkompetenzen in der wissenschaftlichen Weiterbildung, 17.

87 Michael Grünberger/Anna Katharina Mangold/Nora Markard/Mehrdad Payandeh/Emanuel Vahid Towfigh, Diversität in Rechtswissenschaft und Rechtspraxis, 2021, 28 ff.

88 Josef Esser, Möglichkeiten und Grenzen des dogmatischen Denkens im modernen Zivilrecht, AcP 172 (1972), 97, 127.

89 Dieter Simon, Die Unabhängigkeit des Richters, 1975, 124 ff.

Dazu gehört notwendig die Befassung mit »Diskriminierung, Hierarchien und Ungleichheiten, nicht zuletzt Ideologien geschlechtsbezogener Diskriminierung«.[90] Dies kann und darf sich aber nicht auf Gender- und Diversity-Trainings,[91] Gender-Curricula[92] oder nicht-stereotype Fallgestaltungen[93] beschränken;[94] es muss vor allem auch darum gehen, jenseits der Grundlagenausbildung in den Pflichtfächern Formen zu finden, selbstreflexive Prozesse anhand von entsprechend komplexen »Fällen« und gesellschaftlichen Fragen anzuregen.

3. Rechtspraxis ohne Zentrum?

Wenn man so stark die Rechtspraxis im Blick hat wie dieser Text, wird es schnell mal reformistisch. Dabei legt die Analyse von Praktiken der Objektivität natürlich weitergehend auch deren Kritik und damit grundsätzliche Fragen der Rechtskritik nahe. Bis ganz ans Ende gedacht, verlangt eine Praxis des kontinuierlichen selbstkritischen Hinterfragens, der Vorläufigkeit und Erfahrungsbasiertheit jeder Wahrheit[95] letztlich den Verzicht auf den »god trick«, um den sich Richter:innen tagein tagaus bemühen, wenn sie den eingebildeten Dritten konstruieren.

Es mag sich zunächst radikal gut anhören, dass Recht künftig nicht mehr Gegenüber, sondern (autonomer) Teil von gesellschaftlichen Prozessen sein soll, und damit nur noch »pluralistische kollektive Rechtsauslegung« in »diskursiven Verfahren«, wie sie den Fluchtpunkt z.B. von Daniel Loicks Rechtskritik bildet.[96] Die Praktiken der alternativen Konfliktlösung, der transnationalen Rechtsentwicklung und anderer Arenen des privaten Rechtspluralismus zeigen aber auch, wie affirmativ und wie wenig transformativ solche Verfahren in den gegenwärtigen

90 Vgl. auch die Pressemitteilung 21-04 des djb, 26.2.2021, https://www.djb.de/presse/pressemitteilungen/detail/pm21-04?actbackPid=5&cHash=ed4e5d37aab30of24d88043fd0316ed4.

91 Ulla Gläßer/Eva Kocher (Fn. 85).

92 Ulrike Schultz, Ein Gendercurriculum für die Rechtswissenschaft, djbZ 21 (2018), 227–230.

93 Dana-Sophia Valentiner unter Mitarbeit von Carolin Bilawa/Giulia Beeck/Laura Jacobs, (Geschlechter)rollenstereotype in juristischen Ausbildungsfällen. Eine hamburgische Studie, Hamburg 2017 (https://www.jura.uni-hamburg.de/media/ueber-die-fakultaet/gremien-und-beauftragte/broschuere-gleichstellung.pdf, Abruf 1.6.2021).

94 Überblick über mögliche Gleichstellungsinstrumente z.B. bei Michael Grünberger/Anna Katharina Mangold/Nora Markard/Mehrdad Payandeh/Emanuel Vahid Towfigh (Fn. 87), 69–80.

95 Katharine T. Bartlett (Fn. 74).

96 Daniel Loick (Fn. 6), 326 ff; 35; vgl. auch Ratna Kapur (Fn. 7).

gesellschaftlichen Machtverhältnissen wirken. Und wenn Objektivität sich in spezifische gesellschaftliche Positionen, wenn Recht sich damit in Gesellschaft auflöst, verliert es gleichzeitig einiges seiner Potenziale als Ressource von Kritik, als Sicherung von Differenz, also das widerständige Potenzial,[97] das gerade auch in seinem Versprechen und seiner Suche nach Objektivität liegt. Einstweilen bleibt es auch für das Recht lohnend, nach einer reflexiven queer-feministischen Objektivität aufgrund situierten Wissens[98] und entsprechenden Praxis-Experimenten[99] zu suchen.

97 Daniel Loick (Fn. 6); vgl. auch Tatjana Sheplyakova, Prozeduralität des Rechts: Zu den Bedingungen immanenter Rechtskritik, KJ 2021, 155 ff.
98 Donna Haraway (Fn. 69), 581.
99 Jennifer Nedelsky (Fn. 7), 157.

Die transdisziplinäre Rechtsforschung braucht die Rechtssoziologie – und umgekehrt (2016)*

Vor längerem haben sich Rechtssoziolog*innen und interdisziplinäre Rechtsforscher*innen auf die Formel geeinigt, ihre Tätigkeit sei »inhaltlich erfolgreich, institutionell erfolglos«[1]. Worin das erfolgreiche Wirken allerdings besteht, darüber scheint man sich schon weniger einig zu sein. Klaus Röhl schreibt den Erfolg der interdisziplinären Rechtsforschung zu: »Während [...] die Rechtssoziologie auf dem Rückzug zu sein scheint, lässt sich an vielen Stellen ein neues, gesteigertes Interesse an interdisziplinärer Rechtsforschung beobachten«.[2] Die Herausgeber*innen der Zeitschrift für Rechtssoziologie sahen vor 15 Jahren einen Wandel des Leitbildes der Rechtssoziologie als Grund des Erfolges: »Transdisziplinäre Konzepte« könnten andere Erwartungshorizonte eröffnen als eine verwendungsorientierte Rechtssoziologie; sie könnten so Enttäuschungen verhindern, die ein ungerechtfertigter Steuerungsoptimismus hervorrufen müsse.[3] Oder meinen die beiden Aussagen letztlich dasselbe? Und ist ein Boom der inter- und transdisziplinären[4] Rechtsforschung tatsächlich als Erfolg der Rechtssoziologie zu bewerten?

* Statement für die Podiumsdiskussion »Die Versprechungen der Wissenschaft. Forschung zu Recht und Gesellschaft im Kontext aktueller wissenschaftspolitischer Entwicklungen« auf dem Dritten Kongress der deutschsprachigen Rechtsoziologie-Vereinigungen »Die Versprechungen des Rechts«, 11. September 2015, Humboldt-Universität zu Berlin. Dieser Text wurde zuerst veröffentlicht in Zeitschrift für Rechtssoziologie (The German Journal of Law and Society) (ZfRSoz) 36 (2016), Heft 2, S. 245–254, im Schwerpunkt »Die Versprechungen der Wissenschaft«, der alle Beiträge der Podiumsdiskussion enthielt.

1 So Dieter Strempel in einem Zitat, auf das zustimmend Bezug genommen wird von Bora, Alfons/Höland, Armin/Jansen, Dorothea/Lucke, Doris/Ludwig-Mayerhofer, Wolfgang/Machura, Stefan/Teubner, Gunther, Rechtssoziologie »auf der Grenze«. Mitteilung der HerausgeberInnen. Zeitschrift für Rechtssoziologie (ZfRSoz) 21 (2000), S. 319–326.

2 Röhl, Klaus F., Rechtssoziologie Online. Einleitung, 2012, http://rechtssoziologie-online.de/ (letzter Aufruf: 30.9.2016). Der Eindruck eines Booms entsteht bei Blick in das Programmheft des Dritten Kongresses der deutschsprachigen Rechtssoziologie-Vereinigungen »Die Versprechungen des Rechts« (http://easychair.org/smart-program/Berlin2015/program.html, letzter Aufruf: 12.10.2016).

3 Bora et alt., ZfRSoz 21 (2000) (Fn. 1), S. 319 ff.

4 Zur Begrifflichkeit Kocher, Eva, Von alten und neuen Grenzen. Inter- und Transdisziplinarität in Lehre und Forschung, S. 140–147 in: A. Gräfe

1. Offene Tore?

Eins ist jedenfalls sicher: Die Tore der Jurisprudenz[5] sind der Soziologie nicht mehr verschlossen, und sie wird von dort auch nicht mehr als das Trojanische Pferd wahrgenommen,[6] das in die Zitadelle des Rechts einbricht. Mit der Abschwächung von Reformansprüchen und einer stärkeren Orientierung auf Verwendungsforschung ist die Sozialwissenschaft in der Rechtswissenschaft hoffähig geworden.[7] Und auch umgekehrt gilt: »Das extradisziplinäre Interesse am Recht scheint unerschöpflich zu sein«.[8] Von einer Rechtswissenschaft, die sich einer solchen Grundlagenorientierung stärker öffnet, wird Großes erwartet: Der Wissenschaftsrat hat seine Empfehlung für eine Stärkung der »Grundlagenfächer« (wie z.B. der Rechtssoziologie) damit begründet, dass die Rechtswissenschaft nur so einen »Qualitätsverlust des Rechts [...] vermeiden« können. Dies sei erforderlich, damit die Rechtswissenschaft »einen wichtigen Beitrag zur Mitgestaltung der internationalen Ordnung leisten« könne.[9]

Der behauptete oder erwartete Erfolg hängt eng mit der Annahme zunehmender Transdisziplinarität zusammen, die mit dem Begriff »interdisziplinäre Rechtsforschung« verbunden ist.[10] Das Zauberwort vom transdisziplinären Grenzgängertum der Rechtssoziologie[11] evoziert die fast romantisch anmutende Sehnsucht, die verloren gegangene Einheit der Wissenschaften wiederherstellen und disziplinäre Erkenntnisgrenzen durch »Crossover«[12] überwinden zu können – jenseits einer »gleichsam fabrikenmäßig[en...] Verteilung der Arbeiten«.[13] Transdisziplinarität soll nicht nur die Disziplingrenzen, sondern die Disziplinen selbst

(Hrsg.), Oder / Denken. Stimmen aus dem Chor. Eine kritische Denkschrift. Frankfurt (Oder): Europa-Universität Viadrina 2011.

5 Lautmann, Rüdiger, Die Soziologie vor den Toren der Jurisprudenz. Stuttgart, Berlin, Köln, Mainz: Kohlhammer, 1971, S. 281 ff.

6 Heldrich, Andreas, Das Trojanische Pferd in der Zitadelle des Rechts? Juristische Schulung 1974, S. 281–288.

7 Hoffmann-Riem, Wolfgang, Forschung im Schnittfeld von Rechts- und Sozialwissenschaft, Zeitschrift für Rechtssoziologie 19 (1998), S. 1–7.

8 Röhl, Klaus F., Crossover Parsifal, S. 91–100, in: M. Cottier/M. Wrase/J. Estermann (Hrsg.), Wie wirkt Recht? Baden-Baden: Nomos 2010.

9 Wissenschaftsrat (Hrsg.) Perspektiven der Rechtswissenschaft in Deutschland. Situation, Analysen, Empfehlungen. Köln: Wissenschaftsrat, 2012, S. 34.

10 Wrase, Michael, Rechtssoziologie und Law and Society – Die deutsche Rechtssoziologie zwischen Krise und Neuaufbruch. Zeitschrift für Rechtssoziologie 27 (2006), S. 289–312.

11 Bora et al., ZfRSoz 2000, (Fn. 1), S. 321 ff.

12 Röhl 2010 (Fn. 8), S. 91 ff.

13 Kant, Immanuel, Der Streit der Fakultäten. Hamburg: Felix Meiner Verlag, 1798, S. 28 ff.

überwinden; sie soll nicht nur auf den Disziplinen aufbauen, sondern diese auch noch verändern.[14]

2. Mauern und Zäune

Die Disziplinen selbst sind jedenfalls noch nicht überwunden. Aber haben sie sich denn verändert? Was ist es überhaupt, was anscheinend so dringend der Veränderung bzw. »Öffnung«[15] bedarf?

Was eine Disziplin ausmacht, erkennt die Tagungsbesucherin auf den ersten Blick und auf das zweite Zuhören: Der Sozialwissenschaftler läuft Gefahr, auf einer rechtswissenschaftlichen Tagung nicht formell genug gekleidet zu sein. Und die Rechtswissenschaftlerin sollte auf einer sozialwissenschaftlichen Tagung selbst dann ein Fremdwörterlexikon bereithalten, wenn sie nicht nur zufällig hineingeraten ist, sondern auf dem Podium sitzt. Die Grenzmarker sind nicht nur fachlicher Art (Erkenntnisinteresse, Gegenstand, Theorie und Methode[16]), sondern auch sozialer Art: Disziplinen bilden epistemische Gemeinschaften aus, die soziale »Communities« darstellen – mit ihren je unterschiedlichen Formen von Vortragsautismen, Demütigungsritualen, Sprachstilen, Publikationsformen, Quellenmaterialien und Vorstellungen von guter wissenschaftlicher Praxis.[17] So ist es auch nicht nur ein Detail, dass in der auf Entscheidungen und Macht ausgerichteten rechtswissenschaftlichen Dogmatik die deutsche Zitierweise genutzt wird; sie erlaubt es, eine Fülle übereinstimmender Zitatstellen anzuführen, um so die Hegemonieverhältnisse im Meinungsstreit (»h.M.«) zu verdeutlichen.

Es sind vor allem soziale und institutionelle Grenzen der Disziplinen, die interdisziplinäre Anstrengungen zur institutionellen Erfolglosigkeit zu verdammen scheinen. Karrieren, Lehrstühle, Ressourcen der Forschungsförderung – nach wie vor stellen die Disziplinen die maßgeblichen wissenschaftlichen Communities dar.[18] Der Streit der Fakultäten

14 Vgl. Baer, Susanne, Rechtssoziologie, 2. Aufl. Baden-Baden: Nomos, 2015, § 3, Rn. 5

15 Wissenschaftsrat 2012 (Fn. 9), S. 7.

16 Bora, Alfons, Responsive Rechtssoziologie. Zeitschrift für Rechtssoziologie 36 (2016), S. 261 ff; Estermann, Josef, Die Verbindung von Recht und Soziologie als Chimäre, S. 101–112 in: M. Cottier/M. Wrase/J. Estermann (Hrsg.), Wie wirkt Recht?, 2010 (Fn. 8).

17 Vgl. Goerlich, Helmuth, Die Rolle von Reputation in der Rechtswissenschaft, S. 173–206 in: E. Hilgendorf/H. Schulze-Fielitz (Hrsg.), Selbstreflexion der Rechtswissenschaft. Tübingen: Mohr Siebeck, 2015.

18 Bogner, Alexander, Mikropolitik des Wissens. Macht und Geltung in interdisziplinären Gremien, S. 205–229 in: A. Bogner/K. Kastenhofer/H.

wird aber nicht nur um Stellen und Drittmittel geführt, sondern auch »um den Einfluß aufs Volk«.[19] Das Gespräch der Disziplinen ist auch ein Kampf um Geltungsansprüche, ein »Kampf um die bessere Deutung der Welt«.[20] Wer als Wissenschaftler*in nicht nur gehört und verstanden werden will, sondern auch Interesse an fachlichen Be- und Entgegnungen hat, der*die braucht Publikationsmöglichkeiten und Tagungen. Und die Disziplinen bieten diese Echo- und Diskussionsräume.

Mit Mühe lässt sich aber ein in transdisziplinären Forschungszusammenhängen entstandener Text in einer disziplinären Zeitschrift veröffentlichen. Rechtswissenschaftliche Zeitschriften sind übrigens insofern vergleichsweise erstaunlich offen, auch und gerade soweit sie sich vorwiegend an die Rechtspraxis richten. Die Wahrscheinlichkeit, dass der Text dort dann einen Widerhall erzeugt, ist jedoch dennoch gering (und es besteht kaum eine Chance, zitiert zu werden). Qualität allein sichert nicht die Rezeption.[21] Eine solche Publikation erreicht mit den Angehörigen der jeweiligen Disziplin nur einen geringen Teil des potenziellen Publikums. Man wird also mehr oder weniger identische Forschungsergebnisse wiederholt in unterschiedlichen Kontexten veröffentlichen müssen, und sie dabei in die jeweiligen disziplinären Sprachen und Denkansätze, Sprachstile, Zitierkonventionen übersetzen müssen.

Die DFG hat übrigens einmal grafisch sehr hübsch darstellen lassen, mit welchen Disziplinen die Rechtswissenschaften auf Ebene der Gutachter*innen in einem »Fächernetzwerk« arbeiten. Wenig überraschend sind dies Geschichte, Sozialwissenschaft und Wirtschaftswissenschaften,[22] wobei das Fehlen der Kulturwissenschaft vielleicht darin begründet liegt, dass diese selbst noch als Übergangsdisziplin, also als interdisziplinär gilt.[23] Die Kulturwissenschaft ist ohnehin ein gutes Beispiel für den Kreislauf der Ausdifferenzierung und Disziplinierung des Wissens, der Schaffung neuer wissenschaftlicher Communities mit entsprechenden

Torgersen (Hrsg.), Inter- und Transdisziplinarität im Wandel? Neue Perspektiven auf problemorientierte Forschung und Politikberatung. Baden-Baden: Nomos 2010.

19 Kant, 1798 (Fn. 13), S. 30.

20 Baer, Susanne, Interdisziplinierung oder Interdisziplinarität – eine freundliche Provokation. ZiF-Bulletin (Zentrum für interdisziplinäre Frauenforschung Berlin) 19 (1999), S. 77–82.

21 Baer, Susanne, Recht als Praxis. Herausforderungen der Rechtsforschung heute. Zeitschrift für Rechtssoziologie 36 (2016), S. 213 ff.

22 Siehe das im Begutachtungsverfahren der DFG beobachtete »Fächernetzwerk« unter http://www.dfg.de/dfg_profil/zahlen_fakten/evaluation_studien_monitoring/studien/bericht_interdisziplinaritaet/index.html (letzter Aufruf: 12.10.2016).

23 Im Rahmen der DFG wird sie bei Fächergruppe »105–04 Allgemeine und vergleichende Literaturwissenschaft; Kulturwissenschaft« subsumiert.

Echoräumen und Chancen der Institutionalisierung. Auch dort haben sich Netzwerke verfestigt, sind »(b)order zones«, liminale Räume[24] entstanden, »teilweise äußerst erfolgreiche Netzwerke« bzw. »sehr eng gekoppelte[...] epistemic communities mit hoch spezialisierten Diskursen, die keine disziplinären Grenzen mehr abbilden«[25] – aber dafür eigene Grenzen nach außen ausgebildet haben.

In der Rechtsforschung dürfte die ökonomische Analyse des Rechts als so ein Fall anzusehen sein. Hier existiert nicht nur eine weitgehende Verständigung über Erkenntnisinteressen und Methoden, es gibt auch eigenständige Publikationsorgane und Tagungstraditionen. Für die Kriminologie dürfte Ähnliches gelten. Die Gender Studies sind ebenfalls ein Bereich, der sich herkömmlich als interdisziplinär oder als transdisziplinär versteht, der aber mittlerweile auch in der Lage ist, eigenständig, d.h. von den Ausgangsdisziplinen unabhängig Zugehörigkeiten und Qualitätsmaßstäbe zu definieren, Reputation zu verteilen und damit Grenzen zu setzen. Und da kann sogar noch differenziert werden: Unter den Begriffen Geschlechterstudien und Gender Studies werden z.T. unterschiedliche Perspektiven verstanden, mit interessanterweise ähnlichen Unterscheidungen, wie sie zwischen Rechtssoziologie und interdisziplinärer Rechtsforschung diskutiert werden: Die einen arbeiteten in unterschiedlichen Kontexten mit Geschlecht als analytischer Kategorie und empirischer Variable zur Untersuchung gesellschaftlicher Phänomene, die anderen untersuchten die Geschlechterunterscheidung und das Verständnis von »Geschlecht« selbst als Phänomen.[26] Letztere arbeiten dann meist mit sozial- oder kulturwissenschaftlichen Methoden, so dass jedenfalls rechtsdogmatische Forschung es in diesem Bereich schwer hat, angemessen wahrgenommen und verarbeitet zu werden.[27] Andere Communities entstehen in einem engeren Zusammenhang mit der Politikberatung, also im Hinblick auf konkrete Verwendungen. Zu nennen wären Umweltforschung oder auch die Arbeitsforschung unter Einbeziehung der interdisziplinären Arbeitsrechtsforschung – ein Feld, für das es noch nicht einmal einen einigermaßen anerkannten

24 Siehe auch die Gegenstände der Grenzforschung im Rahmen des Viadrina Centers B/Orders in Motion (https://www.borders-in-motion.de/de, letzter Aufruf: 12.10.2016).

25 So die Einladung zur Podiumsdiskussion, die Anlass für den vorliegenden Text war; sie bezieht das Phänomen aber in erster Linie auf Netzwerke, die in Bezug auf die politikberatende Verwendungsforschung entstehen.

26 Hirschauer, Stefan, Wozu Gender-Studies? Ein Forschungsfeld zwischen Feminismus und. Kulturwissenschaft. Forschung & Lehre 21 (2014), S. 880–883 bezeichnet Erstere als »disziplinübergreifende« Geschlechterforschung, Letztere als »Gender Studies«. Zur zweiten Gruppe siehe auch Estermann, 2010 (Fn. 16), S. 109: Die Genderforschung habe »sich selbst diszipliniert«.

27 Vgl. Baer, ZiF-Bulletin 1999 (Fn. 20), S. 77 ff.

Begriff gibt, dem aber in Deutschland das Wirtschafts- und Sozialwissenschaftliche Institut der Hans-Böckler-Stiftung einen institutionellen Ort bietet.

Ob man etwas schon als »Disziplin« bezeichnen mag, ist da nicht nur eine Frage des verwendeten wissenschaftlichen Begriffs von Disziplin, sondern auch eine Frage der Positionierung im Wissenschaftsfeld: Den »Einfluß aufs Volk« suchen die einen über die herkömmlichen Disziplinen, die anderen über die Institutionalisierung des eigenen Feldes, wieder andere über die allgemeine Öffentlichkeit und die Medien.

3. Widerstände

Es ist deshalb keine Überraschung, wenn inter- und transdisziplinäre Ansätze vor diesem Hintergrund nicht auf die Resonanz stoßen, die man sich zumindest bei denjenigen erhofft, »die von Rechtsforschung profitieren sollen«.[28] Disziplinäre Mauern und Zäune sichern auch Macht und Deutungshoheiten.[29] Da erscheint es dann fast doch wieder bemerkenswert, wieviel an inter- oder transdisziplinärer Rechtsforschung dennoch stattfindet.

Konkret ruht die Hoffnung der Transdisziplinarität und der »interdisziplinären Rechtsforschung« aber doch auf Bereichen, in denen für Zwecke der Politikberatung bzw. der »Mitgestaltung von Herausforderungen« neue Kooperationen zwischen Akteur*innen unterschiedlicher Wissenschaftsdisziplinen entstehen. Rechtssoziologie reduziert sich dort im Wesentlichen darauf, dass in irgendeiner Weise empirisch zum Recht gearbeitet wird.[30] Und da gibt es bereits eine große Anzahl von Studien, die Wirkungsfaktoren im Verhältnis von Recht und Gesellschaft betrachten und rechtliche Regelungen »unter Berücksichtigung ökonomischer, empirischer und rechtsvergleichender Erkenntnisse« so untersuchen, dass die Lektüre »keine besonderen ökonomischen Kenntnisse voraus[setzt]«.[31] »The Oxford Handbook of Empirical Legal Research« enthält sogar 43 Beiträge und eine entsprechend beeindruckende Zahl von Seiten.[32]

28 Baer, ZfRSoz 2016 (Fn. 21).

29 Guibentif, Pierre, Reflexive Rechtssoziologie zwischen Wissenschaft und Zivilgesellschaft. Zeitschrift für Rechtssoziologie 36 (2016), S. 236 ff.

30 Vgl. Röhl, 2010 (Fn. 8), S. 93; Estermann, 2010 (Fn. 16), S. 107.

31 Adam, Roman F., Rezension der Dissertation von Claus Wilhelm Fröhlich, Betriebsgrößenunabhängigkeit und Monetarisierung des arbeitsrechtlichen Bestandsschutzes. Recht der Arbeit 63 (2010), S. 128.

32 Cane, Peter/Kritzer, Herbert (Hrsg.) The Oxford Handbook of Empirical Legal Research. Oxford: Oxford University Press 2010.

Erstaunlich ist jedoch auf den ersten Blick, dass das Werk vollständig ohne rechtssoziologische Theorie auskommt;[33] das Handbuch rechtfertigt sich allein durch die Fälle der gesammelten interessanten Daten, Studien und Texte. Erstaunlicher ist auf den zweiten Blick, dass dieser Mangel nicht einmal für erklärungsbedürftig gehalten wird; die Einleitung begnügt sich mit einem Hinweis auf den Gegensatz von »law in action« und »law on/in the books« und erläutert vor allem, dass »empirisch« breit zu verstehen sei, also sowohl statistische und quantitative wie auch qualitative Methoden erfasse.

4. Die Hilflosigkeit der transdisziplinären Rechtsforschung

Solange dies so ist, müssen auch die Ergebnisse der empirischen Rechtsforschung enttäuschen. Denn wer verwendungsorientierte Forschung in interdisziplinären Zusammenhängen betreibt, merkt doch sehr schnell, dass gerade der transdisziplinäre Anspruch mehr verlangt als die Zusammenarbeit aufgeschlossener Wissenschaftler*innen unterschiedlicher Disziplinen. Die größte Schwierigkeit besteht darin, sich überhaupt auf eine geeignete gemeinsame, »transdisziplinäre« Fragestellung zu einigen. Zwar stimmt es irgendwie schon, dass »Probleme, die technische Kulturen, d.h. die modernen Industriegesellschaften, heute im überreichen Maße haben, [...] uns nicht den Gefallen [tun], sich als Probleme für disziplinäre Spezialisten zu definieren«.[34] Die Schwierigkeit ist nur: Die Probleme tun uns nicht einmal den Gefallen, sich selbst zu definieren. Nicht nur Fachtermini, sondern auch Problemdefinitionen sind »Kondensate von Theorien und Daten, wer sie unbesehen in eine andere Fachsprache eingemeindet, importiert den Virus ständiger Missverständnisse und Verkürzungen«.[35]

Die interdisziplinären Schwierigkeiten führen so in der transdisziplinären Zusammenarbeit dazu, dass gedankliche und begriffliche Lücken überspielt werden müssen. Am deutlichsten ist dies bei der beliebten Forschung zur Wirksamkeit und zu den Wirkungen von Recht.

Einige Beispiele: Welches Problem beschreibt der »Gender Pay Gap«; welches Problem beschreibt die »bereinigte Lohnlücke«? Und hat das

33 Mit Ausnahme eines Kapitels von Denis James Galligan über »Legal Theory and Empirical Research« (S. 976–1001), das auf der Grundlage von H.L.A. Harts Rechtsverständnis geschrieben ist.

34 Mittelstraß, Jürgen, Die Stunde der Interdisziplinarität?, S. 152–158 in: J. Kocka (Hrsg.), Interdisziplinarität. Praxis – Herausforderungen – Ideologie. Frankurt (Main): Suhrkamp, 1987, S. 154 f.

35 Hoffmann-Riem, ZfRSoz 1998 (Fn. 7), S. 1 ff.

etwas mit Diskriminierung im Rechtssinn zu tun? Ist es ein Erfolg oder ein Misserfolg des Antidiskriminierungsrechts, wenn in einem Bewerbungsverfahren diskriminierende Motive nicht mehr ausdrücklich genannt werden? Ist es Indikator für Effektivität oder für Ineffektivität des Diskriminierungsschutzes, wenn es in einem Unternehmen zahlreiche Beschwerden wegen Diskriminierung gibt? Wie kann die Wirkung des AGG empirisch untersucht werden, wenn doch der Rechtsbegriff der Diskriminierung notwendig unbestimmt ist und erst durch eine rechtskräftige gerichtliche Entscheidung im Einzelfall bestimmt werden kann?

Hubert Rottleuthner und Matthias Mahlmann haben für ihre empirische Untersuchung über »Diskriminierung in Deutschland. Vermutungen und Fakten« die Schwierigkeit, die »Realität« von Diskriminierung zu untersuchen,[36] sehr hellsichtig thematisiert. Sie lösen das Problem, indem sie die rechtliche Definition von Diskriminierung für die sozialwissenschaftliche Perspektive als unzureichend bezeichnen.[37] Sie zahlen aber dafür den Preis, nicht mehr den Anspruch erheben zu können, etwas über die Wirkungen des AGG auszusagen, sondern im Wesentlichen Aussagen darüber treffen können, in Bezug auf welche sozialen Merkmale und auf welche Lebensbereiche begrifflich nicht klar zu bezeichnende »Diskriminierung« erlebt und thematisiert wird. Das Problem ist nicht nur die Definition: Was ist das für ein »Dunkelfeld«, das die sozialwissenschaftliche Forschung aufzuhellen sucht, wenn sie Selbstauskünfte von Betroffenen als Hinweise auf stattgefundene Diskriminierungen versteht? Welches Rechtsverständnis liegt der Annahme zugrunde, dass auch ein gerichtlicher »Test« »fehlbar« bleiben könne?[38] Und wie kann dabei vermieden werden, dass sozialwissenschaftliche Forschung dann doch zur »letztentscheidende[n] Subsumtions- oder gar Superrevisionsinstanz«[39] wird?

Oder, bezogen auf ein Projekt der interdisziplinären Rechtsforschung, an dem ich aktuell [2015] beteiligt bin: Ist das Mindestlohngesetz erst dann effektiv umgesetzt, wenn jede Person mindestens 8,50 Euro pro Stunde erhält? Wie kann gewährleistet werden, dass die empirische Untersuchung nur Arbeitnehmer*innen im Rechtssinne berücksichtigt? Welche Indikatoren sind überhaupt in der Lage, Autonomie und Unbestimmtheit des Rechts (z.B. bei der Frage, welche Zahlungen auf den Mindestentgeltanspruch »angerechnet« werden[40]) empirisch

36 Siehe Klose, Alexander, Wie wirkt Antidiskriminierungsrecht? S. 347–367 in: M. Cottier/M. Wrase/J. Estermann (Hrsg.), Wie wirkt Recht? Baden-Baden: Nomos, 2010 (Fn. 8), S. 353 ff.

37 Rottleuthner, Hubert/Mahlmann, Matthias, Diskriminierung in Deutschland. Vermutungen und Fakten. Baden-Baden: Nomos, 2011, S. 447.

38 Vgl. Rottleuthner/Mahlmann, 2011 (Fn. 37), S. 31 ff.

39 Rottleuthner/Mahlmann, 2011 (Fn. 37), S. 38.

40 Siehe z.B. Lakies, Thomas, Ein Jahr gesetzlicher Mindestlohn – gelöste und ungelöste Rechtsprobleme. Arbeit und Recht 64(2016), S. 14–20.

angemessen zu reflektieren? Wie können die »Wirkungen« eines privatrechtlichen Anspruchs untersucht werden, wenn dieser unmittelbar lediglich Verhandlungspositionen beeinflusst? Oder noch grundsätzlicher: Gibt es eigentlich überhaupt eine Rechtslage in einem sozialen Feld, wenn das Recht von Beteiligten gar nicht thematisiert und angerufen wird? Oder: Wie misst man die Wirksamkeit einer Norm, wenn es zu deren Aufgabe regelrecht gehört, Übertretungen zuzulassen, und die vielleicht bereits dann wirkt,[41] wenn sie ihre eigenen Legitimationsstrukturen ins gesellschaftliche Spiel bringt?

Die Probleme definieren sich zwar nicht selbst; aber dass es gesellschaftliche Probleme gibt, zu denen das Recht sich verhält oder verhalten kann, davon dürfen wir ausgehen. Die interdisziplinäre Forschung über »Recht und Gesellschaft« muss deshalb die Räume der Liminalität zwischen den Disziplinen offen halten. Sie bedarf dabei aber der methodischen Professionalisierung, Beobachtung und Ausdifferenzierung. Hier gibt es aktuell eher zu wenige als zu viele Schließungsprozesse. Disziplinübergreifende Rechtsforschung muss theoretisch und institutionell in theoretisch-rechtssoziologische Debatten eingebunden sein – und umgekehrt.

Wir sollten deshalb Rechtssoziologie »im engeren Sinn« deutlicher von der inter- und transdisziplinären Rechtsforschung unterscheiden. Ohne eine Rechtssoziologie, die in der Lage ist, theoretische Fragen des Verhältnisses zwischen Autonomie und Praxis zu klären,[42] hängt die interdisziplinäre Rechtsforschung in der Luft.[43] Dabei lohnte es sich, wenn sich auch die rechtssoziologische Grundlagenforschung stärker für die Mühen der interdisziplinären Ebenen interessieren würde – die empirische Erforschbarkeit und Messbarkeit von Fragen des Rechts wäre hierfür ein äußerst lohnendes Forschungsfeld.

41 Möllers, Christoph, Die Möglichkeit der Normen. Berlin: Suhrkamp, 2015, S. 425.

42 Vgl. Bora ZfRSoz 2016 (Fn. 16).

43 Vgl. auch Wrase, Michael, Recht und soziale Praxis – Überlegungen für eine soziologische Rechtstheorie, S. 113–146 in: M. Cottier/M. Wrase/J. Estermann (Hrsg.), Wie wirkt Recht? Baden-Baden: Nomos, 2010 (Fn. 8); Gutmann, Thomas, Intra- und Interdisziplinarität: Chance oder Störfaktor?, S. 93–116 in: E. Hilgendorf/H. Schulze-Fielitz (Hrsg.), Selbstreflexion der Rechtswissenschaft. Tübingen: Mohr Siebeck, 2015 (Fn. 17); Rottleuthner, Hubert, ebda., S. 207–222.

Die Alibi-Frau (2009)

say yes
Elliott Smith, either/or
(Kill Rock Stars 1997)

1. Allein unter Männern

Eine der wichtigsten Selbst-Täuschungen dieser Gesellschaft ist die Annahme, Positionen, Ressourcen und Privilegien würden nach »Leistung« und »Qualifikation« verteilt. Natürlich gibt es immer wieder Menschen, die daran nicht glauben – oder das Gefühl haben, andere Erfahrungen gemacht zu haben. Man wird solche Menschen aber häufiger unter denen finden, deren Erwartungen, das zu erhalten, was ihnen zustehe, nicht erfüllt worden sind. Wer eine erwünschte Position oder Ressource erlangt hat, wird doch geneigt sein, dies seinen/ihren jeweils eigenen einzigartigen und individuellen Leistungen und Qualifikationen zuzuschreiben. Dieses Phänomen ist nicht selten auch bei Menschen anzutreffen, die sich kritisch an der gesellschaftlich herrschenden Vorstellung abgearbeitet und diese als Illusion entlarvt haben.

Das ist doch auch verständlich. Wer mag schon zugestehen, es zugelassen zu haben, dass seine/ihre Menschenwürde missachtet wurde und die individuelle Persönlichkeit nicht entfaltet werden konnte – denn um nichts anderes handelt es sich bei einer Verletzung des Leistungsprinzips. Jedenfalls, wenn man dem Bundesarbeitsgericht Glauben schenken mag (und ihm ist insoweit noch nicht widersprochen worden), dass »das allgemeine Persönlichkeitsrecht das Recht des einzelnen auf Achtung seiner Menschenwürde und Entfaltung der individuellen Persönlichkeit [umfasst]. Im Arbeitsleben hat jeder Arbeitnehmer ein Recht, nach sachangemessenen Maßstäben beurteilt zu werden.«[1]

So kommt es, dass auch kritische Juristen und Wissenschaftler nicht daran glauben möchten, sie seien durch den Zufall, Vorurteile oder ungerechte Machtstrukturen dorthin gekommen, wo sie hinzugehören meinen. Obwohl schon ausreichend wissenschaftlich nachgewiesen wurde,[2]

1 BAG 14.3.1989 – 8 AZR 447/87, AP Nr. 5 zu § 611a BGB.
2 Vgl. Karin Zimmermann, Spiele mit der Macht in der Wissenschaft: Paßfähigkeit und Geschlecht als Kriterien für Berufungen, 2000; Sandra Beaufaÿs, Alltag der Exzellenz, in: Regina-Maria Dackweiler (Hrsg.), Willkommen im Club? 2005, S. 145–165; dies./Beate Krais, Wissenschaftliche Leistung, Universalismus und Objektivität, in: Regine Hildemeister (Hrsg.), Erosion oder

welche gewaltigen Vorteile es im Berufsleben bringt, männlichen Geschlechts zu sein, hat man noch kaum von einem Mann gehört, der seine (hohe) Position auf sein Geschlecht zurückführen wollte. Und selbst unter den Frauen, die geschlechtsspezifische Machtstrukturen analysiert haben, mögen nur wenige sagen: »Ja, ich bin Quotenfrau – und ich finde das auch gut so.«[3] Wer mag schon glauben, bei der eigenen Karriere von einer Regel profitiert zu haben, die unter Verdacht steht, gerade nicht die »Leistung« zu honorieren? Das »beeinträchtigt die Entfaltungsmöglichkeiten«; »[d]arin liegt eine Herabwürdigung der beruflichen Fähigkeiten«.[4]

Allerdings sind kritische JuristInnen oft sozialwissenschaftlich geschult genug, um zumindest im Geheimen zu wissen: Muster entstehen nicht zufällig. Die 68er und ihre NachfolgerInnen sind insofern geübt darin, sich selbst als kollektives Individuum zu sehen.[5] Und für den Homo academicus, den »Klassifizierer unter Klassifizierenden« gilt sowieso: »Die Objektivierung des objektivierenden Subjekts lässt sich nicht umgehen: nur indem es die historischen Bedingungen seines eigenen Schaffens analysiert (und nicht durch eine wie immer geartete Form transzendentaler Reflexion), vermag das wissenschaftliche Subjekt seine Strukturen und Neigungen sowie die Determinanten, deren Produkte diese sind, theoretisch zu meistern.«[6]

Das Subjekt, das hier objektivierend analysiert werden soll, ist das Phänomen der einzigen Frau in einer Gruppe von Männern (wie z.B. der einzigen anwesenden Redakteurin unter männlichen KJ-Redakteuren). Ein Ungleichgewicht der Geschlechterrepräsentation ist erklärungsbedürftig. Wenn sich sogar die Selbsttötung als gesellschaftliches Phänomen erklären lässt,[7] wie viel mehr muss dies für die Erscheinung »Ausnahmefrau« gelten. Zumal sie nicht gerade selten vorkommt. Leider laufen viele Selbst- und Fremdbeschreibungen der »Frau allein unter lauter Männern« auf die Stilisierung als »Powerfrau« oder auch nur als »Ausnahmefrau« hinaus.[8] Regelmäßig

Reproduktion geschlechtlicher Differenzierungen?, 2007, S. 76–98; Christina von Braun, Gender @ Wissen 2005, S. 4 ff; Hartmut Heuermann, Wissenschaftskritik, 2000, S. 163 ff; Kristina Rolin, Gender and trust in science, Hypatia 17 (2002), 4, S. 95 ff.

3 Bock, Hedwig, Als Quotenfrau in Männergremien, in: Elke Kleinau/Katrin Schmersahl/Dorion Weickmann (Hrsg.), Denken heißt Grenzen überschreiten, Festschrift für Marie-Elisabeth Hilger, 1995, S. 161.

4 BAG (Fn. 1).

5 Vgl. Bude, Heinz, Das Altern einer Generation – Die Jahrgänge 1938 bis 1948, 1995, S. 9.

6 Bourdieu, Pierre, Homo academicus, 1988.

7 Emile Durkheim, Le suicide, 1897.

8 Pfannes, Petra, Powerfrau, Quotenfrau, Ausnahmefrau ...?: Die Darstellung von Politikerinnen in der deutschen Tagespresse, 2004.

findet sich in Juristinnen-(Auto-)Biografien der Hinweis, dass frau einen nicht geradlinigen Weg gegangen sei und das meiste auf Zufall beruht habe.[9]

Gibt es nicht vielleicht eine Regel hinter diesen vielen Ausnahmen? Eine der Regeln, in der die historischen Bedingungen mit Strukturen und Neigungen des Subjekts zusammen finden, lässt sich als »weibliches Aushängeschild«[10] oder »Alibi-Frau« klassifizieren. Der Begriff des Alibis weist einerseits darauf hin, dass bestimmte Strukturen und Determinanten unter einem Verdacht stehen, den sie zu entkräften suchen (2.). Andererseits: Nicht jedeR eignet sich als Alibi… (3.)

2. Von der Sehnsucht, anders zu sein

Wenn sich unter lauter Männern keine oder nur eine einzige Frau wieder findet, so ist das zunächst lediglich eine Singularität. Einen Missstand lässt es vermuten, wenn sich damit eine bestimmte Regel bestätigt. Und diese Regel lautet: Eine Frau befindet sich in der Rechtswissenschaft häufig allein unter Männern. Der Juristin und erst recht der Rechtswissenschaftlerin haftet »immer noch ein Hauch von Exotik an«.[11] Jedenfalls wer meint, die menschliche Leistungs- und Qualifikationsfähigkeit hänge nicht vom Geschlecht ab, muss zugestehen, dass diese statistische Auffälligkeit auf ein Problem hinweist, und strukturelle Wirkmechanismen vermuten. Tatsächlich sind solche Mechanismen häufig nicht nur vermutet, sondern auch schon objektivierend analysiert worden. Feminist*nnen, Frauenpolitiker*nnen und Geschlechterforscher*nnen haben dafür Begriffe wie Patriarchat, Männerbünde, Habitus, old-boys-network etc. geprägt.

Nun gibt es genug Juristen, die solche Phänomene dennoch als Zufall ansehen. Der schlichte Hinweis auf geschlechterpolitische Missverhältnisse wird dann gern als Vorwurf verstanden, der mit der Leugnung von Vorsatz oder Fahrlässigkeit zurückgewiesen werden könne, frei nach dem Motto »bei unserer liebenswert chaotischen Arbeitsweise können wir leider nicht auch noch die Folgen unseres Tuns im Blick behalten.«[12] Den 68ern ist aber zugute zu halten, dass es unter ihnen auch andere gibt. Sie »gelten als Katalysatoren eines kulturellen Umbruchs, der neue Modelle der Lebensführung hervorgebracht hat, die uns im Laufe der

9 z.B. Fabricius-Brand, Margarete/Berghahn, Sabine/Sudhölter, Kristine, Juristinnen: Berichte, Fakten, Interviews, 1982; Deutscher Juristinnenbund e.V. (Hrsg.), Juristinnen in Deutschland: die Zeit von 1900 bis 2003, 4. Aufl. 2003.

10 Fabricius-Brand/Berghahn/Sudhölter, aaO, S. 38.

11 Ebda., S. 5.

12 Vgl. Diskussionsbeitrag von Erd auf der 40-Jahr-Feier der KJ im Jahre 2008 (zugegebenermaßen vermutlich nicht ganz wortgetreu notiert).

Zeit selbstverständlich geworden sind« – »jedenfalls in Deutschland«.[13] Was sich heute »Generation« nennt, hieß noch Anfang der 80er Jahre »Bewegung«[14] – und versteht sich als historisch maßgebliche Akteurin in den Prozessen des kulturellen Umbruchs (»Wertewandel, Individualisierung...«) bzw. des gesellschaftlichen Wandels (»Demokratisierung von Institutionen, Gleichstellung der Frauen...«[15]). Wer sich einmal ernsthaft gefragt hat »was [ist] strukturelle Gewalt?«, für den lag manchmal auch die Frage nahe, wieso und wie die patriarchale Gesellschaft mit Notwendigkeit soziale Ungerechtigkeit erzeugt.[16]

Die 68er haben aber auch die »geschichtliche Erfahrung gemacht, dass die Praxis von Bewegungen nicht ausreicht, um Praktiken zu definieren, die anschließend nötig sind, damit ein Volk sich annehmbare und tradierbare Formen seiner Existenz und seiner politischen Gemeinschaft geben kann.« Zumindest einige von ihnen fragen sich also, »welche Praktiken der Freiheit diese Befreiungsbewegung hervorgebracht hat«.[17] Und wer sich dies ernsthaft fragt, stellt schnell fest, dass die Frage nicht nur schwer zu beantworten ist, sondern auf mehr als nur weit entfernte Strukturen und Institutionen abzielt: »Alle Forderungen nach Gleichberechtigung und Emanzipation, so sehr sie zunächst auch scheinbar nur gegen den politischen Staat oder gegen die Selektionsmechanismen des kapitalistischen Arbeitsmarktes gerichtet sind, haben notwendig zugleich den Nebeneffekt, dass sie die sozialen Hintergrundstrukturen einer unproblematisierten Lebenswelt ihrerseits thematisieren, in Frage stellen und modifizieren. Der ›Kampf um wechselseitige Anerkennung‹ zwischen den Subjekten nimmt neue Dimension und Intensität an: Tendenziell alles wird rechtfertigungsbedürftig«.[18]

Nun sollte man »die Bereitschaft der empirischen Subjekte, sich auf soziale Experimente mit ungewissem Ausgang einzulassen, nicht überschätzen«.[19] In »Traditionalisierungsfallen«[20] kann auch tappen, wer sie kennt und zu meiden sucht. Die Erkenntnis der »Differenz zwischen dem politisch-moralisch gesollten Leben und dem wirklichen Leben«[21]

13 Bude, Heinz, Das Altern einer Generation – Die Jahrgänge 1938 bis 1948, 1995, S. 18 ff.

14 Bude aaO, S. 40.

15 Vgl. Aufruf zu dieser Festschrift (Rainer Erd/Rainer Fabian/Eva Kocher/Eberhard Schmidt (Hrsg.), Passion Arbeitsrecht. Erfahrungen einer unruhigen Generation, liber amicorum Thomas Blanke, Baden-Baden: Nomos 2009).

16 Vgl. Blanke in: Blanke/Erd/Mückenberger (Hrsg.), Geboren 1944, 2004, S. 30.

17 Bude (Fn. 13), S. 101 unter Verweis auf Foucault.

18 Thomas Blanke, Autonomie und Demokratie, KJ 1986, S. 406 ff.

19 Blanke, aaO.

20 Anneli Rüling, Jenseits der Traditionalisierungsfallen. Wie Eltern sich Familien- und Erwerbsarbeit teilen, 2007.

21 Blanke (Fn. 18), S. 50.

(es gibt kein richtiges Leben im valschen) muss aber nicht zu dem Kurzschluss führen, das Wirkliche für das Richtige zu halten. Und das ist es, was die 68er bis heute sympathisch macht: Sie spüren jedenfalls ein gewisses Bedürfnis nach einer Alibi-Frau – oder sogar noch mehr: In manchen Zusammenhängen ist die Alibi-Frau »bei den Linken [...] jetzt gleichzeitig auch eine Quotenfrau geworden«.[22]

3. Qualifikation und Leistung der Alibi-Frau

Wer eignet sich nun dazu, dieses Bedürfnis nach dem Alibi zu befriedigen? Denn es mag zwar zutreffen, dass sich die Verteilung von Ressourcen und Positionen nicht überzeugend mit »Fachqualifikationen« erklären lässt: Irgendeine Form der Eignung, oder »Paßfähigkeit«[23] wird ennoch auch hier erforderlich sein, oder vielmehr wohl: ein passender Habitus (»System von Denk-, Wahrnehmungs- und Handlungsschemata, das aus der Verinnerlichung klassen- oder ständespezifischer Existenzbedingungen resultiert«[24]). Das Anforderungsprofil an die Alibi-Frau und ihre Leistung ist in seiner Vielseitigkeit nicht zu unterschätzen.

a) Die Repräsentantin

Zunächst kann die Alibi-Frau es sich nicht leisten »sensibel« zu sein (»sensible Spieler sind solche, die viel Akzeptanz brauchen, um Selbstvertrauen und in der Folge Leistung zu entwickeln«[25]). Zwar passiert es heute seltener, dass eine Person mit weiblichem Vornamen als »Herr^...« angesprochen wird, und wenn, dann kann die Betreffende dies ja auch als Ausdruck besonderer Wertschätzung verstehen. Die zahlreichen Erfahrungen des Übersehen-Werdens oder Nicht-Ernst-Genommen-Werdens, die Juristinnen 1982 zu berichten wussten, werden aber den meisten »Frauen« dennoch auch heute bekannt vorkommen.

Immerhin kann die Alibi-Frau ja noch froh sein: Sie wird wahrgenommen, wenn auch nicht als Kollege, so doch immerhin: als Frau. Es ist das gleiche Phänomen, das dazu führt, dass öffentlich bemerkbare Frauen

22 Cathrin Kahlweit, Politikerinnen in Deutschland, 1994, S. 103.

23 Karin Zimmermann, Spiele mit der Macht in der Wissenschaft: Paßfähigkeit und Geschlecht als Kriterien für Berufungen, 2000.

24 Füssel, Marian, Akademische Lebenswelt und gelehrter Habitus: zur Alltagsgeschichte des deutschen Professors im 17. und 18. Jahrhundert, Jahrbuch für Universitätsgeschichte Bd. 10 (2007), S. 35.

25 Süddeutsche Zeitung (SZ) 20.10.2008, S. 23 über den Fußballspieler Pjotr Trochowski.